KB173336

큰병드가는의
요자들

옮긴이 정지영

고려대학교 영어영문과를 졸업했으며, 글밥 아카데미 수료 후 바른번역 소속 번역가로 활동하고 있다. 오랫동안 사회운동 단체에서 활동하면서 정치적·사회적 이슈를 분석하고 노동, 여성 등의 문제를 다뤘다. 인간과 지구가 모두 평화롭게 지낼 수 있는 세상을 바라며, 더 나은 세상을 만드는 데 도움이 될 글을 옮기고 알리는 번역가가 되려 한다.

해제 권김현영

여성학 연구자이자 활동가이다. 대학과 광장에서 여성학을 연구하고 가르치고 배우는 일을 하고 있다. 「병역의무와 근대적 국민정체성의 성별정치학」으로 석사 논문을, 「성폭력 피해자 대리인 연구」로 박사 논문을 썼다. 『여자들의 사회』(2021), 『늘 그랬듯이 길을 찾아낼 것이다』(2020), 『다시는 그 전으로 돌아가지 않을 것이다: 진화하는 페미니즘』(2019) 등을 썼다. 『피해와 가해의 페미니즘』(2018), 『한국 남성을 분석한다』(2018)의 편저자이며, 『대한민국 넷페미사』(2017) 등을 공저했다. 한겨레에서 「권김현영의 사건 이후」를, 여성신문에서 제1공화국 여성 정치인에 대한 「S언니 정치사」를 연재하고 있다.

THE COVENT GARDEN LADIES

Copyright ©Hallie Rubenhold 2005, 2012, 2020

All rights reserved.

Korean translation copyright © 2024 by JIHAKSA PUBLISHING CO., LTD

Korean translation rights arranged with United Agents

through EYA Co.,Ltd

이 책의 한국어판 저작권은 EYA Co.,Ltd 를 통해

United Agents과 독점 계약한

(주)지학사가 소유합니다.

저작권법에 의하여 한국 내에서 보호를 받는 저작물이므로

무단 전재 및 복제를 금합니다.

코번트가든의 여자들

18세기 은밀한 베스트셀러에 박제된 뒷골목 여자들의 삶

핼리 루벤홀드 Hallie Rubenhold
정지인 옮김 | 권김현영 해제

The Covent Garden Ladies

북트리거

경고

이 이야기는 악행을 저지른 사람이 벌받고 피해자가 명예를 되찾는 이야기가 아니다. 이 이야기는 화려하고 안전하고 유복한 제인 오스틴의 시대와는 아무런 관계가 없다. 역사가 흥미로운 이야기에서 맘 편한 교훈을 제공하는 경우는 좀처럼 드물다.

18세기 런던 지도

조호스퀘어

코번트 가든

피커딜리

세인트제임스파크

웨스트민스터

템스강

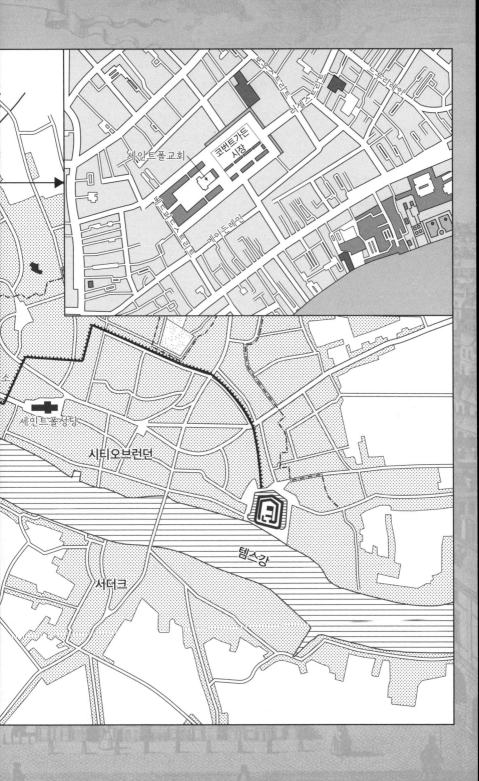

CONTENTS

개정판 저자 서문

『코번트가든의 여자들』이 처음 세상에 나온 2005년부터 지금까지 정말 많은 것이 변했다. 출간 당시만 해도『해리스의 코번트가든 여자 리스트』는 학자나 전문가들의 전유물로서 주로 학술지에서 다뤄지거나 역사책에서나 찾아볼 수 있었다. 18세기 영국의 암흑가나 잘 알려지지 않은 고문헌에 관심 있는 사람을 빼면 잭 해리스Jack Harris, 새뮤얼 데릭Samuel Derrick, 샬럿 헤이즈Charlotte Hayes의 이름을 아는 사람은 거의 없었을 것이다.

그러나 지난 15년 사이,『해리스 리스트』와 앞선 세 저작권자의 이름은 대중문화 속으로 슬며시 스며들었다. 내 소설『내 운명의 여자』를 비롯하여, 이머전 허미즈 고워의『인어와 핸콕 부인』이나 마리아 매캔의『에이스, 킹, 네이브』등 코번트가든이나 웨스트엔드 일대에 살았던 여자들을 모티브로 삼은 소설이 여럿 나왔다. 텔레비전에서는 '해리스 리스트'와 그 명부에 적힌 여자들의 삶을 다룬 다큐멘터리와 드라마가 자주 방영되었고, 특히 최근에는 바로 이 책을 토대로 만든〈할롯Harlots〉이 큰 인기를 끌었다.

이제 '해리스 리스트'는 특정한 소수 마니아들만의 관심사가 아니다. 인터넷에서 '해리스 리스트'를 검색하면, 신문과 잡지, 블로그에 실린 관련 글이 수백 건씩 뜬다. 지난 몇 년 동안, 사람들이 이 주제에서 영감을 받은 예술 작품이나 보석 디자인, 전시회, 박사 논문, 학생 영화 등을 언급할 때면, 나는 조용히 기쁨을 느끼곤 했다. 망각되어 버렸던 이들이 수 세기의 세월을 되돌아와 우리에게 감동을 준다는 사실을 알게 되는 건 기쁜 일이다.

이들의 이야기가 우리의 대화에 그저 화젯거리로만 자주 오르내린 것은 아니다. 담론 자체에도 진전이 있었다. 연구의 발전으로 이제 '해리스 리스트'는 18세기의 성매매 관행과 보통 런던 여성들의 삶에 관한 더 많은 정보를 알려 줄 수 있게 되었다. 2002년 내가 『해리스 리스트』에 관한 책을 쓰기 시작했을 때 희귀 서적의 디지털화는 아직 생소한 분야였지만, 이후 전 세계의 방대한 컬렉션이 온라인에 공개되고 검색 기능이 개선되면서 자료에 대한 접근성이 훨씬 좋아졌다. 그 결과 『해리스 리스트』의 여러 판본을 애초에 발견했던 것보다 훨씬 많이 찾을 수 있었다. 내가 2004년에 집필을 마칠 때까지 찾아낸 리스트는 1761년, 1764년, 1773년, 1774년, 1779년, 1788년, 1789년, 1790년, 1791년 판본이었다. 이후 2012년에 재닛 잉 프리먼이 1765년, 1766년, 1771년, 1777년, 1783년, 1786년, 1787년, 1790년, 1794년 판본을 추가로 발견했다.* 이 중 일부는 개인 소장품이었다가 추후 일반에 공개되었다.

---

*   'Jack Harris and the "Honest Ranger": The Publication and Prosecution of Harris's List of Covent Garden Ladies, 1760–95', J. I. Freeman, *The Library*, Dec 2012, 13 (4), pp. 423–56. J. I. Freeman, *The Library*, Dec 2012, 13 (4), pp. 423–56.

2015년에 웰컴라이브러리가 취득한 1787년, 1788년 판본처럼 말이다. 처음에 나는 아홉 종의 판본을 바탕으로 1,000여 명의 인물에 관한 자료를 모았는데, 그중 일부는 『해리스 리스트』의 여러 판본에 등장할 뿐만 아니라 회고록, 편지, 법정 기록, 출생 및 사망 기록 등 당대의 문서와 문헌 등 추가 자료에도 흔적을 남겼다. 지금이라면 관련된 인물의 리스트는 길이가 두 배는 될 것이며, 한때 완전히 잊혔던 아무개들의 삶을 더 환하게 조명해 줄 중요한 정보가 수두룩할 것이다.

만약 내가 『코번트가든의 여자들』을 2020년에 썼다면, 분명 아주 다른 책이 나왔을 것이다. 광범위한 각주를 달았을 것이고(2005년에 처음 이 책을 출판할 때는 흐름을 방해하지 않기 위해 참고 문헌을 최소화했다), 페이지마다 등장하는 여성들의 삶을 더욱 깊숙이 파고들었을 것이다. 자료를 더 철저하게 검토했을 것이고, 무엇보다 나 자신과 다른 이들이 사용하는 언어를 더 면밀히 살폈을 것이다.

지금 세상은 18세기 말의 세상과 다른 만큼이나 2005년의 세상과도 완전히 다르다. 여성의 경험, 특히 섹스와 여성 신체의 성적 대상화에 관한 인식이 높아지면서 여자들의 삶을 바라보는 관점이 바뀌고 있으며, 그러한 변화는 오늘날뿐 아니라 과거사를 해석하는 데도 적용된다. 이는 역사를 전면적으로 재해석하자는 것이라기보다는, 그동안 간과되었던 중요한 세부 사항에 초점을 더 선명하게 맞춰야 한다는 뜻이다. 가령 표현이나 주변 정황 같은 것들 말이다.

일례로, 18세기에는 '유혹seduction'과 강간rape이 사실상 동의어였다. 『해리스 리스트』에 기록된 많은 여성이 지금 기준이라면 강간으로 간주될 일을 겪은 탓에 성매매에 발을 들여놓았다. 리스트의 내용이 사실이라면, 아동기에 당한 성적 학대로 인해 매춘에 이르게 된 경우도 많았다. 리스트의 저자들과 이용자들은 이런 문제에 관해 오늘날 우리와는 전혀 다르게 생각했고, 우리에게는 끔찍하게 들리는 견해를 수시로 표현했다. 대부분 부자와 귀족이었던 이 남성들에게 신분이 낮은 여자는 도구일 뿐이었다.

『코번트가든의 여자들』을 집필할 당시에 나는 여자들의 이야기를 하는 이 남자들의 경박한 어조에 적응할 수 없었고, 지금은 더더욱 그렇다. 『해리스 리스트』에서 우리는 여성들의 목소리를 전혀 들을 수 없다. 때로는 동정적이지만 때로는 그렇지 않았던, 여성을 대신해서 말하는 남성들의 목소리만 들을 수 있을 뿐이다. 지금이라면 나는 그런 관점을 내 글에 그대로 반영하지 않을 것이다.

성매매 종사자들을 일컫는 적절한 명칭에 관한 논쟁, 특히 '매춘부 prostitute' 대 '성 노동자 sex worker'라는 단어 사용을 둘러싼 갑론을박도 지난 15년 사이 크게 달라졌다. 그러나 이번 책은 기본적으로 개정판이라기보단 중쇄인 까닭에, 사소한 수정을 하는 것 외에 본격적으로 고쳐 쓸 수는 없었다. 용어 사용은 분명 토론할 가치가 있는 논쟁거리이지만, 이 문제는 다른 책에서 심도 있게 다루는 편이 좋겠다.

이 책에 나오는 사람들의 이야기는 『해리스 리스트』를 조사하기 시작한 이래로 나를 사로잡고 놓아주지 않았다. 나는 조지 왕조 시대*의

---

* 조지 1세부터 조지 4세까지의 통치 기간을 통틀어 조지 시대라고 부른다. 1714년부터 1830년까지 120년 정도의 기간이다. 이후 빅토리아 시대로 이어진다. (편집자)

런던에서 이 사람들이 무엇을 경험했을지, 그들이 누렸을 평범한 일상이나 기쁨의 순간은 어떤 모습이었을지를 자주, 곰곰이 떠올려 본다. 한때 세상에 존재했다가 사라진 이들의 삶의 단편들을 샅샅이 조사하고 체로 거르면서 쌓아 올린 이야기들을 나는 전부 기억한다. 더 나은 삶을 살아 보려 했던 이들과 상황의 무게에 짓눌려 가라앉고 만 이들의 씁쓸하면서도 달콤한 이야기를.

지금도 나는 피츠로비아, 홀본, 소호, 세인트제임스, 메이페어 거리를 걸을 때면 눈으로 그들의 주소를 좇는다. 어느 따뜻한 여름밤, 스미스필드 시장으로 끌려가는 소 떼의 울음소리가 들릴 정도로 유스턴로드에 가깝게 면한 집의 창문이 열려 있는 모습을 상상한다. 거실에는 조금 지루해 보이는 세 여자가 축축하고 구겨진 모슬린 드레스 차림으로 헝가리워터* 향과 땀 냄새를 풍기며 앉아, 래터피어** 술을 마시며 누군가 문을 두드리기를 기다리고 있다. 나는 궁금하다. 이 여자들이 어디로 갔을지, 삶의 마지막 나날들을 어디에서 보냈을지. 그들의 후손이 지금도 남아 있진 않을까? 눈빛이나 걸음걸이가 그들과 닮지 않았을까? 『해리스 리스트』에 묘사된 독특한 신체적 특징을 물려받은 채 살아가는 그 후손들은 과연 누구일까.

이렇게 많은 여자들의 잊혀진 삶을 하나씩 되살리고 나니, 이들이 1795년의 마지막 『해리스 리스트』와 함께 역사 저편으로 완전히 사라

---

*   14세기 헝가리의 엘리자베스 여왕이 애용하던 화장수. '엘리자베스 여왕의 물' 또는 '영혼의 물'이라고 불린다. 알코올을 기반으로 한 최초의 향수로 여겨진다. (옮긴이)

**   아몬드 열매로 맛을 낸 과실주. (옮긴이)

져 버린 것은 아니라는 생각에 묘하게 위로가 된다. 나는 믿고 싶다. 그
들의 흔적은 지금도 남아 이 오래된 도시의 일부가 되어 여전히 우리
곁을 거닐고 있다고.

2020년 런던

헬리 루벤홀드

책에 관하여

1757년, 아일랜드 출신의 빈털터리 시인과 셰익스피어즈 술집Shake-spear's head tavern*(이하 셰익스피어즈)의 수석 웨이터, 그리고 런던의 이름난 고급 접대부가 함께 『해리스의 코번트가든 여자 리스트Harris's List of Covent Garden Ladies』라는 작은 책자를 하나 출간했다. 런던 매춘부들의 이름과 '전공'을 상세하게 기술한 이 저질 출판물은 약 25만 부를 팔아 치우면서 18세기의 가장 수치스럽고도 성공적인 문학 작품 중 하나가 되었다. 출간 직후부터 1795년까지, 한창 잘나갈 때의 '해리스 리스트'는 쾌락을 좇는 신사들의 필수품이었다. 그러나 우리는 이 자극적인 기록의 표면이 아니라 이면을 읽을 것이다. 우리는 이 리스트의 행간에서 조지 왕조 시대에 이 책의 수익으로 생계를 유지했던 사람들의 성적 인생사를 엿볼 수 있다.

『코번트가든의 여자들』은 새뮤얼 데릭, 존 해리슨(일명 잭 해리스),

---

*   흔히 '태번(tavern)'을 '선술집'으로 번역하곤 하는데, 엄밀히 말해 틀린 번역이다. 선술집은 선 채로 간단하게 술을 마실 수 있는 술집을 뜻하고, 서양의 태번은 술과 음식을 판매할 뿐만 아니라 숙박용 객실도 갖춘 시설을 말한다. 태번은 이 책에서 자주 등장하는 장소 중 하나다. 이 책에서는 포괄적인 일반 명사인 '술집'으로 번역했다. (편집자)

샬럿 헤이즈라는 세 명의 별난 인물에 관한 이야기다. 이들의 복잡하고도 강렬한 삶이 이 책에 한데 어우러져 있다. 이 책에 담긴 진짜 역사는 가난과 사랑, 열망과 치욕을 주제로 하는 한 편의 희비극 오페라이다. 이 이야기는 술집 주인과 포주와 손님과 사기 도박꾼, 무엇보다 다양한 성격의 성 노동자와 매음업자가 득실거리는 18세기 런던의 어두컴컴한 뒷골목으로 독자를 안내한다

일러두기

1. 주석은 전부 모두 각주로 처리했다. 옮긴이 주와 편집자 주에는 (옮긴이), (편집자) 표시를 했다.

2. 맞춤법과 외래어 표기는 국립국어원 맞춤법과 외래어 표기법을 따랐으나, 인명 등 일부 표현은 관례와 원어 발음에 따랐다.

3. 단행본은 겹낫표(『 』)로, 정기간행물은 겹화살괄호(《 》)로, 시나 단편소설, 기사 등의 글은 홑낫표(「 」)로, 영상이나 연극의 제목은 홑화살괄호(〈 〉)로 표기하였다.

4. 대괄호([ ])는 저자나 옮긴이가 부연 설명을 위해 본문 중 추가한 부분이다. 옮긴이가 임의로 추가한 부분에는 '―옮긴이'로 표시했다.

5. 이 책의 주요 소재인 『해리스의 코번트가든 여자 리스트』는 18세기 런던에서 가장 많이 팔린 책 중 하나로, 성매매에 종사한 당대 여성들의 신상 명세와 특기를 나열한 명부다. 본문에는 대부분 『해리스 리스트』로 줄여 표기했다. 경우에 따라 '해리스 리스트' 또는 별도의 기호 없이 간략히 표기하기도 했다.

6. 본문에서 고딕으로 강조된 부분은 원서에서 저자가 이탤릭체로 강조한 부분이다.

Chapter 1

막이 오르다

알아보기 힘들겠지만, 지금 서 있는 이곳은 코번트가든*이다. 유리와 철로 된 시장의 아치형 지붕과 북적이는 관광객이 사라진 코번트가든은 낯설다. 거리의 예술가들도, 인력거도, 자질구레한 플라스틱 물건을 파는 잡화점도 온데간데없다. 여기 있는 것은 있는 그대로의 코번트가든, 즉 자갈과 흙먼지, 뚜껑 없는 하수로가 완벽하게 보존된 18세기 중반의 광장이다.

코번트가든은 아침 첫 햇살이 드리우는 순간부터 다채롭게 빛난다.

---

* 코번트가든은 오늘날 런던의 주요 관광지이자 상업 중심지이다. 세계적인 공연장인 로열오페라하우스가 자리 잡고 있으며, 버스킹 공연이 자주 열리는 지역이기도 하다. 전통과 혁신, 고급문화와 통속문화가 어우러지는 런던의 명소이다. (편집자)

이른 시간에도 시장 광장은 런던다운 생기가 넘실거린다. 과일상과 야채상, 짐꾼, 음유시인, 칼 가는 사람, 우유 짜는 여자들이 각자의 일을 하며 바쁘게 서로를 피해 돌아다닌다. 팔꿈치가 불그레하고 챙이 넓은 밀짚모자를 쓴 여자들이 물건이 든 광주리를 허리에 걸쳐 균형을 잡는다. 모직 프록코트를 입거나 가죽 앞치마를 맨 남자들은 졸린 눈 위로 삼각모를 눌러쓴 채 힘겹게 일한다. 아이들은 맨발로 개를 쫓아 뛰어다니고 노인들은 자신의 등만큼이나 구부러진 지팡이를 짚은 채 절뚝절뚝 돌아다닌다. 이가 빠지고 주름이 자글자글한 이 여자들은 실제 나이보다 훨씬 늙어 보인다. 쌀쌀한 새벽 날씨에 대비해 옷을 단단히 껴입고 흥정하는 이들은 대부분 이 대도시의 가정부 부대 소속으로, 주인 내외가 일어나기 전에 저택으로 돌아가려고 묵직한 장바구니를 들고 종종걸음 칠 것이다.

이 화려한 시각의 축제에 특유의 향기와 소리도 빠질 수 없다. 신선한 것과 썩어 가는 농산물이 뒤섞여 무더기로 쌓여 있는 시장에서는 양배추와 사과가 달콤한 악취를 풍긴다. 사방에 눅눅한 말똥 냄새가 진동하고, 누르스름한 석탄 연기와 땔나무 타는 매캐한 향이 가득하다. 시궁창에서는 이보다도 더 이상한 냄새가 난다. 아직 하수구가 제대로 갖춰지지 않은 18세기 런던은 악취에 절어 있다. 부패와 분뇨 냄새가 느닷없이 코를 찔러 온다. 향수 뿌린 손수건이나 꽃다발로 코를 막아 능숙하게 대처하는 부자들과 달리, 빈민들은 그저 견디는 수밖에 없다. 이들 노동자 계급은 삶의 고됨을 노래로 달랠 수 있다는 사실을 오래전부터 알고 있었고, 그래서 광장에는 온통 멜로디가 흘러넘친다. 이들이 휘파람이나 콧노래로 흥얼거리는 노래는 주로 근처의 두 극장에서 들리는 노랫가락이다. 음악은 광장 동쪽 끝에 있는 코번트가든극장과 경쟁 업체인 드루리레인극장의 저녁 쇼에서 으뜸가는 요소다. 밤이고 낮이고 악기 소리와 목소리로 시끌시끌한 구역이다.

무대조명이 꺼지면, 다시 시장의 합창이 시작된다. 물건을 사라고 외쳐 대는 상인들의 소리가 뭉쳐 불협화음을 이룬다. 모과 사시오, 오렌지 사시오 호객하는 달콤한 권유 사이사이로, 시시덕거리며 농담을 주고받거나 떠들썩하게 싸우는 소리가 섞인다. 이들의 또랑또랑한 외침 너머로 또 다른 형태의 음악들이 들려오기도 한다. 말발굽이 또각거리는 소리, 나무 바퀴가 덜컹거리며 삐걱이는 소리, 문이 쾅 닫히는 소리, 불룩한 통이 구르는 소리, 아이가 울어 대는 소리, 동물이 꽥꽥거리고 힝힝대는 소리. 이곳에는 나직이 돌아가는 엔진이나 일을 대신해 줄 전기나 기계는 없다. 땀범벅이 되어 끙끙대는 인간과 짐승만 있을 뿐.

코번트가든은 이렇게 활기찬 장터이지만, 번잡스러운 아침 장사 말고 다른 것도 아주 많다. 여기 오는 사람이 전부 푸딩과 파이를 만들 과일을 사러 오는 건 아니다. 오후가 되어 그날의 마지막 물건이 팔리고 나면, 더 수익성 좋은 시장이 슬슬 잠에서 깨어 기지개를 켠다. 이제 거래의 중심은 광장 한복판 채소 시장에서 그 주변 돌벽 건물들로 옮겨 간다.

시야기 훤히 트인 광장에서 북쪽으로 몸을 틀면, 악명 높은 소굴이 여럿 눈에 들어온다. 북동쪽 모퉁이, 아케이드 보도 뒤편으로 살짝 가려진 장소가 우리 이야기의 배경이 될 주요 무대 중 하나이다. 영국에서 가장 사랑받는 시인의 얼굴이 그려진 근사한 간판이 흔들거리는 아래로, 셰익스피어즈라는 술집의 입구가 나타난다. 이곳의 어둑한 실내에서 벌어진 사건들의 추악한 세부 사항은 앞으로 차차 밝히기로 하자. 셰익스피어즈 남쪽 옆에 있는 베드퍼드 커피하우스는 아주 살짝 점잖은 가게다. 연극계와 문화계의 유명 인사들이 그곳을 드나들면서 세련된 곳이라는 평판을 얻은 덕분에, 옆 가게처럼 뒤가 구리다는 오명을 뒤집어쓰는 일은 간신히 면했다. 셰익스피어즈의 북쪽 맞은편에는 포주인 제인 더글러스 부인의 우아한 매음굴이 있다. 인근의 술꾼들 덕택에 마담 더글러스의 '딸'들은 손님이 끊이지 않았고, 1760년대 초반까지 사업은 크게 번창했다. 그 뒤로 매춘업의 중심지는 더 깔끔한 소호에 이어 세인트제임스, 메이페어, 피커딜리처럼 런던의 더 세련된 지역으로 옮겨 가지만, 당시에는 이 죄악의 한구석에 자리 잡은 제인 더글러스와 코번트가든 뚜쟁이들이 꽤 잘나갔다. 광장 바로 남쪽 러셀스트리트 모퉁이에 있는 해덕스 배니오*의 주인들도 높은 수익을 내고 있었다. 귀족들은 한 지붕 아래에서 증기탕과 식사, 성매매를 한꺼번에 마음껏 즐길 수 있는 신세계에 열광했다. 어느 밤에든지 이들이 해덕스와 근처 베드퍼드암스 술집(베드퍼드 커피하우스나 메이든레인에 있는 베드퍼드헤드 술집과는 또 다른 곳이다) 사이에서 갈팡질팡하는 모습을 볼 수 있을 것이다. 이렇게 육체적인 유흥거리가 너무 많은 탓

---

* 배니오(bagnio)는 이탈리아어 'bagno'에서 유래한 말로, 처음에는 터키식 목욕탕을 가리켰으나 나중에는 '매음굴', '사창가' 같은 의미를 띠게 된다. (편집자)

에, 광장 서쪽에서 소박한 아름다움을 드러내고 있는 세인트폴교회를 무시하는 죄쯤은 눈감아 줄 수도 있을 것이다. 교회는 백 년 동안 그곳에 서서 그저 묵묵히 지켜보고 있을 뿐이다.

세인트폴교회가 마치 감시자처럼 내려다보고 있지만, 광장은 그러거나 말거나 신경 쓰지 않는다. 광장 주변에는 앞서 소개한 곳 외에도 음탕한 업소가 널렸다. 이웃한 거리에는 온통 유곽이나 툭하면 싸움이 벌어지는 술집, 시끄러운 커피숍, 토끼장처럼 빽빽이 들어선 '일하는 여성들'의 싸구려 숙소 천지다. 그중에서도 광장 동쪽의 보우스트리트, 드루리레인, 브리지스스트리트가 가장 악명 높은 거리다. 브리지스스트리트(지금의 캐서린스트리트)와 러셀스트리트가 만나는 모퉁이에는 셰익스피어즈의 경쟁 업체인 로즈 술집Rose Tavern이 자리 잡고 있다. "포즈 걸"들이 벌거벗은 채로 테이블 위에서 이리저리 몸을 흔드는 "외설스럽고 저속한 곳"이다. 잔과 컵이 날아다니고, 사람들은 눈이 찢어지고 코가 깨진다. 물론 밤거리라고 더 안전하진 않다. 대로든 골목이든 죄 노상강도들의 소굴이다. 집까지 횃불을 비춰 주겠다며 접근하는 천사같이 순진한 얼굴의 소년들도 강도와 한패인 경우가 많다. 이 구역 사람들은 원하는 것이라면 수단과 방법을 가리지 않고 기어이 손에 넣으려 한다. 코번트가든의 방식에 빠삭한 신사들은 '숙녀들'과 즐기는 동안에도 시계에서 눈을 떼지 않고 지갑에도 손을 올려둔다.

공교롭게도, 이 죄악 가득한 동네의 바로 오른편 보우스트리트에는 이 구역을 관할하는 사법부가 위치해 있다. 그것도 유곽과 술집들 사이에 끼인 채로. 이곳의 치안판사는 존 필딩으로, 그의 형 헨리 필딩은 죽는 날까지 동생을 훌륭하게 보좌했다.[*] 여기엔 지금 우리가 알고 있는 공권력은 존재하지 않는다. 야경꾼은 사실상 쓸모가 없고, 뇌물에 쉽게 넘어간다. 그럼에도 필딩 판사는 최선을 다해 범죄와 싸웠고, 범법자를 체포하기 위한 8인의 검거반을 꾸렸지만, 별반 달라진 것은 없다. 이곳은 악당들의 천국이다.

코번트가든에 처음 살았던 이들은 이런 미래를 상상조차 못 했을 것이다. 1630년대, 베드퍼드 가문의 제4대 백작은 건축가 이니고 존스에게 이탈리아풍의 고상한 광장 설계를 의뢰했다. 처음에 이곳에는 지방 귀족들의 런던 저택이 모여 있었으나, 1663년 왕립극장이 생기면서 일대가 점점 이상해졌다. 풍기를 해치는 극장과 소속 배우들이 어중이떠중이들을 몰고 왔고, 그 어중이떠중이들이 술과 매춘을 즐겨 하고… 보통은 이렇게 설명한다. 하지만 광장을 슬쩍 둘러보기만 해도, 그 누구보다 열성적으로 유흥에 탐닉하는 이들은 바로 귀족들이라는 사실을 분명히 알 수 있다. 그들의 돈이 아니었다면 이 구역이 타오르는 불꽃처럼 번창하지는 못했을 것이다. 농산물 시장이 막 가판을 세우던 1670년에도, 육체를 납품하는 장사꾼들은 이미 가게를 차리고 있었다.

저녁이 되어 가로등이 켜지고 술집과 커피하우스의 창문이 은은한 오렌지빛으로 빛나면, 광장은 짙게 화장한 얼굴을 드러낸다. 웃음소리와 고함이 들려오고, 짓궂은 희롱과 주먹질이 펼쳐진다. 갈급한 짝짓기의 움직임에 맞춰 벽과 마룻장이 흔들거린다. 아이들이 잉태되고,

---

[*] 존 필딩은 시각장애인이었고, 헨리 필딩은 당대 영국 사회에서 가장 인기 있는 소설가 중 한 명이었다. (옮긴이)

카드 게임에서는 재산이 날아간다. 남자건 여자건 할 것 없이 진, 와인, 맥주, 브랜디의 유혹에 넘어간다. 어떤 이는 테이블 밑으로 미끄러지고 또 다른 이는 제 옷에 토를 한다. 이곳에서 쾌락을 좇는 일에는 위아래가 따로 없다. 공작의 아드님이 재단사의 딸이나 빈털터리 시인과 한데 어우러져 술을 마신다. 부유한 상인과 장교, 변호사와 화가, 범죄자가 자유분방하게 어울린다. 모든 것이 계급에 의해 구분되는 영국이라는 나라에서, 이곳 코번트가든은 분명 눈에 띄는 장소다. 여기서 벌어진 일들을 목격한 사람이라면 누구라도 그렇게 생각할 것이다. 코번트가든을 관찰한 어느 익명 작가가 이렇게 썼듯이.

화려한 옷을 입은 멋쟁이들이 여기 있네
마치 귀족처럼, 지주처럼 허풍을 떠네
음유시인, 사기꾼과 서민, 칼 든 악당, 속는 놈과 웃긴 놈
기묘하고 놀라운 무리

드물게 나타나곤 하는 18세기의 유명 인사들은 이 '기묘하고 놀라운 무리'를 한층 더 밝게 빛내 준다. 베드퍼드 커피하우스나 매클린스 피아자 커피하우스에서는 당대 최고의 배우 데이비드 개릭과 칭송받는 사전 편찬자 새뮤얼 존슨 박사가 대화에 푹 빠져 있는 모습을 발견할 수 있다. 여배우 지망생이나 극작가들을 데리고 나타난 배우 새뮤얼 푸트를 보게 될 수노 있다. 새뮤얼 데릭도 분명 그런 극작가 중 하나일 것이다. (앞으로 그의 이야기를 더 많이 듣게 될 것이다.) 푸트와의 대화

를 마친 데릭은 아마 배우 네드 슈터와, 그와 팔짱을 낀 무용수 낸시 도 슨에게로 옮겨 갔을 것이다. 완벽한 사진을 찍으려고 렌즈를 들이대는 파파라치도 없었으니, 슈퍼스타들의 삶은 얼마나 편했을까.

저녁의 광장에는 여자보다 남자들이 훨씬 더 많다. 밤이 이슥한 광 장에서는 '진정한 숙녀'를 찾아볼 수 없다. 우아한 모자와 반짝이는 보 석으로 꾸민 고상해 보이는 여성들도 '타락한 자매들' 중에서 그나마 성공한 이들일 뿐이다. 사회는 남자에게 봉사하려고 소중한 정절을 버 리고 신성한 몸을 더럽힌 여자들을 여러 이름으로 부른다. 거리의 여 자, 키프로스인* 또는 키프로스 군단, 더러운 년, 가벼운 년, 애첩, 화냥 년, 화류계, 기생, 닳고 닳은 년, 굴러먹은 년, 바람난 년, 비너스의 후예, 님프, 요부, 첩, 작부, 타락한 년, 갈보, 창녀, 매춘부 등등**. 이들의 출신 지역과 성장 배경은 다양하다. 우리의 주인공 '비너스 숭배자' 샬럿 헤이즈처럼 성매매 여성에게서 태어난 사람도 있고, 고아, 유혹에 빠진 하인, 가난한 재봉사, 숙련된 모자공, 꿈 많은 배우 지망생, 강간 피해자 처럼 나중에 유입되는 사람도 있다. 런던 토박이도 있지만, 스코틀랜드 와 아일랜드처럼 런던 밖 어디에서도 올 수 있다. 프랑스, 이탈리아, 네 덜란드, 독일을 비롯하여 아메리카 대륙의 식민지나 서인도제도처럼

---

* 키프로스에서 비너스 여신을 숭배하는 문화가 융성한 데서 나온 용어로, 성매매 여 성을 지칭하는 완곡한 표현. (옮긴이)
** 성매매 여성들을 일컫는 원문의 다양한 어휘들은 현대 한국어와 일대일로 대응되지 않는다. 다음은 원문에 언급된 용어들의 목록이다: impures, strumpets, light girls, thaises, wantons, demi-reps, demi-mondaines, jades, hussies, tarts, votaries of Venus, nymphs, jezebels, doxies, molls, fallen women, trollops, whores and harlots (편집자)

아주 먼 곳에서 이 해안가로 떠밀려 온 이들도 있다. 이들의 구성은 이 주자의 도시 런던에 얼마나 다양한 인종과 민족이 있는지를 보여 주는 단면도나 다름없다.

통념과는 달리, 코번트가든의 모든 '숙녀들'이 가난의 품에서 태어나지는 않았다. 18세기에 사람들의 생활 수준은 쉽게 바뀌었다. 누구에게도 보장된 것은 없었다. 정부 보조금이나 근로자 연금도 없고, 실업수당이나 장애수당도 없다. 일자리를 잃으면 밥을 먹지 못한다. 먹고살려면 죽을 때까지 일해야 한다. 국가가 책임지는 의료 서비스라는 개념은 사회 개혁가들조차 떠올려 본 적 없다. 이 시대에 런던 사람이 되기란 만만치 않은 일이다.

경제, 사회, 정치 또한 모든 면에서 달라지고 있었다. 영국은 아메리카에서 오래된 제국을 잃고 인도에서 새로운 제국을 얻는 기로에 서있다. 원료가 쏟아져 들어오고, 흥미롭고도 유용한 물건들이 가게 앞을 채운다. 계절이 바뀔 때마다 새로운 빌딩, 거리, 광장이 들어선다.

여기저기 돈 벌 기회가 널린 듯 보이지만, 속지는 말자. 치욕적인 파산자 명단이 실린 신문은 다른 얘기를 전한다. 런던은 투기꾼과 채무자 천지다. 수많은 중간계급 가문이 대출금을 갚느라 허리띠를 졸라맨다. 그러면서도 살림살이를 최신으로 갖춰야 한다는 압박에서 벗어나지 못한다. 모두가 가장 좋은 옷을 입고 높은 지위를 상징하는 가구로 집을 꾸미려고 하지만, 임대료는 감당하기 어려워지고 개인 부채는 걷잡을 수 없이 치솟는다. (어디서 많이 들어 본 얘기 아닌가?)

이즈음 새롭게 형성되기 시작한 중간계급은 아직 정형화되지 않는 생소한 집단이다. 같은 중간계급이더라도 맨 위쪽을 차지하는 이들은 귀족만큼이나 부유한 반면, 중간과 아래쪽에 해당하는 사람들은 집단에서 밀려나지 않으려고 안간힘을 쓴다. 영세 소매상, 수공업 장인, 약제상, 출판업자, 교사, 하급 성직자 같은 사람들 말이다. 바로 이 '위태로운 중간계급', 사회적 계층의 아래쪽 끝을 왔다 갔다 하는 가족들이 세계적 대도시 런던의 고급 유곽에 딸을 넘기는 사람들이다.

파산의 이유야 허다하다. 화재가 나서, 법적 분쟁에 휘말려서, 어느 해 사업이 잘 안 풀려서, 하룻밤의 경솔한 도박 때문에. 저기 플리트 채무자 감옥*이 손을 흔들며 인사하면, 도자기, 테이블보, 고급 실크, 가구를 전당포에 맡겨야 할지도 모른다. 자기 소유의 집에서 안락하게 살던 가족이 두 칸짜리 셋방에서 살게 될 수도 있다. 삶의 안정된 지점에서 한 발짝만 잘못 디뎌도 범죄의 구렁텅이로 떨어진다. 물론 이듬해에 다시 재산을 모으고 세간을 되찾아 안락한 집으로 돌아갈 수도 있지만, 반대로 가난의 수렁에 더 깊이 빠질 수도 있다.

18세기에 빈민의 삶보다 더 나쁜 일은 없다. 가난이란, 영양실조로 인해 늘 질병에 시달리며 끝없는 배고픔과 몸의 불편함을 겪는 것이다. 씻지 않은 타인은 물론이고 쥐, 이, 벼룩, 빈대와 침대를 함께 쓰는 끔찍한 생활환경을 견뎌야 하는 일이다. 다 해진 누더기를 걸치고 극심한 추위에 떨며, 심지어 갈아입을 속옷조차 하나 없는 것이 가난이

---

* 런던의 악명 높았던 감옥. 플리트강과 근접해 있어 플리트라는 이름이 붙었다. 19세기에 이르러 플리트 감옥의 열악한 환경이 문제시되었고, 감옥 시스템의 개혁을 요구하는 목소리가 사회적으로 대두된다. 찰스 디킨스의 소설을 비롯한 당대의 많은 문학 작품과 역사적 기록에서 언급되는 감옥이다. (편집자)

다. 18세기 런던에서 가난한 사람은 발언권도 투표권도 없고, 사실상 아무런 법적 보호도 받지 못하며 진정한 정의 같은 것은 꿈도 꿀 수 없다. 다른 무엇보다도, 진짜 가난이란, 자신보다 잘사는 사람들을 겁내고 남들에게 매도당해야 한다는 것이다. 가난한 사람은 경멸당한다. 인간 이하의 취급을 받거나 아예 없는 사람으로 치부된다. 폭력의 희생자가 되거나 싸구려 진에 절어서 정신이 피폐해지기도 쉽다. 누구라도 받아들이고 싶지 않은 비참하고 굴욕적인 삶이다. 열심히 노력하면 이 수렁에서 빠져나올 수 있을지도 모르지만, 쉽게 구할 수 있는 일자리는 대부분 보수가 낮다. 눈앞에는 언제나 범죄의 세계가 열려 있다. 여성들에게 성매매는 상당히 도움이 되고, 개중 몇몇은 많은 돈을 벌어 사회적지위를 올리기도 한다. 소매치기, 강도, 빈집 털이, 장물 매매, 매춘 알선, 서류 위조, 사기 도박도 꽤 좋은 돈벌이 수단이다. 운 나쁘게 빈곤에 빠진 불운한 사람이 이 사나운 도시 런던에서 살아남을 방법은 그뿐인지도 모른다.

『해리스의 코번트가든 여자 리스트』는 이런 사람들의 이야기이다. 18세기 영국 사회의 변두리에서 목숨을 간신히 부지하던 사람들. 계층 사다리에 언제까지나 불안정하게 매달려 있고, 점잖은 사람들의 '정상적인' 집단으로의 입장을 절대로 허락받지 못할 사람들. 존 해리슨(잭 해리스), 새뮤얼 데릭, 샬럿 헤이즈는 이런 범주의 사람들을 대표하는 인물들이다. 우리는 이 우화에서 역사의 미미한 행위자들, 흔히 말해 아웃사이더들의 흥미로운 삶의 단면도를 보게 될 것이다. 그들은 상습적인 범죄자, 결연하지만 가난한 시인, 포주의 딸이다. 이야기를 시작하기 전에 먼저 우리가 기억해야만 하는 사실은, 우리가 우리 시대의 산물이듯이 이 사람들은 자기 시대의 산물이라는 것이다. 그들이 지닌 견해와 편견은 지금보다 훨씬 덜 관용적인 시대의 산물이었다. 그러니 당시의 도덕주의자들처럼 그들이 원래 나쁜 놈이라 나쁜 짓을 저지른다고 생각하는 실수는 하지 말자. 이는 좀도둑일지라도 죄다 올가미에 매달아 교수형에 처해야 한다는 단순 무식한 논리다. 지금까지 우리는 18세기 런던이 어떤 곳이었는지 대략 살펴보았다. 그곳은 극한의 궁핍과 잔학 행위, 학대와 불평등이 일상인 세계였다. 설령 다른 사람을 빈곤의 고통에 빠뜨리더라도 자신만은 그 고통을 겪고 싶지 않다는 욕구가 모든 사람의 가슴속에 깊이 박혀 있었다. 이 책은 악행을 저지른 사람이 벌받고 착취당하는 사람들이 명예를 되찾는 이야기가 아니다. 제인 오스틴의 소설 속 특권층이 누리는 안전하고 유복한 18세기와도 아무런 상관이 없다. 상류사회의 내부에서 밖을 내다보는 제인 오스틴 같은 사람들의 시선은 이렇게 어둡고 후미진 구석에까지 이르진 못한다. 『해리스 리스트』에 실린 인물들의 야한 일대기에도, 이 책 전체에도 맘 편한 교훈 따위는 들어 있지 않다. 하지만 언제는 역사가 흥미로운 이야기에서 기분 좋은 교훈을 내어 주던가.

Chapter 2

잭 해리스의 전설

잭 해리스는 환상이 넘쳐 나는 요람에서, 그러니까 두 극장의 사이에서 태어났다. 코번트가든에서는 그 무엇도 보이는 그대로 믿을 수 없었다. 배우들은 가상 인물을 연기하고, 가면을 쓴 익명의 남녀는 쾌락을 좇는 군중들 사이를 오갔다. 이런 무대에서는 자취를 감추기도 쉽고 다른 사람이 되기도 쉬웠다. 교만과 어리석음에 사로잡히기 전까지, 잭 해리스는 결코 무대 위 스포트라이트에 들어서지 않았다. 자신이 진짜 누구인지, 어떻게 살았는지 아무에게도 알려 주지 않았다. 해리스는 감추기에 능했고, 그가 사람들에게 내보인 얼마 안 되는 자기 이야기도 완전히 조작된 것이었다.

하지만 1758년의 떠들썩한 체포 이후, 해리스는 자신의 인생사를 써서 어쩌다 악행을 저질렀는지 변명해 줄 매문가를 고용했다.

이 이야기에 따르면, 부모가 그를 낳기 훨씬 전부터 그의 가족은 힘들게 살 팔자였다. 그의 아버지는 "서머싯주洲의 좋은 가문" 출신이지만, 장남이 아니라서 유산을 물려받을 수도 없고 출세의 가망도 없었다. 그는 해리스의 어머니와 사랑만으로 결혼했고, 그 결과 고지식한 친척들과 등지게 되었다. 돈도 지위도 없이 떠밀려 나온 젊은 부부는 런던에 가기로 결심했다. 해리스의 아버지는 "높은 신분이나 명예직, 연금을 지닌 거물들에게 많은 약속"을 받아 놓은 터였다. 엄연히 지주계급의 일원이었던 해리스의 아버지가 자신의 야망을 실현하도록 도와줄 협력자들이 내각에 많이 있다고 생각했다.

그러나 안타깝게도, 막상 수도에 도착하자 아무도 그를 반겨 주지 않았다. 일찍이 호의를 약속했던 사람들도 어깨를 으쓱하며 어디서든 잘되길 바란다고 운이나 빌어 주고 끝이었다. 1720년대 중반 해리스가 태어나자, 이 젊은 가정의 자산은 급격히 소진되었다. 입에 풀칠이라도 해야겠기에, 해리스의 아버지는 펜을 들었다. 그는 헛된 희망을 부추겨 자신을 런던으로 꾀어낸 사람들에 대한 분노와 배신감에 불타서 독설을 줄줄 퍼부었고 "자신을 그토록 욕보인 사람들을 욕보이는 데 실패하지 않았다". 그는 골수 휘그당원*이었지만, 정치적 소속을 재고하

---

* 휘그당(Whig Party)은 명예혁명을 이끈 영국의 주요 정당으로, 자유주의적인 색채를 띠었다. 성공회가 국교였던 영국에서 가톨릭교도인 제임스 2세의 즉위를 반대하는 사람들이 모여 결성하였다. 왕권을 제한하는 의원내각제로의 전환에 핵심적인 역할을 했으며, 오늘날 영국의 초대 수상으로 간주되는 로버트 월폴이 휘그당 소속이었다. 1678년부터 1859년까지 존속했다. (편집자)

게 되었다. 귀족 사회의 오랜 동료들이 그를 받아 주지 않는다면, 반대파로 옮겨서 귀족들을 공격하기로 마음먹었다. 해리스의 아버지는 "곧 반反여당파 저술가들 사이에서 두각을 나타냈고" 그 결과 지방파**가 그를 받아들였다.

해리스의 아버지는 엄격한 명예훼손법에도 아랑곳 않고 의회 지도자인 로버트 월폴 경을 악랄하게 공격했다. 한번 날카롭게 벼린 펜은 다시 내려놓기 어려웠다. 적개심이 가득한 글로 돈을 벌고 부유한 후원자들이 여럿 생기면서 더욱 그랬다. 해리스 부부의 처지는 나아지는 듯했고, 맏아들의 교육 문제도 고민하기 시작했다. 그런데 "[해리스를] 웨스트민스터학교에 보내려는" 바로 그때, 일이 틀어졌다. 해리스의 부친이 체포된 것이다.

그의 치명적인 실수는 기득권층의 눈엣가시인 너새니얼 미스트와 한패가 된 것이었다. 스튜어트 왕가***의 복위를 뻔뻔하게 주장하는 것으로 잘 알려진 천박한 신문 《미스트 위클리 저널》은 비밀리에 인쇄기를 돌리다가 1728년 당국에 발각되어 박살이 났다. 그러나 미스트 일당은 감옥에서 발에 쇠고랑을 차고도 잡지의 이름을 《포그스 위클리 저널》로 바꿔서 비방을 재개했다. 얼마 지나지 않아 불시 단속으로 이

** 지방파(Country Party)는 조직을 갖춘 정당이라기보다는 당대 영국에서 지방의 이익을 대변하는 이들의 정치적 성향을 드러내는 용어였다. 주로 지방의 토지 소유 귀족들과 젠트리 계층으로 구성되었다. 18세기 초중반 로버트 월폴이 집권하던 시절에 휘그당의 반대 세력이었다. (편집자)

*** 제임스 2세가 스튜어트왕조 출신이다. 친(親)가톨릭적이었던 스튜어트왕조는 스코틀랜드와 아일랜드에서 널리 지지받았다. 스튜어트 왕조의 복위를 추진하던 정치 세력을 '자코바이트'라고 부른다. (편집자)

일도 끝났다. 소탕 과정에서 몇몇 반여당파 저술가가 체포되었는데, 그중 한 명이 해리스의 아버지였다.

그는 감옥에 갇혀서 다시 한번 친구와 정치적 동지들의 도움을 기대했지만, 아무도 찾아오지 않았다. 잭 해리스는 이렇게 회고했다. "아버지는 보석금을 내지 못해 몇 주 동안 감옥에 계셨다. 동료들은 아버지에게 일어난 불행을 듣자마자 모두 등을 돌렸다." 해리스의 아버지는 걷잡을 수 없는 우울에 빠져 회복이 어려울 지경이었고, 사태는 점점 더 나빠지기만 했다. 당국은 그의 죄를 무겁게 여겼고, 그는 킹스벤치 교도소로 이감되어 징역 3년을 선고받았다. 게다가 벌금도 500파운드나 부과받았는데, 해리스 가족으로서는 감당하기 어려운 액수였다. 1730년대 중반, "간수가 아무도 아버지를 만날 수 없다는 엄격한 명령을 받은 것처럼 굴었던" 시기에도 잭 해리스는 아버지를 계속 찾아가 만났다. 몇 년 후, 잭은 그토록 지치고 낙담한 아버지를 지켜보면서 커다란 영향을 받았다고 술회했다. 해리스의 아버지는 무너졌다.

> 부친을 덮친 불행 탓에, 타고난 성미가 더욱 고약해져서
> 결국 완전히 인간을 혐오하게 되셨다. 양측의 동료에게서 받은
> 부당한 대우 때문에, 모두를 끔찍이 증오하게 되었다. 당신을
> 기만한 세상에 똑같이 되갚아 줄 기회를 얻지 못하면서,
> 아버지는 스스로 만든 감옥에 갇힌 듯했다.

배신당해 지치고 병든 해리스의 아버지는 아들에게 자신의 실수를

교훈 삼아 정직하게 살려는 쓸데없는 노력은 하지 말라고 당부했다. 그는 마지막으로 아버지 노릇을 하려고 간신히 펜을 들어 삶의 지침을 적어 뒀다. '올바른 처신을 위해 아들에게 주는 건전한 조언'이라는 글인데, 감방에서 면회 온 어린 아들을 앉혀 놓고 전달했던 생각을 정리한 것이다. 돈이 없을 때 제도권 교육은 아무런 쓸모가 없다는 사실도 다시 한번 알려 주었다. 오히려 본인이 몸소 겪어서 아는바, "배움만큼 돈벌이에 장애가 되는 것도 없"었다. 그는 말했다. "아니다, 아니야, 아들아, 네가 완전히 다른 직업을 준비할 수 있도록 내가 도와주마."

아들아, 돈을 벌고 싶다면 인간이 무엇을 갈망하는지 자세히 살펴서 그것을 이용해라. 명예를 원하는 사람이 있다면, 물불 가리지 말고 그를 세상에서 가장 위대한 애국자로 만들어 주어라. 하지만 그의 명성에 마침표를 찍기 전에 네가 받을 보상부터 분명히 해 두어라. 계집질을 좋아하는 사람이냐? 포주는 잘나가는 직업이고, 흔히 하는 일이다. 안 그러면 포주들이 그 일을 왜 하겠느냐. 의석을 원하는 사람이라면, 그에게 투표하고 그를 위해 뇌물을 뿌리고 그가 믿을 만하다고 보증을 서 주어라. 이런 일을 한다고 해서 해될 건 하나 없다. 양심적인 사람들은 거짓이라는 이유로 보증을 꺼릴 수도 있지만, 보증이 사실일 수도 있잖니. 보증의 내용을 공표하지만 않는다면 진실인지 거짓인지 구별할 수 없고, 이 모든 과정은 너무 빠르게 진행돼서 네가 이해하려

해도 이해할 수 없단다. 후원자가 도박을 좋아한다면,
손기술을 배워서 최대한 그를 속여라. 조심하거라, 걸리면 안
된다. 만약 걸린다면, 절대 아니라고 장담하고 허풍을 떨고
싸움을 걸어서 죽여라. 그렇게 명예를 되찾아라. 매일같이
이런 일이 벌어지고 성공한단다. 네가 속인 사람의 피만이 네
악행에 대한 비방을 씻어 낼 수 있다! 양심의 가책에 굴복하지
마라. 이 세계에서 성공하려면 그따위 것은 티끌만큼도 가져선
안 된다.

처음에 잭 해리스는 아버지의 조언을 듣고 깜짝 놀랐지만, 나중에
는 결국 그 속에 담긴 이치를 이해하게 되었다. 그것은 아버지의 죽음
과 함께 그의 손에 전해진 가슴 뭉클한 전언이었다.

잭의 부친이 가족에게 남긴 것이라곤 굶주릴 앞날뿐이었다. 물론
맏아들의 가슴속에 범죄의 씨앗도 심어 놓았다. 해리스는 아버지의 조
언을 "유일한 자산 삼아" 무장한 채, 앞뒤 재지 않고 범죄자의 길로 성
큼 내달렸다. 사람들의 신망을 얻기 위해선 먼저 믿음직한 사람으로
보여야 했다. 적절한 옷차림과 걸음걸이를 갖추면서 해리스의 외양은
제법 신사다워졌지만, "신사 계급이라고 내세울 만한 다른 자질은 전
혀 없이 오히려 뻔뻔하고 무식했다. 하기야 뻔뻔함과 무식함이야말로
현대인의 주요한 성취이기는 하지만".

해리스는 몇 번의 시행착오를 겪고서야 천직을 찾았다. 처음에는
뇌물로 먹고사는 정치 건달이 되려고 했다. 그래서 "선거에서 한몫 잡

겠다는 포부로 웨스트민스터에 집을 구했다. 하지만 총선이 곧바로 치러지지 않았고, 결국 집뿐만 아니라 희망도 전부 내려놓아야 했다". 그 다음에 해리스는 카드 판의 사기꾼이 되기로 마음먹고 "도박판에서 사기 치는 법"을 배웠으나, "머리가 나빠 계산도 못하고 숫자도 몰라서 별 소용이 없었다."라고 탄식했다. 그리고 나서 얼마 지나지 않아 해리스는 자신의 진정한 재능이 어디에 있는지 깨달았다. 타고난 아첨꾼이었던 덕분에 운명의 길이 그의 앞에 펼쳐졌다. 해리스는 분명하게 말했다. "자연이 나를 포주가 되도록 만들었다."

여기까지가 잭 해리스의 슬픈 사연이다. 『이름난 패니 머리 양의 회고록The Memoirs of the Celebrated Miss Fanny Murray』에 실린 이 이야기를 읽은 독자들은 글쓴이의 진솔함에 깜박 속아 넘어갔을 것이다. 잭의 정체와 잘 어울리고, 뼈대뿐이던 해리스의 전설에 살을 붙여 주는 과거사였다. 하지만 잭 해리스는 대체로 불필요한 관심을 끌지 않는 편을 선호했고, 대중의 시선을 한 몸에 받기보다는 술집의 희미한 촛불 뒤에 머무르려 했다. 고객 대부분이 그에 관해 아는 것이라곤 책에 나온 몇몇 단편적인 일화들이 전부였다. 진실은 선택받은 소수만의 몫이었다. 잭 해리스의 이야기가 출간된 지 20년 후인 1779년에, 헬파이어 클럽이라는 방탕한 무리의 오랜 회원 중 한 명이 모든 진실을 밝히기로 작정했다. 런던의 섹슈얼한 뒷골목 세계의 연대기인 『밤의 향연Nocturnal Revels』에서, 그는 잭 해리스를 이렇게 비난했다. "지칭 '해리스'라는 포주는 현재에도 과거에도 세상에 없는 사람이었다." 물론 그의 말이 맞았다. 잭 해리스의 본명은 '존 해리슨'이고, 그의 진짜 이야기는 가명에 맞춰 지어낸 이야기와는 사뭇 달랐다.

잭 해리스와 달리, 존 해리슨의 어린 시절은 평범하기 그지없었다. 존 해리슨은 코번트가든광장 근처의 메이든레인에서 베드퍼드헤드 술집을 운영하는 조지 해리슨의 아들로 태어났다. 자랑할 만한 지주계급 혈통을 타고나지는 않았으나, 잭 해리스의 사연과 어설프게나마 닮은 부분도 있었다. 잭과 마찬가지로, 존이 태어났을 무렵엔 해리슨 가족도 세인트폴 교구 주민이 아니었던 것으로 보인다. 존의 아버지 조지는 아들이 어린아이였던 1740년에 베드퍼드헤드(이 동네에는 같은 이름의 술집이 여럿 있었다)를 개업한 듯하다. 갓 자른 목재로 내부를 장식한 그 술집은 석탄 탄내나 알코올 쉰내, 사람 체취에 찌들지 않은 새로운 업장이었다. 코번트가든만큼 술집을 내기에 적당한 곳은 별로 없었다. 월급이든 물려받은 재산이든 흥청망청 쓰고 다니는 사람들 덕분에 해리슨 가족은 상당한 수입을 얻을 수 있었다. 18세기의 술집은 보통 가족 사업이었으므로, 그의 집안도 대대로 술을 팔다가 자리만 이쪽으로 옮겨 왔을 수도 있다. 하지만 위치가 어디든 간에, 술집은 아이들을 법을 잘 지키는 양심적인 인간으로 기르기에 좋은 환경이라곤 할 수 없었다. 어린 존 해리슨은 음침한 술집에서 자신이 뛰어들게 될 음란하고 폭력적인 세계를 관찰하며 배워 나갔을 것이다.

술집 주인의 아들로서 해리슨은 어릴 때부터 일해야 했다. 베드퍼드헤드에서 그가 처음 맡은 역할은 손님들에게 술을 가져다주고 빈 잔 치우는 일을 돕는 잔심부름꾼, 보조였다. 술집을 경영하려면 읽고 쓰고 셈할 줄 알아야 했으므로, 인근 자선단체가 운영하는 학교에서 정식 교육도 어느 정도 받았을 것이다. 하지만 정말 쓸모 있는 지식은 대부분 아버지나 다른 손위 남자 친척들이 일할 때 따라다니면서 배웠을 것이다. 아버지 조지는 바에 도울 일이 없거나 수익을 계산하지 않을 때면, 맥주를 들고 테이블을 돌아다니는 웨이터들을 감독하거나 수상쩍은 인물들을 감시했다. 존은 적당한 나이가 되자 아버지의 업무를 거들면서 베드퍼드헤드의 충실한 남성 웨이터 대열에 합류했고, 팁을 바라며 손님들에게 고분고분 굴었을 것이다. 신사들 앞에 고기 접시와 와인을 정중히 내려놓으면 고작 몇 펜스를 벌지만, 법을 살짝 어기는 요구를 들어주면 훨씬 큰돈을 받을 수 있다는 사실도 알게 되었다.

베드퍼드헤드가 가족 경영이라고 해서 정직한 업소는 아니었다. 베드퍼드헤드의 평판이 이웃 업소들보다 조금이라도 괜찮았다고 판단할 근거는 전혀 없다. 메이든레인에는 악명 높은 술집들이 널려 있었다. 베드퍼드헤드에서 불과 몇 집 떨어진 곳에 '밥 데리의 사과주 창고'라는, 악취로 머리가 지끈거리는 술집이 있었다. 밥 데리는 아내와 딸, 사위와 함께 자신의 썩은 내 나는 소굴을 드나드는 취객들을 겨우겨우 상대했다. 태번의 연대기를 편찬한 존 팀스에 따르면 "이름에서부터 드러나듯이" 사과주 창고의 인테리어와 설비는 "허름하고 조잡했다". 이 가게는 밤새 문을 열고 이미 만취해서 똑바로 걷거나 말하지도 못하는 이들을 받았다. 그곳에서는 데리의 묵인하에 소매치기와 성병 걸린 매춘부들이 성업했다. 1761년에 새뮤얼 네릭이 썼듯이, 사과수 창고에서는 폭력이 딸꾹질하듯 벌어졌다. 경쟁하는 남성들이 상대를 몽둥이로 두드려 패고 밤의 숙녀들이 서로의 얼굴을 쥐어뜯는 잔혹한 구경거리가 주기적으로 펼쳐졌다. 사과주 창고의 고객들은 격렬한 싸움을 말리기는커녕 결과를 두고 판돈을 걸었다. 한번은 험한 말이 오가다가 칼부림이 나서 두 명이 한꺼번에 죽은 적도 있었다.

베드퍼드헤드의 이름은 사과주 창고를 악의 소굴로 묘사한 코번트가든 연보에 언급되진 않았지만, 그렇다고 법을 잘 지키는 모범적인 업소로 여겨지지도 않았을 것이다. 그 구역의 업소는 대부분 성매매 여성들의 공공연한 호객 행위(일반적으로 용인되는 관행이었다)를 눠둔다든지, 아니면 장물을 매입하거나 범죄자들을 숨겨 준다든지 하는 식으로 어떻게든 범죄에 연루되어 있었다. 위층의 방이나 지하 창고에서는 동전 깎기*, 지폐 위조, 절도, 갈취, 폭행, 강간 등 술집 주인이나 직원이 저지르는 훨씬 심각한 범죄도 횡행했다. 합법과 불법이 떼려야 뗄 수 없게 얽혀 있는 환경에서, 존 해리슨은 그 둘을 분별하는 법을 배우기도 전에 범법의 세계에 발을 들여놓았다. 술집 웨이터와 포주가 딱히 구분되지도 않았던 만큼, 조지 해리슨이 '만남 주선'으로 돈을 버는 아들을 말리지도 않았을 것이다. 그의 분신 잭이 그랬던 것처럼, 실제의 존 또한 환경적 요인에 아버지의 부추김이 더해져서 포주가 되었던 셈이다.

18세기 도심의 술집과 그 사촌 격인 커피하우스는 주로 남자들의 영역이었다. 둘 다 사교 모임의 공간이자 신사들이 사업이나 뉴스에 관해 토론하는 장으로 기능했다. 일부 직군이 따로 선호하는 구역이

---

* 동전의 가장자리에서 적은 양의 금속을 깎아서 모으는 행위. (옮긴이)

있기는 했지만, 전반적으로 다양한 직군과 사회계층이 술집과 커피하우스 지붕 아래서 서로 어울렸다. 커피하우스의 인기 메뉴는 커피라는 카페인 함유 음료이긴 했지만, 유럽 대륙의 카페처럼 술을 팔기도 했다. 좀 더 고급 업소에서는 가벼운 음료와 함께 음식이 제공되었으며, 주머니가 넉넉하기만 하다면 공용 공간에서든 위층의 전용 공간에서든 식사도 즐길 수 있었다. 위층의 방에서 벌어지는 일들은 18세기를 거치며 그 나름의 역사를 만들었다. 그곳은 신사들의 사교 클럽이 월례 또는 연례 모임을 개최하기에 이상적인 장소였다.

이런 행사는 보통 저녁 시간에 격식을 갖춘 식사를 곁들인 정치, 과학, 예술 토론으로 시작했다가, 나중엔 방탕한 밤으로 변질되곤 했다. 고상한 상류사회에서 술에 취한 남성은 품위 없고 위험하다고 여겨졌기 때문에, 숙녀임을 자처하는 여성들은 그런 업소 근처에는 얼씬도 하지 않았다. 그런데도 술집과 커피하우스, 특히 코번트가든 근처 업소들에는 여자들이 넘쳐 났다. 당대 저술가들에 따르면 이들은 출신 계급에 따라 남성을 즐겁게 하도록 정해진 여성들이었다. 예로부터 남성이 술을 마시는 곳에서 여성은 몸을 팔았다. 실컷 먹고 마신 뒤에는 성욕을 충족시켜야 할 테니, 매춘부들이 고객을 찾는 일은 통 안의 고기를 낚는 것만큼 쉬웠다. 술 취한 고객과 그의 간절한 성욕 분출을 연결해 주는 사람이 바로 웨이터였다.

당대의 매춘 알선 관행을 처음 접해 본 어떤 젊은 저널리스트는 이렇게 썼다. "몇 주 전 코번트가든 근처의 술집에서 하룻밤을 지내는데, 와인에 단단히 취한 동석자들이 종업원을 불러서 여자를 좀 구해 달라고 하더라." 욕정에 사로잡힌 남자들이 욕구를 충족할 방법은 수도 없이 많았지만, 질병과 관련해서는 알선업자를 통하는 편이 무작위의 길거리 여성을 만나는 것보다 안전했다. 적어도 이론상으로는. 웨이터 겸 포주의 가장 기초적인 역할은 당장 술집 안에 있는 적당한 여자들이나 그가 잘 아는 근처 여자들을 데려오는 일이었을 것이다. 잭 해리스도 분명히 설명하듯이, "포주란 그저 동네를 돌아다니다 맨 처음 마주친 여자를 신사에게 데려다 주는 사람일 뿐이다". 이 정도는 술집에 머무는 고객을 만족시켜야 하는 웨이터의 임무에 포함되는 일이었다. 고객이 업소에서 계속 돈을 쓰겠다는데, 주인 입장에서도 마다할 이유는 없었다.

포주pimp라는 명칭은 예나 지금이나 가장 추악하고 냉혹한 남자 이미지를 떠올리게 하지만, 원래는 "손님에게 여성을 소개하는" 사람이라면 누구나 다 '포주'로 불렸다. 작가 E. J. 버퍼드는 포주를 "사악하고 무자비하며 절대 용납할 수 없는, 가련한 여자에게 빌붙어 사는 형편없는 남자"라고 썼는데, 틀린 말은 아니지만, 18세기 웨이터-포주의 지위는 흔히 알려진 이런 인식과는 조금 달랐다. 똑같은 매춘부 안에서도 다양한 지위가 존재했던 것처럼, 알선업자들도 마찬가지였다. 포주라고 해서 모두 더러운 뒷골목에 숨어 사는 야비한 불량배는 아니었다. 포주 노릇을 하거나 당시의 말로 "주선pandering"할 때 웨이터라는 외피를 둘렀던 관행은 포주 일에서 추악함의 기미를 조금이라도 지워 보려는 의도였다. 어쨌든 해리슨은 마음 맞는 두 사람을 한데 모아 주는 일이 무슨 잘못이냐는 입장이었다. 나중에 '잭 해리스'는 포주로서 한 일은 오로지 그뿐이라고 주장했다. 해리슨가 판단하기에 그 일 자체로는 "부끄러워할 필요가 없었다".

알선업자가 되겠다고 적극적으로 마음먹지는 않았지만, 웨이터로 일하다 보니 섹스를 조달하는 일은 존 해리슨의 천직이 됐다. 운이 좋게도 그 일은 그의 환경에도 딱 맞는 직업이었다. 베드퍼드헤드에 자주 드나드는 젊은 여성들 다수가 해리슨의 이웃이자 놀이 친구로 어릴 적부터 알고 지낸 이들이었다. 같은 교구 소속의 어려운 집안 딸들, 광장 근처에 살거나 하녀로 일하거나 시장에 물건을 팔러 오던 여자들은 언젠가 생계를 위해 매춘부가 될 수도 있었다. 이들이 매춘에 발을 들이게 된 사연은 술집에서 흔한 안줏거리였다. 해리슨은 심지어 소녀들에게 직접 그녀들의 사정을 들었을 수도 있다. 해리슨은 이들의 부모나 형제자매와도 친했을 것이다. 이 여자들을 꾀어내서 결국 가진 자들이 누구인지도 알았을 것이다. 해리슨의 귀에는 늘 '누구네 집 딸의 배가 이상할 정도로 나왔더라, 어느 집 남자가 주방 하녀의 치마를 들추다 들켰다더라' 하는 동네 소문이 들려왔다. 그러니 해리슨은 누가 '매독'을 옮길 가능성이 있는지를 고객들보다 훨씬 잘 알았고, 이것은 포주라면 지녀야 할 귀중한 정보였다. 해리슨이 언제부터 '만남 주선'을 시작했는지는 몰라도, 그는 1751년 즈음까지는 스스로를 포주라고 생각하지 않았다. 그 직후 그는 '잭 해리스'라는 가명을 만들어 낸다.

이비지의 술집에서 쉽게 성공을 거뒀을 법도 하련만, 그가 이름을 떨치게 된 곳은 베드퍼드헤드가 아니었다. 운명은 그를 위해 다른 장소를 마련해 두고 있었다. 1753년, 해리슨의 신변에 무슨 일인가가 일어났고, 익숙한 메이든레인을 떠나 전혀 다른 곳으로 가야 했다. 세상을 떠났는지 경영난 때문인지 모르겠지만, 1754년에 베드퍼드헤드의 주인은 더 이상 조지 해리슨이 아니었다. 이후 해리슨 가문의 사람들이 어떻게 되었는지, 어디에서 어떻게 살았는지는 알려지지 않았다. 오로지 존 해리슨만이 코번트가든에 남았다. 가족 사업에서 벗어난 해리슨은 이제 다른 미래를 찾아야 했다. 다행히 멀리 떠날 필요는 없었다. 광장의 동쪽 구석, 화려하게 꾸며진 간판 아래 셰익스피어즈가 있었으니까.

Chapter 3

아일랜드 시인

코번트가든의 거친 술집과 뒷골목이 존 해리슨이라는 인물에게 지울 수 없는 각인을 새겼듯이, 더블린의 극장과 책 가판대는 또 다른 젊은이에게 흔적을 남기고 있었다. 젊은 해리슨이 베드퍼드헤드의 고객들에게 맥주병을 나르는 동안, 아일랜드의 유복한 집안에서 태어난 새뮤얼 데릭은 시의 각운을 맞추느라 여념이 없었다. 그는 이미 열세 살의 나이에 시인이 되기로 결심했다. 그것도 이류 시인이나 천하고 하찮은 작품을 쓰는 작가가 아니라 영국과 아일랜드 문학의 만신전에서 조너선 스위프트나 윌리엄 콩그리브와 어깨를 나란히 할 작가가 되겠다고 마음먹었다. "문학계에서 두각을 나타내던 사람들"과 지도 교수들도 데릭의 초기작에서 장래성을 발견했다. 그중에는 스위프트의 책을 펴낸 조지 포크너도 있었고, 어쩌면 스위프트 본인도 데릭을 칭찬했던 것 같다. 이들은 꿈에도 몰랐겠지만, 그들이 초년의 새뮤얼 데릭에게 보낸 때 이른 '칭찬'에서 시작된 일련의 사건들은 결국 데릭을 예정된 경로에서 크게 벗어나게 만든다.

시 쓰기는 다른 사람들이 데릭에게 기대했던 삶에 꼭 필요한 기술은 아니었다. 그의 고모이자 후견인이었던 깐깐한 과부 엘리자베스 크레이 부인은 조카를 반드시 리넨을 취급하는 포목상으로 키울 작정이었다. 정규 교육이 끝나는 열네 번째 생일이 다가오자, 데릭은 고민에 빠졌다. 몇 달 후면 그가 고개를 처박고 열심히 탐독했던 라틴어 문법책과 그리스어 교과서, 역사책과 프랑스 문학 작품을 다 치워 버리고, 그 대신 너무나 지루한 계산서로 가득 찬 두툼한 장부를 물려받아야 했다. 옷감을 만져 보고 리넨의 보풀을 판단하는 일이 그의 열정을 대체할 것이다. 데릭은 도제로 들어간 스승에게서 솜씨 좋게 표백하는 법과 운송비를 계산하는 법을 배우고, 거래와 관련된 온갖 미묘한 뉘앙스를 파악하는 방법들을 배우게 될 것이다. 즉 어떤 손짓을 하고 어떻게 물물교환을 해야 하는지, 누구에게 바가지를 씌우고 누구에게 제값을 불러야 하는지와 같은 것들을. 그렇게 필요한 자격을 다 갖춘 포목상이 되기까지 꼬박 7년 동안 다른 포목상에게 매여 있어야 한다. 그 동안 데릭은 자신의 일거수일투족을 감시하고 통금 시간을 지정하며 과도한 음주나 타락한 이성 교제를 금지하는 낯선 이와 한집에 살아야 한다. 애디슨과 포프*의 책이든, 데릭 자신의 글이든 문학에 쏟을 시간이나 의욕도 생기지 않을 게 분명했다.

학생으로서 자유를 누릴 수 있는 시간이 몇 달 남지 않았음을 알게 되자, 데릭은 출판할 만한 무언가를 써낼 수 있기를 바라면서 글쓰기에 미친 듯이 매달렸다. 성경의 시편을 바꿔 쓰는가 하면, 튜더 왕조 시대의 시인 존 스켈턴의 작품에서 큰 영향을 받아 그의 시 「가면 속의 진실」을 자기 식으로 다시 쓰기도 했다.

사랑의 기쁨이나 여성의 신비를 노래하기엔 아직 경험이 적었던 새뮤얼의 어린 펜은 「애벌레들, 어떤 우화」라는 교훈시를 써냈다. 나비가 되어 날개가 솟기만을 고대하는 성질 급한 애벌레에게 인내하라고 충고하는 내용이었다. 이 설교조 시의 행간에는 어린 새뮤얼의 감수성에서 빚어진 심상치 않은 취향이 숨어 있었다.

> 그런 공상은 바보들에게나 가르치시오
> 그런 거짓으로는 결코 나를 속일 수 없으리니
> 작은 기쁨에 만족하며 사는 나는
> 의심스러운 희망을 위해 진짜 즐거움을 잃어버리지 않을
> 거고
> 꽃잎이 어서 가지라고 유혹할 때 자제하지도 않을 테니
> 본능이 친절하게 길을 가리키는데
> 뭐 때문에 내가 지체하겠소
> 질 가거라, 운명의 힘에 속는 애서로운 사람아

* 18세기 영국의 시인 조지프 애디슨과 알렉산더 포프. (옮긴이)

새뮤얼과 가까웠던 이들이 이 작품을 세심히 살폈다면, 이 소년이 미래에 어떤 삶을 살게 될지 얼핏 파악할 수도 있었을 것이다.

1724년에 태어났다는 가장 기초적인 사실을 빼면, 이 더블린 소년에 관해 알려진 내용은 거의 없다. 심지어 그의 부모의 신원조차 지금껏 알 수 없는데, 어쩌면 새뮤얼 본인이 교묘하게 감춘 것일지도 모른다. 평생 위대함을 갈망했던 데릭은, 훗날 시인에게 어울릴 법한 낭만적인 가계도를 세상에 내놓았다. 데릭 자신의 말에 따르면, 그는 "일찍이" 덴마크에서 건너와 아일랜드 남동부 칼로주^州에 터를 잡은 데릭 가문의 후손이다. 데릭 가문은 점차 성장하여 프로테스탄트 지주가 되었고, 소작지뿐만 아니라 '올드 데릭'이라고 알려진 저택까지 소유하고 있었다. 그러나 1641년 종교 반란*으로 나라가 요동칠 때, 토지를 몰수당했다. 새뮤얼은 이때 벌어진 유혈 사태의 결과 일가친척 중 일부가 "해안에서 학살당했다"고 주장했다. 간신히 목숨을 건진 몇몇은 잉글랜드로 탈출했다. 내전으로 인하여 친가는 몰락했으나, 외가인 데번셔의 드레이크 가문은 올리버 크롬웰의 치하에서 번창했다. 데릭은 자신의 외할아버지가 의회파 장군이었다고 자랑스럽게 뻐겼다.

데릭은 자신의 배경에 관한 이야기에서 크롬웰파의 장군이니 상류

---

* 아일랜드와 잉글랜드의 갈등은 잉글랜드의 헨리 8세가 로마 가톨릭과 결별하고 잉글랜드 국교회를 세운 16세기부터 전면적으로 대두된다. 이후 아일랜드에서는 크고 작은 반란이 꾸준히 벌어진다. 1641년은 대대적인 반란이 일어나 잉글랜드와 스코틀랜드 출신의 지주들이 학살당했던 시기이다. (편집자)

층 지주계급이니 하는 사실만 남기곤, 직계가족이 상인이었다는 사실은 일부러 빠뜨렸다. 남아 있는 편지를 비롯한 데릭의 어떤 글에도 부모나 형제자매와 관련된 내용은 전혀 없다. 만들고 싶었던 자신의 전설에 가족의 현실이 어울리지 않아서였을 것이다. 어머니가 "영세한 리넨 포목상으로 변변찮게 살았다"는 소문만이 흥미로운 진실의 가능성을 살짝 드러낼 뿐이다. 다른 친척들의 경우, 지난 세기에 얼마나 많은 재산을 잃었든 간에 1720년대쯤에는 재산을 다시 불리기 시작했다. 더블린에서 성황을 이루던 리넨 사업에 종사하면서 잃었던 위상을 일부 되찾았고, 데릭이 태어날 즈음에는 중간계급 대열에 합류했다. 영국인들의 속옷을 만들고 식탁을 깔끔하게 꾸미는 데 사용하는 리넨을 사고파는 사람들에게, 성공은 대체로 미소를 지어 주었다. 가내 공업 노동자들이 음울한 움집에서 직물을 짜고 수를 놓는 동안, 부유한 포목상들은 그들의 노동을 팔아 돈을 벌었다. 이후 수 세기 동안 리넨은 아일랜드의 자부심이었고, 거기서 나오는 이윤으로 포목상들은 도시의 중간계급 시민으로 성장할 수 있었다.

조지 왕조의 황금기 동안 더블린을 발전시킨 원동력 중 하나는 바로 리넨에서 나온 돈이었다. 정교한 채광창이 달린 견고한 테라스하우스는 곧 성공한 도시 상인을 상징하는 저택이 되었다. 템플바 주변과 리피강 건너편 옥스먼스타운그린 근처 번화가에 거리와 광장이 속속 들어섰다. 이런 저택에는 프로테스탄트 가문들이 살았고, 이들은 가톨릭 가문들과 다르게 더블린의 사치품을 마음껏 사들였다. 18세기의 이런 집들은 최고급 리넨을 비롯하여 짙은 색의 고급 원목 가구, 수입 카펫과 도자기, 은제 찻잔 세트, 근엄한 얼굴의 초상화 등 부를 과시하는 물건들을 모두 갖추고 있었다. 새뮤얼 데릭도 어린 시절 한때나마 이런 풍족한 생활양식을 경험했을 것이다.

데릭은 그가 언제, 어떤 이유로 친척 부인의 집에 들어가게 되었는지도 절대 밝히지 않았다. 사생아라는 신분 탓인지, 가난이나 누군가의 때 이른 죽음 때문인지는 몰라도, 아무튼 데릭은 고모의 상당한 재산을 물려받을 상속자로 낙점되었다. 크레이 부인의 남편은 생전에 포목상으로 큰돈을 벌었고, 새뮤얼은 어느 편지에서도 고모가 정확히 얼마를 물려주려 하는지를 언급하진 않았지만 분명 상당한 액수일 거라고 믿었다. 고모가 살아 있을 때도 데릭은 고모의 넉넉한 인심 덕을 톡톡히 보았다. 그를 키우고 교육하는 비용부터 도제 수업 비용까지 모두 고모의 주머니에서 나왔다.

상속받을 유산이 있었다고는 해도, 성공한 상인계급의 자제나 지주계급의 장남 아닌 아들은 좋은 직업을 갖기 위해 노력해야 했다. 이런 남자아이들의 장래 직업은 보통 정해져 있었다. 법조인이나 성직자, 군인처럼 존경받는 직업, 또는 중간계급의 자식이라면 최고의 상인으로 성공하는 길이 유일하게 허용된 선택지였다. 리넨 재단사 밑에서 도제로 생활하는 것은 18세기 아일랜드 젊은이들이 받을 수 있는 비싼 직업훈련 중 하나였다. 상인이나 장인들은 어린애를 집에 들여서 먹이고 재우고 사춘기의 괴상한 짓을 받아 주며 기술을 가르쳐 주는 대가로 아이의 가문에 웬만큼의 금전적인 보상을 바랐다. 18세기 초반에 대니얼 디포는 런던의 장인들이 도제 계약서에서 요구하는 금액이 터무니없이 높다면서, "터키 상인*에게는 1,000파운드, 다른 상인에게는 400~600파운드, 소매상과 도매상, 특히 리넨 포목상에게는 200~300파운드를 내는 것이 일반적이며 다른 업종에서도 각각의 도제 생활 비용을 냈다"고 적었다. 더블린에서는 리넨 포목상의 수업료가 이보다도 훨씬 비쌌을 것이다. 당시 기준으로, 대다수 중간계급 가문의 1년 수입보다 많은 어마어마한 액수였지만, 미래에 안정된 생활과 특권적 지위를 보장받는 확실한 방법이기도 했다.

새뮤얼은 또한 고모의 지원으로 상인계급 상속자에게 적합한 교육을 받을 수 있었다. 18세기에는 스스로 신사라고 생각하는 사람이라면 누구나 고전 교육을 받아야 명함을 내밀 수 있었다. 베르길리우스와 플리니우스**를 인용할 줄 알고 소크라테스의 훌륭함을 논하거나 라틴어로 욕할 수 있는 사람은 상류층 사람들의 응접실에 좀 더 쉽게 접근할 수 있었다. 더블린 중간계급의 관행대로 데릭도 어렸을 때 꽤 괜찮은 중등학교에서 성직자의 지도를 받았을 것이다. 평생의 친구이자 장차 배우가 될 프랜시스 젠틀맨, 헨리 모솝과 함께 딕스스트리트에 있는 버틀러학교에 다니면서 라틴어 격변화와 그리스철학에 빠져들었을 것이다. 외교 언어이자 교양인의 언어인 프랑스어도 출세를 위한 필수과목이었다. 그 밖에 수학, 지리학, 종교학, 역사학 등과 기초적인 수준의 과학과 문학까지도 공부했을 것이다. 그러나 데릭이 셰익스

---

* 16세기 말에서 19세기 초까지 지중해 무역을 독점한 무역 상인 조합의 상인들. (옮긴이)

** 베르길리우스는 고대 로마 최고의 시인이며, 플리니우스는 고대 로마의 문인이자 정치가이다. (옮긴이)

피어와 밀턴, 라틴어 시인이나 프랑스 철학자들을 얼마나 즐겨 읽었든 간에, 데릭의 장래에는 귀족과 부유층만 누릴 수 있는 한가한 사색이라는 특권은 없었다.

어려서부터 시를 쓰고 싶은 마음이 컸던 데릭은 자신의 영혼이 옷감 장사에 어울리지 않는다고 확신했지만, 좋다 싫다 토를 달 수 있는 처지가 아니었다. 고모는 데릭에게 기대하는 바를 언제나 분명하게 표현했다. 그러나 정해진 진로를 따르려 아무리 애를 써 봐도, 다른 길로 가고 싶은 본능을 억누를 순 없었다. 데릭은 솟구치는 열망을 교과서와 더불어 선반 한구석에 치워 두지 못했고, 그럴 마음도 없었다. 도제로 일하는 동안에도 데릭은 루소와 존 던을 계속 읽었다. 양초 토막이 타는 동안엔 시구가 더 줄줄 나왔다. 잠자리에 들었어야 할 시간에 마구 시를 썼다. 스무 살이 되었을 즈음에는 그렇게 모은 시의 양이 상당해져서 출판 준비를 시작할 수 있었다. 아마 고모는 조카가 글쓰기에 그 정도로 진심인 줄은 꿈에도 몰랐을 것이다. 시 쓰기는 귀족이나 지주 계층에게는 추구할 만한 취미였지만, 상인에게는 성공을 늦추는 장애물일 뿐이었다. 하지만 시 쓰기는 데릭이 했던 딴짓들 중에 그나마 가장 사소한 일일 뿐이었다.

새뮤얼 데릭의 쉽게 흥분하는 기질에 관해 훗날의 재담가들이 쓴 글을 떠올려 보건대, 그의 고모가 한 번이라도 조카의 자질을 의심하지 않았다면 그게 오히려 놀라운 일이었을 것이다. 데릭은 사업가라면 반드시 갖춰야 할 자질을 평생토록 전혀 보여 주지 않았다. 그는 무모하고 열정에 휘둘렸으며 때로는 심하게 무례한 사람이었다. 친구를 보면 그 사람을 알 수 있다듯이, 데릭은 어릴 적부터 착실한 생계 수단을 내던지고 그 대신 도덕적으로 지탄받을 만한 삶을 사는 자신 같은 이들에게 자연스럽게 끌렸다. 데릭보다 몇 살 어리지만 문학과 연극에 대한 열정은 똑같았던 프랜시스 젠틀맨은 젊은 시절 가장 친한 친구였다. 또 다른 친구 에녹 마컴은 성직자가 되기로 했음에도 십 대 때부터 이 여자 저 여자를 건드리고 다니느라 바빴다. 데릭과 마찬가지로 이 젊은이들도 머리보다는 가슴이 시키는 대로, 절약이나 신중함보단 당장의 만족을 택하곤 했다. 행실은 그렇다 치고 재정 상태에도 영향을 주는 삶의 신조였다. 데릭은 관습적인 삶에는 무관심했고, 그래서 많은 이들이 데릭을 아주 형편없고 불쾌한 사람으로 여긴 듯하다. 그가 세상을 떠난 해, 익명의 익살꾼이 데릭의 입에서 나온 주옥 같은 상소리들을 모아서 편찬했다. 『데릭의 농담 또는 재담가의 기록Derrick's Jests; or the Wit's Chronicle』은 새뮤얼 데릭이 세상에 남긴 얼마 안 되는 유산이었다. 그는 죽는 날까지 꼬박꼬박 술을 퍼마시고, 집행관을 피해 다니고, 자기 맘 내키는 대로 남들을 즐겁게 하거나 모욕하거나 변덕을 부리기도 했던 마성의 남자였다. 고모의 슬하에서 지내는 동안에도 그가 이런 사람이었는지는 알려지지 않았으나, 사춘기를 무탈히 보냈으리라고 상상하기는 어렵다. 어찌 되었건 크레이 부인은 조카의 타락이 친구들을 잘못 사귄 탓이라고 믿게 되었다. 하지만 비난의 화살은 데릭의 문학 동료들보다는 신분이 훨씬 낮은 연극계 친구들에게 돌아갔다.

열정과 허구가 가득한 무대의 매력이 샘 데릭의 상상력을 사로잡는 건 시간문제였다. 런던을 제외하면 더블린만큼 라이브 공연의 감동을 만끽할 수 있는 곳은 없었다. 매년 가을과 겨울마다 이상한 물건을 잔뜩 실은 우편선이 리버풀이나 홀리헤드를 출발하여 아일랜드로 향하곤 했다. 무대장치나 의상부터 곡예사와 배우들까지 그 시즌의 공연에 필요한 모든 물품과 사람이 배편으로 운반되었다. 메리 딜레이니와 조지 포크너 같은 더블린의 남녀 지식인들은 예술적인 활기가 넘치는 런던에서 내려오는 일종의 문화적 동아줄을 애타게 기다렸다. 런던에서 크게 성공한 연극 작품만이 더블린에서 상영된다는 사실도 아일랜드의 연극 팬들에겐 좋은 일이었다. 아일랜드 청중들은 이탈리아의 오페라는 그다지 좋아하지 않았고, 존 게이의 〈거지 오페라〉나 콩그리브와 밴브러의 연극, 무엇보다도 셰익스피어의 옛 작품에 열광적인 반응을 보였다. 그러나 자국의 인재들에게는 실망스럽게도, 아일랜드 연극은 무대에 올리지 않았다. 야망 있는 이들은 성공을 찾아 런던으로 떠나는 수밖에 없었다.

겨울의 더블린에서는 모든 사교계 인사들이 환기도 제대로 되지 않는 어두컴컴한 극장으로 몰려들었다. 극장의 밤은 18세기에 즐길 수 있는 최고의 오락거리였다. 무대 위는 물론 사방에 볼거리가 넘쳐 났다. 밤이면 밤마다 상연되는 인기 연극이 관중을 극장으로 끌어모았다. 데이비드 개릭, 페그 워핑턴, 찰스 매클린 등의 유명한 배우들이 출연하는 〈십 대 아가씨〉, 〈징병관〉, 〈리처드 3세〉 같은 작품들이었다. 연극 감독은 최신 기술을 접목한 무대 디자인과 특수 효과로 배우가 바닥에서 튀어나오게 한다거나 무대에 폭풍이 몰아치게 하여 관객들의 경탄을 자아냈다. 희극과 비극, 노래, 춤, 곡예, 불 쇼, 마술 등 여러 공연이

자정에 가까운 시간까지 저녁 내내 이어졌다.

하지만 무대 위의 공연은 극장 경험의 일부였을 뿐이다. 18세기 초반의 극장은 세련된 문화의 장이라기보다는 서커스장에 가까웠다. 밤새도록 배우와 관중 사이에 총력전이 펼쳐졌다. 주정뱅이들의 안락한 지정석인 밑바닥 좌석에서는 폭소와 야유가 마구 쏟아져 나왔다. 오렌지를 팔거나 몸을 파는 여성들이 사람들 사이를 돌아다녔다. 재수 없는 밤에는 폭력성과 알코올, 정욕의 아슬아슬한 조합이 예고 없이 폭발하기도 했다. 관중들이 도금된 내부 장식을 부서뜨리려는 폭도로 돌변하면서, 파괴적인 결과로 이어지기도 했다. 하지만 그런 위험 요소들도 상류층의 발길을 돌리진 못했다. 침이나 소변을 맞기 십상인 밑바닥에만 가까이 가지 않으면, 안전한 전용 박스석에서 저녁 시간을 즐길 수 있었다. 상인계급의 사람들도 조심스레 거리를 유지하면서 위쪽이나 중간 관람석에 앉으려 했다.

어디든 눈만 돌리면 저녁 외출을 희롱과 가십, 대화의 기회로 바꿔줄 사건과 사람을 구경할 수 있었다. 많은 이들에게 무대 위의 공연은 사교 활동이라는 본 행사에 비하면 그저 부차적인 쇼일 뿐이었다. 촛농이 뚝뚝 떨어지는 샹들리에 아래의 관객석은 내내 소란스러웠다. 배우들은 취객의 새된 웃음소리, 고함과 욕설, 기침 소리, 공연장 안팎으로 계속 돌아다니는 사람들로 인해 신경이 거슬리는 상황에서도 연기하려고 애썼다. 1747년까지는 청중들이 공연 중에 무대에 서 있어도 제재받지 않았으며, 무대에 난입하는 일부 청중들로 인해 아수라장이 펼쳐지기도 했다. 극장에는 신성한 구석이 조금도 없었다. 소음과 구경거리가 넘쳐 나는 흥청망청한 축제 분위기만 가득했다. 덕지덕지 화장한 여자들과 고삐 풀린 듯 행동하는 남자들이 관중석에서 보여 주는 흥미진진한 모습은 무대 위에서 펼쳐지는 사랑과 배신, 용기를 담은 공들인 연극에 견줘도 손색이 없었다. 도제 시절의 새뮤얼 데릭은 기회만 되면 극장에 갔을 것이다. 입장권을 사기 위해 돈을 모으는 일이나 스승의 명령을 어기고 몰래 빠져나가는 일도 짜릿함만 더해 주었을 것이다. 밑바닥 좌석과 무대 뒤편 어디에서든 데릭은 음탕한 친구들과 그들의 동료 연극인들을 만났을 것이다. 성적으로 자유분방하고 웃음이 그치지 않는 이들의 생활 방식은 이 젊은 도제에게 엄청난 매혹으로 다가왔을 뿐 아니라, 자신이 쓴 사랑의 말과 시를 여러 사람과 나누고 이야기할 기회도 선사해 주었을 것이다.

일탈의 기회와 유혹이 무수했지만, 놀랍게도 데릭은 도제 수련 기간을 무사히 끝마쳤다. 도제 생활을 제대로 마치지 못했을 때 일어날 무시무시한 일이 원동력이 되었을 것이다. 데릭은 자기 일을 더 큰 목표를 달성하기 위한 수단으로 여겼다. 천을 만들고 팔아서 생계를 유지하는 생활은 너무나도 따분했지만, 런던으로 업무상 출장을 자주 갈수 있었고, 잠재적 후원자들에게 시를 팔 기회를 얻을 수도 있었다. 출판 산업의 규모가 작은 더블린에 비해 런던에는 훨씬 큰 가능성이 있었다. 18세기에는 모든 형태의 창작물이 후원이나 협찬을 받아야만 했고, 실질적인 재정적 지원은 사교계에서 가장 영향력 있는 이들이 내려 주는 호사였다. 아일랜드에도 돈 많은 귀족과 사회적 신분 상승의 야망을 지닌 부유한 상인들이 있기야 했지만, 잉글랜드, 특히 런던에는 훨씬 많이 몰려 있었다. 데릭은 친구이자 멘토인 조지 포크너에게서 이런 이야기를 거듭 들었을 것이다.

더블린 문학계는 폐쇄적인 집단이었기에, 데릭은 아마도 아직 어렸을 적에 학교 교사들의 소개를 통해서 조지 포크너를 알게 되었을 것이다. 데릭보다 스물다섯 살이나 많았던 포크너는 큰 애정을 가지고 성공을 바라는 마음으로 그를 보살폈다. 존경받는 스위프트는 물론이고 알렉산더 포프, 새뮤얼 존슨, 체스터필드 경과도 친구였던 포크너는 런던의 문학계에서 알아주는 이름이었다. 런던 문학계에서 지내기 위해 중요한 몇몇 관문을 데릭에게 열어 준 것은 의심할 여지 없이 포크너의 소개장이었다. 나머지 문은 데릭 본인이 스스로 비틀어 열었다.

스물두 살 무렵이었던 1746년에 새뮤얼 데릭은 처음 런던 여행에 나섰다. 배송할 리넨을 배에 싣기는 했지만, 리넨 판매를 곱씹어 생각한 것 같지는 않다. 그의 머릿속은 시를 출판하고 더블린에서 만났던 배우들과 재회할 생각으로 가득했다. 당시 '국왕 폐하의 군대'에서 중위로 복무 중이었던 프랜시스 젠틀맨도 만날 예정이었다. 그도 데릭과 마찬가지로 배우의 꿈을 펼치게 해 줄 유산을 받을 날만 기다리며 하루하루를 짜증스럽게 보내고 있었다. 도제 수련을 막 끝낸 데릭은 새롭게 얻은 자유와 런던이 그에게 선사할 해방감에 마냥 신이 났다. 런던으로 가는 길에 그는 "친구 중 최고"인 "친애하는 프랭크"에게 보내는 시를 지어서, 파도가 일렁이는 바다를 횡단하는 기분과 느릿느릿 걷는 말에 올라탄 느낌을 서정적으로 표현했다. 데릭은 런던에 도착하자마자 "이 도시의 유쾌한 즐거움"을 함께 즐기자고 젠틀맨에게 약속했지만 이미 맛을 들인 그 즐거움을 기다릴 수 없어서 남쪽으로 내려가던 도중 펠컨 술집에 들렀다. 그곳에서 데릭은 "적포도주를 홀짝홀짝 마셨"을 뿐 아니라 "모든 고객에게 손을 내미는 아름다운 여성" 케니아 양이 허락한 육체까지 즐긴 뒤 다시 길을 나섰다.

데릭이 탄 말이 느릿느릿 런던에 들어섰을 당시, 런던 인구는 65만 명에 달했다. 더블린도 인구 15만 명에 육박하는 북적거리는 도시였지만, 데릭을 기다리고 있는 활기와 혼란스러운 풍경에는 비할 바가 아니었다. 런던의 거리와 동네는 사방으로 퍼져 있었다. 템스강 둑을 따라 길게 이어지다가 강 너머의 서더크와 램버스까지 뻗어 나갔다. 북쪽으로는 메릴본, 블룸즈버리, 이즐링턴까지 확장되고 있었다. 데릭이 런던의 자갈길에 발도 내려놓기 전에 지독한 냄새와 소음이 먼저 그를 맞이했다. 도심으로 향하는 간선도로는 보행자, 마차, 가축 떼를 모는 목동, 판매할 물건을 가득 실은 수레 등으로 가득 차서 꽉 막힌 동맥처럼 혼잡했다. 데릭은 일단 도심으로 가는 길을 찾긴 했으나, 정신없이 섞여 있는 얼굴과 억양, 소음과 구경거리에 압도당했다. 연극의 한 장면 같은 수도의 모습은 데릭에게 끝없는 영감의 원천이었다. 조지 포크너가 일러 준 대로, 더블린이 작가와 배우의 진가를 못 알아보는 곳이라면 런던은 재능 있는 사람들이 넘쳐 나는 곳이었다.

자신에게 공연이나 창작의 재능이 있다고 믿는 데릭 같은 남녀들이 꾸준히 런던에 입성했다. 포크너의 소개장은 데릭이 지닌 남다른 이점이었지만, 코번트가든에서 며칠을 보내며 저녁나절의 활기찬 대화에 끼기만 하면 굳이 소개장 같은 게 없어도 상관없을 것 같았다. 런던 출판업의 중심지인 플리트스트리트에도 유쾌한 술집이나 커피하우스가 제법 있었지만, 좀 더 지적인 몇몇 모임들은 광장 근처 코번트가든을 아지트 삼아 모여들었다. 이곳, 베드퍼드 커피하우스와 셰익스피어즈에는 저명한 작가부터 늙은 글쟁이, 부유한 출판업자부터 삼류 서적상까지 온갖 군상이 뒤섞이곤 했다. 또한 광장은 배우와 연극 감독, 그밖에 무대 화가부터 음악가까지 극장에 관련된 다양한 직업군의 주요 활동 무대였기 때문에 온 런던을 통틀어 가장 활기찬 사교 장소였다. 코번트가든은 후원자를 물색하기에도 최적의 장소였다. 극장에서 밤을 보내고 나온 부유한 지주계급 신사는 코번트가든의 흥청망청 마셔 대는 술자리나 도박 테이블의 유혹에 끌리곤 했다. 코번트가든의 술집은 규모는 작아도 극장만큼 많은 볼거리를 제공했다. 맥주나 적포도주 한 잔이면 돈 많은 은행가, 상인, 중요한 방문객을 비롯하여 데이비드 개릭, 존슨 박사, 새뮤얼 푸트처럼 유명인들이 귀 기울이게 할 수 있었다. 코번트가든은 인맥을 쌓으려는 사람들, 특히 예술로 성공하고 싶은 사람들에게는 꿈 같은 꿀단지였다. 런던을 방문하는 모든 문학 관계자의 일정에는 코번트가든이 당연하게 포함되었고, 런던행 마차에서 막 뛰어내린 극작가나 시인들이 가장 먼저 들르는 곳도 코번트가든이었다.

새뮤얼 데릭은 사업을 돌보지 않는 때면 대부분의 시간을 이곳에서 보냈다. 방문이 잦아질수록, 돈을 버는 시간보다 쓰는 시간이 섬섬 늘어났다. 밤낮없이 베드퍼드 커피하우스를 찾아 문인들이나 런던 극장가의 주요 인물들과 어울리며 보냈다. 잡지 《커너서》에 따르면, 베드퍼드에서는 "당신이 마주치는 거의 모든 사람이 교양 있는 학자이고 만담가이다. 이 방 저 방에서 농담과 명언이 울려 퍼진다. 문학의 모든 분야가 비판적으로 검토되고, 출판되거나 공연된 모든 작품의 가치가 평가되고 결정된다". 이 점에서는 셰익스피어즈도 한 수 아래였다. 베드퍼드에는 런던의 '핵심 그룹'을 대표하는 손님들이 훨씬 더 많았고, 데릭은 그들의 매력에 완전히 사로잡혔다. 생동감 넘치는 사람들, 활발한 토론, 느슨한 정조 관념으로 가득한 코번트가든은 데릭이 이상향으로 삼았던 마음의 고향이었고, 그곳에 오래 머물면 머물수록 더블린으로 돌아가고 싶은 마음도 점차 사라졌다.

새뮤얼이 마침내 상인의 길을 관두기로 결심한 것은 연극에서 역할을 하나 제안받았을 때로 짐작된다. 언제나 그의 최우선 목표는 시인으로 성공하는 것이었지만, 극장에 매료되면서부터 무대에 서고 싶은 생각이 점점 더 커졌고, 배우를 디딤돌 삼아 극작가가 되는 사람도 많았다. 하지만 거기에는 여러 장애물이 뒤따랐다.

이때까지만 해도 그의 고모는 조카가 리넨 판매업에 전념할 것이라고 믿었다. 열심히 일해서 돈을 버는 데 지장을 주지만 않는다면야 시를 쓰는 취미 정도는 용인해 줄 수도 있었다. 그러나 연극을 하고 싶다는 조카의 바람은 절대 들어줄 수 없었다. 많은 이들이 극장 나들이를 즐기고 극장 밖에서도 배우들의 삶과 사랑에 관심을 보이면서도, 점잖은 상류계급의 눈에 극장은 도덕적 타락의 근원지였다. 체면을 아는 신사 숙녀라면 대중 앞에서 그토록 뻔뻔스럽게 자신을 전시할 수는 없었다. 배우들은 미덕을 저버린 사람들이다. 상스러운 캐릭터를 맡아서 음란한 대사를 읊고 욕설을 입에 담는다는 사실만으로도 부도덕했다. 배우는 품위를 내던지는 직업이었고, 여배우들의 경우엔 더욱 그렇게 여겨졌다. 무대 위에서는 남장을 하고 무대 아래서는 옷을 제대로 갖춰 입지 않고 다니는 등 정숙함을 완전히 무시하는 존재였다. 배우들은 기질이 폭력적이기로 유명했고, 불륜과 성적 탐욕으로 악명 높았다. 한 도덕주의자는 1757년에 이렇게 썼다.

연극 배우는 지금껏 지옥이 토해 낸 가장 방탕한 철면피요,
가장 불결한 해충이다. (…) 배우는 이 땅의 오물이자
쓰레기요, 인간 본성의 더러운 찌꺼기이자 얼룩이고, 인류의
배설물이자 폐물, 인간 사회의 해충이면서 전염병 같은
존재로, 인간의 정신과 도덕을 더럽힌다.

이렇게 쏟아지는 비난을 감수하고 무대에 오르는 일은 남들에게 인정받는 삶으로부터 공식적으로 퇴출당했다는 낙인이 찍히는 것과 마찬가지였다.

데릭은 런던에 있는 동안 더블린의 응접실에서 떠들어 대는 가십에서 안전하게 벗어났으며, 니컬러스 로의 작품 〈제인 쇼어〉에서 글로스터 공작 역을 맡기로 했다는 소식이 고모의 귀에 절대 들어가지 않을 것이라고 믿었다. 런던에서 조카가 뭘 하고 지내는지 고모가 모르는 한, 그의 미래에 행복을 가져다줄 유산은 안전했다. 운이 좀 따라서 데릭이 성공적으로 데뷔했다면 이런 빤한 속임수는 유지되기 어려웠

겠지만, 그런 일은 일어나지 않았다. 데릭의 배우 생활은 금방 끝났다. 그래도 배우로서의 평판은 오래갔다. 훗날 데릭이 배스에서 의전관 역할을 맡았을 때, 불행히도 과거 객석에서 데릭의 공연을 목도한 바 있던 한 신사가 다가와 알은체하기도 했다. 배우로서의 새뮤얼 데릭은 "독창적인 연기자"라는 소리를 들었다. "다른 이들은 평생을 노력해도 연기를 그렇게 못할 순 없을 테니까." 무대에서의 그의 실험은 재앙이나 다름없었지만, 극장은 그 뒤로도 데릭을 자꾸 끌어들였다. 실패는 데릭의 시도를 멈출 수 없었다. 데릭은 배우, 극작가, 비평가, 혹은 연기 코치로 계속 도전했다.

그렇게 데릭은 아슬아슬한 균형을 유지하며 두 도시 사이를 오가는 이중의 삶을 살았다. 런던에서는 늘 꿈꿔 왔던 작가이자 배우였고, 더블린에서는 그저 포목상 샘 데릭이었다.

아마 데릭은 조지 포크너나 다른 친구들에게 점점 커지는 불만을 토로했을 것이다. 1751년, 이제 더 이상 참을 수 없었다. 그간 장사로 모은 돈도 충분하겠다, 이참에 런던에 정착하기로 결심했다. 당분간은 고모가 이런 계획을 전혀 모를 테지만, 얼마나 오랫동안 속일 수 있을지, 고모를 달래기 위해 거짓투성이 편지를 얼마나 많이 지어내야 할지, 모든 게 쉽지 않을 터였다.

1750년대 초반이 되자, 데릭은 "일류 시인"이 될 본인의 능력에 어느 때보다 확신을 가졌다. 런던의 많은 유명인 친구들이 그의 자부심을 북돋워 준 덕분이었다. 코번트가든에 눌러앉기 전 거의 마지막으로 영국과 아일랜드를 오가던 시기의 어느 날, 그는 더블린의 풍경에서 영감을 받아 불멸을 향한 감상적인 희망을 쏟아 냈다.

> 에블라나여! 듬뿍 사랑받는 도시여, 행복하기를!
> 나 여기서 처음 빛을 보았지,
> 시들어 가는 생명이 다하는 순간,
> 그대에게 내 육신을 돌려드리리.
>
>
> 나를 처음 보살핀 뮤즈들이여,
> 소중한 그늘을 준 나무들이여,
> 그대들 곧 보게 되리라, 나 또한 인간의 운명을 나눠 졌음을,
> 죽어 잊힌 무수한 자들과 곧 합류할 것임을
>
>
> 내 시구들이 내 명성을 길이 늘리지 않아 준다면,
> 그리고 우연히 그 시를 읽은 사람들이,
> "나는 그를 알아! 이름이 데릭이었지,
> 저기 무덤에 그가 재가 되어 누워 있구나", 하고 외치지
> 않는다면

새뮤얼 데릭은 자신의 바람대로 죽어서도 기억되는 사람이 되었다. 다만 시가 아닌 다른 이유로.

Chapter 4

비너스의 탄생

실크 벽지를 바른 고급 매춘부의 내실과 거리 매춘부의 속치마 사이를 오가며 육욕에 탐닉하는 남자들이 "창녀" 한 명을 콕 집어 떠받드는 일은 아주 드물다. 그런데 세월의 풍파를 겪은 나이 든 얼굴에서 아름다움의 희미한 흔적조차 사라진 뒤에도, 이 여자의 주위에는 고귀한 혈통과 영향력을 지닌 남자들이 몰려들었다. 여자에게는 '다른 누구도 흉내 낼 수 없다'는 둥 '기품이 있다'는 둥, 보통 유곽 주인이 들을 법하지 않은 찬사들이 주어졌다. 남자들은 그녀에게서 순수한 마음과 관대함, 따스함과 꾸밈없는 정직함의 징표를 보았다. 처음 이 일을 시작했을 때부터 삶의 마지막 나날까지 여자는 그렇게 주위 남자들을 모두 사로잡았다. 그러나 이는 샬럿 헤이즈의 아주 일부, 그것도 망상에 가까운 일부일 뿐이었다. 남자들은 그녀가 날 때부터 물려받은 기만의 부채를 살랑이며 진짜 모습을 숨겼다는 걸 결코 알지 못했다.

샬럿 헤이즈가 태어난 정확한 날짜는 그녀가 죽은 날짜와 마찬가지로 역사 속으로 사라져 버렸다. 태어난 연도와 장소만 알려졌을 뿐이다. 1725년 엘리자베스 워드라는 이름의 런던 여성이 이탈리아 항구 도시 제노바에서 딸아이를 출산했다. 부유한 영국 신사였던 아이의 아버지는 성욕에 사로잡혀 여자를 임신시키는 바람에 인생이 한껏 꼬여 버렸다. 엘리자베스 워드는 어쩌다 제노바까지 오게 되었을까? 배는 나날이 불러 오는데 남자에게 버림을 받자, 연인을 뒤쫓아 알프스를 넘었을까? 아니면 혈기 넘치는 젊은 남자가 해외 파견이나 유럽 대륙 순회 여행에 애인을 데려온 것일까?

어쩌다 제네바에 오게 되었는지는 몰라도, 엘리자베스는 출산 직후 고향으로 돌아가는 배에 몸을 실었다. 정부와 사생아라는 골칫거리를 처리하려고 안달이 난 남자가 어린 모녀를 짐짝 싣듯 보내 버린 것이다. 엄마는 딸아이에게 샬럿이라는 이름을 지어 주었다. 제노바를 떠나기 전에 자칭 '워드 부인'은 관계를 완전히 정리하는 대가로 후한 합의금을 받았다. 아이가 성인이 되더라도 아버지의 지원을 요구하지 않겠다는 내용에도 합의했다. 샬럿 워드에게는 부모도 세상의 길잡이도 오직 한 사람이었다.

잠깐 이탈리아에 오기 전까지 워드 부인이 어떤 삶을 살았든 간에, 그러니까 매음굴에 있었든 시장에서 사과를 팔았든 간에, 일단 수도로 돌아온 그녀는 한번 올라선 위치에서 내려갈 생각이 전혀 없었다. 세상 물정도 알 만큼 알고 부유한 상류층 인맥도 생긴 워드 부인은 옛 애인에게서 받은 돈을 유곽을 여는 일에 쏟아부었다. 육체적 매력이 사라져 가는 매춘부가 알선업자로 변신하는 일은, 성매매 일선의 직접적인 위험에서 물러나 배후의 보호자 역할을 맡는다는 것이니만큼 분명한 신분 상승이었다. 어린 나이부터 남자들에게 몸을 팔았던 여자들 중에는 다른 여자의 매력을 이용해서 먹고살고 싶어 하는 부류도 있었다. 워드 부인이 한때 유곽에서 일을 한 적이 있는지는 알 수 없지만, 직접 사업을 꾸릴 정도로 성매매 산업을 자세히 알기는 한 것 같다. 당시 런던의 거리에는 더럽고 관리가 허술한 업소들이 즐비했다. 성병에 걸린 소녀들이 외풍이 드는 다락방에서 3펜스를 받고 정신없이 남자들을 상대하는 곳이었다. 마담 워드는 그런 사업에는 관심이 없었다. 그녀는 취향이 더 까다롭고 성병에는 더욱 민감한 남자들을 받고 싶었다. 코번트가든에서 이미 기틀을 다진 대형 업소와 경쟁하는 것도 역시 관심 밖이었다. 대신 새롭게 떠오르는 웨스트엔드 지역에서 틈새시장을 찾을 계획을 세웠다.

훗날 트래펄가광장 일대로 흡수된 스프링가든은 세인트제임스파크 근처에 있는 조용하고 고상한 동네였다. 그곳은 팰맬과 아주 가까워서 고급스러운 분위기를 띨 수 있을 뿐만 아니라, 헤이마켓에서 새롭게 떠오르는 리틀극장과도 매우 가까워서 좀 더 자유분방하고 음탕한 사람들도 끌어모을 수 있었다. 하지만 무엇보다 그 지역의 수수한 분위기가 워드 부인의 마음에 들었다. 그녀의 사업은 소규모였지만 선별된 고객을 확보하고 있었다. 제노바에 머무는 동안 사귄 국제적인 인사들일 확률이 높다. 워드의 매음굴은 아는 사람만 알아볼 수 있었다. 존 클리런드의 소설 『패니 힐』에 나오는 콜 부인이 운영하는 유곽처럼, 겉보기엔 그저 평범한 모자 가게로 보였다. 업소 전면에 있는 공간에서는 젊은 아가씨들이 순진한 모습으로 "후드 달린 망토나 보닛 따위를 만드느라" 힘들게 일하는 모습을 볼 수 있었으며, 이로써 "더 귀중한 재화의 유통"을 제대로 감출 수 있었다.

그러나 깔끔하고 안락해 보이는 가게의 외양과는 전혀 다르게, 가게 안에서의 삶은 전혀 유쾌하지 않았을 것이다. 대부분의 매음굴 주인들은 자신이 부리는 여자들을 항상 감시해야 한다고 생각했다. 돈과 선물을 주더라도 직접 줄 수는 없었다. 마담은 자신이 공들여 돌보는 "양 떼"에게 심부름 도중에 옆으로 새거나 집으로 친구를 부르지 못하게 했다. 자유를 줬다가는 직원들이 고용주를 속이려 들기 마련이었다.

워드 부인이 자신과 딸의 안정된 미래를 도모한다면, 그녀가 모는 배는 물샐틈없이 통제되어야 했다. 수완 좋은 마담이라면 여성들이 배에서 내리지 못하도록 다양한 종류의 처벌과 강압은 물론 법까지도 동원하여 정당한 소유물을 지키려 했다. 마담의 사업장에서 달아난 어리석은 소녀들은 누구든지 결국 치안판사 앞으로 끌려가고 말았다. 마담의 옷을 훔쳤다는 죄목이었다. 대개 그 옷들은 손님을 접대할 때 차려입으라고 마담이 준 옷가지였다. 1752년에 워드 부인에게 고소당한 앤 스미스의 경우도 마찬가지였다. 워드 부인은 앤이 도망칠 때 몸에 걸치고 있던 "홀랜드 가운 한 벌 (…) 레이스 주름 장식 한 쌍, 실크 스타킹 한 켤레 (…) 새틴 모자 한 개와 인조 보석 귀걸이 한 쌍 (…)"을 훔

치려 했다고 고발했다. 얼마 지나지 않아 워드는 가혹한 방법을 사용하는 업주로 악명이 높아졌다. 앤 스미스가 어찌나 끔찍한 일들을 견뎌야 했기에 그렇게도 급히 탈출하려 했는지 우리로서는 상상할 수도 없을 것이다.

어렸을 적에 샬럿은 주위에서 일어나는 이런 극적인 사건들을 보며 자랐다. 워드 부인이 매춘부들의 손아귀에서 가져간 한 푼 한 푼이 모두 자신의 안락한 삶과 미래를 보장하기 위한 것임을 이해하기에 샬럿은 한동안 너무 어렸다. 유곽은 분명 아이가 자라기엔 이상한 환경이었다.

샬럿에게 남을 가장 오래된 기억은 앉아서 수를 놓거나 서로 쑥덕거리며 가끔씩 키득거리는 여자들에 관한 것이었다. 구성원이 매번 바뀌는 작은 가족이었다. 남자들은 그림자처럼 왔다가 사라졌고, 문틈이나 벽 너머로 짐승처럼 끙끙대고 헉헉거리는 소리가 새어 나왔다. 이따금씩 거대한 감정의 소용돌이가 집안을 뒤흔들 때면, 바느질하며 바보 같은 웃음을 짓던 사람들이 구슬피 통곡하거나 난폭한 행동을 했다. 머리끝까지 화가 뻗친 어머니의 모습, 아버지라곤 없는 집안 식구들이 겁을 먹고 웅크려 있는 광경도 샬럿의 기억 속에 오래 남았을 것이다. 샬럿은 어머니를, 그리고 기묘한 가정의 질서 잡힌 생활을 지켜보면서 많은 것을 배웠을 것이다. 하지만 워드 부인이 딸을 위해 계획한 삶을 위해서는 이보다 더 적절한 교육이 필요했다.

이후 샬럿은 특권층에 가까운 교육을 받았다. 지역 자선단체가 운영하는 학교의 교과과정은 읽기, 쓰기, 셈하기, 종교학, 직업 준비 교육

등 전적으로 기초 과목으로 채워져 있었던 반면, 조금 더 수준 높은 여학교에서는 엄격한 학문은 아니더라도 여성적인 '소양'을 가르쳤다. 학생들은 읽고 쓰기와 산수 외에 프랑스어, 무용, 행실, 음악을 배웠다. 특별히 운이 좋다면, 이탈리아어와 바느질, 회계를 비롯해 역사, 지리학, 고전 작품도 조금씩 접할 수 있었다. 사회 개혁가 프랜시스 플레이스가 언급했듯이, 조지 왕조 시대의 런던에는 적은 수업료를 받고 소녀들에게 학문적인 교육을 제공하는 "꽤 괜찮은 주간학교"가 여럿 있었다. 하지만 모친의 일에 늘 위험이 따르는 상황에서, 샬럿에게 가장 이상적인 교육 환경은 기숙학교에 들어가는 것이었다.

딸을 기숙학교에 보낸 포주나 고급 접대부가 워드 부인이 처음은 아니었을 것이다. 신사들이 사춘기 처녀를 특히 좋아한다는 사실을 고려하건대, 추잡하기 그지없는 유곽의 환경에서 적당히 나이가 찬 여자아이는 너무 많은 유혹을 불러일으키는 존재였다. 엘리자베스 워드는 딸이 지닌 가장 귀중한 상품이 강간이나 사랑 타령하는 가난뱅이 구혼자의 달콤한 속삭임에 넘어가서 낭비되기를 원치 않았다. 샬럿의 처녀성을 어떻게 처분할 것인지는 모친의 중대한 사업적 거래 중 하나로, 그만큼 꼼꼼한 계획이 세워져 있었다. 워드 부인은 거의 14년 동안 딸의 매력을 키우고 교육비를 대면서, 딸의 인생에서 가장 중요한 날, 즉 비너스의 의식을 처음 치르는 날을 준비해 왔다.

적당한 시기에 이르러(보통 월경이 시작되었을 때), 샬럿은 어느 상류층 딸들처럼 계속 이어지는 공개적인 행사와 연회에 소개되었을 것이다. 워드 부인이 극장이나 유원지에 새로운 얼굴을 대동하고 나타났다는 건, 분명한 신호였다. 샬럿은 새로 시장에 나온 상품이었다. 샬럿의 등장은 호기심 많은 남자들에게 큰 관심을 불러일으켰을 테지만, 워드 부인은 앞으로 두 가지 중요한 역할을 수행해 줄 특별히 부유하고 지위 높은 손님들을 최종 후보자로 이미 추려 두었을 것이다.

18세기에 처녀와의 관계보다 더 탐나는 성적 경험은 없었다. 육체의 미식가들에게 진정한 처녀성은 아주 값비싼 별미였다. 남자 손을 타 본 적 없는 젊은 여자가 어쩌다 우연히 업소에 흘러드는 일은 흔치 않았으므로, 뚜쟁이 마담이라면 누구나 그런 보물을 알선했을 때 들어오는 돈이 꽤 된다는 사실을 알고 있었다. 순결한 어린 여자와 하룻밤을 보내는 특권은 당시 20파운드에서부터 50기니*까지로 다양한 가격에 거래되었다. 마담의 수완이 좋고 신참이 아주 예쁠 경우에는 100파운드까지 부를 수도 있었다.

이렇게까지 비싼 금액이 오갔던 것은, 단지 순진무구한 처녀를 음행에 끌어들이는 쾌락을 누리기 위한 것만은 아니었다. 이는 성병으로부터 안전을 보증하는 돈이기도 했다. 그가 누구였든 간에 샬럿의 순결을 빼앗은 사람은 상당히 부자였을 것이고, 샬럿이 직접 고르지는 못했을 것이다. 『밤의 향연』의 저자가 독자들로 하여금 믿게 하고 싶어 했듯이, 딸을 팔아넘기는 일에서도 사기를 친다는 워드 부인의 교활한

---

* 영국의 화폐단위로 1파운드는 20실링이며, 1기니는 21실링이다. 1실링은 1971년을 기준으로 그 이전에는 12펜스, 그 뒤로는 5펜스이다.
영국국립기록보관소 웹사이트에서 제공하는 통화가치 환산기에 의하면, 1750년의 1파운드는 2017년의 116파운드에 준한다. 당시 1파운드는 숙련공의 열흘치 임금이었다. 이를 바탕으로 대략적으로 추정해 보면, 당시 영국에서 20파운드~50기니는 현재의 원화 가치로 수백만 원에서 수천만 원에까지 이르는 금액이다. (편집자)

평판은 아예 근거 없는 소문은 아니었다. 워드 부인은 아무것도 모르는 남자들에게 샬럿을 여러 번 "처녀인 양 행세하도록" 시키고 매번 터무니없이 높은 가격을 불렀던 것 같다.

샬럿이 업계에 발을 들이자마자, 워드 부인은 샬럿을 마치 시식용 음식처럼 줄지어 기다리는 고객들에게 두루 내놓았다. 가게의 신상품을 하룻밤만 내보여도, 워드 부인은 보석이나 장신구, 그득한 현금까지 챙길 수 있었다. 최초의 성공 사례들에 매혹된 워드 부인은 딸을 위한 최종 목표를 세웠다. 샬럿을 "고급 정부"로 만드는 것, 그러니까 한 남자의 애인 자리에 앉히는 것이었다.

18세기에 성 노동자들이 모두 똑같은 계기로 업계에 입문하지는 않았다. 누구는 우연히 성매매를 시작했는가 하면, 다른 이는 신분의 사다리를 오르겠다는 분명한 목표를 갖고 이 일을 시작했다. 성매매 여성들의 구성은 아래로는 극빈하고 병든 여자나 길거리에 사는 노숙자부터 위로는 상류층 생활을 누리며 실크와 보석을 두른 '애첩'(고급 창부라고도 한다)까지 다양했다. 세련되고 매력적이며 아름다운 매춘부는 마치 사치품처럼 비싼 값을 주고 빌릴 수도 있었고, 거처와 생활비를 부담해 주는 조건으로 아예 소유할 수도 있었다. 여자가 운 좋게도 부유한 남자의 정부가 되면 돈으로 살 수 있는 온갖 사치를 다 부릴 수도 있었다. 명망 있는 신사가 재력을 과시하려면 본인만큼이나 사치스러운 소비 습관을 지닌 정부를 둬야 한다는 것이 이 시대 신사 계급의 관행이었다. 그들의 애첩은 상점이나 양장점에서, 또는 도박장이나 술집, 극장에서 애인의 신용장에 비용을 적기만 하면 뭐든지 할 수 있는 자유를 얻었다. 당대의 도덕주의자들에게는 통탄스럽게도, 정부들은 귀족 부인들만큼이나 잘살았다. 그들과 같은 천으로 만든 옷을 입고 똑같은 보석을 착용하며 똑같은 개인 마차를 타고 다녔다. 유행을 선도하는 구역에서 금박 입힌 가구를 갖추고 다마스크* 벽지를 바른 집에 살았다. 한 가족이 부릴 법한 많은 수의 하인을 두고, 특별한 제복까지 입혔다. 호화로운 저녁 만찬이나 파티를 열어서 정숙한 아내와 딸이 사는 세계와는 전혀 다른 삶을 제공했다. 워드 부인이 딸에게 갖춰 주고 싶은 삶은 거리를 훑고 다니거나 마담에게 의존해야 하는 삶이 아닌 바로 이런 삶이었다. 이런 종류의 매춘이야말로 '창녀'의 사생아로 태어난 천한 여자가 사회의 변기통에서 빠져나올 수 있는 유일한 방법이었고, 심지어 정부에서 정식 부인이 되는 경우도 아예 없지는 않았다.

고급 정부로 사는 인생의 최대 수혜자는 당연히 샬럿이겠지만, 워드 부인도 상당한 이득을 볼 터였다. 업소의 간판인 여자를 보내 주는 마담은 충분히 보상받는 게 관례였다. 마담들은 이별의 징표가 현금이면 더 좋아했고, 금액은 물론 높으면 높을수록 좋았다. 거래는 끝났지만, 워드 부인이 딸한테서 받은 선물은 그것으로 끝난 게 아니었다. 효심 있는 자식이라면 당연히 애인의 주머니에서 끝없이 샘솟는 돈으로 비싼 옷이나 음식을 사 주고 용돈을 드리면서 부모를 봉양했다. 대부분의 정부들은 사정이 딱한 친척이나 친구를 곁에서 부리는 시종으로

---

* '다마스크(damask)'는 실크로드의 무역 중심지였던 시리아의 다마스쿠스에서 따온 이름으로, 대칭적인 패턴이 특징인 고급스러운 벽지이다. (편집자)

삼아서, 그녀가 흘린 콩고물에 의지해 먹고살도록 해 주었다. 너그러운 애인이라면 그런 비용쯤은 적당히 눈감아 주었을 테지만, 샬럿은 악명 높은 워드 부인과 불편할 정도로 가까웠던 탓에 애인들의 심기를 거스르기도 했을 것이다. 남자들은 워드 부인이 딸에게 가르쳤을지 모를 속임수를 경계하며, 의심의 눈초리로 지켜보았을 것이다. 샬럿이 이 쾌락의 경기장에서 승리하려면, 스프링가든의 마담 워드 부인과 아무 사이도 아닌 것처럼 보이도록 가명을 짓는 수밖에 없었다.

　이름을 버리고 새로 짓는 건 샬럿 같은 일을 하는 여성들 사이에서는 흔한 관행이었다. 위대한 혈통이나 가문의 직계가 아니라면, 성 따위는 있으나 없으나 그만이었다. 차라리 특별한 탄생이나 재능을 넌지시 내비치는 매력적인 가명을 짓는 편이 훨씬 나았다. 운이 아주 좋아서 정부 자리에 들어가게 되면 애인의 성을 쓸 수도 있었지만, 이는 정부에게 사실상 부인의 지위를 부여한다는 의미라서 사교계를 격분시키는 일이었다. 샬럿이 워드 대신에 헤이즈라는 이름을 생각해 낸 이유는 알려지지 않았다. 어쩌면 샬럿의 첫 번째 애인이 누구인지 알려주는 단서일 수도 있지만, 샬럿의 일대기에서 귀족이든 군인이든 헤이즈라는 성을 가진 남자는 찾아볼 수 없다.

　1740년 샬럿 헤이즈가 등장했을 즈음, "무명이었다가 업계에 뜬" 여자가 둘 더 있었다. 루시 쿠퍼와 낸시 존스였다. 두 여자는 고급 창부였던 패니 머리와 함께 헤이즈의 가장 강력한 경쟁자가 되었다. 당시 장삿속이 밝았던 마담들은 종종 말 조련사에 비유되었고, 승자로 키워낼 젊고 창창한 종자를 끊임없이 물색했다. 워드 부인이 딸을 경기에 내보낼 수 있도록 준비시키느라 재산을 쏟아붓는 동안, 다른 마담들도 자신만의 유망주를 키웠다. 헤이즈가 업계에 발을 들여놓을 시점에 패니 머리는 이미 배스에서 의전관으로 위세를 떨치던 보 내시의 정부로 이름을 날리던 터라, 헤이즈가 가장 신경 써야 할 도전자는 루시 쿠퍼인 듯했다.

헤이즈처럼 루시도 유곽에서 마담의 딸로 태어났다. 하지만 루시는 미래에 대한 포부가 없었다. 빼어난 아름다움을 타고나지 않았더라면, 루시는 모친의 이류 업소에서 다른 여자들처럼 이름 없이 사라졌을 것이다. 코번트가든의 '거물 마담'인 엘리자베스 웨더비의 눈에 띈 덕분에, 루시는 멋지게 다듬어져서 세상에 선보이게 되었다. 루시는 십대 초반에 이미 완성품이 되어서 "고급 매춘부에 꼽힐 정도로 성숙"하다고 여겨졌다. 루시는 "대단한 창녀들 사이에서도 완벽"하며 "찰스 왕 치세의 어떤 매춘부보다 더 음란하다"고 칭찬받았지만, 헤이즈처럼 반짝임을 유지하며 오래도록 매력을 발산하는 법은 배우지 못했다. 루시는 매니저 겸 어머니 노릇을 한 웨더비 부인과 수시로 심하게 다퉜다. 마담의 조언을 귓전으로 흘린 루시는 결국 재산을 모두 탕진했고, 헤이즈라는 별이 가장 높은 곳에서 빛날 때 빚과 빈곤의 나락 속에서 생을 마쳤다.

낸시 존스의 유명세도 짧았다. 고작 몇 계절 만에 천연두를 심하게 앓으면서 예쁜 외모가 망가지고 말았다. 생계를 보장하던 유일한 자질을 빼앗긴 존스는 주요 인사들만 서는 맨 앞줄 자리도 빼앗기고 뒷골목으로 쫓겨났다. 거기서 매독에 걸려 스물다섯 살이 되기도 전에 극빈자 무덤에 묻혔다고 한다. 앞날이 창창한 고급 매춘부라도 잘못된 판단이나 예기치 못한 불운만으로 운명이 뒤집힐 수 있었다. 그해 경주를 시작한 셋 중에서 헤이즈만이 유일하게 완주에 성공해 승리의 재물을 거머쥐었다.

샬럿이 극장의 박스석에 얼굴을 자주 드러낼수록, 상류층 애인의 팔에 안긴 모습이 자주 보일수록, 그녀의 목에 애인들이 더 많은 보석을 둘러 줄수록, 샬럿 헤이즈의 이름은 코번트가든의 자유분방한 '핵심 그룹'의 입에 더 많이 오르내렸다. 가십은 고급 창부의 가장 친한 친구가 될 수도 있었고, 제대로 불을 지피기만 하면 유리하게 활용될 수도 있었다. 헤이즈가 '오늘의 특선 요리'로 더 많이 회자될수록, 부유한 신사들은 그녀를 소개받으려고 안달을 냈다. 하지만 남자들이 샬럿에게 열광한 이유는 꼭 그녀의 아름다움 때문만은 아니었다. 루시 쿠퍼나 패니 머리와 다르게, 헤이즈에게는 매력적인 이목구비보다 더 황홀한 무언가가 있었다.

당대의 그 누구도 샬럿 헤이즈가 아주 예쁘지는 않더라도 매력적이라는 사실에 이의를 제기하지 않았지만, 그녀의 외모를 칭찬하는 말들은 신중하게 사용되었다. 구애자들의 묘사에 따르면, 헤이즈는 "풍만하고 살결이 희었다". 시인 에드워드 톰프슨은 헤이즈가 젊은 외모를 오래 유지했을 뿐만 아니라 "화장을 많이 하지도 않았"다고 칭찬했고, 언제나 헤이즈를 호의적으로 평가했던 샘 데릭은 그녀의 외모에 관해서는 "회색 눈동자와 갈색 머리칼"만 언급했다.

남자들에게 헤이즈의 이러한 외적인 특성들은 그녀의 진짜 아름다움 중 일부에 지나지 않았다. 한 애인은 헤이즈가 "빛났다"고 썼다. 입이 험한 대다수의 매춘부들과 달리 샬럿은 평정심과 품위를 갖춘 고상한 여자였다. 그렇게 태생이 비천한 여인이 어떻게 정숙한 아내에 버금가는 정직함과 상냥함을 갖추었는지, 신사들은 바로 그런 수수께끼에 매료되고 성적으로 흥분했다.

이 여자는 정말로 고상하다. (…) 이목구비 하나하나가 우아하고, 태도는 훌륭하며, 사람을 대할 때도 정중하고, 드레스 취향도 두말할 나위 없이 고상하다. 샬럿은 센스 있는 여성이라서 정말 절친한 사람과 함께일 때가 아니면 대다수의 다른 여성들보다 말수가 적다. 그러면서도 다른 어떤 여성들보다 더 만족스럽게 즐거움을 준다.

헤이즈는 살아생전 자신에게 적대적인 말을 들어 본 적이 거의 없었다. 헤이즈의 매력에 푹 빠진 에드워드 톰프슨 같은 남자들에게 그녀의 꾸밈없는 솔직함은 너무 매혹적이어서, 그들의 눈에 헤이즈는 "성자처럼 정직한" 여자로 보였다. 샘 데릭도 그런 점에 빠져들었다. 데릭은 헤이즈가 "살면서 온갖 일을 겪었음에도 (…) 기만하는 법은 절대 배우지 않았다"라고 칭찬했다. 데릭이 생각하기에 헤이즈는 항상 "마음만큼 솔직한 표정"을 가진 여성이었다.

하지만 애인과 전문가들이 칭찬한 솔직함은, 샬럿 헤이즈의 진짜 자질이라기보다는 완벽한 직업적 기술이었다고 봐야 할 것이다. 샬럿이 고급 매춘부로 성공하고 런던에서 가장 유력한 유곽의 주인이 된 비결은 상냥함이나 정직함이 아니었다. 샬럿 주변에 있던 여자 중 아무나라도 이 복잡한 여자에 대한 기록을 남겼더라면, 좀 더 진실에 가까운 헤이즈의 모습이 남았을지도 모른다. 남자들은 헤이즈의 외적인 면을 보았으나, 그녀와 같은 일을 하는 여자들은 내면의 노력을 보았을 것이다. 그녀가 동정심을 서서히 없애고 감정의 플러그를 뽑아서 거짓된 미소와 꾸며 낸 눈물로 텅 빈 마음을 채우는 모습을. 샬럿은 어머니의 조기교육으로 남자들을 속이는 기술을 완벽하게 습득했지만, 일을 시작하고서도 한동안은 여전히 배워야 할 것이 많았다.

Chapter 5

잉글랜드의 포주 대장, 잭

존 해리슨이 처음 도착한 1750년대 초반에, 셰익스피어즈는 이미 몇 대째 운영 중인 코번트가든의 터줏대감이었다. 일대의 가장 오래된 술집이라고 평판이 나 있는 셰익스피어즈는 베드퍼드 커피하우스와 함께 벌이가 가장 쏠쏠한 업소였다. 한편으로는 술집이 광장 북동쪽 모퉁이에 있어서 주요 두 극장에서 엎어지면 코 닿을 거리였기 때문이고, 다른 한편으로는 위층에 방이 있었기 때문이다. 유료 회원제 클럽이 설립되기 전에는 이 개별적인 방에서 남자들(과 때로는 여자들)이 모임을 열었다. 이들이 주최하는 사교 모임은 불법의 소지가 전혀 없어서 지역신문에 대대적으로 광고도 실렸으며, 그중 가장 유명한 모임은 비프스테이크협회에서 주최하는 저녁 만찬이었다. 소고기와 맥주를 실컷 먹고 마시려는 모임이 열리지 않을 때는, 개인 고객이 전용실을 빌려서 밤의 여인들과 함께 똑같은 음식과 술을 즐길 수 있었다.

셰익스피어즈를 찾는 사람들은 다양하고 떠들썩했다. 네드 슈터, 찰스 매클린, 페그 워핑턴 같은 유명 인사들이 공연을 마친 뒤 거나하게 취해 쉰 목소리로 떠들어 댔고, 윌리엄 히키 같은 부유한 상인이나 귀족이 가장 평판 나쁜 범죄자들과 나란히 이목을 끌었다. 셰익스피어즈는 어떤 제약도 없는 장소였다. 누구든 하고 싶은 대로 했고 아무도 뭐라고 하지 않았다. 지역 법조계 가문의 자제들인 손더스 웰치 판사와 필딩 형제도 아래층에서 벌어지는 일까지는 막지 않았다. 이들은 위층에서 스테이크를 즐기며 바로 발밑에서 벌어지는 일은 기꺼이 모른 척했다.

코번트가든의 술집에서 도박은 공식적으로 금지되어 있었지만, 셰익스피어즈에서는 해저드클럽이라는 고액의 도박판이 벌어지곤 했다. 운 좋은 사람들은 모자 한가득 금화를 채워 가기도 했다. "한량들"과 "난봉꾼들"은 셰익스피어즈를 사랑했고, 전기 작가인 제임스 보즈웰도 그중 하나였다. 이 작가는 자진해서 즐거움을 주는 여인 두 명을 셰익스피어즈 위층의 빈방으로 데려와서 "나이가 많은 쪽부터 한 사람씩 자신의 존재를 위로하는 시간을 보냈다". 전용실을 이용할 능력이 없거나 방이 날 때까지 기다릴 수 없는 사람들은 "취하고 굶주린 매춘부"를 조용한 구석에 데려가서 자신을 "위로"했다. 매춘부들은 술집 바닥에 뒹구는 "음탕한 포옹" 탓에 "옷이 더러워졌다"며 불평하곤 했다.

셰익스피어즈의 주인 패킹턴 톰킨스만큼 부티를 풍기며 다니는 사람은 코번트가든에 거의 없었다. 톰킨스의 가게는 코번트가든의 고객이 원하는 것은 무엇이든, 아니 그 이상의 것을 전부 갖추고 있었다. 술과 여자, 유쾌한 대화 상대와 유명 인사, 도박 등 방탕하고 난잡하기로는 타의 추종을 불허하는 곳이었다. 셰익스피어즈의 인기는 어마어마해서, 술이 나오는 꼭지가 마를 날이 없었다. 근방에서 가장 거대한 톰킨스의 술 창고에는 "못해도 100개 이상의 커다란 포도주 통"이 저장되어 있었다. 당연하게도 장사는 대성황을 이뤘으며 톰킨스는 부자가되었다. 런던에 있는 집 외에도 헤러퍼드셔에 대규모 토지를 소유했고, 두 곳을 오갈 때 타는 전용 사륜마차도 있었다. 그는 평판이 나쁜 사업을 운영하면서도 도덕적 흠결을 지우고 마치 괜찮은 가문의 사람처럼 런던 거리를 활보했다. 말년에는 딸을 출판업자인 롱맨 가문에 출가시켰으며, 2만 파운드가 넘는 재산을 남기고 죽었다. 자신의 업소에 드나들던 고객들과는 다르게, 톰킨스는 도박 테이블 근처에는 얼씬도 하지않을 만큼 영리한 남자였다.

잘 풀리는 사업에는 한 부대의 보조가 필요한 법. 톰킨스는 물 들어올 때 노를 젓듯 수석 웨이터를 비롯한 웨이터 일곱 명, 술 창고 담당자한 명, 잡일꾼도 한 명 고용했다. 수습 직원도 받았고, 특별한 요리를내놓는 주방도 꾸렸다. 직원 입장에서 보면 런던에서 셰익스피어즈의직원보다 급여가 좋은 일자리를 찾기는 쉽지 않았다. 톰킨스는 가게의명성을 유지하려면 "웨이터들이 주름 장식 달린 옷을 멋지게 차려입어야 한다"고 생각했다. 존 해리슨 같은 신입들은 처음에는 고용주가대 준 수당으로 복장을 갖춰 입었지만, 곧 주머니가 금으로 묵직해져서 고급 셔츠와 코트, 승마용 바지를 마음껏 살 수 있게 되었다. 손님들이 주는 짭짤한 팁 덕분에 웨이터들은 환하게 웃었다. 셰익스피어즈의 전 주방장 "올드 트위그"는 "급사들조차 한 주에 7파운드를 벌지 못하면 운이 나쁜 주라고 생각"했다고 회상했는데, 7파운드면 가정에 고용된 하인의 일 년 치 급여와 맞먹는 돈이었다. 이 정도면 술집 주인의 아들이었던 해리슨이 느끼기에도 엄청난 금액이었을 것이다. 여기다 포주로서 벌어들인 돈까지 더하면, 해리슨이 얼마를 벌고 싶어 했든 간에 욕구를 충분히 채웠을 것이다.

셰익스피어즈에서 존 해리슨은 새롭게 시작할 귀중한 기회를 얻었다. 코번트가든 뒷골목 술집의 웨이터였을 때는 동네 사람들이나 해리슨의 이름과 얼굴을 알았지만, 유흥의 중심 셰익스피어즈에서 해리슨은 순식간에 유명 인사가 될 터였다. 셰익스피어즈는 어쩌다 지나치고 마는 그런 가게가 아니라, 런던 각지의 남자들이 하룻밤 놀거리를 찾아 모여드는 목적지였다. 신출내기 포주였던 해리슨은 자신의 상황을 잘만 이용하면 얼마나 큰돈을 벌 수 있을지 가늠해 봤을 것이고, 성공에 수반되는 위험도 잘 알았을 것이다. 성매매 산업의 사다리에서 비교적 높은 자리를 차지하고 있는 신중한 마담이나 웨이터-포주, 주선자들은 쉽게 매수당하는 당국을 무서워할 필요가 거의 없었지만, 해리슨은 그렇다고 자기 일에 법적인 문제가 없을 거라는 환상에 빠지지는 않았다. 일을 하려면 가명은 필수였다.

여자를 데려오라고 고함칠 때, 셰익스피어즈의 손님들은 존 해리슨을 부르지 않았다. 그들은 '잭 해리스'로 알려진, 잘 차려입고 조심성 있는 남자를 불렀다. 아버지의 이름이 드높았든 비웃음거리였든 아무것도 아니었든 간에, 그는 새로운 정체성을 위해 기꺼이 그것을 버렸다. 더 이상 술집 아들 해리슨은 없었다. 그는 누구든 될 수 있었다.

잭 해리스를 언급하는 당대의 두 문헌 『해리스의 항변』과 『이름난 패니 머리 양의 회고록』에 따르면, 해리스의 성공 비결은 냉정하고 계산적인 태도와 관찰력, 이성적인 사업 방식이었다. 고용주인 톰킨스와 마찬가지로, 해리스도 요령 좋은 사업가였다. 웨이터-포주 역할을 너무 잘 아는 상태로 셰익스피어즈에 들어왔기 때문에, 해리스는 자신의 역할을 완벽하게 해낼 수 있었다. 그는 좋은 포주가 되려면 필요한 기본적인 자질을 이미 이해하고 있었다. 뭐니 뭐니 해도 애원하는 법을 알아야 했다. 그러려면 "환심을 얻고, 시치미를 떼고, 아부하고, 굽실대고, 알랑거릴" 수 있어야 했다. 망나니 같은 젊은 신사들에게 굽신거리는 일이 해리스 본인의 성격에 맞는 것은 아니었지만, 실용적인 자제력을 발휘하는 편이 "격노하여 씩씩대는 사내의 질문에 대답하고 분노를 모면하기 위해 비는" 일을 하기에 더 유리했다. 분노로 "뚜껑이 열릴 듯한" 상황에서도, 해리스는 "시선을 바닥에" 고정했다가 "승복하는 어조로 천천히 들어 올리는" 법을 터득했다. 이것은 수월한 일이 아니었다. 해리스는 자신이 만약 강인한 성격과 "발길질을 견디는 데 충분한 철학"을 함양하지 못했다면 해내지 못할 일이었다고 말했다. 해리스의 유일한 위안은 굴욕을 참은 대가로 부유한 고객의 지갑을 털어서 복수할 수 있다는 것이었다.

해리스는 규모가 큰 업소일수록 고객들의 요구가 눈에 띄게 많아진다는 사실도 깨달았다. 단골손님뿐 아니라 런던의 다른 지역에서 찾아오는 손님들도 있었기에, 그들을 즐겁게 해 줄 여자들도 훨씬 다양해져야 했다. 해리스가 아는 동네 매춘부들만으로는 오래 버틸 수 없었다. 셰익스피어즈 같은 가게에서 수요는 공급을 가볍게 앞질렀으며, 해리스가 고정으로 소개하는 숙녀들이 성병에 걸려서 일하기 어려워지면 더욱 그랬다. 이럴 때 "발정을 식혀 달라고 요구하는 한량들"을 어떻게 만족시킬 수 있을까? 훗날 해리스는 "남자는 열정의 동물"이며 "열정에 지배받는 것은 금방 식기 마련이고 (…) 열정은 무엇도 오래 좋아하지 못한다"고 주장했다. 해결책은 간단했다. "다양한 얼굴을 제공하면 된다".

그런데 어디서 데려올 것인가? 그리고 공급자들의 내력을 잘 모른다면, 데려온 상품의 온전함은 어떻게 보증할 수 있는가? 설상가상으로 손님들이 자신이 마신 "샘물에 독이 들었다"는 사실을 알게 되면? 분명 "이들은 자기를 독이 든 샘물로 데려간 사람에게 책임을 물을 텐데, 특히 그 사람이 돈을 벌려고 그랬을 경우에는 더 말할 것도 없다". 일을 처음 시작했을 때부터 해리스에게 신체적 폭력은 아마 전혀 낯설지 않았을 것이다. 질투에 눈이 먼 애인, 분노한 남편, 매독에 걸리게 된 고객 등등, 그들 모두가 언제든 해리스를 찾아왔다. 이 세 부류의 사람들 가운데 마지막 부류가 가장 잔인했다. 욕정에 사로잡혀 경솔하게 하룻밤을 보낸 탓에 남은 인생 전부가 위태로워진 남자들이었다. 그들 자신도 모르게 부인과 배 속의 자녀를 감염시키고, 제 자신과 가문의 생명을 단축시켰다. 포주의 잘못된 안내 탓에 말이다. 어쩌면 존 해리슨은 눈앞에 선한 이런 광경 때문에 잭 해리스로 정체를 바꿨는지도 모른다.

"다양한 얼굴"을 관리하려면 완벽한 기억력이 필수였다. 성공적인 포주라면, 수많은 여자들을 잘 기억했다가 손님이 요구하는 얼굴을 불러올 줄 알아야 했다. 셰익스피어즈에서 아주 잘나가는 포주라면 공급원도 런던 전체를 포괄할 만큼 방대했을 터라, 이는 결코 쉬운 일이 아니었다. 또한 영리한 포주는 고객과 그 고객의 취향, 그가 관리하는 여자들 중에서 누구를 체험했었는지도 기억함으로써 아주 유리한 위치를 점할 수 있었다.

그런가 하면 새로운 인물을 물색하는 일도 상당한 에너지를 쏟는 골칫거리였다. 포주는 손님들 중에서도 가격을 후하게 쳐 주는 이들의 취향을 주로 고려하면서, 누가 신참 시골 아가씨의 앳된 얼굴을 좋아하고 누가 풍만하고 원숙한 숙녀를 좋아하는지를 떠올리면서, 더 많은 여성을 모집하려고 늘 부지런히 주위를 살폈다. 따분해하는 귀족이나 부유한 은행가가 더 순수하고 더 젊은 여자를 찾아서 대령하라는 특수한 임무를 맡길 때도 있었다. 작은 가게에서 일했다면 그리 어려운 일들은 아니었을 테지만, 큰물에 뛰어든 해리스는 더 어려운 과제를 해내야 했다. 성공만 한다면 그 자신과 고용주 톰킨스의 재산을 왕창 불릴 수 있는 일들이었다.

존 해리슨을 고용했을 때, 톰킨스는 이 코번트가든 토박이에 대해 이미 무언가를 알았을 수도 있고, 이 남자의 번득이는 눈을 보고 뭔가를 직감했을 수도 있다. 해리슨은 보기 드문 야심가였다. 출신만 좋았더라면 상인이나 은행가로 잘살 수도 있을 만큼 영리했다. 해리스는 이렇게 말했다. "포주라는 직업에 개선의 여지가 크다고 보았고" 그래서 "머리를 쥐어짜, 국가가 그러하듯 조직적인 체계가 필요하다는 사실을 금세 인식했다". 해리스는 포주들이 "앞일을 내다보지는 않고 임시방편만 찾는 사람들"이라서, 문제가 발생하고 나서야 해결책을 찾는다며 투덜댔다. 모든 문제점을 파악한 후에 해리스는 마치 노련한 엔지니어처럼 몇 가지를 바꾸기로 결심했다.

해리스가 보기에 포주의 장사에 가장 큰 걸림돌은 공급이었다. 해결책은 "기존의 고참이 없어지거나 도망치면, 즉각 신참을 데려오는 것"이었다. 신병은 런던의 여러 곳에서 주기적으로 데려와야 했다. 셰익스피어즈에서 발생하는 수요를 맞추려면, 코번트가든의 자체 조달만으로는 부족했다. 처음에 해리스는 "하루는 코번트가든의 가로수를 벗어나서 동네의 외곽까지, 다른 날은 시티* 안쪽까지, 또 다른 날은 타워햄릿까지, 이런 식으로 계속해서 로더히스, 와핑, 서더크까지 출장을 다니는" 일을 꽤 쉽게 할 수 있었다. 그는 그쪽 동네의 매춘부들을 만나서 그 여자들의 장점과 특기를 메모했다. 그러곤 셰익스피어즈에 돌아와 계획을 실행에 옮겼다. 단골손님이 새로운 여자를 대령하라고 요구하면, "상인의 아내처럼 눈썹이 휘날리게 달려 나가서 버러나 타워힐의 창녀를 데려오라고 사람을 보냈다". 그런 다음 여성이 도착할 때까지 시간을 벌기 위해 "신사들이나 귀족 친구들 곁에 앉아서 포도주

* 런던의 행정구역 '시티오브런던'을 줄여서 '더시티(The City)'라고 부른다. 런던에서 가장 작은 행정구역이지만, 금융기관이 밀집해 있는 중심지다. (편집자)

를 마시면서 그을린 파이프를 문 채로 지칠 때까지 거짓말을 늘어놓았다". 해리스는 이런 방법으로 기적을 낳았다며 으스댔다. "나는 도시의 친구들이나 막 상경한 시골 촌뜨기들을 이 이상 행복할 수 없을 정도로 행복하게 만들어 줄 높은 등급의 여자들을 런던 곳곳에서 불러오곤 했다."

이런 방법이 잘 통하는 손님들도 있었지만, 모든 고객이 만족하는 것은 아니었다. 원인을 파악하려고 해리스는 머리를 계속 굴려야 했다. 아주 당황스럽게도 해리스는 많은 고객이 코번트가든에서만 환락의 놀이를 즐기는 게 아니라는 사실을 발견했다. 몇몇은 시티와 서더크의 악명 높은 유곽에서 쾌락을 맛볼 생각에 걸핏하면 먼 곳까지 원정을 다녔는데, 이미 도시 반대편의 코번트가든에서 소개받은 얼굴을 그곳에서 다시 만나면 기분이 좋을 리가 없었다. 당대의 도덕주의자와 사회 개혁가들은 방탕한 남성들이 끊임없이 다양한 여성을 요구하는 탓에 여자들이 매춘에 들어서게 된다고 개탄했다. 남자들이 원하는 건 '신선한 사냥감'이었다. 해리스(또는 그 대신 글을 쓴 글쟁이)도 이에 동의했다. 고객의 취향을 만족시키고 여성 재고를 보충하는 임무는 끝나지 않을 것 같았다.

매춘 알선업자들에게는 순진한 먹잇감을 잡는 검증된 방법이 몇 가지 있었다. 그중에서도 직업소개소register office라는 미끼만큼 이 시대를 다룬 판화나 이야기에서 신화화된 것도 없었다. 오늘날과 마찬가지로 직업소개소는 가정부를 구하는 사람들이 광고를 내고 런던으로 막 이주한 사람들이 먼저 들르는 곳이어서, 포주와 마담이 하녀를 찾는 점잖은 시민인 척하며 순진한 시골 소녀들을 꾀어내기에는 최적의 장소였다. 해리스도 이 방법을 쓰긴 했지만, 손님들이 바라는 만큼 순진한 여자를 찾기란 거의 불가능했다.

해리스의 주요 목표는 하녀와 노점상, 재봉사, 세탁부, 바텐더, 도제 같은 여성 노동자들이었는데, 해리스는 이런 부류의 여자들이 순결을 간직하고 있다면 그게 더 이상한 일이라고 생각했다. 18세기 사회의 가차 없는 시선으로 보면, 생계를 위해 일을 해야만 했던 여성들은 다른 온갖 방식으로도 팔릴 수 있었다. 모자나 양말 가게에서 정식으로 도제 교육을 받은 숙련공이든, 아니면 세탁부나 주방 하녀, 과일 파는 노점상이든 상관없이, 일하는 여성은 돈을 위해서라면 자기 자신도 팔 수 있는 여자였다. 이런 여자들은 결코 이 세상에서 진정한 가치를 가진 숙녀나 개인이 될 수 없었고, 남자들, 특히 사회적지위가 높은 남자들은 이것이 무엇을 뜻하는지 알고 있었다. 해리스는 이런 부류의 여자들이 전향시킨 모든 여자들 중에서 단연코 가장 고분고분하다는 것을 알아차렸다. 해리스는 "모든 집의 문간을 예리하게 살피고 거리를 쏘다니면서" 이런 여자들을 끊임없이 찾아 헤맸다. "젊고 예쁜 처자가 눈에 띄면, 곧바로 가까운 술집에 들어가서 술을 한 잔 시킨다. 거기서는 필요한 정보를 모두 모을 수 있었다." 그러고 나서 여자들을 만나 그들의 처지에 관해 터놓고 이야기하면 대부분이 쉽게 흔들렸으며, "힘들고 고되게 사느니 호화스러운 행복의 삶을 선호한다는 교리에 금세 빠져들었다. 보통의 경우, 그런 여자들은 잘 풀려 봤자 기껏해야 하인이나 고생스럽게 일하는 장인과 결혼하는 게 고작이었다". 실제로 당시의 기록에 따르면, 해리스가 접근할 수 있었던 많은 여자들, 특히 가정부로 지내던 많은 여자들에게 매춘은 낯선 일이 아니었다. 가정부로 받는 급료가 적다 보니, 많은 여자들이 평생 매음굴과 일반 가정집을 번갈아 오가며 일했다.

일하는 여자들 말고도 매력적인 공급원이 하나 더 있었다. 해리스는 자신이 여자들을 겪으면서 배운바, 유부녀를 끌어들일 가능성을 결코 간과해선 안 된다고 주장했다. 확실히, 유부녀들은 (남편을 제외한) 어떤 남자도 맛본 적 없는 새로운 "간식"이었다. 다양성을 더한다는 측면에서 보면, 충분히 타당한 일이었다. 유부녀 신병을 모집할 때, 해리스는 으레 극장을 찾았다.

거기서 나는 외모가 봐 줄 만하고 같이 온 남자가 없어 뵈는 여자들 사이에 끼어들었다. 그들에게 과일을 대접하고 그런 장소에 어울릴 법한 사소한 예의를 갖춰서 칭찬했다. 그리고 에둘러서, 너무 과하지 않은 질문을 던져서 곧 여자들의 상황을 대부분 알아냈다.

일하는 여자들에게 하는 것처럼, 결혼 생활이 불행한 여자들에게도 어떻게 "그녀의 현재 상황을 더 낫게 만들어 줄 수 있는지"를 솔직하게 설명하기만 하면 모든 일은 끝났다. "부부의 의무에는 소홀하면서 성질은 고약하고 못된 남편"으로부터 경제적으로 독립할 수 있다는 제안이면 충분했다. 해리스는 "이런 식으로 나는 유부녀를 여럿 끌어올 수 있었다. 그중 한 명은 왕립증권거래소*에서 멀지 않은 곳에 사는 포장업자의 부인이었고 다른 한 명은 크러치드프라이어 근처에 사는 약장수의 아내였는데, 둘 다 눈에 띄게 아름다웠다"고 으스댔다.

해리스는 런던에서 구할 수 있는 여자들을 전부 모아서 진정한 동물원을 꾸렸는가 하면, "아일랜드 창녀들의 고급 양성소"를 운영하는 것으로도 유명해졌다. 『해리스의 항변』과 『이름난 패니 머리 양의 회고록』 두 책 모두 해리스가 "아일랜드 신병들"을 적극적으로 찾아다녔다고 설명했다. "하이게이트에서 세인트올번스에 이르는 마차편을 모조리 섭렵했을" 뿐만 아니라 사업이 승승장구하면서 숙녀들을 수입하려고 "매년 여름마다 더블린으로 여행"을 떠났다. 여행에서 해리스는 모집할 만한 대상들을 많이 만났다. "돈을 거의 받지 못하고 자주 두들겨 맞는" 탓에 많은 아일랜드 매춘부가 런던으로 탈출할 기회를 덥썩 물었다. "지갑은 너무 가볍고 배고픔은 너무 강한" 여자들은 따뜻한 한 끼 식사만 약속해도 기꺼이 해리스를 따라 나섰다. 해리스는 아일랜드 소녀들로부터 "아일랜드인 특유의 미개함을 제거하고 교화하기 위해" 일종의 학교를 세웠고, "기술에 완전히 능숙해진" 후에야 대중 앞에 선보였다. 이러한 방법을 쓴 게 해리스가 처음은 아니었다. 런던의 고급 마담들은 새로 온 소녀들을 부유한 남성 의뢰인들에게 내보내기 전에 매혹적으로 말하고 움직이는 법을 가르치고 훈련시키기로 유명했다.

---

* '왕립증권거래소(The Royal Exchange)'는 1565년 토머스 그레셤 경에 의해 시티오브런던의 상업 및 금융 중심지로 설립되었다. 엘리사베스 1세에 의해 1571년 공식적으로 개장되면서 이름 앞에 '왕립'이 붙었다. (편집자)

해리스는 자신도 여느 마담들처럼 소녀들의 조잡함을 능숙하게 다듬었다면서, 약간의 훈련으로 "그 소녀들을 아름다움에 있어서는 비너스, 지혜에 있어서는 미네르바 여신처럼 매력적인 생명체로 만들어 우리의 양식 있는 잉글랜드 신사들에게 전해 줄 수 있었다"고 우쭐댔다.

하지만 아무리 잘 차려입히고 훈련을 잘 시켰다고 한들, 해리스의 모든 고객이 포주가 알아서 골라 주는 여자들을 넙죽 받아들인 건 아니었다. 부유하고 작위가 있는 고객들은 해리스에게 더욱 엄선된 서비스를 요구했다. 해리스는 종종 의뢰인을 위해 특정한 소녀를 데려오라는 지시를 받았다. 포주나 마담이 순진무구한 젊은 숙녀를 함정에 빠뜨리는 이야기는 18세기 문학 작품의 단골 메뉴였고, 당시의 법원 기록이 증명하듯이 그런 시나리오가 순전한 허구만은 아니었다. 해리스의 이름은 당연하게도 그런 이야기에 여러 번 등장한다. 그는 런던 곳곳에 셋방과 "작은 집"을 마련해 두고, 젊은 여성들을 "꾀어내" 특별한 고객을 위해 "준비시키는" 등 이런저런 악행들을 저질렀다. 『이름난 패니 머리 양의 회고록』에 따르면, 샬럿 스펜서라는 이름으로 통하는 한 여성도 해리스의 함정에 빠져 이 일을 시작하게 되었다.

샬럿 스펜서 사건은 해리스의 영향력이 절정일 때 실행한 대표적인 음모 중 하나였다. 로버트 스펜서 경은 뉴캐슬에 방문하던 중에 어떤 모임에서 춤을 추던 매력적인 젊은 숙녀를 발견했고, 한눈에 사랑에 빠졌다. 그 여자가 바로 샬럿이었다. 샬럿의 아버지는 이름난 석탄 상인이었지만, 막대한 부를 쌓아 두고도 자식의 결혼 지참금으로 돈을 내놓을 생각이 없는 구두쇠였다. 지참금이나 나중에 받게 될 유산의 규모에 따라 결혼 상대를 고르던 시대에, 얼굴이 예쁘고 몸가짐이 매력적이지만 돈이 없는 여성들은 신붓감으로는 탈락이었다. 하지만 귀족 남자들이 원하는 매력적이고 세련된 정부로는 이런 여자들이야말로 딱이었다. 상사병에서 헤어나지도 못하고, 그렇다고 형편없는 지참금을 가져올 여인에게 구애하고 싶지도 않았던 스펜서 경은 잭 해리스의 재능을 빌리기로 했다.

상당한 보수를 받은 해리스는 뉴캐슬에 가서 명문가 신사 행세를 하며 샬럿을 꼬드겼고, 그와 함께 런던으로 사랑의 도피를 감행하게끔 구슬렸다. 두 사람은 템플바 근처의 아파트에서 해리스의 형제라는 남자가 주관하는 비밀 결혼식을 올렸다. 식을 올린 후 샬럿과 잭 해리스는 침실에 함께 들었다. 샬럿의 진술에 따르면, 촛불이 꺼지고 "예상했던 대로 그가 나에게 다가왔다". 다음 날 아침 잠에서 깬 샬럿은 일생일대의 충격을 받았다. 그녀의 옆자리에 낯선 남자가 누워 있었던 것이다. 경악스러운 비명을 듣고 달려온 해리스가 자초지종을 설명했다. "그는 악행의 전말을 순순히 인정했다." 샬럿은 이렇게 말을 잇는다. "해리스 씨는 결혼을 빙자해 나를 런던으로 꾀어내려고 스펜서 경에게 고용된 포주였다. 결혼식도 법적 효력이 없었다. 촛불을 끌 때까지 내 방 벽장에서 몰래 기다린 스펜서 경이 자신을 대신해 나와 첫날밤을 보내게 하는 데 들어간 비용을 모두 제하고도, 해리스 씨는 500파운드를 받았다." 샬럿은 마지못해 입내한 신병이었다. 해리스는 샬럿에게 지금부터는 "스펜서 경의 호감을 얻기 위해 힘껏 노력해야" 한다고, 그래야 "경께서 너를 위해 많이 베풀어 주실 것"이라고 가르쳤다.

샬럿이 봉사의 대가로 스펜서 경에게 넉넉한 보상을 받은 것은 사실이지만, 해리스가 얻어 낸 승리는 자신과 그의 고객만을 위한 것이었다는 사실을 우리는 기억해야 한다. 샬럿은 자신의 이야기를 비통한 메모로 마무리했다. "나의 정절을 탐하는 성욕에 질리자" 스펜서 경은 "나에게서 관심을 거뒀고, 소위 내 남편이라는 사람은 나를 자신의 리스트에 올려서 이익을 얻으면서 나를 파멸로 몰아넣었다".

뛰어난 정보 관리 능력이 아니었다면, 해리스는 영리한 포주라는 이름을 날리지 못했을 것이다. 제아무리 다양한 속임수를 갖춘 포주라 한들, 체계적인 시스템 없이는 사업과 인력을 통제할 수 없었다. 정말로 성공한 포주라면 이름을 외우는 천재적인 기억력을 타고났거나, 아니면 글을 쓸 줄 알아야 했다. 해리스는 후자였다.

잭 해리스가 '포주 리스트'를 발명했다고 말할 근거는 없다. 성 노동자의 수가 많아서 골치를 앓던 누군가가 물품 목록을 기록하는 다른 상인들을 보고 따라 했을 것이다. 글을 읽고 쓸 줄 아는 영국인이 전반적으로 늘어나면서 이전에는 머릿속에 저장해 두었던 정보를 종이로 옮기기 시작했다고 상상해 볼 수도 있다. 기억에 저장되었든 양피지에 적어 두었든, 수시로 업데이트하고 최대한 상세히 기록한 리스트는 굴뚝 청소부의 빗자루나 칼 가는 사람의 숫돌처럼 포주의 거래에 꼭 필요한 장비였다. 포주라고 해서 모두 리스트를 가지고 있지는 않았지만, 뒷골목 깡패보단 좀 더 나은 지위에 있고 대형 술집에서 성적 쾌락을 주재한 웨이터-포주들이 자기 일을 제대로 수행하려면 어떤 형태로든 행정 체계가 필요했다. 장사가 잘되는 술집의 웨이터-포주가 그 구역의 알려진 매춘부 리스트를 수기로 작성하는 관행은 18세기 중반의 런던에서 꽤 흔했던 것으로 보인다. 잭 해리스도 "포주 형제들"이 그런 리스트를 사용했으며, 여자들의 이름이 주기적으로 "카탈로그에 올랐다가 완전히 빠지기도" 했다고 말했다. 마찬가지로 1758년 6월 《런던 크로니클》의 한 필자는 어느 술집에 들렀다가 리스트를 보게 된 일화를 이렇게 전한다. "웨이터가 400명에 달하는 [매춘부의] 이름을 신원, 나이, 특징, 거주지에 대한 정확한 설명과 함께 알파벳 순으로 정리한 리스트를 꺼냈다. 나에게는 거기에서 설명하는 실제 대상보다 그 리스트가 훨씬 더 재미있어서 주의 깊게 정독했다."

손으로 쓴 리스트는 아마 작은 장부나 철한 공책 형태였을 것이다. 여성의 이름과 만날 수 있는 장소가 기록돼 있었을 것이다. 여자가 사는 거리나 자주 찾는 술집이었다. 그다음에는 포주의 글솜씨에 따라서, 여자에 대한 묘사와 제공할 수 있는 서비스가 적히기도 했다. 여자의 나이, 외적인 특징, 성적인 특기, 가격 등이 포주나 손님의 선택에 도움이 되었다. 《런던 크로니클》의 필자가 숙독했다는 포주의 리스트는 이름을 쭉 적고 여백에 설명을 적은 간단한 출석부 같은 것이었다.

앤 길: 열아홉 살, 손님을 받은 지 2년 됨, 보우스트리트.

엘리자베스 화이트: 수은 치료 중, 위와 같음.

메리 그린: 곧 정부로 들어감, 주말까지는 손님을 받을 수 있음, 위와 같음.

좀 더 요령 있는 알선책일수록 여성이 선호하는 고객의 이름이나 여성의 과거 병력, 성매매 이력, 고객에 따라 달라지는 가격 등을 거론하는 식으로 리스트에 정보를 추가했다.

잭 해리스가 다스리는 제국의 규모를 고려했을 때, 해리스에게는 다른 어떤 리스트도 따라올 수 없는 '매춘부 백과사전'이라 할 만한 수기 리스트가 필요했다. 계속해서 주석을 추가하고 내용을 바꾸려면 세부 사항에 주의를 기울이고 정보를 제공해 줄 쑥덕공론에 귀를 열어 둬야 했다. 지치지 않고 여성을 모집하러 돌아다녔다는 해리스의 이야기가 사실이라면, 리스트의 상당 부분이 셰익스피어즈에 있는 동안 불어났을 것이다. 해리스의 리스트는 그 어마어마한 규모만으로도 코번트가든의 유흥객들 사이에서 해리스의 악명을 높였고, 이윽고 누군가 그것을 출판하자는 생각을 떠올렸을 것이다.

해리스의 전문 기술이 리스트의 두께만 불린 것은 아니었다. 패킹턴 톰킨스는 처음부터 해리스의 사업 수완을 높이 샀다. 해리스의 주장에 따르면, 자신이 술집에 취직했을 무렵 톰킨스는 "고객의 여흥을 위해 여자들"을 제공하는 "향락 알선 사업" 계획을 세우고 있었다. 해리스는 이 계획의 일환으로 고용되었다는 것이다. 해리스는 "가장 참신하고 재미있는 여자들을 술집에 공급함으로써" 몇 년 만에 주인이 "아주 만족할 만큼 재산"을 모으는 데 중요한 역할을 했다. 둘 사이에 어떤 합의가 있었는지 모르지만, 톰킨스는 해리스가 올린 매출액의 일정 비율을 떼어 갔다. 합의는 분명히 비밀리에 이루어졌을 텐데, 아마도 당시의 해리스는 법정에 가게 될 경우 이런 "특별한 합의"가 어떤 의미를 가질지 파악할 만큼 현명하진 못했던 듯싶다. 잭 해리스는 톰킨스의 사업을 도맡는 앞잡이로 쓰이기를 거부하지 않았고, 오히려 거기서 얻은 명성을 누렸다.

이웃 가게의 마담 제인 더글러스도 해리스가 벌인 판에 가담했던 것으로 보인다. 1741년 셰익스피어즈 옆에 마담 더글러스의 매음굴이 들어설 때부터 두 가게는 우호적인 관계를 조성한 듯하다. 셰익스피어즈에서 잭 해리스가 사업을 시작하고 난 뒤에는, 양측이 모종의 협약을 맺었을 것으로 추정해 볼 수도 있다. 술을 마시고 나온 섹스에 굶주린 취객들이 바로 옆 마담의 유곽으로 향하던 자연스러운 흐름을 해리스의 사업이 방해했을 테니 말이다. 금전적인 합의가 이루어졌을 수도 있고, 마담 더글러스의 여자들을 알선한다는 내용이었을 수도 있다. 그 대가로 마담 더글러스는 "컨덤cundum"*이나 최음제, 다른 섹스 용품 옆에 『해리스 리스트』의 첫 판본을 비치하고 팔아 주겠다고 제안했다.

제국을 조직하고 유지하는 일이 잭 해리스가 하는 일의 한 측면이었다면, 금전을 수확하는 일은 또 다른 측면이었다. 해리스의 업무 스타일이 그렇듯이, 여기에도 마찬가지로 지켜야 할 절차가 있었다. 여느 포주들이 그러하듯이 해리스도 모든 수단을 동원해 돈 버는 일에 탁월한 재능을 보여 주었다. 여자의 이름이 리스트에 오르는 순간부터 고객에게 여자를 데려다줄 때까지, 그리고 서비스를 마친 뒤에 한 번 더, 잭 해리스는 자기 몫을 빠짐없이 챙겼다.

---

* 콘돔condom의 18세기식 표기법. (편집자)

『이름난 패니 머리 양의 회고록』을 통해서 해리스의 활동 이면을 통찰해 볼 수 있다. 저자(아마도 대필 작가일 가능성이 크다)에 따르면, "해리스의 양피지 리스트에 새로운 얼굴을" 등록하려면 일정한 의식을 치러야 했다. 해리스는 매춘부들을 믿지 않았고(물론 여자들도 해리스를 믿지 않았다), 신참을 받아들이기 전에 먼저 의사에게 검사부터 받게 했다. "외과의"가 "신체를 꼼꼼하게 검사해서 (…) 건강 상태가 좋은지 나쁜지를 보고한" 후에야 해리스는 "변호사"를 불러 "여자가 자신의 건강에 관해서 하나라도 잘못된 정보를 제공했다면 20파운드를 몰수한다는 합의문에 서명시키고 그녀의 이름 등을 정식으로 문서에 올렸다". 일단 징집병이 깨끗하다는 확신이 들면, 해리스는 "그녀의 이름을 (…) 양피지 한 장 전체에 정식으로 새겼다". 얼마간의 시적 허용을 감안해야 하지만, 회고록의 저자는 그 수기 명단이 이렇게 쓰여 있었다고 주장한다.

- 이름: 패니 머리
- 상태: 호흡과 사지가 완전히 건강함.
- 외양: 갈색 머리의 소녀. 계절이 지나면 열아홉 살이 됨.
   극장 사이드 박스석이 어울리는 아가씨. 육체 시장에서
   잘 통할 것. 옷을 잘 입음. 다음 열두 달간은 어느 때나
   처녀로 행세시킬 수 있음. 6개월 전에 템플바 이쪽 편으로
   넘어옴. 유대인 상인의 첩으로 들이기 좋음.
- 추가, 패니 같은 여자는 유대인들에게서 비싼 값을 받을

수 있음. 상인의 집에서 상당한 영향력을 가질 수 있을 것.

락병원*에 가지만 않으면 돈을 많이 벌 것이며,

동네 남자들 절반을 파산시킬 수 있음.

  – 거주지: 채링크로스, ＿＿ 부인 집 1층 모자 상점

건강을 담보로 걸어 둔 20파운드짜리 채권은 해리스의 숙녀들이
포주에게 갚아야 하는 거액의 돈 중에 첫 번째 수수료였을 뿐이다. 해
리스(또는 그의 대필 작가)는 "수수료는 포주가 걷는 전통적인 세금으로,
예쁜 아가씨들이 신사들에게 동침을 허락한 대가로 받은 돈 1기니당
5실링씩이 매겨졌다"고 썼다. 여자들은 매주 일요일 저녁 코번트가든
에 모여서 빚을 정산했다. 수수료 외에 "꾸밈비Tire-money"라고 불리는 돈
을 내기도 했다. 해리스의 설명에 따르면 "여자들이 일을 나갈 때 착용
하는 필수품을 전부 갖춰 주고 받는 돈"이었다. "이 도시에는 나와 똑
같은 일을 하며 의류 외판원으로 불리는 사람들도 있지만, 나만큼 좋
은 의상을 보여 줄 사람은 없다." 사치스러운 의상의 유혹에 홀린 안타
까운 소녀들은 이 세금에 정말 호되게 당했을 것이다. 수수료와 꾸밈
비를 뜯어내는 관행은 고전적인 방법이었다. 특히 형편이 쪼들려 막
성매매를 시작한 여자들에게는 남자들을 유혹하기에 적합한 의복 따
위는 없었을 것이다. 포주가 고급 가운, 레이스 소매, 리본이 달린 앙증
맞은 모자, 반짝이는 버클이 달린 구두를 내어 주면, 여자는 그 차림새

---

*   락병원은 성병 치료를 위한 곳이었다.

로 손님을 유혹했다. 마담이나 포주는 옷을 그렇게 '선물'하는 척했다가, 매주 수익 분배를 요구할 때 의복 대여료도 청구한다. 이러니 그 불쾌한 노동을 하고도 여자들의 수중에 남는 돈은 하나도 없었다. 패니머리는 "일주일 동안 5파운드 10실링 6펜스를 모았지만", 돈을 내고 나면 "주머니에는 6펜스가 남는다"는 사실을 깨달았다.

이렇게 정교하게 다듬어진 강탈 구조는 꾸밈비를 청구하는 데서 끝나지 않았다. 해리스는 가여운 자원병의 마지막 한 푼까지 쥐어짜냈다. 일요일에 포주와 정산을 마치면, 여자들은 술을 마시며 밤을 보내려고 모였다. 그녀들은 모임에 스스로 '창녀 클럽Whore's Club'이라는 이름을 붙이고, 코번트가든 주변의 술집이나 커피하우스에 모여서 식사와 음주를 즐기는 남성들의 클럽을 따라 했다. 여느 사교 모임처럼 창녀 클럽의 회원들도 회비를 낼 의무가 있었다. 당시 기준으로 2.5실링쯤 되는 돈이었다. 1실링은 "치료를 받느라 일하기 어렵거나 락 병원에 들어갈 수 없는 회원들을 돕는 데 쓰이고", 6펜스는 "이 훌륭한 단체를 제대로 이끌기 위해 수고하고 애쓰는 중개자를 치하하는 데 사용"했다. 그리고 나머지는 "술값으로 쓰였다".

해리스에게 가장 호되게 당한 것은 물론 매춘부들이었지만, 지갑을 탈탈 털린 고객들도 조금은 생각해 줘야 한다. 술기운과 성욕에 잡아먹힌 남자는 알선업자들에게 끝내주는 먹잇감이었다. 포주들은 그런 남자들이 현금 다발을 내놓도록 여러 술책들을 생각해 냈다. 여자들이 수수료와 꾸밈비를 내는 동안, 남성 고객들은 가마비chair-money를 내야 했다.

가마비란 여자를 태워 올 가마를 부르는 비용으로, 여자가
이미 술집에 있거나 가까이 살아서 걸어올 때에도 청구한다.
날씨가 나빠서 실제로 가마를 타고 와야 할 때는 여자가 저
멀리 떨어진 버클리스퀘어에 산다고 거짓말하면서 요금을 두
배로 부른다.

가마비가 해리스의 리스트에 있는 여자를 부를 때 붙는 추가 요금
이라면, 좀 더 고급스러운 매춘부의 서비스를 원하는 손님은 자신도
모르는 사이에 잭 해리스가 "속임 수익humming fund"이라고 부르는 돈을
내고 있을지도 모른다.

속임 수익은 우리가 돈 많은 친구를 상대할 때, 그가 원하는
여성이 고급 창부라 데려오는 데 크나큰 어려움이 있다거나
그녀가 오로지 원하는 때와 장소에서만 동침을 허락한다고
했다거나 하는 식으로, 조금만 돈을 더 내면 성공할 수 있다고
희망을 주면서 몇 기니를 더 뜯어낼 때 쓰는 수법이다. 우리는
그 친구를 갖가지 방법으로 속이다가, 합의에 이르기 직전에
마지막으로 그 여자의 이름을 대고 큰 금액을 청구한다.

속임 수익은 고객에게 훨씬 많은 돈을 뜯어내려고 매춘부와 포주
가 공모하여 실행하던 수법이었다. 만일 어떤 손님이 특정한 여자에

대한 편애를 무심코 드러내면, 다음과 같은 일이 착착 진행되었다.

하루 이틀 정도 함께 밤을 보낸 후, 여자가 언짢은 척하며 나와서 사라진다. 누구도 그녀가 어디 있는지 모른다. 그러면 여자를 찾아내라고 우리가 고용된다. 그러나 (…) 우리는 그에게 이제는 그만 그녀를 잊으라고 충고한다. 그런 충고는 그의 욕망을 더욱 부채질해서 얼마가 들든 간에 그 여자를 가지겠다고 결심하게 만든다.

해리스는 고객을 손 위에 두고 쥐락펴락하다가 서서히 최후의 일격을 가했다. 여자가 어디 있는지 알아냈지만, 다시 데려오려면 "30파운드 정도의" 비용이 들고, "장신구 등등을 선물해" 줘야만 여자도 화해에 동의할 것 같다고 알려 준다. 이 순진한 친구가 포주에게 돈을 덜컥 건네준다면, 포주는 선물을 직접 사는 수고 정도는 덜어 주었다.

손님의 돈을 뜯어내는 방법은 포주마다 술집마다 달랐다. 1764년 런던을 여행하던 카사노바는 스트랜드에 있는 스타 술집에서 웨이터에게 황당한 대접을 받았다고 투덜거렸다. 이 위대한 난봉꾼이 여자를 불렀을 때, 무척이나 당황스럽게도 여자를 동침 상대로 선택하든 말든 간에 소개받은 여자 한 명당 1실링씩을 내야 한다는 사실을 알게 되었다. 포주는 매력 없는 매춘부들을 차례로 보여 주더니, 끝에 가서야 가장 아름다운 여성을 데려왔다. 20실링을 쓰고도 마음에 드는 여성이 나오지 않자, 카사노바는 씩씩대며 나가 버렸다.

만약 카사노바가 잭 해리스의 고객이었다면, 여자를 전용실로 데려가고 나서도 방해를 받았을지 모른다. 해리스는 매춘부 한 명당 최대한의 이익을 쥐어짜려고 보통 이중으로 예약을 받았다. 해리스는 이런 수법을 "쾌속마Flier"를 배치한다고 표현했다. 해리스는 고객이 여성을 요구할 때, 특히 여성의 이름을 콕 집어서 불러 달라고 할 때, 단 한 번도 거절할 일을 만들지 않았다. 여성이 이미 다른 남성과 한창 행위 중일 때에도, 해리스는 짐짓 부끄러운 척하며 끼어들어 그 커플을 중단시킨 후, "아가씨에게 전할 말이 있는 어떤 숙녀분이 옆방에서 기다리십니다."라고 말했다. 그러면 "그 동네 수법을 잘 모르는 사람은 그녀를 다녀오라고 내보내 주었다". 여성은 치마를 반듯하게 펴고 머리를 매만진 후 옆방에 들어가고, 그곳에는 그녀를 애타게 기다리는 또 다른 애인이 있었다. 막간을 이용해 재빠른 성교가 이루어진 후, 그녀는 다시 "아무 일도 없었다는 듯이 얌전하게 원래 손님에게 돌아갔다". 해리스도 인정했듯이 이런 방식에는 다소 문제가 있었다. 여자가 2번 애인에게서 옮은 매독을 곧바로 1번 애인에게 옮길 위험이 있었던 것이다. "그래서 균이 없는 상태로 손님에게 들어갔던 여성이 잠시 옆방에 들어갔다가 감염되는 일도 종종 있었다."

체계와 절차, 통제는 끝없이 팽창하는 잭 해리스 제국의 근간이었다. 실제 제국의 통치자처럼, 해리스도 자신의 신민들을 확립된 규칙에 따라 살두록 했다. 느슨한 통치가 필시 문제로 이어진다는 사실을 해리스는 분명 알았을 것이다. 리스트에 등록된 여자들의 개인적 어려움에는 절대 관용을 보여 주지 않았고 규칙을 어기는 행위도 절대 용납하지 않았다. 해리스(또는 그의 대필 작가)는 권위를 세우려고 폭력을 썼다는 얘기는 어디에도 쓰지 않았으나, 폭력만큼이나 효과적인 다른 벌칙은 얼마든지 있었다. 해리스는 "리스트에서 제명된" 여자는 "재산을 복구할" 가망이 거의 없다는 사실을 잘 알고 있었다. 잭 해리스의 여자들 상당수는 하층민 중에서도 가장 밑바닥 사람들보다 약간 나은 계층이었다. 토비아스 스몰렛이 "걸레나 쓰레기와 다를 바 없으며 어두운 뒷골목 구석에 돼지처럼 옹기종기 모여 있는, 벌거벗고 비참한 사람들"이라고 묘사한, 가난한 거리의 매춘부들이었다. 리스트에 있는 매춘부를 의지할 곳 없는 외톨이로 내치려면 건강하다는 평판을 더럽히기만 해도 충분했다.

안타깝게도 해리스의 분노를 사는 일은 어렵지 않았다. 거짓말을 하면 그걸로 끝이었다. 해리스는 다른 무엇보다 "사기당하거나" 속아서 자신의 몫을 못 받는 일을 참지 못했다. 결과는 가혹했다. 이 무자비한 포주는 리스트에서 거짓말한 여성의 이름을 지우고, "어떤 손님이 요청하면, 그녀가 성병 치료를 받느라 일을 그만뒀다고 말해서 거래 통로를 막아 버렸다. 그 결과 많은 여자들이 굶어 죽었으나 다른 여자들에게 정직하게 행동하라고 경고를 보내려면 꼭 필요한 조치였다". 『해리스의 항변』에 따르면, 해리스가 잠자리를 같이하자고 요구했을 때 침대에 들기를 거부한 여성들도 비슷한 운명을 맞이했다.

이처럼 해리스가 제멋대로 여자들을 좌지우지하는 상황이 '창녀 클럽'의 창립 계기가 되었을 수도 있다. 『이름난 패니 머리 양의 회고록』의 저자가 농담 삼아 지어낸 모임일 가능성도 없진 않지만, 실제로 리스트의 여자들은 거리 매춘부들이 그랬던 것처럼 동지애를 바탕으로 서로 보호하려고 뭉쳤을 것이다. 클럽 규칙을 보면, 모임의 일차적인 기능은 물론 음주였지만, 좀 더 근본적인 목표는 자매들을 위한 지원금을 모으는 것이었다.

창녀 클럽의 가입 자격은 "중개자 해리스의 리스트에 등재돼 있고, 건강 상태를 제대로 보고하지 않았거나, 수수료를 내지 않았거나 그 밖의 어떤 이유로든 리스트에서 삭제되는 벌칙을 받은 적이 없는 여자"였다. 나아가 "이 모임의 회원은 브라이드웰*에 한 번 이상 들어간 적이 없어야 하며," 또 "소매치기를 제외한 다른 모든 범죄로 올드베일리**에서 재판을 받았을 시 무죄 판결이 났다면, 임신에 따른 석방이 아니라는 전제하에 회원 복귀를 거부당해서는 안 된다."

한 주 중에서 유일하게 한산했을 일요일 저녁의 셰익스피어를 상상해 보자. 그날 해리스의 숙녀들은 일을 쉬면서 하룻밤의 휴가를 즐길 수 있었다. 가마를 타고 와서 우아하게 내리는 이도 있었고, 진에 반쯤 취해서 도착하는 이도 있었다. 여자들이 신나서 떠들고, 타이르고, 포옹하며 서로서로 인사를 나누고 나면, 몇 안 되는 술꾼들은 싸구려 실크 레이스 모자들이 흔들리며 계단 위쪽으로 사라지는 모습을 볼 수 있었다. 진지한 안건은 모두 본격적인 술자리가 시작되기 전에 처리되었다. 주로 감옥에 있거나 매독을 앓는 회원에게 줄 지원금을 모

---

*   브라이드웰(Bridewell)은 최초의 근대적 감옥으로, 감옥 제도와 처벌 체계의 역사에서 중요하게 다뤄지는 시설이다. 원래는 헨리 8세에 의해 왕궁으로 지어진 건물이었으나, 1553년 에드워드 6세가 교정 시설로 전환하였다. (편집자)

**   런던의 중앙형사재판소를 흔히 '올드베일리'라고 부른다. (옮긴이)

으는 것에 관한 안건이었다. 지원금은 클럽의 회비와 "첩으로 들어가서" "정숙한" 여성이 된 회원들이 낸 얼마 안 되는 기부금으로 충당되었다. 창녀 클럽은 첩으로 들어간 회원이 넉넉하게 기부할 것을 권장하면서, 애인에게 받는 "생활비에 비례하여" 돈을 내야 한다고 주장했다. 이렇게 안건이 해결되면, 이제 마음껏 즐길 차례였다.

창녀 클럽의 회원들은 술을 좋아하고 입이 험했지만, 클럽에서는 어느 정도의 예의와 품위를 유지해야 한다는 사실을 인지하고 있었다. 모임은 (남성들의 모임과 별반 다르지 않게) 늦은 밤에 이르면 상당히 난잡해졌지만, 술과 관련된 불미스러운 사고를 처리할 규칙이 정해져 있었다. 가령 누군가 "속을 게워 내다가 다른 회원의 옷을 망치면, 그 옷을 벗기고 새로운 옷을 입히거나 아니면 다른 방법으로 손해를 배상할 의무가 있다"는 식이었다. "유리잔, 병 등을" 깨거나 "난폭하게 행동"하거나 모임이 끝났을 때 "제 발로 걸을 수 없는" 이들에게도 벌칙이 부과되었다. 해리스는 모임 내내 일이 어떻게 흘러가는지 감시했을 것이고, 가끔 아래층에서 여성의 이름이 불리면 소매를 거칠게 잡아당겨서 데려갔을 것이다.

명성이 올라가면 올라갈수록, 잭 해리스는 자신이 수많은 사람들을 알게 된 만큼 그 또한 수많은 사람들에게 알려졌음을 잊은 듯했다. 해리스의 이름이 점점 더 많은 이들의 입에 오르내릴수록, 그의 생활도 점점 더 사람들에게 노출되었다. 해리스가 영향력을 행사하는 지역이 넓어질수록, 코번트가든 고객들에게서 나오는 가십의 양도 늘어났다. 제일 밑바닥에 있는 넝마주이부터 귀족의 후계자에 이르기까지 모든 계층의 사람들이 해리스의 과거와 현재의 행적을 두고 이러쿵저러쿵 떠들어 댔다. 악명을 떨치는 모든 이름이 그렇듯, 전설은 언제나 그림자처럼 해리스를 따라다녔다.

해리스는 아무것도 겁낼 필요가 없다고 여겼다. 지역 치안판사의 본부가 엎어지면 코 닿을 거리에 있었음에도, 톰킨스나 해리스는 법 때문에 곤경에 처한 적이 한 번도 없었다. 셰익스피어즈에서 어떤 일들이 벌어지는지 지역 사람들 모두가 알고 있었지만, 놀랍게도 셰익스피어즈의 불법적인 사업을 근절하려는 본격적인 노력은 전혀 없었다. 18세기의 법이 모호했던 탓은 아니다. 1752년 이후로, 공개적인 호객 행위와 매음굴 운영은 불법이라고 분명히 명시되어 있었다. 그러나 이 두 가지 포고령은 완전히 제멋대로 집행되었다. '보우스트리트 순찰대'*가 창설되기 전까지 경찰과 가장 비슷한 집단은 야경단이었는데, 이들은 적극적으로 법을 집행하는 일보다는 런던 거리를 평화롭게 유지하는 일에 더 관심을 기울였다. 거리의 매춘부들은 문간에서 야한 소리를 내거나 남성들을 잡아당기는 등 소란을 일으키기도 했지만, 실내에서 은밀히 영업하는 사람들은 눈에 띄지 않아서 단속하기 어려웠다. 특히 웨이터-포주나 고급 매춘부, 유곽 주인처럼 성매매 계급도의 상단을 차지하는 사람들에게 단속은 남의 일이었다. 이들은 신중하게 영업하는 데다가 지위 높은 손님들을 상대하고, 고상한 척 가장한 덕분에 법의 손길도 닿지 않았다. 이들은 기소되지 않을 거라는 환상에

---

* 존 필딩 치안판사가 창설한 특별 기동 수사대로, 런던 최초의 전문 경찰이라고 알려짐. (옮긴이)

빠져서 얼마든지 안심하고 재산을 불릴 수 있다고 믿었다.

1758년이 되자, 해리스는 코번트가든의 매춘 시장에서 무소불위의 권세를 휘두른다고 느꼈다. 전성기의 해리스는 포주 일만으로도 "대략 6년 만에 4,000파운드에서 5,000파운드"를 벌었노라고 자랑했다. 이는 재무부 제1장관First Lord of the Treasury*의 급료에 맞먹는 돈이었다. 해리스의 리스트에는 서더크에서 쇼어디치, 블룸즈버리, 첼시에 이르기까지 런던 전역에 사는 여성들 400명의 이름이 실려 있다는 소문이 돌았다. 게다가 해리스는 거래를 가르쳐서 제국의 외곽에 있는 지점을 맡길 "새끼 포주"를 두려고 젊은 수습 직원을 채용하기도 했다.

안타깝게도 잭 해리스의 자신감은 너무 과했다. 예전의 존 해리슨은 신중하게 행동했지만, 지금 잭 해리스는 자신이 드러나든 말든 개의치 않고 대담하게 돌아다녔다. 자만심은 해리스의 약점이 되었다. 자칭 "잉글랜드의 포주 대장"이 부정한 수단으로 손에 넣은 화려한 옷과 보석으로 치장하고 광장에 나섰을 때, 번쩍거리는 신발과 화려한 단추를 주목한 건 그의 이웃과 손님들만이 아니었다. 보우스트리트의 눈길도 그를 주시하고 있었다. 생각보다 훨씬 주도면밀하게.

---

* 당시 영국의 재무부 제1장관은 실질적인 정부의 수장이었다. 오늘날에도 영국 총리들은 이 직을 겸하고 있다. 실제 재정 관련 업무를 담당한다기보다는 상징적인 직위이다. (편집자)

Chapter 6

그럽스트리트의 글 쓰는 노예

한편 새뮤얼 데릭은 리넨 포목상에서 탈출할 방법을 수년째 궁리하고 있었다. 고모를 속이려고 기울인 노력, 아일랜드 바다를 건너 쌓은 인간관계, 좋은 인상을 남기고 싶었던 사람들에게 쓴 편지를 보건대, 데릭은 단 한 번도 실패할 가능성을 생각하지 않았을 것이다. 데릭은 확신에 차서 앞뒤 재지 않고 런던의 "먹물 거리"인 플리트스트리트로 향했고, 월계관이 그를 기다린다고 믿었다. 유력한 출판업자와 후원자들이 그를 이 시대의 천재, 제2의 드라이든이나 포프로 추대하는 것은 시간문제였다. 데릭 눈에 자기 작품들은 탁월해 보였다. 하지만 후원자나 출판업자 들은 땅딸막한 괴짜와 그의 작품에서 별다른 가능성을 보지 못했다.

데릭은 런던, 그중에서도 특히 코번트가든이 약속한 가능성에 취해 있었다. 새롭고 자유로운 생활에 대한 열정과 먹고살 돈이 모두 넘쳤던 데릭은 런던의 다채로운 쾌락에 자신을 던졌다. 문인들이 모인 술집에 얼쩡거리고, 친구들의 공연을 보러 극장에 갔다. 그러는 사이사이나 후에는 술 마시고, 도박하고, 상속자처럼 돈을 썼으며, 그러고 나서도 시간이 남아야 글을 끄적였다. 데릭은 연극계 지인들에게 배역을 달라고 조르고 다녔으며, 그래도 안 되면 자기가 쓴 극본을 그들의 손에 억지로 쥐여 주었다. 대개는 "흥행할 가망이 없음"이라는 퉁명스러운 답변과 함께 그에게 돌아오곤 했다. 친분이 있던 어떤 연극 감독은 기억도 안 나는 데릭의 비극 원고를 잃어버렸는데, "대신 내 책상을 뒤져서 희극 두 편과 소극 한 편을 가져가도" 괜찮다고 말했다. 코번트가든과 드루리레인극장의 무대 뒤를 들쑤시고 다니지 않을 때면 데릭은 시 전집 출간을 위한 기부금을 모으러 다녔다. 데릭의 시 전집을 읽고 싶은 사람은 아무도 없는 듯했지만, 몇몇 신중한 후원자들 덕분에 「돈, 한 편의 랩소디Fortune, a Rhapsody」라는 시 한 편을 출간할 정도의 돈을 모을 수 있었다. 데이비드 개릭이 출판에 필요한 돈 일부를 댔다. 책이 그에게 헌정되었다는 사실이 약간의 도움이 되었을 것이다. 누구도 재능을 알아주지 않는 천재 예술가의 어려움과 성공의 변덕스러움을 설득력 있는 감정으로 표현한 작품이지만, 이 시도 "흥행할 가망은 없었다". 솔직히 말하면, 몇몇 군데는 형편없는 쪽에 가까웠다.

돈을 다스릴 수 있는 자는

모든 학문에 능통해야 하네,

아니면 그가 그렇다고 말해 주게

그건 마치 웨일스 사람의 치즈라는 말과 다를 바 없으니…[*]

당대의 대중들이 데릭의 데뷔작을 어떻게 평가했는지와 상관없이, 작품의 주제와 출간 시기는 꽤 의미심장하다. 「돈, 한 편의 랩소디」는 데릭이 수도로 온 지 1년 후인 1752년에 나왔다. 1년이 지나도록 꿈꿔 왔던 반응을 얻지 못하자, 환상은 나날이 엷어져 갔다. 포목상으로 벌어 뒀던 생활비는 바닥을 보이기 시작했고, 시를 출간해서 받은 돈은 얼마 되지 않았다. 그렇다고 데릭이 아주 단념한 것은 아니다. 데릭은 여기저기 발을 걸쳐 둔 일이 많았고, 영광의 길이 잠시 지체됐을지라도 완전히 막힌 것은 아니라고 생각했다. 친구이자 동료 배우 지망생인 프랜시스 쿡과 추억을 나누면서, 데릭은 자신처럼 "부모를 버린" 많은 이들이 "굶주리는 것을" 보았지만, 이따금 실망스러울지언정 런던과 "우리가 누린 즐거움이 모든 고난을 상쇄해 주었다"고 말했다.

입에 풀칠을 하기도 어려워지자, 데릭은 드디어 처지를 자각하고 도움을 청하러 그럽스트리트로 향했다. 18세기에 그럽스트리트는 단순한 장소가 아니라 일종의 존재 방식이었다. 그럽스트리트라는 이름은 글을 팔아 먹고사는 가난한 문학도의 생활양식을 의미했다. 이 전

---

[*]　모든 학문을 잘 알아야 부자가 된다는 통념이나, 부자에게 그렇다고 말해 주는 아첨은 웨일스 사람과 치즈를 연관시키는 것만큼 자의적이고 무의미하다는 의미이다. (옮긴이)

설적인 거리는 이제 바비칸센터 근처의 사무실 건물들 사이에 흔적만 남아 있지만, 새뮤얼의 시대에는 지리상의 경계를 훨씬 넘어서는 존재였다. 플리트스트리트의 간선도로를 따라 세인트폴성당까지 내려가는 길이 모두 그럽스트리트였다. 좁은 골목 안으로 구불구불 들어가면, 성당 벽을 따라 서적상의 가게가 줄지어 늘어서 있었다. 소책자를 주로 파는 가판대도 있었고, 행인들에게 상품을 전시하는 창을 갖춘 번듯한 가게도 있었다. 뒷방이나 지하실, 위층에서 인쇄기가 덜거덕거리며 돌아가는 소리가 유리창과 책장 너머로 우렁차게 들려왔다. 이런 창작 공장의 한구석에서는(대부분은 다락방이다) 낡아 빠진 코트에 구멍 난 신발, 손가락에는 새까만 잉크를 묻힌 두어 명의 작가가 열심히 글을 쓰고 있었다. 존슨 박사가 "얇은 역사서나 사전, 한철 유행하고 말 시를 쓰는 사람들"이라고 정의한 하찮은 작가들이었다. 이런 작가들을 부르는 멸칭도 따로 있었다. 글쟁이hackney* 또는 매문가hack.

글쟁이들은 먹고살기 위해 글을 썼다. 서적상의 가판대에 전시된 싸구려 소책자나 과장된 칭찬으로 가득한 평론은 위대한 예술적 충동이 아니라 생활의 필요에 의해 쓰였다. 이 시대의 서적상들은 출판업자도 겸하고 있었고, 글쟁이들을 고용해서 팔릴 만한 것은 무엇이든 쓰게끔 시켰다. 아무런 경계도 없었다. 철저한 거짓이 진실한 고백으로 둔갑했고 송시, 설교, 추문, 평론, 사설, 소문까지 온갖 말이 활자가 되어 무차별적으로 인쇄되었다. 리처드 새비지라는 작가는 이스캐리엇

---

* 'hackney'는 돈을 내고 빌려 타는 영국의 갈색 승용마를 뜻한다. (옮긴이)

해크니라는 필명으로 이렇게 고백했다. "나는 포프와 스위프트의 이름으로 외설과 욕설을 썼다. 때로는 존 게이나 다른 사람이 되기도 했고, (…) 버넷이나 애디슨이 되기도 했다. 나는 역사서나 여행기를 요약했고, 프랑스인이 쓴 적도 없는 프랑스 작품을 번역했으며, 오래된 책에 새로운 제목을 뚝딱 붙이기도 했다." 독립적으로 일하면서 완성한 원고를 파는 작가도 있었지만, 꾸준히 의뢰를 넣어 주는 서적상 밑에서 일하는 것이 더 안전한 선택지인 듯했다. 이런 글쟁이들은 대부분 출판업자와 도제 계약을 맺었다. 서적상은 글쟁이에게 기본적인 숙식을 제공하고 그 대가로 쉴 없이 글을 쓰라고 독촉했다. 악명 높은 출판업자 에드먼드 컬은 "홀본에 있는 퓨터플래터여관의 침대에 번역가들을 셋씩 몰아넣었고" 그곳에서 "대중을 속이는 일을 끊임없이 시켰다".

그런 글쟁이들이 받는 고료는 모욕적인 수준이었다. 18세기 중반까지, 작가가 80페이지의 평론을 쓰면 서적상은 고작 2기니 주고 끝이었다. 그 정도 글을 써내려면 몇 달, 아니면 적어도 몇 주 동안은 24시간 내내 일해야 했을 것이다. 1758년에 제임스 랠프는 이런 현실에 대해서 다음과 같이 토로한다. "다락방의 작가와 광산의 노예는 조금도 다를 게 없다. (…) 둘 다 단조롭고 고된 일에 시달리고도 굶주린다. 구조될 희망이 없는 것도 마찬가지다." 그럽스트리트는 야망의 무덤이자, 작가를 통째로 삼키는 모래 구덩이였다. 작가의 이름과 작품은 익명성의 우물에 던져졌다. 헨리 밀딩이나 올리버 골드스미스처럼 간신히 빠져나와 문학적 명성을 얻은 사람도 있지만, 훨씬 많은 이들이 그곳에서 점점 시들다가 무명으로 파묻혔다.

처음에는 작가로서의 삶에 대한 전망이 데릭을 들뜨게 했지만, 그가 선택한 길의 끔찍한 점들이 금세 드러나기 시작했다. 데릭의 기대가 서서히 무너진 곳도 바로 이런 글 공장이었다. 데릭은 질펀한 감상만 가득한 변변찮은 기사, 과장된 호평과 에세이를 마구 써내는 일을 열렬한 후원자에게 구조받기 전까지만 할 임시방편으로 여겼다. 당시 데릭이 써낸 작품은 대부분 잡지에 가명으로 실렸을 테니, 그의 작품 목록을 온전히 추리기는 사실상 불가능하다. 그나마 초기작 몇 편은 확인할 수 있다. 「베니스의 보존된 비극」(1752)이라는 희곡 비평, 〈실라〉(1753)와 〈달나라 여행〉(1754)이라는 두 편의 프랑스 희곡 번역, 『보발 백작의 회고록』의 번역(1754), 라틴어로 된 『유베날리스의 풍자시 제3권』 번역(1755) 등이다. 시인 데릭은 좋은 반응을 얻지 못했으나, 번역가 데릭의 역량은 높게 평가받았다. 그의 진짜 재능은 운문을 짓는 것이 아니라 인간의 별난 본성들을 분석하고 관찰하여 기록하는 데 있었지만, 그 자신은 아직 이를 깨닫지 못했다.

그나마 괜찮은 몇몇 작품의 출간조차, 지칠 줄 모르는 모금 활동으로 겨우 얻어 낸 결실이었다. 데릭은 후원자들이 시보다 번역을 더 좋아한다는 사실도 못마땅했다. 그럼에도 영혼을 파괴하는 후원금 모금 라운드는 끝없이 계속되었다. 당시에는 전도유망한 작가들이 "책 출판을 제안하려고 귀족과 신사 계급의 시중을 들면서 (…) 그들의 이름을 작품에 올리는 영광을 달라고 구걸하는" 것이 관행이었다. 처음 한 번 머리를 조아리고 아첨하는 것으로 끝나는 게 아니라, "인내심을 가지고 자주 집적거려야"만 귀찮은 신사들의 지갑이 겨우 열렸다. 후원자를 모으고 관리하는 일은 더디고 고된 과정이었다. 작품 하나를 출판할 비용을 모으는 데 수년이 걸릴 수도 있었다. 18세기 영국에는 성공을 바라는 시인과 수필가, 소설가, 풍자 작가가 차고 넘쳤지만, 모든 부유한 신사나 숙녀가 작가를 후원하는 데 관심이 있는 건 아니었다.

데릭과 그럽스트리트의 인연은 발가락만 살짝 담가 보듯 시작됐지만, 몇 년 후에는 매문이 데릭의 유일한 수입원이 되었다. 데이비드 맬릿, 솜 제닌스, 에런 힐, 프랜시스 젠틀맨 같은 동료 글쟁이들과 다름없이 데릭 또한 영국 문학의 만신전에 결코 이름을 올릴 수 없었다. 급료는 드문드문 들어왔고, 받자마자 순식간에 술집 주인이나 빚쟁이들 손으로 넘어갔다. 곧 엄청난 유산을 받을 것이라 굳게 믿었던 데릭은 씀씀이를 조절하지 않았다. 베드퍼드나 셰익스피어즈에 앉아서, 찰스 매클린이 배우로서 가진 장점이나 새뮤얼 존슨의 견해를 이모저모 논하며 즐거운 현재를 살았다. 아는 사람들이 많아지는 만큼 지갑은 쪼그라들었다. 데릭은 새롭게 사귄 동료들에게 큰 재산을 물려받을 것이라고 으스대면서 술과 음식을 아낌없이 사 주거나, 돈을 빌려주고 선물도 줬다. 사람들은 데릭의 말만 믿고 빌린 돈을 갚는 데 딱히 신경 쓰지 않았다. 연극 감독 토머스 해리스나 젊은 한량 톰 윌슨 같은 친구들은 돈을 다 갚지도 않았다. 마치 진짜 재력가인 것처럼, 데릭은 돈 한 푼 없던 시기에도 잠재적인 후원자들에게 존경의 징표를 선물하면서 큰 기쁨을 느꼈다. 예컨대 세인트 레지 경에게는 커다랗고 비싼 치즈 덩어리를 보내기도 했다.

곤란한 진실은, 데릭의 지갑 사정이 여느 매문가들보다 나을 게 없다는 것이었다. 허풍을 떨고 다닌 덕에 이곳저곳에서 외상을 얻어 낼수 있었지만, 그럴수록 갚아야 할 청구서 대금만 점점 늘어날 뿐이었다. 심한 낭비벽에 어울리게 데릭은 옷도 비싼 것만 선호했다. 들쭉날쭉한 소득에서 유흥에 허비하고 남은 돈은 거의 다 재단사의 금고로직행했다. 데릭은 금박 프로깅*이 달린 정교한 코트와 복잡하게 세공한단추, 실크 조끼, 잘 재단된 반바지를 무척 좋아했다. 최신 유행의 세련된 옷만 입었지만, 겉으로 보이지 않는 물품에는 한 푼도 쓰지 않았다. 새뮤얼 푸트는 데릭의 패션 감각이 완전히 비논리적이라고 생각했다. "수를 놓은 코트는 다섯 벌"이나 가지고 있으면서, 안에 입는 깨끗한셔츠는 왜 달랑 한 장인가? 데릭에게는 깨끗한 속옷을 갖춰 입는 것보다 산책할 때 입을 여러 벌의 "화려한 옷"을 마련하는 게 더 중요했다. 데릭의 옷차림은 그의 사는 방식과 똑같았다. 합리적인 판단에는 관심이 없었다. 변화무쌍한 데릭의 금전 사정에 따라 옷장도 성쇠를 반복했다. 출판 계약을 하나 따내면 기념으로 새 옷부터 한 벌 맞췄지만, 몇달 후 그 옷은 어김없이 전당포에 걸렸다. 언젠가 제대로 된 양말에 돈을 쓰지 않아서 구멍 난 스타킹을 가리려 애쓰는 데릭을 본 토비아스스몰렛이 "다음날 신을 양말과 스타킹을 사라고 데릭의 손에 1기니를쥐여 준" 적도 있었다.

데릭의 과소비는 당연히 점차 삶의 다른 영역에도 부정적인 영향을 끼쳤다. 안락한 거처를 빌릴 수 없게 되었고, 점점 더 열악한 거처로

---

* 옷의 앞여밈을 잠글 수 있도록 긴 나무 단추와 고리로 이뤄진 장식용 끈과 단추. (옮긴이)

옮겨야 했다. 난로의 불씨도 점점 약해지다가 아예 꺼져 버리고 말았다. 시를 팔지 못했거나 한창 평론을 쓰는 중에는 먹을 것도 귀해졌다. 원래도 작은 체구였음에도, 스몰렛의 눈에 "비쩍 여윈" 모습이 보일 정도였다. 데릭은 동료들에게 베푼 많은 호의를 돌려받는 게 당연하다고 생각했지만, 문학계 동료들에게 궁핍한 데릭은 반갑지 않은 손님이었다. 잘 곳도 없을 정도로 절박했던 데릭은 침대가 부족하다는 말에도 아랑곳하지 않고 작가이자 과학자인 존 테일러 박사의 작은 집에 밀고 들어갔다. 박사의 아기가 쓰는 침대에서 발을 의자에 올려놓은 채 잠을 청했다. 지인들이 간이침대조차 내주지 않으면, 데릭은 그냥 길에서 잤다. 작가 토머스 플로이드는 집으로 돌아가다가 가게 광고판에 기대어 자는 데릭을 보고 놀라서 넘어질 뻔했다. 소문에 따르면 데릭은 밤새 술을 마신 듯한 모습을 하고, 자신을 내려다보는 배우에게 "친애하는 플로이드, 이런 초라한 모습으로 당신을 만나게 되어 유감입니다."라고 말했다. 그러고 나서 옆에 있는 더러운 땅을 가리키며 "내 집에 들어오시겠소?"라고 권했다고 한다. 존슨 박사의 주장처럼, 그런 상황에서도 재치를 보여 준 데릭은 회복력이 뛰어나고 "침착"하다는 명성을 얻었지만, 무책임한 행동을 계속하는 바람에 더욱 심각한 곤경에 처하게 되자 데릭에 대한 세간의 평가도 타격을 입기 시작했다.

주머니 사정이 좋지 않을 때조차 데릭은 더블린에서 리넨 포목상으로 지루한 안락함을 누리느니 런던에서 굶주리는 편이 더 낫다고 생각했다. 늘 친구의 앞날을 걱정하던 조지 포크너는 데릭에게 "저속한 돈벌이를 위해서라도 시인 노릇은 언제든 그만둘" 수 있다는 사실을 일깨워 주면서, "리넨 거래소에서 아일랜드 상인의 리넨을 대량으로 사서 영국으로 수출하는" 데릭을 다시 봐도 나쁘지 않을 것 같다고 덧붙였다. 하지만 코번트가든의 술집과 도박장에서 시끌벅적한 소리가 들려오는 한, 절대로 그런 일은 일어나지 않을 터였다. 비록 고난으로 가득한 삶일지라도, 비슷한 처지의 가난한 예술가 동료들이 함께 있으면 달콤해졌다. 리넨 거래소와 달리 코번트가든은 젊음의 에너지가 넘치는 곳이었다. 이미 베테랑이 된 수많은 이들의 고향이기도 했지만, 코번트가든의 열기에 이끌리는 사람들은 대부분 십 대와 이십 대였다. "풋내기" 도제들과 앳된 얼굴의 "비너스의 후예들", 피 끓는 젊은 후계자들과 더불어, 야심만만한 배우와 시인들의 영향력도 무시할 수 없었다. 활력이 넘치고 재미가 가득하다는 코번트가든의 명성은 그곳의 사람들만큼이나 그곳에서 일어나는 일 때문에 생긴 것이기도 했다. 청소년기의 불안, 감정의 분출, 불륜, 연애, 복잡한 우정 등 모든 종류의 드라마가 엄청난 술과 어우러져서, 광장은 각본 없는 연극이 가득한 런던 최고의 무대가 되었다. 오늘날 대학교의 학생회관 술집과 비슷한 셈이다. 관찰력이 뛰어나고 연극에 대한 안목이 있는 데릭에게 이보다 더 잘 어울리고 영감을 주는 안식처는 없었을 것이다.

글을 쓰지 않거나 후원자를 찾아가지 않을 때면, 데릭은 보통 베드퍼드 커피하우스나 셰익스피어즈에서 시간을 보냈다. 술을 마시러 왔든 피신처를 찾아서 왔든, 코번트가든의 커피하우스는 숨을 돌리기 좋은 장소였다. 궂은 날씨를 피할 수도 있고, 운이 좋으면 지인들에게 가벼운 식사도 얻어먹을 수 있었다. 데릭은 아마도 쫓겨날 때까지 죽치고 앉아 신문을 읽고, 편지를 쓰거나 받고, 잡담을 나누고, 불가에서 냄새 고약한 발을 녹였을 것이다. 한가할 때는 가만히 앉아서 주변을 둘러봤다. 오늘날에도 그렇듯이, 술집과 카페는 사람들을 구경하기 최적의 장소였고, 데릭은 여기저기서 날아드는 가십을 포착하기에 가장 좋은 자리를 차지하고 앉아 있었다. 데릭은 속속들이 알게 된 추문을 바탕으로 육체적 정복을 소재로 한 일화와 이야기들을 종이에 옮겨 적었다. 데릭은 자신의 희곡이 "홍행할 가망이 없다면", 창작을 하는 대신 기록을 하기로 결심했다. 한 이름난 웨이터가 신사들을 상대하고, 실크 옷을 입고 짙게 화장한 젊은 숙녀가 술집 계단을 뛰어 올라가는 모습을 보면서, 데릭은 아이디어를 떠올렸다.

코번트가든의 유명한 여성들과 지인 이상의 친분을 쌓아 둔 것도 도움이 됐다. 데릭이 빌린 돈으로 호기롭게 베풀며 어울린 사람들은 남자들뿐만이 아니었다. 그는 여자들에게도 많은 돈을 썼다. 데릭이 고급 의류보다 애정을 쏟는 단 하나의 대상이 바로 여자였다. 데릭은 술집 매춘부건 얌전한 숙녀건 가리지 않고 다 좋아했다. 물론 데릭의 처지를 생각하면 술집 여자를 만날 일이 훨씬 많았을 테지만 말이다. 시끌벅적한 저녁이 깊고, 두 극장에서 쏟아져 나온 관중들이 주변의 술집으로 향하고, "키프로스 여성 군대"가 야한 노래를 부르거나 애인들과 흑맥주를 홀짝거리면서 곳곳에서 영업하느라 바빠질 때면, 데릭 또한 그저 추파를 던지고 배도는 농짐을 허락해야 할 또 한 명의 손님일 뿐이었다.

늘 돈이 있는 건 아니었지만, 데릭은 여자들에게 다른 대가를 지불할 수 있었다. 매춘부들에게 시인이나 극작가는 가장 난폭한 "한량들" 보다 여성을 등쳐 먹을 확률이 높은 최악의 손님으로 통했다. 철이 없고 품위가 없을 뿐 값은 제대로 치를 수 있는 한량들과 다르게, 연인의 아름다움을 칭송하거나 자기가 쓴 연극의 주연 자리를 약속하며 구애하는 작가들은 다정하지만 고달픈 빈털터리였다. 데릭도 셰익스피어와 밀턴을 읊어 대는 현란한 혓바닥 덕분에 종종 공짜로 섹스를 할 수 있었다. 그러나 데릭이 여자들과 밤을 보낼 수 있었던 비결이 단지 유혹의 기술만은 아니었다. 데릭은 돈을 내는 남자들이 여자들에게 주지 않는 것, 즉 깊은 공감을 그녀들에게 주었다.

매문가와 매춘부에게는 공통점이 많았다. 그들은 서로의 겉치레를 꿰뚫어 보고 절망에 찬 상대의 영혼을 들여다볼 수 있었다. 흥미롭게도, 글쟁이들이 예전부터 근거지로 삼았던 플리트스트리트와 템플바 주변은 거리 매춘부들의 근거지이기도 했다. 한쪽이 플리트스트리트의 도로와 샛길을 얼쩡거릴 때, 다른 쪽은 다락방에서 그들을 내려다보았다. 둘 다 돈이 너무 급해서 인간으로서의 품위를 버린 채 먹고 사는 처지였다. 글쟁이들의 보금자리에 바싹 붙어 있는 고프스퀘어에 살았던 존슨 박사는 이곳의 작가들이 돈을 받고 기계적으로 성적 서비스를 제공하는 "창녀"와 똑같이 "정해진 시간에 상품을 배달하는 일 외에는 무엇도 신경 쓰지 않는" "펜을 든 허드레꾼"에 불과하다고 지적했다. 자신의 노동에 무관심하고 소외된 글쟁이들은 거리 매춘부들이 육체적 명예를 쉽게 버린 것처럼 지적 원칙과 쉽게 결별했다. 대중에게 몸을 팔아야 하는 짓밟힌 여자들의 처지에 깊은 연민을 느낀 사람은 샘 데릭이 처음도 아니었고 마지막도 아니었을 것이다. 그러나 그 시대의 정신에 충실했던 데릭은 매춘부들에게 일을 그만두라고 하지는 않았다. 대신 상류층의 부유한 고객들에게 이런 "연약하고 타락한 여성들"을 "고급 정부"로 삼으라고 호소했다. 그러한 보호와 넉넉한 용돈만이 매춘부들에게 해방감을 줄 것이었다. 데릭이 보기에 매문가와 매춘부에게 필요한 단 한 가지는 돈을 대 주는 누군가였다.

비에 젖은 거리의 침대나 불이 꺼진 난로 곁으로 돌아가기 싫을 때면, 데릭은 낮부터 밤까지 내내 술집의 의자에 앉아 있었을 것이다. 그럴 때면 밤의 동료들의 "퇴근 후" 인격을 마주할 수 있었다. 데릭은 여자들의 고민을 상냥하게 들어 주었고 소박한 기쁨도 함께 나눴다. 직업상 남성 보호자가 필요할 때는 데릭에게 부탁을 하기도 했을 것이다. 치안판사나 집행관, 복수심에 불타는 애인 등 누가 여성을 괴롭힐 때면, 여자들은 자신을 대변해 줄 남성 보호자를 찾았다. 인맥이 두터운 남자일수록 줄 수 있는 이득도 많았다. 데릭이 바로 그런 남자였다. 데릭과 친분이 있는 여자라면, 그와의 우정을 이용해 이익을 도모하기도 했을 것이다. 야심 있는 매춘부들은 대부분 고객을 직접 선택하려 했다. 당연히 가장 인기 있는 손님은 재산이 많고 잘생긴 젊은 남자였다. 시인이 호시탐탐 노리던 사냥감과 진취적인 매춘부들의 목표물은 결국 같은 사람들이었다. 인맥이 풍부한 새뮤얼 같은 지인만큼 귀띔과 소개를 살해 줄 사람이 달리 누가 있을까?

사근사근한 성격과 예의 바른 태도 덕분에 데릭은 고급 매춘부들에게 인기가 좋았다. 전성기를 누리고 있음에도 불구하고 사무치게 외로웠던 키티 피셔와 루시 쿠퍼 같은 여성들에게, 데릭은 진실한 친구가 되어 주었다. 매춘부 친구들은 데릭의 우정에 후하게 보답했다. 루시 쿠퍼는 데릭이 음식을 구할 때마다 자주 자청해서 나섰다. 올랜도 브리지먼 경이 루시에게 멋진 거처를 여럿 마련해 준 뒤에는, 그녀의 식탁에서 18세기 중반의 최고 상류층 난봉꾼들과 함께 먹고 어울리기도 했다. 소문으로는, 데릭이 더 은밀한 대접을 받았다는 얘기도 있었다. 성을 파는 여성들에게 남성 보호자, 친구, 고객의 역할은 별반 다를 게 없었다.

몇 년 후 유명 인사 반열에 오르고 나서, 샘 데릭은 코번트가든에서 보낸 젊은 날을 다소 후회스럽게 회상했다. 그 시절의 그는 술집에 너무 자주 그리고 오래 있었고, 너무 무절제했으며, 온통 "비너스의 딸들과 친교를 맺을" 생각뿐이었다. 나중에야 데릭은 재능을 갈고닦아야 할 시기에 "커다란 쾌락의 술통"에 빠져 손에 잡히는 즐거움만 탐닉하며 살았음을 인정했다. 그러나 뒤늦은 깨달음이었다. 데릭은 런던에 정착하기 전부터 코번트가든을 중심으로 인맥을 형성했지만, 그 뒤 이어진 행동으로 인해 많은 이들의 신뢰를 잃었다. 데릭은 다정하고 재미있었으며 농담도 잘하고 재치도 넘쳤지만, 시적 재능은 조금도 증명하지 못했다. 데릭은 그저 수많은 사람들 중 한 명, 후원자도 없는 글쟁이 중 한 명, 코번트가든의 삶에 유혹당한 허다한 젊은이 중 한 명에 불과했다. 그래도 데릭이 베드퍼드와 셰익스피어즈의 테이블에서 보낸 시간만큼 아는 사람이 많아졌다는 사실은 그나마 유리하게 작용했고, 결국엔 경력을 쌓는 데 도움이 되었다.

이 두 곳에서 상주한 덕분에 문인으로서의 드문 기회나마 주어졌는지도 모른다. 1755년, 구상한 지 거의 18년이 지난 후에야 데릭은 코번트가든의 친구들이 베푼 관대한 도움을 받아 『자작시 전집Collection of Original Poems』을 출간했다. 시집의 서두에 실린 후원자 목록은 18세기 영국의 인명사전과 다름없었다. 친구인 개릭, 존슨, 푸트는 물론이고, 찰스 매클린, 존 클리런드, 토비아스 스몰렛, 네드 슈터, 조지 앤 벨라미, 페그 워핑턴에게서도 후원을 받았다. 체스터필드와 힐즈버러의 백작들, 더럼 대성당의 주교, 프랜시스 대시우드 경 등의 귀족 후원자들과 코번트가든의 이름난 "숙녀들" 몇 명의 이름도 명단에 올라 있었다. 대단한 성공은 아니었지만, 데릭은 사소한 성취를 바탕으로 앞서 언급된 여러 후원자들과 더 깊은 관계를 맺었고, 그중에는 『드라이든의 생애』를 집필할 때 데릭을 조수로 고용했던 존슨 박사도 있었다. 다른 사람들과 다르게 존슨은 "데릭에게 호감"을 느낀다고 얘기했으며, 사람들이 흔히 문제 삼는 데릭의 성격 이면을 볼 줄 알았다. 토비아스 스몰렛도 데릭을 두둔하면서 자신의 잡지《크리티컬 리뷰》에 글을 쓰게 해 주었다. 데릭의 피나는 노력으로 꽃을 피운 친분 중에서 가장 예상치 못했던 것은 시인 크리스토퍼 스마트와 함께한 작업이었다. 둘 다 술을 좋아해서 이루어진 파트너십은 시작부터 실패할 운명이었다. 두 남자는 도박 테이블과 양복점에서 서로의 선을 넘는 최악의 모습을 보였다. 정신병을 잃던 스마트가 갑자기 말삭하듯 종교적 폭언을 퍼붓는 등 예측하기 어려운 모습을 보이면서 문제는 훨씬 복잡해졌다. 두 사람이 남긴 성과라고는, 웬 말장난의 소재가 된 일뿐이었다.

우리가 데릭과 스마트에서 발견한 모순,

둘 다 진실된 글을 쓰지 못한다는 사실.

독자들이 다소 이상하다고 생각할 만한 점,

스마트는 와인에 절어 신의 영광을 노래하고

데릭은 멀쩡하지만 신을 모르고

기꺼이 와인을 찬양하네

작가로서 샘 데릭의 가치를 진정으로 믿어 주는 사람은 데릭 자신 뿐일 때가 많았다. 존슨이나 스몰렛도, 영국의 주요 인사 중 누구도 데릭의 글이 탁월하다고 생각하지 않았다. 사람들의 눈에는 자기 자신을 과대평가하는 방탕하고 허황된 아일랜드인의 모습만 보였다. 골동품 수집가이자 존슨의 친구인 윌리엄 올디스 박사는 데릭과 나누는 "가벼운 대화"도 불쾌하게 여겼다. "올디스는 데릭을 건방진 녀석이라 생각했고, 같은 공간에 있을 때 절대 데릭에게 말을 걸지 않았으며", 데릭이 말을 걸어도 박사는 "말을 걸지 말라는 듯 짧게만 대답"했다. 한때는 친구였던 제임스 보즈웰은 올디스 박사보다도 매몰차게 굴었다. 보즈웰은 존슨의 무리에 끼자마자 데릭을 저버리고 조롱하기 시작했다. 존슨은 그런 행동을 용납하지 않았겠지만, 존 홈이라는 시인은 보즈웰에게 적극적으로 동조했다. 홈은 에글린턴성에서 열린 저녁 만찬 후 데릭이 쓴 「에블라나」의 시구를 자기가 생각하기에 더 적합한 시구로 바꿨다며 이렇게 읊었다.

내가 한 일이 내 명성을 길이 늘리지 않아 준다면,

그리고 지나는 사람들은 슬프게 노래하며,

"나는 그를 알아! 이름이 데릭이었지,

저기 나무 위에 그의 시체가 매달려 있구나", 하고 외치지

않는다면

보즈웰과 홈처럼 비열한 노래를 만들어 킬킬대지는 않았지만, 애석하게도 데릭에게 좀 더 동정적이던 사람들조차 그의 성공 가능성에는 회의적이었다. 만약 방향을 바꾸지 않는다면, 데릭은 급류에 떠내려갈지도 몰랐다.

Chapter 7

사랑의 복잡함

데릭에게 나쁜 영향을 끼치며 유혹의 길로 이끈 사람이 모두 음탕한 여자나 보헤미안 같은 무뢰한은 아니었다. 명문가의 방탕아들은 인기 있고 여자와 놀 줄 아는 데릭을 친구로 받아 줬고, 스스로를 상속자로 여겼던 데릭 역시 그들에게 친밀함을 느꼈다. 그러나 카드 테이블에 앉아 있거나 재단사에게 옷을 맞출 때 데릭은 자신과 어울려 노는 프랜시스 대시우드 경 같은 남자들의 방탕한 생활이 집안의 마르지 않는 돈줄로 유지된다는 사실까지는 미처 생각하지 못했다. 술병을 비우고, 카드 게임에서 돈을 잃고, 저녁을 주문하고, 매춘부에게 돈을 준 뒤에 다시 또 젊은 한량들과 흥청망청 술판을 벌이는 데는 정말 많은 돈이 들었다.

지출도 판단도 가장 방종했던 시기에, 데릭은 "그 시대 최고의 방탕한 남자"라고 알려진 로버트 트레이시^{Robert Tracy}와 가까이 지냈다. 트레이시는 똑같은 이름을 썼던 존경받는 판사의 손자였다. 스탠웨이파크에 있는 유서 깊은 트레이시 가문과 헷갈리기 쉬운 신흥 방계 출신의 부자였다. 아버지가 갑자기 돌아가시는 바람에, 로버트는 어린 나이에 할아버지의 재산과 (나중에 친구들이 "콕스콤"이라고 부른) 글로스터셔의 코스콤 영지를 물려받았다. 트레이시는 하나 남은 아들이자 유일한 후계자였으므로 자라면서 듣기 싫은 소리는 들어 보지 못했고, 결국 버릇없는 망나니가 되었다. 인생을 사는 데 유리한 조건은 모두 타고난 "멋쟁이" 트레이시는, 부유했을 뿐만 아니라 눈에 띄게 잘생겼고 참아 줄 수 없을 만큼 자기중심적이었다. 갓 스무 살에 들어선 트레이시는 유혹을 탐닉할 기회는 하나도 놓치지 않겠다는 태세로 사교계에 모습을 드러냈다.

데릭과 안면을 텄을 무렵에 이미 트레이시는 런던 곳곳에 돈을 뿌리고 다니는 두툼한 지갑으로 유명했다. 트레이시는 미들템플[*]의 집무실을 나선 다음 코번트가든의 술집과 유곽을 거쳐 두 극장의 박스석에 도달하는 경로를 즐겼다. 끝내주게 잘생긴 외모에다 앞일을 신경 쓰지 않고 돈을 펑펑 뿌리는 트레이시에게 남녀 불문 많은 친구가 생기는 건 두말하면 잔소리였다. 배우와 극작가들은 그를 열렬하게 추종했다. 트레이시는 대부분의 시간을 베드퍼드 커피하우스에서 배우들과 허송

---

*   영국에서 법정 변호사가 되려면 반드시 거쳐야 하는 법학원 중 하나. (옮긴이)

세월하며 보냈다. 배우가 되려는 게 아닌지 사람들이 의심할 정도였다. 연극계에서 유명한 아서 머피도 그의 친한 친구 중 하나였다. 샘 데릭과 마찬가지로 머피도 트레이시의 넉넉한 인심 덕을 여러 번 봤다.

게으르고 낭비가 심한 사람은 머리가 빈 멍청이라는 도덕주의자들의 표현과 달리, 트레이시는 멍청한 인간이 아니었다. 그의 할아버지가 그랬듯이 트레이시도 변호사로서, 또 신사로서 필요한 훈련과 교육을 두루 받았다. 트레이시는 "보통 사람들보다 훨씬 뛰어난 학식과 이해력을 갖춘 사람"으로 평가받았다. 뛰어난 학업 능력과 "꽤 많은 장서"를 두고 이런저런 좋은 평가들이 보태졌다. 트레이시는 꾸준한 자기 계발을 신념으로 삼아 한순간도 나태하게 살지 않았다. 심지어 "미용사에게 머리를 맡기는 동안에도" "가장 좋아하는 작가의 책을" 정독했다. "머리의 바깥쪽만 꾸밀 게 아니라 안쪽도 광을 내야지, 안 그러면 아무리 멋을 내 봐야 가발 걸이만 될 뿐"이라고 덧붙이기도 했다. 하지만 아무리 문학과 수사학적 난제에 몰두해 봐도, 부족한 게 없이 사는 사람들이 으레 겪곤 하는 고통을 피할 수는 없었다. 인생이 너무 지루했던 것이다. 돈으로 살 수 없는 게 없고, 꼬실 수 없는 사람도 없었다. 아버지도 벌써 오래전에 돌아가셔서 무모한 행동을 질책할 사람도 없었다. 사실, 외가 친척들은 트레이시가 "서른이 되기 전에 악행으로 자멸했더라면" 오히려 좋아했을 것이다. 외가 쪽 사촌이자 유일한 상속자인 로버트 프랫은 트레이시의 재산이 자신에게 오기만을 간절히 기다리고 있었다.

트레이시는 "여자 문제"로 가장 큰 대가를 치러야 했다. 대부분의 여자들이 그의 외모에 금방 넘어갔기 때문에, 트레이시가 관심 가는 대상을 지배하기란 너무 쉬웠다. 『밤의 향연』의 작가가 남긴 묘사에 따르면, "트레이시는 175센티미터 정도의 키에 체격이 늠름했고 눈에 띄게 멋진 얼굴을 지녔다". 트레이시를 상대한 많은 여자들이 매춘부로서는 절대 하면 안 되는 실수를 저질렀다. 몸만 아니라 마음까지 기꺼이 내줬던 것이다. 물론 트레이시는 유혹에 넘어온 여자에게 금방 싫증을 냈고, 옷장 속 물건을 정리하듯 쉽게 버렸다. 뼛속까지 바람둥이였던 그는 자신에게 최고의 "물건"을 선택할 자격이 있다고 뻐겼다. 실제로 1756년 이른 죽음을 맞이할 때까지, 그는 런던에서 잘나가는 창부들의 침실은 어디든 들어가서 사랑받을 권리를 주장할 수 있었다. 1750년에는 당시 코번트가든을 주름잡던 사랑스러운 패니 머리가 트레이시의 팔에 매달려 있는 모습을 거의 매일 볼 수 있었지만, 이듬해 초반이 되자 트레이시는 그녀에게 질리고 말았다. 트레이시의 욕망은 벌써 다른 여자 쪽으로 방향을 틀고 있었다.

트레이시가 얼마 동안이나 샬럿 헤이즈에게 눈독을 들였는지는 아무도 모른다. 트레이시가 패니 머리를 데리고 드루리레인의 박스석과 복스홀가든을 돌아다니는 동안, 헤이즈는 정부인 에드워드 스트로드의 돈으로 팔말의 우아한 저택에서 생활하고 있었다. 스트로드도 트레이시처럼 한 여자에게 만족하지 못하는 남자였다. 나중에는 뿌리고 다닐 돈이 없어서 아내의 재산까지 빼앗으려 했음이 이혼소송 과정에서 밝혀졌다. 그는 다른 여자한테 쓸 돈을 마련하려고 아내 루시 스트로드가 보석을 내놓을 때까지 때렸고, 보석을 전당포에 팔아서 빚을 갚고 그 여자에게 썼다. 그 여자는 물론 샬럿 헤이즈였다. 그랬던 스토르드가 다른 여자를 찾으러 다시 시장에 나타났을 때에는, 마침 트레이시도 패니 머리에게 질려 있었다. 우연인지 아닌지는 알 수 없으나, 공교롭게도 그들은 서로 파트너를 바꾸게 되었다. 이 여자 저 여자 가리지 않고 만나고 다니면서 여자들을 울렸던 트레이시가 이번에는 대가를 치를 차례였다. 샬럿 헤이즈가 최후의 복수를 준비하고 있었다. 결코 매춘부와 사랑에 빠지는 법이 없었던 트레이시는, 헤이즈의 마력에 완전히 홀려 버렸다. 결국 헤이즈는 트레이시가 평생을 건 마지막 여인이자 위대한 사랑이 되었고, 그가 모든 걸 바쳐 자신을 사랑하게 만듦으로써 그를 파멸로 이끌게 되었다.

몇 해 전에도 트레이시가 비웃음을 살 만한 상황을 겪은 적이 있기는 했다. 술에 취해 성욕을 풀고 싶은 마음이 급해진 트레이시는 수재나 오언이라는 세탁부의 딸과 급하게 '플리트 결혼식'*을 올렸다. 법적으로 결혼이 무효화되기 전까지 트레이시는 큰 곤경에 처했고, 경험이 조금 더 풍부한 난봉꾼 친구들 사이에서 웃음거리가 되었다. 트레이시 정도의 지위에 있는 신사라면 그런 상황에서 감정보다 이성을 앞세워야 했다. 다른 남자들은 "재능과 이해력의 부족"과는 거리가 먼 똑똑한 남자가 여자 앞에서는 왜 이리 바보가 되는지 도저히 이해할 수 없었다. 이 일을 겪은 후 트레이시는 사랑의 덫에 다시 걸리지 않으려 애썼지만, 헤이즈의 덫은 피하지 못했다. 트레이시는 분별력보다 돈이 더

---

*   플리트 감옥 근처에 살거나 플리트에 갇힌 가난한 목사가 주례를 선 비밀 결혼식.
    (옮긴이)

많은 젊은이였다. 워드 부인이 보기에 딸의 정부로 이보다 더 나은 사람은 찾을 수 없었다. 감수성이 풍부한 트레이시야말로 애첩에게 쓰는 돈을 아끼지 않을 뿐만 아니라 자만심에 깊이 빠져서 애첩이 그를 사랑하든 말든 전혀 신경 쓰지 않는 이상적인 연인이 될 것 같았다. 헤이즈는 트레이시에게 아양을 떨면서 그를 보기만 해도 가슴이 두근거린다는 듯이 굴었다. 물론 단순히 돈을 노리는 작전이었다. 트레이시의 잘생긴 얼굴조차 헤이즈의 마음을 흔들지 못했고, 그의 유명한 매력조차 그녀의 열정에 불을 지르지 못했다.

트레이시는 모든 매춘부들이 원하는 다루기 쉬운 애인이었다. 정부에게 푹 빠진 남자는 관계에서 약자일 수밖에 없었다. 트레이시를 진짜로 사랑하게 된다면, 헤이즈가 원하는 바를 이룰 수 없었다. 성적인 관계를 사랑으로 혼동하는 일은 없어야 했다. 헤이즈의 임무는 단지 그가 헌신하는 만큼 그녀도 똑같이 헌신한다고 믿게 만드는 것이었다. 잘나가는 고급 창부들은 이런 기술에 능숙했다. 헤이즈는 수년 동안 어떤 고객이라도 흡족하게 만들 요염한 표정을 정교하게 다듬어 왔다. 예상대로 트레이시도 헤이즈에게 넘어가서, 이 애첩이 터무니없이 사치스러운 자유를 누리도록 지갑과 명성을 털어 넣었다. 『밤의 향연』에 따르면, "샬럿은 트레이시를 마음대로 좌지우지하면서, 트레이시의 돈도 마음대로 펑펑 썼다". 트레이시는 그런 "샬럿을 꾸짖지 않고" 오히려 공개적으로 헤이즈를 두둔해 주었다.

다른 한편으로 보면, 트레이시는 관습적인 의례의 희생양이기도 했다. 당시에는 상류층 신사라면 애첩을 사치품으로 치장시키는 게 당연한 일이었다. 애인의 겉모습은 남자의 지위와 부를 말해 주는 척도였다. 헤이즈를 정부로 들인다는 것은, 엄청난 양의 "부수적"인 필수품을 제공해야 한다는 말이기도 했다. 최고의 지위에 오른 매춘부들이 모두 그렇듯이, 헤이즈도 자기 소유의 말이 끄는 전용 "마차"로 자갈이 깔린 도로를 다녔다. 사치품과 외모에는 모두 그만한 유지비가 들었다. 헤이즈 정도 되는 "최고 순위의 여자"라면 늘 새로운 옷을 사 입어야 했다. 극장에 갈 때, 산책할 때, 집에서 애인들과 즐거운 시간을 보낼 때 매번 다르게 입을 멋진 드레스가 필요했다. 여성복 한 벌을 꼼꼼하게 갖추려면 하나같이 비싼 부속품도 세트로 마련해야 했다. 헤이즈를 빛내 주려면 다양한 드레스는 기본이고, 앞치마, 속치마, 가슴에 다는 호화로운 보석 장식, 목이나 손목의 주름 장식, 리본, 장갑, 스타킹, 신발, 단추, 망토, 모자, 머플러도 있어야 했다. 그녀가 맡아 놓은 물건으로 여기는 보석, 코담배갑, 줄이 달린 앙증맞은 회중시계는 아직 언급하지도 않았다. 엄청난 양의 음식과 와인, 부엌일을 도맡을 하인, 머리를 다듬을 미용사, 난로에 불을 지피고 코르셋을 조여 주고 조끼를 꿰매 줄 하녀 등 사치스러운 거처에 필요한 것들도 한두 가지가 아니었다. 이 모든 것들이 무제한에 가까운 트레이시의 신용장에 외상으로 달렸다. 트레이시와 헤이즈는 사고 또 사는 방탕한 소비 기질이 잘 맞았다. 헤이즈는 애인의 관대함에 기대어 온 런던 시내에 실크, 식기, 신사용 장신구 청구서를 늘리고 다녔다. 아주 가끔, 맘껏 쇼핑을 즐기다가 당장 쓸 돈이 다 떨어지면, 헤이즈는 트레이시를 다시 순종적인 푸들로 만들었다. 『밤의 향연』에 따르면, 헤이즈가 "제일 좋은 효과를 낼 옷을 입고,

미들템플에 있는 트레이시의 집무실에서 '밥'을 부르는"* 모습이 종종 보였다. 다음과 같은 식이었다.

연극이나 다른 오락거리를 보려면 아주 서둘러야 한다면서 급한 척한다. (…) 1기니씩을 걸고 동전 내기를 하지 않으면 당장 가 버리겠다며 트레이시를 자극한다. 샬럿과 함께 있고 싶은 트레이시는 흔쾌히 그러겠다고 한다. 샬럿이 이기면 1기니를 가져가지만, 지면 한 푼도 내지 않는다. 이런 식으로 샬럿은 15분 만에 트레이시의 지갑을 몽땅 털고 웃으며 떠나곤 했다.

지금 당장 응석을 다 받아 준다고 해서 너무 안심하지는 말라고 어머니가 경고했더라도, 헤이즈는 듣지 않았을 것이다. 한창일 때의 헤이즈는 자기 자신과 쾌락을 위해서만 살기로 마음먹었다. 자유를 사 준 남자를 사랑하지 않았을 뿐, 헤이즈의 마음에는 다른 남자가 있었다. 헤이즈와 같은 매춘 여성들에게 사랑에 빠지는 일은 권장되지 않았지만, 그렇다고 그런 일이 없는 것도 아니었다. 매춘부들에게 분별없는 마음은 이상한 남자에게 시선을 빼앗기게 만드는 독이었다. 판단이 마음에 휘둘릴 만큼 어리석어지면, 매춘부들은 곧 가난과 비탄의 수렁에 내던져질 터였다. 안타깝게도 혈기 왕성한 매춘부들은 부적절하지만

---

* 여기서 '밥'은 트레이시를 일컫는다. (옮긴이)

피할 수 없는 사랑의 상대를 많이 만났다. 이런 남자들은 대개 매춘부 본인과 비슷한 가난한 처지였다. 재산을 물려받을 수 없는 차남이거나 반급 장교*, 또는 변변찮은 생활비를 받는 성직자, 불안정한 중간계급의 아들들이었다. 이들의 삶은 돈벌이를 어떻게 마련하느냐에 따라 달라지곤 했다. 많은 경우, 이들이 안락한 생활을 할 수 있는 유일한 희망은 돈 많은 여성과 결혼하는 것이었다. 고급 매춘부들과는 서로 적합한 상대가 아니었다. 가장 매혹적인 미녀였던 키티 피셔와 패니 머리는 이런 남자들이 넘볼 수 있는 여자가 아니었다. 그러나 진정한 애정이 피어나지 말아야 할 곳에 뿌리내리는 것을 막을 수는 없었다. 돈이 없다고 해서 육체적 매력과 친절함, 유머도 없는 건 아니었으니까 말이다. 그런 남자들이 매춘부들의 마음을 사로잡는 건 막을 수 있는 일이 아니었다.

샬럿 헤이즈는 우연히라도 새뮤얼 데릭을 알지 말았어야 했다. 둘이 어쩌다 처음 만나게 되었는지는 알려지지 않았고, 앞으로도 그럴 것이다. 서로의 운명이 얽히고설키기 전에도 오가는 길에 몇 번은 마주쳤을 것이다. 광장의 명소에 자주 가는 사람들이었으니, 셰익스피어즈와 베드퍼드 커피하우스에서 일상적인 인사나 시답잖은 농담을 나누며 알고 지냈을 수도 있다. 데릭이 런던에 도착했을 무렵, 헤이즈는 최고의 시기를 누리고 있었다. 다른 신사들처럼 데릭도 극장의 박스석에서 좌중의 시선을 끌어모으는 헤이즈를 본 적이 있을 것이다. 데릭

---

*   계급이나 보직은 있지만 실제 현역으로 근무하지 않는 등의 이유로 삭감된 봉급을
      받는 장교. (옮긴이)

과 트레이시는 둘 다 헤이즈를 흠모했고, 접근할 방법을 찾았다. 운명의 수레바퀴는 먼저 트레이시 쪽으로 굴렀고, 결국 트레이시가 헤이즈와 동침할 권리를 사게 되자 데릭은 질투심에 불타올랐다. 그와 우정을 나누는 유명한 미인들 중에 데릭이 배타적인 권리를 주장할 수 있는 여자는 한 명도 없었다. 루시 쿠퍼가 그를 챙기고 먹여 주며 때로는 몸도 허락했지만, 그렇다고 데릭이 쿠퍼의 유일한 남자가 될 수는 없었다. 다른 매춘부들의 경우에도 마찬가지였다.

트레이시의 친구였던 데릭은, 헤이즈와 공개 데이트를 하는 친구의 바로 옆에서 애를 태웠다. 멀리 떨어져 있었다면 늠름한 친구에 가려 눈에 띄지도 않았겠지만, 가까이 있었던 덕분에 데릭과 헤이즈의 우정이나 애정도 깊어질 수 있었다. "아주 왜소한 체격에 불그스름한 머리, 멍한 표정"으로 묘사되곤 하던 데릭 같은 남자가 어떻게 샬럿 헤이즈 같은 여자를 두고 트레이시처럼 부유한 바람둥이에게 덤빌 수 있었는지는 남자들 사이에서 끝없는 미스터리로 남았다. 《타운 앤드 컨트리》에는 샘에 관한 흥미롭고 인상적인 기록이 하나 남아 있다. "여자들이 보통 샘을 아주 좋아한다는 사실을 고려하면, 샘이 거부하기 어려운 매력의 소유자일 거라고 생각하겠지만, 실은 그렇지 않다." 남자들 눈에는 데릭이 더럽고 가난하며 우쭐거리는 허세꾼으로만 보였지만, 여자들 눈에는 "너무 다정하고 훌륭하며 예의 바르고 정중해서 (…) 웨일스 공** 같은 예쁘고 귀여운 신사"로 완전히 달리 보였다. 데릭은 옷

** 웨일스 공(Prince of Wales)은 영국의 왕세자에게 주어지는 작위이다. (편집자)

차림이나 외모보다는 매력으로 여자들을 사로잡았다. 말발에서 데릭을 따라올 사람은 없었고, 함께 수다를 떨다 보면 너무 즐거워져서 남녀 할 것 없이 데릭의 매력에 빠졌다. 토비아스 스몰렛은 "샘이 운문으로든 산문으로든 말하는 게 너무 매력적이어서 그의 이야기를 듣고 있으면 아주 즐겁다"고 입이 마르도록 칭찬했다. 술을 엄청나게 마셔 대고 거리에서 잠을 자던 데릭의 최악을 본 친구들은 상상하기 어려운 매력이었지만, 여자들이나 잠재적 후원자와 함께 있는 데릭은 전혀 다른 사람이었다. 그럴 때 그는 "유럽에서 가장 정중하고 재치 넘치며 예의 바른 사람"으로 인정받고 싶어 했다. 타고난 배우였던 샘은 두 인물을 전혀 어려움 없이 연기해 냈다.

잘생긴 친구의 여자를 빼앗을 때도 데릭은 분명히 그런 매력을 어필했을 것이다. 데릭과 헤이즈가 어떻게 예의 차리는 친구 사이에서 연인 관계로 발전했는지는 두 사람 모두 무덤까지 가져간 비밀이었다. 연인 관계를 얼마나 유지했는지에 관한 실마리조차 없다. 그저 1751년에서 1756년 사이에는 로맨틱한 관계였다는 사실만 알려져 있다. 그 사이의 어느 때가 헤이즈를 향한 데릭의 사랑이 가장 열렬했던 시기였다. 둘의 불같은 사랑이 다 타 버려 재만 남은 후에도, 데릭에게 헤이즈는 죽을 때까지 잊을 수 없는 여자로 남았다. 데릭의 눈에 헤이즈는 나이를 먹어서 미모를 잃더라도 "영원히 성적인 매력이 넘칠" 여자였다. 헤어질 때는 친구로 헤어졌다. 데릭은 단 한 번도 헤이즈를 깎아내리는 말을 하지 않았고 항상 그녀가 잘되기만을 바랐다. 데릭은 지난날을 회상할 때마다 "오랜 친구이자 애인이었던 샬럿 헤이즈"를 흠모와 회한이 가득한 마음으로 떠올렸다.

그러면 데릭에 대한 헤이즈의 감정은 어땠을까? 헤이즈의 감정이 얼마나 깊었는지, 연애를 하는 동안 그 감정이 얼마나 오래도록 이어 졌는지는 알 수 없다. 하지만 헤이즈의 마음을 은근히 보여 주는 행동 들이 몇 가지 있었다. 두 사람의 불륜 관계가 시작될 때, 헤이즈는 자신 의 수입은 물론이고 어쩌면 데릭의 목숨까지 위태로워질 수 있다는 사 실을 알고 있었다. 트레이시의 돈으로 마련한 집에서 불장난을 시작했 다는 사실만으로도 헤이즈와 데릭이 얼마나 끓는 피를 주체하지 못하 고 경솔했는지를 알 수 있다. 결투는 공식적으로 불법이었지만, 명예가 조금이라도 훼손되면 신사들은 권총을 뽑으려 했다. 데릭도 헤이즈도 트레이시가 자신들의 배신에 어떻게 반응할지 짐작도 할 수 없었다.

다행스럽게도 트레이시는 관대한 편이었던 듯하다. 마치 헤이즈의 씀씀이뿐만 아니라 욕정에도 자유를 준 것처럼 보였다. 사랑은 다시 한번 트레이시의 이성을 마비시켰다. 헤이즈의 탈선을 둘러싼 소문이 트레이시의 귀에도 들려왔지만, 트레이시는 인정하지 않으려 했다. 코 번트가든의 방탕한 남녀들이 그를 호구라고 비웃어도, 트레이시는 믿 지 않는다는 듯 어깨를 으쓱하고 말았다.

트레이시가 모른 척해 주자, 처음에는 머뭇거렸던 헤이즈는 점차 노골적으로 은밀한 관계의 규칙을 무시하면서 제멋대로 굴었다. 헤이 즈와 비슷한 처지의 여자들이 언제나 다른 가능성을 둘러보는 건 그럭 저럭 이해받을 만한 일이었지만, 그래도 바람을 피우려면 조금이나마 조심스러워하는 게 도리였다. 어느 날 갑자기 정부의 눈 밖에 날 수도 있으니, 거처와 생활을 유지하려면 앞일을 대비해 후보자들을 추려 놓는 게 최선이었다. 트레이시가 다녀가는 사이사이에 헤이즈는 이렇게 골라 둔 "총아들"과 관계를 맺어 둬야 했다. 이번에는 그게 우연히 트레이시의 친구인 데릭이었을 뿐이다. 영광을 차지한 남자들은 신중하게 처신해야 했다. 데릭은 패니 하트퍼드의 총아 윌리엄 히키와 비슷한 처지가 되었다. 하트퍼드는 다른 남자(그녀가 이름을 밝히길 거절한)의 정부였지만, 히키는 사랑의 라이벌이 없을 때 종종 하트퍼드를 찾아갔다. 남자가 갑자기 들르기라도 하면 침대에서 급히 빠져나와 옷장에 숨어야 했다. 첩을 둔 남자들은 여자에게 신의를 지키라고 요구하긴 했지만, 정말 신의를 지킬 거라고 믿는 사람은 거의 없었다. 그렇다 보니 이런 관계는 보통 질투와 의심으로 점철되었다. 여자의 경솔한 행동이 남들의 이목을 끌지 않는 닫힌 문 뒤에서 이루어졌다면 용서받을 수도 있었지만, 사람들 앞에서 대놓고 쾌락을 좇는 행위는 심각한 도발로 간주되었다.

헤이즈와 데릭, 트레이시가 얽힌 복잡한 삼각관계를 지켜보던 사람들은 처음에는 정부를 제대로 관리하지 못한 트레이시를 비난했지만, 헤이즈가 데릭과 연애하는 모습을 과시하듯 내놓고 다니기 시작하면서 상황은 변했다. 트레이시의 인내심을 시험하는 듯한 헤이즈의 행동은 수치를 모르는 짓으로 비난받았다. 어떤 가십 수집가는 "샬럿은 가장 좋아하는 남자와 함께 즐기고 싶을 때면 그를 셰익스피어즈나 로즈에 데리고 가서 트레이시의 돈으로 최고로 융숭하고 호화롭게 대접했다"고 적었다. 그러고 나면 헤이즈는 상처에 소금을 뿌리듯 트레이시에게 엄청난 금액의 청구서를 내밀었다. "군말 없이 술집의 외상을 갚아 준" 트레이시가 "외상이 네다섯 군데쯤 더 있겠거니 생각했을 때", 그보다 훨씬 많은 수의 술집 주인들이 30, 40파운드에 달하는 금액을 요구하며 말을 건 적도 여러 번이었다. 헤이즈가 왜 정부의 평판을 망치기로 마음먹었는지는 알기 어렵지만, 어쩌면 분노와 복수심의 표출이었을지 모른다. 헤이즈와 트레이시의 성적 관계를 자세히 알 수는 없지만, 헤이즈처럼 높은 지위의 여성도 폭력적인 구타나 모멸적인 성적 행위를 강요받을 수 있었다. 헤이즈와 같은 시기에 유명했던 앤 벨도 부유한 애인에게 학대당한 피해자였다. 앤은 항문 강간을 당한 후 주머니칼로 난도질당하고 손이 부러진 상태로 코번트가든에서 가장 고급스러운 대중목욕탕에 버려져 있었다. 그런 대우를 받은 여자는 앤이 처음도 마지막도 아니었다. 데릭이 헤이즈가 하는 대로 같이 어울린 까닭은, 트레이시가 그런 짓을 저질렀기 때문일 수도 있다. 물론, 단순한 질투심 때문이었을 수도 있다.

헤이즈의 연인이 되자마자, 데릭은 그들의 관계가 오직 둘만의 연인 관계일 수 없음을 깨달았다. 헤이즈는 트레이시뿐만 아니라, 그가 싫증을 냈을 때 갈아탈 만한 남자들에게도 계속 관심을 기울여야 하는 처지였다. 그렇다고 해서 데릭의 자리가 위협받지는 않았지만, 헤이즈의 소유주가 트레이시라는 건 엄연한 현실이었다. 헤이즈에게 안전과 애정을 사 줄 수 있는 트레이시가 언제나 우위에 있었다. 데릭은 언젠가 유산을 받을 것이라 믿었지만, 재산을 받더라도 트레이시나 헤이즈의 다른 구애자들과 비교할 바는 아니었다. 데릭이 이길 수 없는 싸

움이었다. 데릭은 헤이즈의 인생에서 조용히 뒷자리로 물러나 기둥서
방 역할이나 하는 수밖에 없었다. 『밤의 향연』에 따르면, 헤이즈의 집
을 방문한 사람은 모두 샘이 거기 있다는 사실을 눈치챘다고 한다. 헤
이즈의 집 어디엔가 교묘히 숨어 있거나 "샬럿의 부엌을 자유롭게 드
나드는" 샘 데릭의 모습이 종종 목격되었다. 트레이시가 집에 없는 날
에만 데릭은 헤이즈와 같이 잘 수 있었으므로, 어느 날은 연인으로 어
느 날은 질투에 눈이 먼 하숙생으로 살아야 했다.

　진실한 애정이라는 측면에서 데릭이 헤이즈에게 무엇을 주었든 간
에, 헤이즈는 안락함과 친절함으로 보답했다. 헤이즈는 "샘의 발에 신
발이 없을 때" 우정, 도움, 음식 등 가능한 모든 걸 다 주었다. 데릭은
곧 유산을 받아서 어려운 처지를 바꿀 수 있다는 끈질긴 희망을 놓지
않았지만, 그렇다고 데릭과 헤이즈가 둘의 미래에 어떤 환상을 품은
건 아니었다. 이상적인 상황은 아니었지만, 헤이즈와 샘 모두 다른 선
택지가 있는 것도 아니었다. 데릭은 꿈에서라도 헤이즈에게 필요한 사
치품을 대 줄 수 없었고, 최고의 매춘부였던 헤이즈도 덧없는 사랑의
기쁨에 목을 매고 창피를 무릅쓰면서까지 현재의 삶을 가난하고 비참
한 삶과 바꿀 생각은 없었다. 둘의 미래를 그릴 수 없는 스스로의 무능
력과 하찮음에 비통해하며 연인의 팔에 안겨 있는 가엾은 데릭의 모습
이 그려진다. 헤이즈도 어느 정도는 실의에 빠지긴 했겠지만, 결국에는
데릭의 공허한 약속에 짜증이 났다. 헤이즈는 남자의 약속을 기대하거
나 믿는 여자가 아니었다. 세월이 지난 후에도 데릭은 헤이즈에게 진
빚을 잊지 못했다.

사랑하면서도 지켜볼 수밖에 없었던 데릭의 무력한 질투는 오래지 않아 트레이시에 대한 적개심으로 바뀌었다. 시인이었던 데릭은, 칼이 아니라 펜을 휘둘렀다. 어느 쪽이든 데릭의 행동은 성급하고 무분별했으며, 결국 헤이즈의 안녕을 해치고 말았다.

1755년, 트레이시와 헤이즈의 관계가 점점 소원해지자, 더 이상 마음을 감출 수 없었던 데릭은 도전장을 던졌다. '글로스터셔의 콕스콤 영지'의 주인 로버트 트레이시에게 헌정된 「여성의 변덕을 옹호함」이라는 글이 세상에 나왔다. 애인과 친구의 배신에 관한 소문을 무시했던 트레이시도, 이제는 그냥 넘어갈 수 없었다. 이 장문의 편지는 헤이즈의 불륜 사실을 확인해 줄 뿐 아니라, 그걸 정당화하려고까지 했다. 데릭의 설명에 따르면, 여성이란 날 때부터 갈대 같은 존재이며, 애정에 흔들리기 쉬웠다. 데릭은 이런 논리를 폈다.

왜 여자가 한 남자에게 얽매여야 하는가?

왜 자유인으로 태어난 남자처럼 해방되면 안 되는가?

그녀가 더 많은 이들을 축복해 주는 게 더 낫지 않은가?

모든 사람이 장미의 향기를 맡는다고 장미의 달콤함이 줄어드는가?

그런 다음 샘은 완벽함의 대명사인 트레이시의 약점을 들추기 시작했다.

게다가 구속을 하면 할수록 질릴 수밖에 없으며,

한 남자에게서 찾을 수 있는 미덕이란 얼마 되지 않는다

설령 모든 미덕을 다 갖춘 남자가 있다고 하더라도

그런 비정상적으로 완벽한 괴물이 조금이라도 기쁨을 줄 수

있을까?

아니, 그럴 수 없다. 그게 데릭의 결론이었다. 잘생긴 외모와 매력, 총명한 머리에 재력으로도 트레이시는 헤이즈의 애정을 유지시키지 못했다. 여자들은 무엇이 자신에게 가장 좋은지 아주 잘 알았다. 그러니 "더 좋은 상대가 나타났을 때", "여자가 처음 주었던 상을 도로 가져간다고 비난할 수 없다". 트레이시가 헤이즈를 가졌다고 해서 그녀가 진정으로 원하는 다른 누군가를 찾는 본성을 억압할 수는 없었다. 물론 그 '누군가'는 데릭이었다. 끝으로 데릭은, 친구에게 고삐를 풀고 헤이즈가 자신의 마음을 따를 수 있게 해 달라고 애원하며 이런 결론을 내렸다.

그러니 이제부터, 그녀가 감시받지 않고 여기저기 다닐 수

있게 하라

그리고 깊이 반성하고 달라진 친구가 되어라

우리에게는 아쉽게도, 트레이시가 데릭의 선포에 어떻게 반응했는지는 기록되지 않았다. 신사의 명예를 지키는 관례에 따라 당연히 이

런 공개적인 모욕에는 결투를 요청하며 대응했을 것이다. 이 사건 외에도 데릭은 이미 적어도 두 번은 총격전을 한 것으로 알려져 있다. 그러니 이 사건으로 세 번째 총격전을 치렀을 가능성도 없지 않다. 서로에게 총을 겨눈 결투가 불행한 삼각관계의 클라이맥스였을까? 셋 모두 어떻게든 살아남기야 했지만, 트레이시와 데릭이 상처받은 우정을 회복할 시간은 별로 남지 않았다. 시가 발표된 직후 발생한 급작스러운 사건으로 인하여, 세 사람의 삶이 바뀌어 버렸기 때문이다.

1755년이 되자 트레이시의 재정 상태는 끔찍해졌다. 제한 없는 지출과 도박으로 수년을 보낸 데다가 헤이즈까지 돈을 써 대는 바람에 트레이시의 재원은 거의 바닥을 보였다. 얼핏 보아도 "그동안 지속했던 일련의 행동으로, 트레이시가 이윽고 영국에서 가장 풍족했던 재산을 탕진했다"는 사실이 분명해 보였다. 헤이즈도 트레이시의 상황에서 곤란한 낌새를 느끼긴 했지만, 아쉽게도 그만큼 관대하고 속이기 쉬운 후보자를 찾을 수 없었다. 그러던 와중, 트레이시가 예고 없이 사망했다. 새로운 남자를 물색하느라 정신이 팔려 있던 헤이즈는 놀라지 않을 수 없었다.

서른도 되지 않은 젊은 트레이시가 어떤 병에 걸렸는지는 모른다. 그는 죽기 불과 며칠 전인 1756년 5월 14일에 급하게 유언장을 작성했다. 그때까지 오로지 쾌락만을 좇으며 살았던 트레이시는 빚만 남기고 떠나게 되었다. 『밤의 향연』에 따르면, "트레이시의 재정 상태는 엉망진창이었으며" 유언장에는 하인인 윌리엄 모건에게 체불 임금 "약 100파운드"를 지급하라고 적혀 있었다. 채권자들이 곧 몰려올 것을 알았던 트레이시는 동료 변호사에게 "상술한 모든 물품과 가구, 책, 시계, 반지 등"을 팔아서 빚을 갚을 의무를 위임했다. 관례에 따라 고인의 가장 가까운 이들이 착용할 애도 반지와 추모의 징표를 구입하는 데 쓸 약간의 돈은 따로 챙겨 두었다. 트레이시는 특별히 5파운드를 "나의 세탁부 샬럿 워드에게" 남긴다고 명시했다. 추모용 반지와 징표나 사라고 말이다.

트레이시는 죽음으로써 뒤늦게 복수한 것이다. 그런 유증은 모욕이나 마찬가지였다. 애도 반지를 선물하려면 그녀의 헌신에 보답하는 수당도 함께 남기는 게 관행이었다. 고급 창부는 그런 유증과 수당을 통해서 안정된 노후를 보장할 생활비를 모을 수 있었다. 그러나 생전에 그녀가 보여 준 모욕을 생각해 보라. 트레이시는 죽게 된 마당에 그런 정부에게까지 보답할 생각은 없었다. 트레이시는 이미 헤이즈에게 줄 수 있는 모든 걸 주었다.

헤이즈는 엄청난 충격에 빠졌다. 그를 사랑했기 때문이 아니라, 그가 자신을 파멸로 몰아넣을 계산된 복수를 차례차례 진행할 줄은 몰랐기 때문이었다. 헤이즈는 그의 배신에 분노했다. 그녀는 언젠가 친구들에게 "살면서" 트레이시를 포함한 "어떤 남자도" 사랑한 적이 없다고 과장되게 말하기도 했다. 그 동네에서 10년이 넘는 세월을 보내며 헤이즈만큼이나 노련해진 트레이시는 완전히 앞날을 내다보고 행동했다. 헤이즈는 여러 상점 주인과 상인에게 트레이시의 이름을 대고 외상으로 물건을 받았다. 그리고 이제, 그녀는 대금을 지불할 수 없었다. 은식기와 보석, 고급 가구와 실크 드레스 등 트레이시에게 봉사하고 받은 모든 물건을 전당포에 맡겨야 했다. 그러고 나서도 돈이 모자라서 마차와 말도 팔았고, 하인도 해고했으며, 비싼 거처를 나와서 어머니에게 의탁하러 갔다. 남은 빚을 전부 갚지 못했으므로, 집행관들이 워드 부인의 문간에 들이닥치는 것은 시간문제였다. 겨울이 되자 집행관들이 헤이즈를 찾아왔다. 헤이즈가 구치소에서 신음하는 동안 친구와 가족들이 백방으로 도우려 했지만 소용없었다. 구치소는 풀려날 것이냐, 더 열악한 플리트 채무자 감옥으로 보낼 것이냐를 판가름하는 대기 장소였고, 결국 1757년 초 헤이즈는 플리트에 갇히고 말았다.

데릭은 그 어느 때보다 더 낙담했다. 그에겐 애인을 구할 돈이 없었다. 그가 할 수 있는 것이라곤, 매력을 활용하는 것뿐이었다. 할 수 있는 일은 전부 다 해 보았다. 데릭은 헤이즈의 채권자들을 찾아가 그녀를 변호하면서 채권을 행사하지 말아 달라고 애걸복걸했다. 안타깝게도, 데릭의 호소력 있는 말로도 빚쟁이들의 마음은 움직이지 않았다. 이 방법이 먹히지 않자, 데릭은 수감자를 위해 후원금을 모으는 전통적인 방법으로 돌아갔다. 루시 쿠퍼가 감옥에 갇혔을 때 써먹었던 방법이었다. 그때 쿠퍼는 "주머니에 몸을 데울 석탄은 고사하고 음식이나 의복 살 돈도 없어 헐벗고 굶주리는" 자신을 도와 달라며 모금 활동을 벌였었다. 헤이즈도 그런 불행을 견디고 있으리라 생각하니 데릭은 견딜 수가 없었다. 헤이즈의 고통에 자신도 얼마간 책임이 있다며 자책했다. 자기가 이처럼 가난하지만 않았더라면, 사랑하는 여인이 그런 고통을 겪지 않아도 되었을 텐데!

데릭은 수년간 트레이시를 행복의 걸림돌 정도로만 생각했지만, 이제 보니 트레이시야말로 데릭과 헤이즈의 복잡한 관계를 이어 주는 고정 핀이었다. 트레이시가 사라지기를 그토록 바랐건만, 막상 사라지고 나니 재앙이 따로 없었다. 이 시점에서 데릭이 헤이즈에게 줄 수 있는 건 아무것도 없었다. 재치, 매력, 정중함 같은 데릭이 가진 유일한 무기는 플리트라는 구렁에 있는 헤이즈에게는 아무런 쓸모도 없었다. 절박한 시간을 견디던 헤이즈는 데릭이 줄 수 없는 사치스러움, 즉 트레이시의 돈을 그 어느 때보다 절실하게 바랐다.

Chapter 8

영감

데릭의 가슴에 좋은 추억을 남긴 여자만 있는 건 아니었다. 또 다른 여인 한 명은 데릭의 마음에 분노를 새겼다. 1755년에 그 시를 쏟아 내기 전에도, 데릭은 헤이즈와의 관계가 옹호받지 못한다는 걸 알고 있었다. 게다가 헤이즈를 향한 욕정과는 별개로, 데릭은 원래 한 여자에게만 관심을 쏟는 그런 남자가 아니었다. 1755년 말이 되자 데릭은 복잡한 상황에 너무 지친 나머지, 여기저기서 위안을 찾아 다니기 시작했다.

이즈음 데릭은 코번트가든의 어린 매춘부를 한 명 알게 뇌었다. 다른 많은 여자들이 그랬듯이, 제인 헤멧도 해군 대령이었던 남편에게 버림받아 극빈자로 살게 되었다고 주장했다. 제인은 고작 열여섯 살에 어리석은 결혼을 해 버렸고, 무일푼에 홀로 남겨진 이상 살아남으려면 "손님을 받는" 수밖에 없었다. 데릭이 수없이 들어 본 뻔한 사연이었다. 초창기에는 자신을 제인 헤멧, 제인 스톳, 아니면 또 다른 가명으로 소개했던 제인은, 나중에는 런던에서 사랑받는 희극 여배우 제인 레싱엄이라는 이름을 썼다. 안타깝게도 제인 레싱엄의 인생이 당대에 미친 영향을 기록했던 남성들은 그녀에 대해 좋은 말은 전혀 남기지 않았다. 존 테일러의 기록에 따르면, 제인의 어여쁨이 그녀의 천성을 망쳤다. 제인은 "아나크레온*이 자랑한 연인들만큼이나 많은 애인과" 유흥을 즐기고, 배은망덕하고 부도덕했으며, "어떤 품위도 지키지 않았다". 테일러는 제인이 단점을 상쇄할 만한 자질은 거의 없는 "널리고 널린, 흔해 빠진 창녀"라고 비난했다. 레싱엄 부인과 동시대를 살던 다른 이들도 이런 평가에 동의하면서 "토실토실하고 음탕한 매춘부"라거나 "우유에 적신 맛없는 빵 조각"이라고 말했다. 그러나 아마도 샘 데릭은 바로 그런 이유들에서 제인의 매력을 찾은 듯하다.

훗날 데릭은 증오에 차서 제인과의 첫 만남을 회상했다. 그때의 제인은 친구와 도움이 필요한 절박하고 가난한 십 대 소녀였다. 데릭은 제인에게 보호와 음식, 친절을 베풀었고, 그 대가로 기꺼이 성적인 봉사를 받았다. 테일러의 회고록에 따르면, 데릭을 만나기 전까지 제인은 무대에 설 생각을 해 본 적도 없었다. 연극을 볼 줄 알았던 데릭은 그런 제인의 안에서 훌륭한 연기자의 자질을 발견했다. 데릭은 비록 자신이

---

* 　고대 그리스의 서정 시인. 색정적인 시를 노래한 것으로 유명하다. (옮긴이)

직접 무대에 올라 성공하진 못하더라도, 다른 누군가를 키워 낼 자신은 있었다. 불과 3년 전에 데릭은 『영국과 아일랜드 무대의 현황』이라는 책을 편찬한 적이 있었다. 관찰하고 비평하는 재능을 살려 당대 연기자와 희곡에 대한 평가를 엮은 책이었다. 제인은 데릭의 지식을 물려받을 첫 번째 제자였으며, 두 사람은 제인을 무대에 어울리게끔 만들기 위해 함께 노력했다. 자신의 지시를 다 해낸 제인이 사랑스럽게 바라볼 때면, 데릭의 가슴은 자부심으로 부풀어 올랐다. 사랑이 피어올랐다. 늘 머리보단 가슴으로 생각했던 데릭은, 둘이 함께 지낼 숙소를 얻어야겠다는 현명치 못한 결정을 내렸다.

　제인을 사랑하고 가르치는 일은 데릭을 새로 태어나게 만들었다. 1755년과 그 이듬해는 데릭의 경력에서 두드러지게 많은 작품을 써낸 시기가 되었다. 데릭은 마침내 『자작시 전집』뿐만 아니라 『유베날리스의 풍자시 제3권』 번역서와 직접 쓴 『셰익스피어즈 체험기』가 출판되는 모습을 보게 되었다. 여전히 "값비싼 집에 들어갈 여력은" 없었지만, 당시 출간된 작품들 덕분에 "홀번의 슈레인에 있는 3층짜리 건물의 한 층을" 임대할 수 있었다. 1750년대에 절도범과 매춘부들이 주로 살던 슈레인은 그다지 살기 좋은 동네는 아니었지만, 처음 몇 달 동안은 데릭과 제인 커플의 리허설 장소 겸 집으로 충분했다. 자신의 재능을 믿어 주는 데릭에게 감사하는 제인의 마음은 식을 기미가 보이지 않았다. 둘의 로맨스가 절정에 이르렀을 때, 연인에게 홀딱 빠진 제인은 "샘과 그의 재능을 너무나 아끼고 사랑하기 때문에 무엇도 자신을 샘에게서 떼어 놓을 수 없다"고 장담했다. 데릭은 친구들에게 제인을 데릭 부인이라고 소개했고, 제인도 스스로 그렇게 말하기 시작했다. 하지만 데릭이 좋은 인상을 남기고 싶어 했던 많은 이들은 그를 이해하기 어려워했다. 상스러운 매춘부와 결혼도 하지 않고 동거하면서 아내라고 부른다니 말이다. 더욱 복잡한 문제는, 이 시기에 제인이 데릭의 딸을 낳았을 수도 있다는 사실이다. 이런 데릭의 행실이 아니었다면 호의적인 친구로 남았을 테일러 가문도 바로 이 시기에 데릭과 절연했다. 데릭 자신의 출신 계급이기도 했던 중간계급 사람들은 데릭을 점잖은 친구로 여길 수 없다고 생각했다. 차라리 거리에서 살 때는 동정받을 수 있었지만, "창녀"와 함께 살며 사생아를 낳고 그에 관해 가까운 지인들에게까지 거짓말하는 건 불명예스러운 일이었다. 어떤 이들은 데릭이 코번트가든의 사기꾼과 난봉꾼들의 손에서 너무 오래 놀아나는 바람에 제대로 된 분별력을 잃었다고 이야기했다. 젊은 방탕아들과 배우 친구들, 연인을 여럿 거느린 매춘부 동료들은 전혀 문제 삼지 않던 일들이 좀 더 세련된 집단의 친구들에게는 용납되지 않았다.

말년에 이르러서야 데릭은 어느 정도 존경받을 만한 위치에 올랐다. 그제서야 그는 충동적인 젊은 날에 저질렀던 많은 일들을 통렬하게 후회했다. 제인을 사랑했던 일도 그중 하나였다. 제인은 심지어 샬럿보다도 더 오래 데릭의 정신을 들쑤신 주범이었다. 1755년부터 이듬해까지의 1년이 그녀를 가르치고 주변인들에게 그녀의 재능을 칭찬하는 시기였다면, 이제는 제인을 선보일 차례였다. 1756~1757년 시즌이 시작되기 직전에, 코번트가든극장의 감독 존 리치는 〈오셀로〉에서 데스데모나 역할을 맡을 신인을 찾고 있었다. 약간의 고심 끝에 리치는 제인에게 배역을 제안했다. 리치와 계약하고 그해 11월 데뷔하기까지 잠깐 동안 일이 잘 풀리자, 제인은 우쭐대기 시작했다. 리치를 비롯한 연극계 사람들로부터 받는 찬사에 취한 제인은 다른 사람이 되었다. 제인은 이제 무대의 별이 되었기 때문에, 더 이상 다른 사람의 지도나 소개가 필요하지 않았다. 데릭의 에스코트를 받으며 극장이나 술집을 다닐 때만 하더라도 제인에게 별 관심이 없던 사람들조차 그녀의 변화를 알아차렸다. 새롭게 얻은 자신감을 바탕으로 제인은 모든 사교 모임에서 주목받으려 노력했고, 화제의 중심이 되고자 "남자 옷을 입고 커피하우스를 드나들기도" 했다. 슈레인에 있는 작은 다락방과 그곳에 사는 가난한 시인은 더 이상 그녀의 인생에 어울리지 않았다.

첫 공연이 막을 올리기도 전에, 제인은 다른 남자와 눈이 맞아서 떠났다. 빈털터리인 데릭보다 돈이 많은, 제인을 고급 창부 자리에 들여앉힐 수 있는 남자였다. 한술 더 뜬 제인은 스톳 부인이라는 합법적인 이름으로 데뷔하기 위하여, 헌신적으로 자신을 가르친 교사의 성을 아무렇지도 않게 버렸다. 제인의 이런 못돼 먹고 배은망덕한 행동 때문에 데릭은 이후 수년 동안 속이 쓰렸다. 하지만 제인의 선택은 타이밍도, 판단도 모두 안 좋았다. 스톳 부인이 런던의 무대에 등장하자마자, 자신을 존 스톳 대령이라고 밝힌 신사가 3년 만에 동네에 나타났다. 두 사람은 별거 중이었지만, 대령은 자신이 바다에 나가 있는 동안 부인이 대놓고 바람을 피웠다는 사실을 알고 몹시 수치스러워하며 이혼을 신청했다. 이 무렵 제인의 애정은 이미 다른 데로 옮겨 가 있었고, 남편의 상관인 보스카웬 제독의 애첩이 되어 그에게 받는 관심을 즐기고 있었다.

그 후 몇 년 동안 제인은 주연을 맡을 때마다 남자를 갈아 치웠다. 1760년대와 1770년대를 지나면서 제인은 희극배우로 재탄생했고, 명성이 계속해서 높아지자 남성을 보는 눈도 높아졌다. 제독의 아이를 둘이나 낳아 놓고도 제인의 마음은 코번트가든극장의 새로운 매니저, 토머스 해리스에게로 옮겨 갔다. 토머스 해리스와 제인은 18세기 유명 인사 커플의 대명사가 되었다. 가십 잡지나 신문에는 언제나 "클럽의 왕과 여왕"으로 군림하는 두 사람의 이야기가 등장했고, 그들의 이름은 코번트가든 사람들의 입에도 늘 오르내렸다. 하지만 해리스가 상류층 동네 메이페어에 집을 사 주자마자, 제인은 또 다른 남자와 눈이 맞아 버렸다. 이번에는 연극 감독보다 훨씬 부유한 판사 윌리엄 애딩턴이었다. 물론 그도 얼마 가지 못하고 제인에게 저주를 퍼부었다. 햄스테드*에 집을 사 주고 나서, 애딩턴도 건장한 젊은 배우로 대체되었다.

피해자들이 보기에 제인 레싱엄은 독약이었다. 애딩턴 판사는 제인의 이름을 절대로 다시는 입에 올리지 않겠다고 다짐했고, 토머스 해리스와 샘 데릭은 카드 게임이나 식사를 함께하면서 저녁 시간을 보내는 내내 제인의 험담을 나눴다. 데릭은 제인의 애인 리스트에 맨 처음 이름을 올렸지만, 안타깝게도 나중에 그의 이름은 지워졌다. 제인이 자신의 삶을 사정없이 파괴할 줄 알았다면, 데릭도 둘이 처음 만났던 저녁에 제인에게 수작을 걸지 않았을 것이다. 만약 제인 안에 있는 희미

---

* 주로 문인이나 화가들이 살던 런던의 고급 주택지. (옮긴이)

한 재능의 흔적이나 그녀의 얼굴에 스치듯 떠오르는 사랑을 보지 못하고 지나쳤다면, 데릭은 더 존경받는 것까지는 아니더라도 더 부유하게는 살았을 것이다. 그런 여자와 가정을 꾸리고 같이 살겠다고 고집을 부리지만 않았더라면 친구들에게 결혼 여부를 속일 일도 없었을 것이고, 『해리스 리스트』의 저자가 될 일도 없었을 것이다.

1751년 아일랜드를 떠나기 직전에 데릭이 보여 준 태도는 그의 고모를 속여 넘기기에 충분했다. 크레이 부인은 조카가 곧 런던에서 포목상으로 자리 잡을 거라고 믿고 있었다. 사소했던 거짓말이 점점 눈덩이처럼 불어났다. 데릭은 유산을 미리 달라는 요구와 거짓말로 점철된 편지로 5년 동안이나 고모를 속였다. 고모는 수백 킬로미터 떨어져 사는 늙은이였지만, 그 먼 거리에서도 이상한 낌새를 알아챌 수 있었다. 불만스러울 정도로 조카의 소식을 듣지 못하자, 크레이 부인은 조카가 정보를 막고 있다는 합리적인 의심이 들었다. 떠들어 대기 좋아하는 사람들의 입을 통해 바다를 건너온 소문을 들었을 수도 있다. 조카가 동거를 한다더라, 길거리에서 잔다더라, 도박 테이블과 전당포를 전전하며 근근이 먹고산다더라는 등의 소문이었을 것이다. 상황이 어떻게 돌아갔든 간에, 부인의 마음엔 의심이 싹트기 시작했다.

국립예술도서관이 소장 중인 편지 한 통에 데릭의 인생을 바꾼 사건이 적혀 있다. 여러 번 고쳐 썼지만 지금도 알아볼 수 있을 만큼 보존 상태가 양호한 이 편지에서 익명의 한 아일랜드 지인은 데릭에게 고모가 런던으로 "특사 한 명을 파견"했다고 알려 주었다. 이어서 필자는 "그 사람이 첩자 노릇을 하며 네 행적을 조사하고, 너의 행동거지를 감시했다"고 적었다. 하루는 낯선 사람이 슈레인 집에 방문했다. 데릭은 외출해서 없었고, "데릭 부인"은 방문객을 안으로 들였다. 방문객은 한동안 제인과 함께 앉아서, 둘의 생활이나 제인의 "남편"에 관해 정중하게 물었다. 제인을 살살 구슬려 몇 가지를 더 알아낸 첩자는 둘이 결혼하지 않은 채 사생아를 키우고 있다는 의혹의 사실 여부를 확인할 수 있었다. 리넨 거래의 흔적은 찾지 못했다. 첩자는 크레이 부인이 수년 동안 만나지 못한 조카가 타락한 흔적만 잔뜩 발견했다. 첩자는 지체 없이 보고했다. 편지는 이렇게 이어진다. "크레이 부인이 유언장을 써서 너의 상속권을 박탈했다."

데릭은 더블린에 있는 친구와 가족으로부터 엄청난 비난을 받았다. 데릭과 편지를 주고받던 지인 한 명은 "누군가를 감시하거나 비난하는 일은 당연히 애석하지만, 그 대상이 내가 높이 평가하던 사람이라면 더욱 안타깝다. 이성과 신중함으로(종교 얘기는 꺼내지도 않겠다) 네 행동을 지도해야 하리라고는 상상조차 하지 못했다. 그렇게 악랄하고 파멸적인 관계로 스스로를 부끄럽게 만드는 것은 일종의 미친 짓이다."라며 격분했다. 그러나 데릭이 소식을 접했을 때는 이미 늦었다. 평생을 기다렸던 미래이자, 외상과 신용을 보장하면서 생활을 지탱해 주던 유산이 한순간에 사라졌다. 그때까지 데릭이 살아오던 방식이 통째로 바뀌어야 했다. 고대하던 구세주는 오지 않을 것이다. 지금껏 입었던 타격과는 비교도 되지 않을 만큼 결정적인 한 방이었다. 이제 고모의 지갑에서 나오던 소소한 용돈도 더는 기대할 수 없었다. 빚을 진 친구들이 데릭의 재정에 변화가 생겼다는 낌새를 알아채면서 데릭은 완전히 파산했다. 빚을 너무 많이 져서 누구에게도 갚을 수가 없었다. 1756년 말, 데릭에게 먹구름이 몰려오면서 제인과 그녀의 재능이 데릭의 유일한 희망이 되었다. 사랑스러운 "데릭 부인", 데릭이 처한 고통의 근원이었던 제인은 어떻게 했을까? 그녀는 그를 떠났다.

몇 년 후, 배스에서 '의전관'이 쓰는 흰 모자를 쓰고 편하게 앉아서 난방과 음식을 부족함 없이 즐기게 되었을 때에도, 데릭은 1756년에서 1757년의 사건을 떠올리면 몸서리가 났을 것이다. 그때가 가장 끔찍했던 데릭의 암흑기였다. 유산도 잃고, 배은망덕한 레싱엄 부인에게 뒤통수를 맞고, 연거푸 재앙을 겪으면서 원래 쾌활했던 데릭도 정신에 큰 타격을 입었다. 상황은 더 나빠져서, 1757년 초에는 그 어느 때보다 더 가난해졌다. 데릭은 제인이 어디서든 돈을 벌어 와 가르쳐 준 보답을 하기를 바랐지만, 제인은 그럴 생각이 없었다. 결국 데릭은 그들이 함께 빌렸던 누추한 다락방의 세를 내지 못해 다시 또 거리에 나앉았다. 게다가 채권자들이 몰려오고 있었다. 데릭은 원래의 버릇대로, 지갑 사정이 괜찮았던 잠깐 동안에 옷장을 새 옷으로 가득 채워 놓았다. 제인과의 관계가 끝나 갈 무렵에 이미, 돈을 받지 못한 재단사가 화를 내며 집 앞에 찾아오는 바람에 채무 불이행으로 체포되어 제인이 보석으로 풀어 준 적도 있었다. 채링크로스에 있는 포레스트 커피하우스에서 토비아스 스몰렛을 우연히 만났을 때, 데릭은 아주 궁핍한 처지였다. 『밤의 향연』의 저자는 그때 "샘은 신을 만한 신발도 스타킹도 없었다"고 기록했다. 옷차림의 결함을 뼈저리게 깨달은 데릭은 "무안하게도 몇 분마다 구멍을 드러내며 심술부리는" 스타킹을 정돈하려고 "클로

아키나*의 신전"(또는 화장실)을 수없이 드나들었다. 스몰렛은 "데릭, 자네 지독한 설사병이라도 걸렸나? 아니면 왜 그리 자주 뒷간에 가는 건가?"라고 물었다. 데릭은 불쌍하게 대답했다. "이런, 의사 선생님을 보았나! 이미 알아챘겠지만, 설사는 내 발꿈치가 한다네."

스몰렛은 데릭의 사정이 보기보다 훨씬 안 좋다는 사실을 알아채고, 데릭을 첼시에 있는 집으로 데려가 "융숭한 저녁을 대접했을" 뿐만 아니라 그 후 몇 달 동안 그 집에 머물게 해 줬다. 굶주리는 글쟁이를 돕기 위해 일감을 주는 것으로 유명한 스몰렛은 데릭에게도 자신이 발행하는 《크리티컬 리뷰》에 글을 쓰게 해 주겠다고 약속했으며, 집필 중인 『영국 통사』 작업에도 참여시켜 일거리를 주었다. 데릭을 거리에서 빼내어 성가시게 쫓아다니는 채권자들로부터 잠시 피신할 수 있는 장소를 마련해 준 것만으로도, 이 작가는 이미 데릭에게 헤아릴 수 없는 호의를 베푼 셈이다. 아주 잠깐이긴 했지만, 데릭은 집행관들이 눈치를 채기 전까지 몇 푼이라도 벌면서 한숨 돌릴 수 있었다.

18세기에는 빚을 두고 옥신각신 다툴 일이 없었다. 줘야 할 돈을 주지 못하면 바로 감옥행이었다. 여기까지는 간단했다. 반면에 어느 감옥에 어떻게 가는지, 누구한테 감시받는지는 더 복잡한 문제였다. 채권 추심은 대체로 수익성 높은 사업이었다. 사냥꾼들은 채권자들이 떼인 돈을 받아 주고 포상금을 챙겼다. 추격이 꽤 길어질 때도 있었다. 데

---

* '클로아키나(Cloacina)'는 하수도와 도시의 쓰레기를 관장하는 로마신화의 여신이다. 고대 로마에서 클로아키나는 미의 여신 베누스(비너스)와 동일시되기도 하였다. (편집자)

릭이 첼시로 옮긴 것도 눈치 게임의 일환이었다. 누군가 스몰렛의 집을 지목하기 전까지, 집행관들은 수개월 동안 코번트가든과 플리트스트리트 뒷골목을 뒤지고 다녔다. 집행관들은 마침내 데릭을 찾아내서 "채무자 구치소^{spunging house}"**로 호송했다. 데릭은 몇 푼 되지 않는 재산마저 다 빼앗길 때까지 그곳에 갇혀 있었다. 말이 구치소지, 집행관이 운영하는 사설 업체였다. 집행관은 수감자가 돈을 토해 내도록 무엇이든 할 수 있었다. 신체적 강압을 가할 수도 있었지만, 보통은 감방 밖에서 일하며 돈을 벌 수 있게 해 주었다. 아이러니하게도 집행관은 안 그래도 돈이 없어 갇힌 수감자에게 숙박비를 청구했고, 결국 채무자들이 정직하게 일해서 번 돈은 채무자 구치소의 금고로 들어갔다. 남은 돈이 있어도 법무 관련 수수료 명목으로 집행관이 떼어 갔다. 집행관이 스스로 이 악랄한 순환에 싫증을 느낄 정도로 채무자의 주머니에서 마지막 한 푼까지 탈탈 털고 나면, 그제서야 당국으로 인계된 채무자들은 이번엔 플리트나 마셜시 교도소로 보내졌다.

극히 희박한 확률이었지만, 남달리 운이 좋거나, 돈 많은 친구가 있거나, 적절한 재능이 있다면 채무자 구치소에서 빚을 다 갚는 일도 아예 불가능하진 않았다. 데릭에게는 재능이 있었다. 집행관 퍼거슨의 채무자 구치소 감방에 갇힌 데릭은 부글부글 끓는 속으로 해결책을 모색해야 했다. 데릭은 정말로 암울한 기분이었다. 이것저것 다 시도했으나

** 채무자들을 일시적으로 구금하던 일종의 사설 구금 시설로, 집행관(bailiff)들의 사적인 거주지이기도 했다. 스펀지(spunge)를 쥐어짜듯 구금자의 돈을 짜내는 장소라는 의미이다. 19세기 중반 채무자 감옥 제도가 폐지될 때 함께 사라졌다. (편집자)

결국 모두 실패했다. 배우로서는 최악이었고, 극본에는 누구도 관심을 보이지 않았다. 시인으로서 기대하던 환영도 받지 못했다. 내세울 만한 대표작도 없었다. 수입도, 집도, 애인도, 유산도 모두 없었다. 데릭에게 는 코번트가든의 친구들뿐이었다.

1757년 즈음엔 광장에서 샘 데릭이 모르는 사람은 없었다. 모든 배우를 알았고, 불량배, 한량, 매춘부도 전부 알았다. 셰익스피어즈, 베드 퍼드 커피하우스, 로즈, 피아자 커피하우스의 벤치가 닳도록 앉아 있던 세월 동안, 데릭에게는 술도 떨어지지 않았지만 이야기할 사람도 떨어 지지 않았다. 늘 후원자를 찾아다녔던 데릭은 남의 환심을 사고 줄을 대는 능력이 아주 탁월했다. 씀씀이가 헤픈 부자와 마구 놀아나는 매 춘부가 무엇을 원하는지, 두 사람이 하룻밤을 보내려면 무엇이 필요한 지를 샘 데릭보다 잘 아는 사람도 없었다. 제임스 보즈웰이 이를 깨닫 고 그에게 도움을 부탁한 적이 있었다. 데릭은 몸소 나서서 보즈웰에 게 수도의 "음란한" 즐거움을 소개했다. 존슨의 전기를 쓴 이 작가는 깊은 감명을 받았지만, 돌이켜 보고 나서 데릭의 노하우를 완전히 경 멸하게 되었다. 나중에 보즈웰은 데릭을 언급할 때면 "포주 노릇을 하 는 작고 천한 개자식"이라는 신중하게 고른 별명을 사용했다. 데릭은 아주 거북했다. 자신과 전문 포주들 사이에 존재하는 경계가 아주 미 세하다는 것을 인정하게 만드는 말이었기 때문이다.

포주는 데릭의 소명과는 거리가 먼 직업이었다. 그는 전문 포주가 되고 싶진 않았다. 그 대신, 그는 그 동네 사람들에 대한 자신의 지식을 다른 방식으로 쓰기로 했다. 1751년, 『베드퍼드 커피하우스 체험기』라는 얇지만 재치 넘치는 책이 출판되었다. 자신을 "A. 지니어스"라고만 밝힌 사람이 쓴 책이었다. 그가 누구인지는 몰라도, 상당한 시간을 코번트가든의 가장 유명한 술집에서 벌어지는 통속극을 보면서 지낸 사람임은 분명했다. 저자는 술에 취해 싸움을 벌여서 피를 흘리는 배우나 애인에게 차이고 펑펑 우는 매춘부, 순진한 사람들을 놀려 먹는 몹쓸 장난꾼 등 주변에서 관찰한 것은 무엇이든 모두 놀랍고 극적인 장면으로 녹여 냈다. 취약한 평판을 보호하기 위해 등장하는 이름을 모두 가명으로 쓰기는 했지만, 코번트가든의 단골들은 기행을 벌이는 시인 에라토나 바람둥이 모프시 같은 등장인물이 누구인지 쉽게 알아챘다. 책에는 각종 가십과 왁자지껄한 술잔치를 각색한 이야기도 담겨 있어서, 자신의 행각을 알아본 이들은 신나서 내용을 떠들어 댔다. 책이 너무 재미있어서 2판은 당연히 찍어야 했고, 그 직후 『셰익스피어즈 체험기』라는 자매품도 출간되었다.

아마 수수께끼의 인물 A. 지니어스는 새뮤얼 데릭이었을 것이다. 『셰익스피어즈 체험기』를 쓴 것도 바로 그였다. 두 업소에서 붙박이로 지내면서 구경하기 좋은 자리에 죽치고 있었던 덕분에, 데릭은 그곳에서 벌어지는 활동이나 소동을 충실히 기록할 수 있었다. 늘 자신을 시인으로 여겼지만, 데릭은 여러 면에서 시보다는 저널리즘에 탁월한 재능을 지녔다. 한 세대 전의 글쟁이 네드 워드처럼, 데릭도 자기가 사는 지역에 별나게 섞여 있는 런던 사람들을 탁월하게 묘사했다. 술집의 배경처럼 스며들어 있는 사람에게 체험기를 쓰는 일은 식은 죽 먹기였다. 영감은 멀리서 오지 않았다. 난로 옆에 편안히 앉아 눈과 귀를 열어

두기만 하면 되었다.

두 편의 체험기 모두 그곳을 찾는 손님들이 저지른 악행과 꾐에 넘어간 여성들의 이야기를 다뤘다. 이야기에 색을 입히는 등장인물들은 전반적으로 다 고만고만하지만, 한 인물만은 예외였다. 평범한 저녁이라면 있는 줄도 몰랐을 사람이기도 했다. 바로 "이 왕궁의 성적 쾌락을 주재하는 (…) 웨이터 잭"이었다. 1755년 초 셰익스피어즈의 구석에 앉아서 가게를 관찰하던 데릭은, 업소의 전체 흐름을 마치 '의전관'처럼 여유롭게 지휘하는 포주 해리스의 조직적인 기술에 대단한 인상을 받았다. 잭 해리스가 인지하고 있었는지는 모르겠지만, 데릭은 은밀한 부스 안이나 술집의 난로 주변에서 이뤄지던 거래를 슬쩍 엿들으면서 해리스의 기술을 골똘히 연구했다. 『셰익스피어즈 체험기』에 실린 연구의 결과물은 마치 "훌륭한 포주 업무"를 체험하는 듯한 느낌을 주었다. 독자들은 해리스를 따라 이 테이블, 저 테이블을 옮겨 다니면서 여성들이 남성 손님을 받을 수 있게 도와 주고, 신입을 리스트에 올리고, 다양한 여성들을 약속하고, 깃털 장식을 함께 다듬었다. 데릭은 해리스가 리스트에 있는 여성 중 한 명의 "개명"을 두고 논의한 끝에 더 매혹적인 별명을 지어 준 일도 기록했다. 어떤 남자에게 버림받은 여자를 기다리던 다른 손님에게 팔아넘길 때, 관련자들을 모두 만족시키기 위해 생긴 복잡한 일도 독자들과 공유했다. 데릭은 해리스를 나쁘게 보기는커녕, 오히려 글의 많은 부분을 손님들을 조롱하고 해리스를 조용히 칭찬하는 데 할애했다.

그 전에도 해리스와 데릭은 몇 번 스치듯 보기는 했으나, 데릭이

'해리스 리스트'를 출판하면 좋겠다는 아이디어를 떠올린 것은 셰익스 피어즈에서 일어난 일을 기록하고 나서였다. 리스트를 인쇄하자는 생각이 정확히 누구한테서 나왔는지는 알려지지 않았다. 사업 수완이 뛰어난 해리스가 데릭의 마음에 불을 지폈을 수도 있고, 아니면 데릭이 해리스의 명단을 보고 반했을 수도 있다. 자세한 설명이 빼곡한 여러 장짜리 포주 리스트, 해리스가 만든 장황하고 두서없는 그 노트가 채무자 구치소의 철창 안에 갇혀 있던 샘의 머릿속을 꽉 채웠다. 데릭의 눈에 그 노트는 황금 노트였다. 자신의 소명이나 사회적 목표를 버리고 전문 포주가 될 생각은 전혀 없었지만, 어려운 처지에 놓인 데릭에게 자신의 지식, 즉 해리스와 공유하고 있는 정보를 가지고 돈을 벌고 싶다는 생각은 너무 매혹적이었다. 데릭은 결국 잭 해리스의 경기장에 입장했고, 이로써 보즈웰의 비난대로 경멸스러운 존재가 되었다.

해리스의 수기 장부를 참고하지 않았더라도, 데릭은 코번트가든의 매춘부들과 쌓았던 경험을 토대로 자기만의 리스트를 쉽게 작성했을 것이다. 데릭에게 이는 이웃이나 술친구, 동료, 연인의 이름과 생김새를 적는 일이나 다름없었다. 해리스의 개인적인 목록에서 작품의 영감을 얻긴 했지만, 해리스의 리스트를 좀 더 문학적인 출판물로 만드는 것은 데릭의 계획이었다. 그의 시적 능력이 드디어 발휘될 기회였다. 데릭은 남자들이 관심 가는 여자들의 이름이나 주소, 연락처 등 간단한 정보를 적어 두는 비밀 관리 기록부인 "블랙북"에 지나지 않았던 원래의 책에 장식을 더했다. 리스트 자체가 독자를 흥분시킬 정도로 재미있는 건 아니었지만, 글쟁이의 사고방식으로 단련된 데릭은 지푸라기에서 금실을 뽑아낼 수 있었다.

데릭의 임무는 그 동네의 인물과 스캔들을 연대기로 담아서 즐거움을 주었던 두 가게의 '체험기'처럼, 사실적이면서도 다채롭고 흥미로운 오락물을 만드는 것이었다. 샘 데릭이 윤색한 『해리스 리스트』는 앞선 체험기를 읽은 바로 그 사람들, 즉 자신이나 정부, 또는 친구의 행적이 뭐라고 쓰였는지 보고 싶은 허영심 강한 사람들의 관심을 끌었다. '체험기'와 마찬가지로 데릭이 쓴 『해리스 리스트』에도 웨이터나 술집, 특정일 저녁에 일어난 사건 사고에 관한 언급 등 그 동네의 토막 지식이 가득 담겨 있었다.

그러나 앞서 나온 작품들과 다르게 『해리스 리스트』에는 단발성 웃음이나 인쇄된 친구의 이름을 보는 즐거움 이상의 무언가가 있었다. 『해리스 리스트』는 일차적으로 코번트가든에서 제공하는 성적 상품을 찾아보는 데 유용한 카탈로그로 쓰였다. 이제 손님이 포주에게 전적으로 의존하지 않아도 되며, 중간상을 빼고 공급자와 직접 거래할 수 있었다. 누구나 인정하는 "잉글랜드의 포주 대장"인 잭 해리스가 동참하지만 않았더라면, 업계의 외부자가 고안한 이런 계획은 분명히 그 동네 웨이터들의 분노를 샀을 것이다. 데릭의 입장에서는 자기 대신 해리스의 이름이 표지에 내걸렸다는 사실이 무엇보다 만족스러웠다. 출판물의 수익과 인기가 아무리 높아진다고 해도, 데릭은 이 문학적 사업에 공개적으로 연루되고 싶진 않았다. 데릭은 대필 작가로서 인세를 받는 것이 만족스럽긴 했지만, 사교계에서 지위가 조금 높아진 말년에는 이 흔적을 지우려 애쓰며 살았다.

해리스의 이름을 일종의 상표로 쓰겠다는 결정은 포주와 시인 사이에서 협의된 계약의 일부였지만, 정확히 어떤 유형의 거래가 오갔는지, 리스트에서 나오는 수익을 어떻게 나눴는지는 확실히 알 수 없다. 해리스가 데릭과 미스터리한 출판업자 'H. 레인저'에게서 자기 몫을 받기는 받았겠지만, 아마 일시불로 끝났을 것이다. 그럽스트리트에서 만들어 내는 쓰레기들과 별다를 바 없는 출판물이 38년이나 인쇄되리라고는 그 누구도, 심지어 데릭조차도 예측할 수 없었으니 말이다. 어쨌든 해리스에게는 나쁘지 않은 계약이었다. 출판된 리스트가 공중의 영역에서 얼마나 성과를 올렸는지와 상관없이, 해리스가 오래도록 지켜 온 포주의 관행은 변함없이 유지되었다. 해리스는 여전히 자신의 리스트에 이름을 올리려는 여자들에게 수수료를 뗐고, 수익 분배와 회비에 관한 계약도 원래대로 진행했다. 리스트에 오른 여성들이 점점더 알려질수록 고객도 증가했으며, 고객층이 넓어지면 알선업자뿐만 아니라 매춘부에게도 더 많은 이익이 돌아갔다. 양쪽 다 금전적 이익을 얻었지만, 마담이나 포주 없이 혼자서 일하는 여자들이 가장 큰 혜택을 누렸다. 『해리스 리스트』에 호평이 실린 여자는 수요층이 넓어지고, 그러면 상대를 고를 수 있는 재량권이 여자에게 어느 정도 주어졌다.

데릭의 진정한 천재성은, 『해리스 리스트』가 누구에게나 유용하려면 항상 최신 상대여야 한다는 그의 계획에서 드러난다. 처음에 계획한 대로 연감의 형태가 된다면 끊임없이 갱신된 새로운 버전이 나와야했고, 그러면 데릭에게 안정적인 일거리가 생기는 것이었다. 『해리스 리스트』가 실제로 사용되려면 코번트가든에서 일하는 여성들의 잦은 이동을 파악해야 함은 당연했다. 성매매 산업의 특성상 끊임없는 변화와 다양성은 불가피했다. 지난주에는 "건강해" 보였던 매춘부가 그다음 주에 "침을 흘리며 쓰러진 채" 발견되기도 했다. 어떤 매춘부는 정부 자리에 들어갔다가 다시 내쳐지기도 하고, 런던행 마차 또한 매일같이 신병을 태워 날랐다. '비너스 군단'에 새로 들어온 여자를 모두 기록하거나 숨어 있는 베테랑의 위치를 확인하는 일은 여건이 좋을 때조차 쉬운 일이 아니었다. 데릭이 편집한 주선자의 "블랙북"은 해리스의 주머니에 들어 있는 최신 리스트의 압도적 우위를 전혀 넘볼 수 없었다. 리스트를 최신 상태로 유지하는 포주들이 언제나 최고 위치를 차지했다. 인쇄된 『해리스 리스트』가 어느 정도 신뢰성을 가지려면, 편집자인 데릭이 정기적으로 이름과 주소, 내용을 조사하여 개정하는 프로젝트를 계속 진행해야 했다.

데릭이 해리스의 명단에서 몇 가지 정보를 선택적으로 빌려 오긴 했지만, 출판물에 등재된 이름은 대개 다양한 소스를 통해 수집되었다. 현존하는 판본 중에 가장 오래된 1761년판을 보면, 이름이 오른 여성 중에는 샘이 개인적으로 알고 지낸 사람도 있고, "어디에서나 회자될 정도로 유명한 불륜 관계로 사람들의 입에 이름이 오르내리는 저명인사"도 있었다. 데릭이 무덤에 묻히고서도 한참 뒤에 출판된 『해리스 리스트』의 후기 판본과는 다르게, 초창기 버전에는 명단에 실린 여자들의 모습을 사실적으로 그려 내려는 진지한 열망이 담겨 있었다. 데릭은 "이 작품은 한가한 호기심쟁이들의 관심이나 끌려는 연애소설이나 통속소설과는 전혀 다르다. (…) 여기 실린 내용은 모두 확실한 사실이라고 단언할 수 있다."라고 강경하게 주장하면서, 신중하게 진실을 찾아다닌 자신의 "수고와 조사는 전혀 사소하지 않았다."라고 독자들에게 주지시켰다.

채무자 구치소 안에서야 머릿속으로 여성의 얼굴을 떠올리고 이를 스캔들이나 성적인 기술과 연결하면서 시간을 보낼 수 있었지만, 자유의 몸이 된 후에도 그 일을 계속하는 건 전혀 다른 모험이었다. 사업에 지원이 필요해지자, 데릭은 코번트가든의 동료들을 투입하여 『해리스 리스트』 편집을 공동 작업으로 전환했다. "사적으로 연루된 일화나 거주지를 보내라고" 부추기면서 코번트가든 고객들의 눈과 귀뿐만 아니라 여자들 본인에게도 정보를 달라고 호소했다. 이런 방식으로 데릭(또는 잭 해리스의 가면을 쓰고 작업했기 때문에 "우리")은 모든 일을 지켜보고 모든 정황을 파악하면서 코번트가든의 어디에나 있을 수 있었다. 《플레이보이》의 편집장처럼 데릭은 기존 설명에 살을 붙이거나 생략된 이름을 기억해 내기 위해서, 또는 혼동을 줄이기 위해서 독자들의 이야기를 활용했다. 1761년판에서 샘은 "최근 그의 구역에 나타났지만 아직 코번트가든에는 도착하지 않은 여자가, 코번트가든의 폴리 게이와 이름이 같은 또 다른 아일랜드 여자임을[동명이인임을]" 알려 준 데 대해 "채링크로스 소재, 카디건헤드의 특파원"에게 감사를 표했다.

혼동을 피하고 성확성을 기하기 위해서 데릭은 해리스가 채택한 것과 다소 비슷한 기록 시스템을 유지했다. 하지만 기록을 보존하고 독자와 정보원의 도움을 받더라도, 명단에 오른 사람들의 동선을 모두 추적하는 일에는 각고의 노력이 필요했다. 포주인 해리스와는 다르게 고객들이 자주 찾는 여자가 실종되든 말든 그건 데릭의 알 바가 아니었다. 데릭은 자신이 고객의 사라진 애인을 전부 찾아 줄 수는 없다고 솔직하게 고백했다. 폴 에드먼즈라는 여성은 "약 1년 전에 롱에이커를 떠났으므로 (…) 어디로 추적해야 할지 알 수 없다"고도 인정했다. 잭 해리스의 일은 데릭이 상상했던 것보다 훨씬 더 어려웠다.

다른 문제도 있었다. 『해리스 리스트』를 쓰는 동안, 데릭은 자신이 사회적 체면의 경계선을 넘나들고 있다는 사실을 알고 있었다. 데릭이 무슨 일을 하고 다니는지 후원자들에게 알려졌을 때 겪게 될 파급 효과에 비하면, 최근에 고모한테서 맛본 대실패는 사소해 보일 정도였다. 예법을 중시하는 상류사회에서 데릭의 작품은 언급조차 금기시되었다. 데릭이 정통 문학가로서 성공하고 싶다는 열망을 버린 게 아니라면, 『해리스 리스트』의 창시자는 익명에 숨어야만 했다. 안타깝게도, 코번트가든을 아는 사람이라면 누구나 그 책에 누구의 노력이 들어갔는지 알고 있었다. 데릭은 책 곳곳에 흔적을 남겼다. 논평하는 듯한 특유의 스타일, 재치, 화장실 유머가 버무려진 데릭의 목소리가 아무 페이지에서나 들려왔다. 데릭의 목소리는 책으로 나오지 않았다면 술집의 뒷방이나 커피하우스의 테이블에서나 들릴 법한 남자들의 부적절한 수다 그 자체, 그 시대 런던에서 쉽게 들을 법한 예의를 차리지 않는 직설적인 소리였다.

1757년 데릭이 처음으로 펜을 놀려 『해리스 리스트』를 쓰기 시작했을 때부터, 코번트가든은 말 그대로 데릭의 고향이 되었다. 매음굴과 유곽, 조용한 술집 구석을 속속들이 알고, 대로와 샛길을 구석구석 걸 었던 사람으로서, 데릭은 주위 환경을 완벽하게 알고 있다는 자신감을 갖고 글을 썼다. 데릭이 작성한 짧은 전기 형식의 기재 사항에는 소개 하려는 여성에 관해 적어 둔 정보만큼 그 동네에 관한 정보도 담겨 있 었다. 수집한 목격담을 종합하면서, 샘은 명단에 오른 이름마다 그 밑 에 조롱과 칭찬을 번갈아 적었다. 데릭은 "스트랜드의 휴즈 부인"에 관 해서는 인신공격성 조롱을 적었다. "멋지고 젊은 부자들이 자주 찾는 유흥업소를 운영하는 이 나이 지긋한 부인은, 보기에는 사자처럼 생겼 으면서 '캣'이라는 상호를 간판으로 내걸었다. 하지만 부인의 장점을 이모저모 뜯어봐도 어떤 면에서 고양이를 닮았다는 것인지 정말 알 수 없었다." 데릭은 "스프링가든 근처에 사는 낸시 하워드"는 만나 보니 "실제 나이보다 최소한 열 살은 어려 보이며", 언제나 "상대방의 기분 을 맞추려고 재잘재잘 이야기를 잘"한다고 칭찬했다. 데릭은 "술집의 유리잔과 전세 마차의 창문을 깨는" 모습이 목격된 클라크 양이나 "곱 상한 웨이터를 결딴낸 것"도 모자라 "불량배처럼" 술병을 휘둘러 대는 모습이 목격된 벳 데이비스 같은 지인을 손가락질할 기회도 얻었다. 이런 짓을 하는 여성들은 "**우리의** 소개서에서 절대로 추천받지 못할 것"이라는 경고도 했다. 이런 식으로 데릭의 책은 서비스를 제공하는 여자들의 이름을 단순히 목록으로 정리해 두는 수준을 넘어섰다. 식자 층 고객에게 어필할 수 있는 코빈트가든 인물들의 생생한 기록을 창조 하는 데 성공한 것이다.

포주 리스트를 창작하고 출판한 의도가 자유의 확보였다면, 그 계획은 완전히 성공했다. 『해리스의 코번트가든 여자 리스트』는 서가에 꽂히기도 전에 이미 "어떤 서적 판매업자에게 팔려서" 데릭이 부채를 갚고 사면될 수 있을 정도로 충분한 돈을 벌어들였다. 데릭의 인생에서 처음으로, 그의 펜이 그에게 진정으로 값진 것을 가져다주었다. 그러니까, 자유를.

Chapter 9

해리스의 숙녀들 소개

    1757년 6월 2일, 단명한 풍자 잡지인 《센티넬》의 독자들은 신이 났다. 감각 있는 편집자가 매춘부를 좋아하는 독자들이 관심을 가질 만한 새로운 작품을 소개하기로 한 것이다. 정기간행물의 묘미를 살려서, 발표는 경매 광고 형식으로 실렸다.

    코번트가든에 있는 셰익스피어즈에서 경매로 판매.

    해덕스와 해리스의 화물을 실은 타르타르와 상어 나포선

    도학*. 돛과 장비를 모두 새로 깃췄으며 선비가 튼튼하고

---

*   여기서 '타르타르'와 '상어'는 두 명의 매춘부를 은유적으로 지칭하는 것으로 보인다. (편집자)

네덜란드에서 건조함. 선원들은 얼마 전에 배에서 내려서 교육을 다시 받았으며, 최상급이라 평가됨. 화물에 관한 설명이 실린 카탈로그는 광장의 마담 D[더글러스]의 가게나 경매 장소에서 구할 수 있음. 자정에 시작.

『해리스의 코번트가든 여자 리스트』가 대중 앞에 공개된 것이다. 처음에는 해덕스 배니오와 셰익스피어즈, 그 옆집인 마담 더글러스의 잘나가는 유곽, 이렇게 세 곳에서만 살 수 있었다. 이듬해에는 수수께끼 같은 이름의 출판업자인 "H. 레인저"가 이 책의 인쇄도 맡고 주요 판매처도 운영했다. 런던의 문학 지구 한복판에 자리한 H. 레인저의 매장에서는 그럽스트리트 글쟁이들이 마구 뱉어 낸, 대부분 음란물인 읽을거리도 다양하게 팔았다. H. 레인저가 출판한 책 목록에는 『해리스 리스트』 외에도 『사랑의 축제: 세계 곳곳 모든 나라의 각기 다른 구애 방법』(2실링 6펜스)이나 『부자로 가는 세련된 길: 간음, 부와 쾌락의 위대한 원천』(1실링)같이 아이가 읽지 못하도록 선반 맨 꼭대기에 둬야 할 책으로 유명한 작품들도 있었다. 타블로이드 신문 편집자처럼 H. 레인저도 자극적인 읽을거리가 돈이 된다고 생각했고, 데릭의 기발한 아이디어를 발견하고서 후한 선금을 지급했으며, 그 덕에 데릭은 퍼거슨의 채무자 구치소에서 빠져나올 수 있었다. H. 레인저가 정확히 어떤 인물인지는 오늘날에도 알려지지 않았다. 잭 해리스처럼 H. 레인저도 역시 세간의 이목을 피하려고 애쓰며, 템플바에서 세인트던스턴 교회 근처에 있는 교차로의 보행로까지 플리트스트리트 이곳저곳으로 책방을 자주 옮겼다. 『해리스 리스트』가 38년 넘게 수명을 유지하는 동안, H. 레인저라는 인물도 최소한 네 명 이상이었을 것으로 보인다. 엘리자베스 덴링거가 밝혀냈듯이, "H. 레인저"는 그저 쓰기 좋은 상호였다. "레인저"는 "방탕아"라는 뜻으로 쓰이기도 했다. 아마 "H"는 "Honest(정직한)"를 의미하는 것 같다.

이 은밀한 서적상을 찾아낸 사람들은(연간 8,000명 정도로 추정된다) 2실링 6펜스의 가격에 『해리스의 코번트가든 여자 리스트』를 살 수 있었다. 웬만한 안내 책자가 다 그렇듯이 조끼 주머니에 넣을 수 있는 손바닥만 한 사이즈였다. 런던 거리에서 바로 활용할 수도 있었고, 몰래 집으로 가져가서 은밀하게 볼 수도 있었다. 이 책에 실린 외설스러운 글이 혼자서도 성적 쾌락을 즐길 수 있게 할 목적을 염두에 두고 작성되었음은 의심할 필요가 없다. 흥미롭게도 예전 리스트들을 같은 가격에 판매한다는 광고가 H. 레인저의 재고 카탈로그에 종종 실렸던 이유가 달리 무엇이겠는가. 『해리스 리스트』를 열성적으로 모으는 수집가들은 과거에 맛봤던 여성의 항목을 비교하며 음미하려고 여러 판본의 페이지를 같이 넘기면서 즐겼을 것이다.

『해리스 리스트』 독자는 책을 사면서 매춘을 좋아하는 취향을 부끄러워할 필요가 없었다. 우선 표지를 펼치고 유혹의 장면을 담은 살짝 자극적인 권두 삽화의 상투적인 이미지도 넘기면, 간음을 찬양하는 데릭의 시문이 양심의 가책을 선부 누그러뜨려 주었다. 1760년대부터 1780년대까지 출판된 거의 모든 판에서 매춘의 장점을 역설하는 장황한 설교가 권두에 실렸다. "널리 찬사를 받은" 후 "몇몇 신사들과 숙녀들의 요청에 따라" 1761년 재판본에 실린 데릭의 초판 서문은 처음 출간될 때부터 『해리스 리스트』하면 떠오르는 특징이었다. 그 글에서는 "창녀"와 정부를 모두 칭송한다. 데릭이 생각하기에 매춘부는 "비너스의 자원자"가 되어 사회의 이익에 이바지하지만, 오히려 부당하게 핍박받고 외면당했다. 데릭은 남자들의 폭력적인 본성을 누그러뜨리고 달래려면 매춘부들이 몸으로 안아 줘야 한다고 주장했다. "가족과 도시, 아니 왕국 전체가 평화를" 누리는 건 "창녀" 덕분이었다. 창녀의 손님들도 그만큼 높이 평가받았다. 손님들은 "핍박받는 이들에게 위안을" 나눠 주는 "은혜롭고" "존귀한" 존재, 자선단체에 돈을 내는 후원자나 마찬가지였다. 데릭은 다음과 같은 음탕한 구호로 결론을 맺었다.

멈추지 말라, 백발*의 선지자들이여! 첩을 들이는
대의명분을 고수하라, 당신이 자선과 미덕, 국가의 친구임을
증명하려거든! 하늘이 내린 이 선물을 귀히 여겨라. 젊음과
아름다움으로 원기를 부활시키는 사랑스러운 강장제를 가슴에
품어라. 당신이 선택하게 될 사랑하는 소녀에게 지갑을 닫지
말아라. 당신의 경건한 다짐을 매춘부라는 이름으로 더럽히지
말아라!

농담조로 쓰인 글이기는 했지만, 그럼에도 이 글은 성매매의 효용

---

*   당시 상류층에서 유행하던 하얀 가발. (옮긴이)

을 믿지 않는 이들에게 찬성의 근거를 제시하려는 좋은 시도로 받아들여지기도 했다.

하지만 『해리스 리스트』의 진짜 존재 이유는 도입부에서 꾸며 낸 장점과 명분이 아니라, 매춘부를 안고 싶은 사람들을 안내하는 데 있었다. 그러나 책에서 다루는 매춘부의 유형을 정해 놓지는 않았다. 데릭은 작품에 키티 피셔나 루시 쿠퍼 같은 최고의 지위를 누리는 여자들부터 "태생이 천하고 껄렁한 매춘부"라고 불렸던 여자들까지 폭넓게 실을 필요가 있다고 판단했다. 데릭 이후의 저자 중 일부는 특정한 부류의 여성들을 조심하도록 경고하는 수단으로 『해리스 리스트』를 사용하기도 했고, 또 다른 저자들은 고상한 태도를 갖춘 칭찬받을 만한 매춘부만 싣기도 했다. 가격도 5실링부터 "지폐로만" 살 수 있는 금액까지 천차만별이었다. 38년 동안 인쇄된 이 출판물에서 일관성은 찾아보기 힘들다. 『해리스 리스트』의 내용과 목적은 저자와 출판업자, 독자의 기분에 따라 달라졌다. 『해리스 리스트』를 상류층 전용이라거나 대중적으로 어필할 목적이라는 식으로 특정하여 분류하려는 시도는 모두 소용없었다.

『해리스 리스트』에 이름이 오른 여성들의 출신 배경도 다양했다. 1758년 손더스 웰치는 런던 인구 67만 5,000명 중에서 매춘부는 3,000명을 조금 넘고, 이 여자들 대부분이 빈민 중에서도 최하층 빈민 출신이라고 추정했다. 그럴듯한 수치였지만, 독일의 일기 작가 소피 폰 라로슈나 사회 개혁가 존 커훈 같은 다른 논평가들은 그 수가 훨씬 더 많을 것으로 생각했다. 웰치가 집계에 어떤 이들을 포함했는지 구체적으로 명시하지 않았기 때문에, 게다가 "창녀"에 대한 당시의 정의가 광범위하고 대단히 복잡했기 때문에, 집계의 정확성을 확신하기 어렵다. 거리의 매춘부나 극장, 술집, 유곽, 배니오 같은 데서 영업하는 가시적인 성매매 여성도 있었지만, 점잖게 보이면서도 은밀하게 일을 하는 여성부터 가끔 성 접대에 나서는 노동자들까지 비가시적인 "창녀들"도 엄연히 존재했다. 웰치의 글과 같은 해에 쓰인 「개심한 방탕아로부터 온 축하 편지」의 저자는 "매춘부"라는 용어를 세분화하여 위계적인 순위를 매긴 "창녀 등급"을 만들려고 했다.

사교계 귀부인(Women of Fashion Who Intrigue)[*]
반쯤 귀부인(Demi-Reps)[**]
상냥한 소녀(Good-natured girls)[***]
고급 창부(Kept mistresses)[****]
쾌락의 숙녀(Ladies of pleasure)[*****]
창녀(Whores)[******]

[*] 레이디 시모어 도로시 워슬리나 레이디 사라 번버리처럼 상류층에 속하지만, 불미스러운 관계에 빠져든 여성들은 사교계에서 창녀 취급을 받았다.
[**] 18세기 중반에 이들은 자기 마음에 들면 누구와도 혼외 성관계를 맺는, 신분이 높거나 점잖아 보이는 여성들이었다.
[***] 일반적으로 구애자들에게 성적 동침을 허락한 미혼 여성들.
[****] 고급 창부로 정의할 수 있는 이들, 또는 한 남성에게만 성적으로 접근할 수 있는 권리를 주고 거처에서 그 남성의 부양을 받는 여성들.
[*****] 샬럿 헤이즈처럼 고급 유곽에서 일하는, 또는 특정한 주인의 관리 없이 자신의 거처에서 남성들을 받는 교양 있고 매력적이며 재주가 많은 여성들.
[******] 하급 유곽에 속하고 술집이나 커피하우스, 극장 등에서 공개적으로 성매매 영업을 하는 여성들.

공원 창녀(Park-walkers)[******]

거리 창녀(Street-walkers)[*******]

넝마주이(Bunters)[********]

노숙 창녀(Bulk-mongers)[*********]

이 열 개의 등급 가운데 '반쯤 귀부인'에서 '거리 창녀' 사이에 속하는 여성들이 1757년에서 1795년 사이에 나온 『해리스 리스트』에 실려 있었다. 흥미롭게도 H. 레인저는 여성들을 등급에 상관없이 모두 평등하게 다뤘다. 마치 이들이 신원을 숨겨야 하는 점잖은 상류층이라도 되는 듯 이름의 특정 모음이나 자음을 장난스럽게 생략한 것이다.

웰치는 매춘에 종사하는 이들 대다수가 고아나 가난한 집안의 자녀여서 이 일에 발을 들여놓았다고 추정했다. 웰치는 "다 부양하지 못할 만큼 많은" 자식을 둔 "빈곤한 노동자"도 빈민의 범주에 넣었다. 필딩 판사도 1758년 5월 1일 밤에 체포된 매춘부들을 심문하면서 웰치의 추정이 옳다고 생각했다.

[*******]   거리 창녀들과 비슷하지만, 그들과 달리 공원에서 얌전한 겉모습을 하고 영업하는 여성들.

[********]   거리에서 공개적(이고 공격적)으로 영업하는 여성. 어두운 뒷골목이나 지독하게 더러운 이들의 거처에서 싼값에, 하지만 성병의 위험을 동반한 성적 경험을 제공했다.

[*********]   아주 천박하고 이설스러운 가장 하급의 키티 배눔부 세눔으로, 병을 앓는 데다가 "거의 굶어 죽어 가는 젊은 처자"라고 묘사된다.

[**********]   일반적으로, 상점의 창문 아래 판매대에 잠자리를 마련하여 노숙하는 거지들. 하층계급 중에서도 최하층으로 여겨지며, 질병투성이에 술로 인해 다 망가진 상태라 죽음과 가장 가까운 위치에 놓인 여성들이다.

성매매를 전업으로 하는 성 노동자의 상당수가 극빈층 출신이기는 했지만, 『해리스 리스트』에 나오는 여성 중 상당수는 그렇지 않았다. 샬럿 헤이즈처럼 대를 이어 매춘업이나 배니오 운영에 종사하면서 경제적으로 여유로운 성매매 집안에서 태어난 여성들 외에도, 매춘업에 들락날락하거나 필요할 때만 돈이나 보호를 받으려고 성관계를 하는, 눈에 잘 띄지 않는 여자들도 엄연히 존재했다. 만약 손더스 웰치가 이런 "일하는 여자들"이라는 범주를 집계에 포함시켰다면, 그들의 출신 배경이 훨씬 다양하다는 사실을 발견했을 것이다.

헌신적인 도덕주의 개혁가들에게는 안타까운 이야기이지만, 런던에 있는 거리의 여자들을 전부 파악하는 일은 마치 어두운 스트랜드 거리를 산책하는 일만큼이나 쉽지 않았다. 런던에 있는 매춘부들이 모두 공개적으로 일을 하지도 않았고, 사회에서 매춘부로 간주한 여성들이 모두 한눈에 식별되지도 않았다. 일반적으로 계급이 낮은 여성일수록 도덕관념도 느슨하다고 여겨져서, 이들의 성적인 서비스는 가격만 적당하면 살 수 있는 것으로 여겨졌다. 특히 시장이나 거리에서 물건을 파는 여자들이 그렇다는 인식이 많았다. 당시의 노래나 판화, 기록을 보면 과일이나 꽃다발 말고 다른 것도 자주 파는 시장 여자들의 모습을 볼 수 있다. 행상과 매춘부는 떼려야 뗄 수 없는 관계로 인식되어서, 생계를 꾸리기 위해 합법적으로 장사하는 여자와 벌이가 더 쏠쏠한 성매매를 감추려고 물건을 파는 여자를 거의 구분할 수 없었다. 실내에서 일하는 여성 노동자들이라고 사정은 별반 다르지 않았는데, 급료가 높은 여성 일자리가 많지 않았던 까닭이다. 세탁, 수선, 의류 제작처럼 전통적인 여자의 일에 종사하는 이들은 몸을 팔아서 수입을 벌충해야 했다. 그중에서도 모자를 만드는, 일이 이런 쪽으로 가장 잘 알려져 있었다. 모자를 만드는 일은 그 자체로 감수성이 풍부한 여자들의 일이고, 그래서 이 일의 종사자들은 허영도 심하다고 여겨졌기 때문이다. 모자뿐 아니라 장신구나 장갑을 만드는 여자들의 패션 관련 분야는 모두 비슷하게 간주되었고, "매춘의 온상"이라는 오명을 뒤집어쓰고 있었다.

웰치가 표본을 더 꼼꼼히 조사했더라면, 많은 여자들이 일이 없는 기간에 임시방편으로 매춘을 선택한다는 사실도 발견했을 것이다. 런던에서 활동하는 배우, 가수, 무용수 같은 연예인들이 특히 눈에 띄는 유형이다. 연극의 연례 시즌이 끝나면, 이들은 대부분 수입이 없는 기간을 보내야 했다. 연예인들은 늘 눈에 불을 켜고 한동안의 "휴식"기를 편하게 지내게 해 줄 인심 좋은 후원자를 찾으려 했다. 하지만 운이 덜한 사람들에게는 코번트가든과 헤이마켓의 유곽이 유용한 피난처였다. 연예인뿐 아니라 하녀들도 일정 기간은 이 동네에서 일하곤 했다. 런던에는 하녀를 구하는 수요도 많았지만, 가문이나 개인의 요구 사항과 거주지가 끝없이 바뀌는 통에 하녀를 바꾸는 일도 잦았다. 당장 대안 없이 일자리를 잃어서 생계가 막막한 하녀들은 여성만이 할 수 있는 확실한 일자리로 돌아가는 쉬운 길을 떠올렸을 것이다. 1725년에 대니얼 디포가 관찰했듯이, "내음굴에서 하인으로, 하인에서 매음굴로" 자주 오가는 하녀들이 꽤 많았다. 이러한 모든 경우를 통틀어서 매춘에 종사하는 기간은 몇 주나 몇 달, 몇 년이 될 수도 있었고, 금전적인 필요성이 대두될 때마다 매춘은 자연스럽게 삶에 스며들었다. 18세기 기준에 따르면, 이런 여성들에게도 전업 매춘부와 똑같이 "창녀"라는 꼬리표가 붙었다. 『해리스 리스트』의 저자들도 당연히 이들을 전혀 구분하지 않았다.

그러니까 매춘은 가난한 사람들만의 전유물이 아니었다. 중간계급 여성들도 『해리스 리스트』에 실제 등장하거나, 적어도 저자들은 그런 인상을 주려고 했다. 소규모 상점 주인, 장인, 한때 잘나가다 몰락한 예술가 등 런던에서 급성장하는 부르주아 중에서 아래쪽에 걸쳐 있는 불안정한 중간계급의 딸들은 고급 매춘부의 주요 후보자였다. 중간계급 출신의 소녀들이 '비너스의 군단'을 늘리는 데 얼마나 이바지했는지 정확하게 알려진 바는 없으나, 그 수가 상당했다는 증거는 있다. 잡화상이나 재봉사로 훈련받은 젊은 숙녀들은 대부분 웬만큼 풍족한 집안 출신이었을 것이다. 극빈층은 도제 교육 비용을 내는 것조차 꿈도 못 꿨을 테니 말이다. 심지어 1780년대에 프랜시스 플레이스의 도제 시절 스승이었던 프렌치 씨라는 바지 재단사에게도 성매매로 열심히 생활비를 벌어 오는 세 딸이 있었다. 플레이스는 다음과 같이 설명했다. "프렌치 씨의 큰딸은 몇 년째 천한 매춘부로 살고 있다. 열일곱 살쯤 되었던 막내딸은 신사들이 찾아오는 고급 하숙집에서 지냈고, 둘째 딸은 … 동인도 선박 선장의 정부로 들어갔다." 윌리엄 히키의 친구인 제임스 그랜트도 러드게이트힐에서 상점을 운영하는 성공한 재단사의 딸 브라운 양을 정부로 들였다. 재단사 브라운 씨는 딸의 첩살이를 반대하지 않았고, 딸이 "항상 아버지의 이익을 염두에 두고 그랜트 씨의 친구들에게 재단사가 필요하면 아버지를 고용하도록 추천했기 때문에," 오히려 딸의 지위 덕을 톡톡히 봤다. 변호사이자 작가인 토머스 본은 중간계급의 사다리에서 그나마 위쪽의 지위였음에도, 어여쁜 여섯 딸의 아버지가 되는 불운을 떠안고는 히키에게 돈이 모자라서 딸들이 "창녀가 되어야 할지도" 모른다고 털어놓았다. 『해리스 리스트』가 보여주듯이, 혼처가 마땅치 않으나 매력적이고 교양 있는 여성들이 팔릴 시장은 많았다. 실제로 이 여성들이 가장 높은 지위의 고급 창부가 되었다.

하지만 『해리스 리스트』에 실린 모든 여성이 저자들이 주장한 것처럼 괜찮은 배경 출신은 아니었다. 샘 데릭은 자기가 코벤트가든 인물들의 연대기 작가라고 생각했기 때문에, 꾸며 내기보다는 있는 그대로 기록하기를 선호했다. 나중에 나온 판본의 저자들과 다르게, 데릭은 정직을 원칙 삼아 가십과 일화를 기록하려 했다. 훗날 18세기 사교계가 점점 신사다움과 예의에 집착하게 되자, 작가들은 문체뿐만 아니라 숙녀들의 이야기 자체도 "꾸미려" 들었다. 1770년부터 1790년대에 나온 판본에는 변호사, 성직자, 반급 장교, 학교 교사, 의사, 상점 주인의 딸들이 점점 더 많이 등장했다. 오늘날 유명 인사들의 경우에 그렇듯이, 『해리스 리스트』를 출판하는 업자들은 매춘부의 매력도 외적인 특성들에서 비롯된다는 것을 깨달았다. 이름이나 무모한 연애 스캔들, 그리고 조지 시대에 가장 중요하게 여겼던 배경과 "활동" 같은 특징들이었다. 세상 물정에 빠삭한 서더크 출신 고아와 엄마를 잃고 버려진 시골 목사의 딸 중에 누구와 더 자고 싶을까? 당연히 후자 아닐까?

18세기 중간계급들은 충격적인 글을 읽기를 좋아했다. 문란한 업소의 방탕한 여자들이 본인이 알 수도 있는 사람이거나, 자기와 비슷한 사람의 딸이나 누이일 수도 있다는 사실에 매료되었다. 중간계급의 끝자락에서 불안정한 계급적 기반을 딛고 서 있는 많은 이들에게 가장 두려운 일은 점잖은 체면을 잃고 나쁜 평판을 얻는 것이었다. 패니 버니가 쓴 『에벌리나』의 여주인공이 깨달은 것처럼, 여성의 주소가 "하이 홀번에 있는 양품점"으로 되어 있으면 그 여자가 고결한 숙녀인지 아니면 몸을 파는 여자인지 구분할 수가 없었다. 그 시대의 인쇄 매체는 돈벌이가 되는 사회적 불안감을 기꺼이 활용했고, 글을 읽는 대중들도 그런 불안감을 선뜻 받아들였다. 유혹과 강간을 다룬 새뮤얼 리처드슨의 『클라리사와 패멀라』 같은 소설들이 단번에 베스트셀러가 되었고, 납치당해서 마담의 유곽에 감금되었다고 주장한 엘리자베스 캐닝의 재판이 보도되자 런던 전체가 흥분했다. 그 시대 사람들은 "위험에 처한 순결" 이야기를 접할 기회가 충분하지 않았다. 『해리스 리스트』 제작자들이 이런 상황을 놓칠 리 없었고, 그래서 후기 판본에서는 순결을 빼앗길 위험에 처한 이야기가 빠지지 않았다.

그런 이야기들은 뻔하고 상투적인 내용에다 이들이 지금에까지 이르게 된 경로를 자세히 설명하는 진실을 절묘하게 섞어 놓았다. 귀족의 사생아로 태어난 딸이나 시티에서 장사하는 부유한 상인의 적법한 딸임을 주장하는 여자들이 유혹에 넘어가는 그런 이야기들이었다. 가장 자주 언급되는 불행의 근원은 사랑과 젊음의 무지였다. 많은 여자들이 모집 장교나 병사와 함께 마을에서 "도주했다가" 런던에서 버려졌다고 기록되었다. 고의적인 기만과 파기된 혼약도 단골로 등장하는 이야기였다. 결국 비참하게 부모나 친구에게도 거절당해서 명예가 바닥으로 떨어졌다는 비극적이지만 대부분 허구인 후일담이 덧붙었다. 강간 역시 대단히 자주 등장하는 소재지만, 보통 "유혹"이라는 용어로 은폐되었다. 당시 가장 높은 인기를 누렸던 클라리사 할로처럼 『해리스 리스트』에 오른 여자들 상당수는 "자기 의지에 반해 농락당했다".

 낭만적인 로맨스에 취하기 쉬운 십 대 소녀들에게는 유혹이나 배신 같은 극적인 일을 겪어서 매춘에 발을 들였다는 이야기가 그럴싸해 보였기 때문에, 데릭 이후에 『해리스 리스트』를 쓴 작가들은 일반적인 경로로 유입되는 매춘부는 잘 다루지 않았다. 지방에서 일자리를 찾던 여자들 중 상당수는 일자리를 더 찾기 쉬운 수도 런던으로 향했다. 대도시에 홀로 살게 된 여자들은 색을 밝히는 고용주의 먹잇감이 되거나, 구애자들에게 넘어가거나, 감언이설에 속아 성매매에 발을 들였다. 시골 촌뜨기 몰 해커바웃이 마담 니덤의 간계에 넘어가 런던행 마차에 오른다는, 호가스의 연작 판화 〈창녀의 일대기A Harlot's Progress〉에 그려진 도시 괴담은 생생한 현실의 반영이었다. 손더스 웰치와 개혁을 옹호하는 동료들도 알선업자들의 속임수를 이미 잘 알고 있었다. 1785년의 글에서 웰치는 이렇게 썼다. "마차나 다른 탈것이 출발하고 도착하는 곳에는 항상 마담이 고용한 사람들이 있었다." 이들은 직업소개소에도 조용히 숨어 있다가 순진한 여자들이 은밀하게 몸을 파는 하숙집 같은 곳으로 들어가도록 속였다. 그리고 바로 그때부터 "설득과 강제"를 사용하여 이 순진한 여성들을 "가족의 일원"으로 만들었다.

젊은 여성들을 속여서 강간하는 이야기는 『해리스 리스트』의 저자들이 단지 독자들을 자극할 목적으로 전기처럼 자세하게 지어낸 것일까? 실제로 그런 끔찍한 일들이 잘 일어나지 않았다는 생각은 틀렸다. 글쟁이들이 믿게 만든 것만큼 비일비재한 일은 아니었을지라도, 알려진 사건이 아예 없지는 않았다. 1768년에 모자공 새라 우드콕은 볼티모어 경에게 납치되어 강간당했다. 그보다 불과 30년 전에는, 악명 높은 프랜시스 차터리스 대령이 앤 본드라는 하녀의 몸을 그녀의 의지에 반해서 "알아보았다"는 이유로 재판을 받고 교수형을 당했다. 두 사건에서 남자들은 모두 피해자를 속이는 데 깊숙이 관여한 마담들과 함께 음모를 꾸몄다. 이 두 사건은 피고인의 사회적지위가 높았던 까닭에 세간의 이목을 끌었을 뿐, 1758년 발생한 앤 쿨리 강간 사건처럼 마담이 연루된 다른 유사한 범죄들은 소리 소문 없이 묻혔다. 여성들에게 아주 불리했던 체계 속에서, 이런 범죄를 신고하겠다고 결심하는 하층계급 또는 중간계급 여성들은 거의 없었다. 영향력 있는 가문이나 친구가 뒤를 받쳐 주지 않으면, 여자들이 고발하더라도 믿어 주는 사람이 없었다. 『해리스 리스트』 같은 출판물에 나와 있듯이, 그저 비극을 받아들이고 새로운 역할에 순응하는 것이 훨씬 쉬웠다. 『해리스 리스트』를 사용하는 사람들이 인정한 것처럼, 매춘부의 삶은 그 나름 장점이 많았다.

현대의 독자들은 샘 데릭과 그의 뒤를 이은 저자들이 매춘을 수박 겉핥기식으로 다룬다고 느낄 수도 있다. "일하는 여성의 삶"이 처한 가혹한 현실을 다루지 않는다는 얘기다. 매독과 성병의 위험, 임신과 낙

태에 대한 두려움, 알코올중독, 폭력, 수감, 굶주림 등은 지나가는 말 이
상으로 언급되지 않는다. 당시 독자들은 이런 문제를 떠올리고 싶어
하지 않았다. 『해리스 리스트』는 남자들이 성욕을 충족시키고 즐기는
데 사용되는 책이었다. 음란한 여성을 찾아 나설 때, 남자들은 생각이
나 양심은 버려 두고 나갔다. 남자가 여자를 찾아가 같이 술집에 가자
고 할 때는 오로지 쾌락에 빠질 마음뿐이었다. 여성이 어떤 마음인지
는 중요하지 않았다.

Chapter 10

『해리스 리스트』

코번트가든을 주름잡는 대표 인물

체리 폴 코번트가든

사람들에게 명성이 자자한 밥 데리의 가게에 가 본 사람이라면 누구나 체리 폴을 너무 잘 알고 있어서 특별한 설명이 필요 없을 것이다. 이 아가씨가 어떻게 체리라는 이름을 얻게 되었는지에 관한 여러 설이 있지만, 그중에서도 발그레한 볼과 붉은 입술, 또 다른 붉은 무언가 덕분에 체리라고 불리게 되었다는 것이 정설이다. 예쁘지만, 까불거리며 뛰놀기 좋아하고 떠들썩해서, 밥이 가끔씩 "얼마나 시끄러운지!"라고 외치게 만든다. (1761)

루시 쿠퍼 팔러먼트스트리트

유흥의 세계를 조금이라도 아는 사람 중에 생기 넘치는 루시가 이룬 성공을 모르는 이는 없다. 누구보다도 유쾌한 상대이자 훌륭한 이야기꾼이다. 재치와 유머가 넘치는 이 여자는, 거기에 불경스러운 표현도 다소 과하게 섞는다. '인색한 짠돌이' 경*의 정부로 3년이나 살아서 세상을 놀라게 했다. '짠돌이' 경은 사치의 기미조차 보인 적이 없었지만, 딱 한 번 실수로 마부에게 실링 대신 기니를 준 적이 있었다. 그러고 다시 돌려받을 수 없었는데, 어디서 그 마부를 찾아야 할지 몰랐기 때문이다. 이 숙녀는 이런 남자를 위해 1만 4,000파운드를 허비했지만, 돌아온 돈은 1,400파운드 남짓뿐이었다고 전해진다. 올드하우스 소속 배우와 긴밀한 관계를 맺고 있다. 어떤 이들은 둘이 결혼이라는 올가미로 서로를 옭아맸다고 말하지만, 연극계의 소식에 따르면 출처가 불분명한 이야기라고 한다. 이목구비는 균형이 잘 잡혀 있고, 머리는 갈색이며, 인상은 부드럽고, 태도는 고상하다. 최근 고인이 된 어느 유명한 법률가가 단언했듯이, 매우 말랐지만 면도칼처럼 날카롭지는 않다. (1761)

키티 피셔 양

작년에 대중적으로 알려진 미녀들의 목록을 만들 때, 우리는 이 유쾌한 소녀의 이름을 넣으면서 독자들에게 그녀의 상황을 나중에 더 자

---

* 올랜도 브리지먼 경.

세히 설명하겠다고 약속했다. 설명을 보완하여 출판할 준비가 거의 되었을 때, 아래의 편지가 도착했다. 앞서 말한 독자들과의 약속을 지키지 못하게 되었기에, 변명으로 그녀의 편지를 글자 그대로 싣는다.

해리스 씨께

안녕하세요.

올해 나올 『리스트』를 선전하시는 걸 보면서, 저에

관한 설명을 그 책에 싣겠다고 대중에게 약속하셨던 게

기억났습니다. 오랜 지인으로서 부탁드리건대, 제발 그러지

말아 주십시오. 저에게 큰 고통이 될 것입니다. 게다가

해리스 씨도 아시다시피, 제 처지가 비록 불행하기는

하지만, 아직 공개적으로 드러난 적은 없습니다. 제 요청을

들어주시려면 아마도 약간의 손해를 입으시겠지요. 그래서

하인을 통해 5기니*를 보냅니다. 부디 저를 봐서라도 요청을

들어주십시오.

경의를 표하며,

캐__린 피__

추신. ____님께서는 당신이 최고급 부르고뉴 와인 여섯

다스를 보내 줬으면 좋겠다고 합니다.

* 위의 금액은 전부 폴리 호킨스가 채무자 감옥에서 석방되는 데
사용되었습니다. 우리는 뇌물을 받지 않습니다. (1761)

벳 데이비스 일명 작은 악녀라고 불림, 러셀스트리트

『리스트』에 실린 모든 숙녀 중에서 벳은 독보적이다. 제멋대로인

데다가 음란한 성격 때문에, 같은 부류의 여성들조차 '작은 악녀'라고 불렀다. 소문에 따르면, 그녀가 오래 묵은 임질을 악랄한 술꾼 남편들에게 옮기는 바람에 무고한 아내와 자식들의 피까지 감염된 사례가 많다고 한다. 수많은 재판 기록이 이 숙녀로 인해 생겨난 '영웅들' 덕에 세상에 나왔다는 후문이다. 그러니, 이 숙녀를 열렬히 좋아하는 팬들에게 주의를 당부한다. 현명하다면 하나를 듣고 열을 깨달았을 것이다. (1761)

커일러 부인 스트랜드, 크레이븐스트리트

인생의 초년부터 미란다 역으로 무대에 올랐을 때까지, 이 숙녀가 겪은 혼란과 방황을 모두 추적하는 건 우리 능력 밖의 일이다. 그래서 우리가 잘 알고 있는 성격을 간략히 개괄하는 것으로 만족하려 한다.

유명한 '극락조'*의 날개 아래서 자라면서 기초적인 지식을 배웠다. 배운 지식에 타고난 천재성을 더해서 기량이 압도적으로 뛰어난 창부가 되었고, 이 업계에서 탁월하게 두각을 드러냈다. 스물여덟 살쯤 됐으며, 늘씬하고 키가 크다. 피부는 희고 머리는 갈색이며 치아는 가지런하다. 전체적으로 아주 예쁜 여자다. 요즘은 공공장소에서 매우 조심스럽게 행동하지만, 은밀한 자리에서 손님이 맘에 들면 온 우주에서 가장 유쾌하고 명랑하며 온화한 사람이 된다. 그럴 때면 "그날의 다윗 앙 등등"을 아주 유머러스하게 부르길 좋아한다. 요즘엔 두세 명의 특

* 거트루드 마혼, 잘나갔던 고급 창부.

정인 말고는 손님을 안 받는다고 한다. 화려한 언변으로 그녀를 설득해 버린 한 젊은이와, 그녀가 마치 다나에*라도 되는 듯이 금을 쏟아부으며 쫓아다니는 한 늙은이를 포함한 남자들만 그녀를 만날 수 있다. 아주 엄격하게 명예와 비밀을 지키는 신뢰할 만한 여자라고 독자들에게 확실하게 말할 수 있다. (1779)

윌킨슨 양 콜드배스필드

"그 잔을 들지 말라, 독약이 담겨 있으니"

이 아가씨가 몇 시즌이나 공연했던 드루리레인극장에서, 아니면 그녀의 온 가족이 오랫동안 마을을 즐겁게 해 줬던 새들러스웰스에서 우리 독자들은 이미 그녀를 본 적이 있을 테니, 이 아가씨에 대해서는 설명하는 흉내만 내 보겠다. 때때로 〈콜럼바인〉의 등장인물을 연기할 때도 있지만, 원래는 따라잡을 사람이 몇 안 되는 무용수이다. 사실, 몸집이 커서 날렵하진 않고 땅에서 날아오르지(무용수들의 용어다) 못하지만, 공연하는 모습은 정말 멋지다.

유감스럽게도, 지금도 여전히 술을 너무 많이 마신다. 소속 기관(드루리레인극장의 할리퀸)에서 교정할 줄 알았건만, 아아 안타깝다! 습관이란 제2의 천성이라 오래 지속된 습관을 고치느니 흑인을 하얗게 씻기는 게 더 빠르겠다. (1773)

---

*   그리스신화에 나오는 아르고스의 왕 아크리시우스의 딸. (옮긴이)

애빙턴 부인 사우샘프턴스트리트, 코번트가든

"위험이 도사리는 곳에 함부로 발 들이지 말라,

그녀의 시선이 승리를 좇고 있다"

우리는 모든 악덕 중에서 배은망덕이 가장 나쁘다고 생각하기에, 이 숙녀가 독신 상태일 때 우리에게 베풀었던 호의를 모르는 체한다고 비난받을까 걱정이다. 약 13년 전, 이 숙녀는 자신의 마차가 없었지만, 앨더스게이트스트리트에서 열린 파크 부인의 무도회[**]에서 돌아올 때 종종 유명한 루시 쿠퍼의 마차 뒷자리를 차지하고는 기뻐했다. 이 무도회에서 이 숙녀는 〈사랑을 위한 사랑〉의 슈터 씨처럼 팔꿈치로 박자를 맞추며 노래를 불러서 유명해졌다. 이런 기발함에 반해서 앞다투어 돈을 내놓은 손님들 덕에 많은 돈을 벌었다.

얼마 후 드루리레인극장에서 공연된 〈가면을 벗은 처녀〉에 미스 루시 역으로 출연했다. 그 후 현재 쓰고 있는 이름의 트럼펫 연주자와 결혼했고 아일랜드에 한동안 머물면서 연기를 발전시켰다. 사랑하는 애인(드루리레인의 공연자 중 한 명이다)과 함께 돌아와 다시 드루리레인극장에 들어갔으며, 그곳에서 배역을 훌륭하게 소화해 내며 (클라이브 부인이 무대를 떠난 후에) 타의 추종을 불허하는 존재가 되었다.

남편인 애빙턴 씨는 500파운드를 받고 부인을 _ 씨에게 팔았으며, 부인의 소유권을 두고 _ 씨를 성가시게 굴지 않겠다는 계약을 체결했다. 그 신사가 죽으면서(부인은 큰 몫을 받을 것으로 기대했다) 애빙턴 씨

[**] 　공개 무도회나 회합을 일컫는 용어.

는 그 조항을 지킬 필요가 없어졌지만, 그렇다고 지금 부부가 함께 살지는 않는다. 이 숙녀는 우아한 저택에 살고 있으며, 언제나 곁에는 제퍼슨 씨가 있다. 상당한 수준의 급여를 받긴 하지만, 그녀가 원하는 식생활과 생활 방식을 유지하기에는 부족하다. 그러나 익명의 또 다른 남자와 불륜 관계를 유지하여 부족한 액수를 보충한다. 손님들 사이에서 마음씨가 곱고 온화하기로 유명하다. 이토록 인간적인 기질의 숙녀가 누군가를 절망에 빠뜨려 죽게 내버려 둘 수 있을까? 아니, 오히려 그 반대라고 확신할 수 있다. 그렇지만 그녀에게 구애를 하려면 제대로 해야 한다. 한숨과 맹세 따위로는 충분치 않다. 그런 구애는 거의 먹히지 않고, 부인에게 자신이 신사임을 확신시킬 수도 없다.

참고. 이 숙녀는 지갑의 무게로 신사다움을 측정한다. (1773)

이국적인 여자들

러브 양 토트넘코트로드, 조지스트리트 14번지

"신께서 그녀에게 선물을 주셨으니,
정녕 멋진 털이로다!"

엘리자 러브는 피부색이 어두운 혼혈이며, 머리카락과 눈썹의 굵기를 보면 아래의 털도 무성하리라 짐작할 수 있다. 이 아가씨는 욕을 좋아하는 편이라, 남자들은 모두 그녀가 끝내주게 멋지고 수북한 물건이라고 맹세한다.* 때때로 술의 유혹에 굴복하긴 하지만, 대개는 능숙하게 이겨 낸다. 바쿠스와 비너스의 세계에서 벗어나 잠깐씩 휴식을 취하기도 한다. 재미있는 이야기꾼이고, 재주가 뛰어나다. 최근 서인도제도에서 건너온 그녀의 외모는 이 나라에서 드물기 때문에 꽤 비싼 편이지만, 그 가치에 비하면 그렇게 비싼 것도 아니다. 키가 크고 고상하며, 열여덟 살쯤 되었고, 어떤 미국인이 정부로 삼았다고 한다. (1789)

로레인 양 토트넘코트로드, 굿지스트리트 30번지

"유대인이 아닌 그대, 이제 나의 곁으로!"

사람들은 이 아가씨를 괜찮은 유대인이라고 부른다. 그녀를 본 사람만이 이유를 알 수 있다. 이 아가씨한테서는 모세의 율법을 따르는 자들이라면 누구나 지닌 탐욕이나 계략을 찾아볼 수 없으며, 그들처럼 "이웃에게서 금붙이 은붙이를 빼앗"으려 들지도 않는다. 이 숙녀는 다른 방식으로 설명할 수 있다. 우아하게 생기고 아주 예쁜 얼굴을 지니긴 했지만, 아름다운 검은 눈과 검은 머리카락 때문에 아브라함의 딸임을 누구나 알 수 있다. 존 서클링의 시에 묘사된 소녀처럼 입은 작고, 아랫입술은 "벌침에 쏘인 듯" 도톰하다. 이 숙녀와 나누는 대화는 즐겁다. 술도 안 마시고 욕도 거의 하지 않는다. 지금 같아서는 너무나 바람직한 동침 상대이다. (1790)

---

* '욕설'과 '맹세하다'라는 두 가지 뜻을 모두 가진 swear를 이용한 말장난. (옮긴이)

로빈슨 양 젤리 가게

"두려워해 마땅한 위험을 피하라"

이 아가씨는 유대인이지만, 기독교인의 살을 거부하지는 않는다. 샤일록 같은 구두쇠도 아니다. 그녀는 직접 애인을 고르며, 1파운드도 안 되는 돈으로도 만족한다.* 오랫동안 마셜시 감옥에 갇혀 있었으며, 거기서 겨우내 자선 활동으로 여러 사람의 몸을 데워 주었다. 얼마 전에 감옥에서 풀려났으니, 다가오는 추운 계절에 가난한 신사들에게도 그러한 호의를 베풀어 주지 않을까 한다. 유대인들은 이방인에게 관심이 전혀 없다고들 하는데, 이 숙녀의 사례야말로 그렇지 않음을 역설하는 강력한 증거가 아닌가? 함께 감옥 생활을 한 젊은 퀘이커교도 필스토우 씨에게 특별한 친절을 베풀어서, 그가 두세 해는 하지 않아도 충분할 만큼 양껏 해 주었다고 한다. 꽤 키가 크고, 짙은 갈색이나 검정에 가까운 머리카락에 크고 어두운 눈과 눈썹을 지닌 날씬하고 우아한 소녀지만, 가슴이 너무 평평하다. (1773)

맥_티 부인 미들섹스병원, 요크스트리트 2번지

"아내였던 여인,
  불꽃 속에 환히 웃네"

이미 이 동네를 어느 정도 겪어 본 이 숙녀는, 그 경험 덕을 톡톡히

---

* 윌리엄 셰익스피어의 희곡 〈베니스의 상인〉에서 샤일록은 악랄한 유대인 고리대금업자로 그려진다. 주인공 안토니오는 선한 기독교인으로, 1파운드의 살을 담보로 그에게 돈을 빌린다. (편집자)

보고 있으며, 훌륭한 잠자리 상대다. "아르메니아인"이라고 불리지만, 아르메니아인에 대한 종교적 편견은 거부한다. 열정적이고 활기차게 생활하며 일상에서 나타나는 자연스러운 믿음을 선호한다. 이런 믿음이야말로 모든 인간의 의무라 여기고 경건한 마음으로 최대한 실천하려 한다.

중간 정도의 체격에 머리와 눈은 검고, 얼굴은 예쁘장하나 천연두 흉터가 많다. 오랜 기간 일을 해 오면서 많은 손님을 받았음에도 여전히 매우 기분 좋은 상대다. 나이는 스물두 살을 넘지 않았으며, 가격은 1파운드다. (1790)

크로스 양 브리지스스트리트

작고 영리한 흑인 집시이며, 신체 각 부위의 조화가 아주 사랑스럽다. 기묘한 방식으로 몸부림을 치며, 돈을 많이 받으면 아주 격렬한 자극을 느끼게 해 준다. (1764)

범죄자

루시 _손 세인트마틴스레인

이 여자의 부친은 원래 클레어마켓에 있는 술집 수인이었지만, 술과 얽힌 사기 행각이 들통나면서 왕실 재판소로 끌려갔고, 뉴게이트에 있는 감옥에서 죽었다. 딸은 아마 그 감옥의 어떤 일당에 의해 처녀성을 잃었을 것이다. 감옥이 아주 훌륭한 '학교'였던 셈이다. 예쁘지도 않고 못생기지도 않았으나, 염소와 원숭이처럼 음란하다. 언제나 손님의 시계, 지갑, 손수건을 노려서 브라이드웰 교도소를 제집처럼 들락거린다. 속된 말로 하면 추잡한 년이다. (1761)

커밍 부인 보우스트리트, 코번트가든

이 여걸은 포츠머스의 오이스터스트리트 그린레일스에 있는 악명 높은 테리 매시너리의 술집에서 바텐더로 오랜 기간 일했다. 그곳에서 테리의 가르침을 받아서 테리의 사악한 사업을 완벽히 배웠다. 사업에 있어서 많은 도움을 받았던 테리는 죽으면서 전 재산을 그녀에게 물려줬다. 정말 이 여자는 그 재산을 받을 자격이 있었다. 테리가 죽은 직후, 코번트가든 인근에서 소매치기로 유명한 젊은이와 약혼했고, 둘은 함께 상당한 돈을 벌었다고 한다. 스틸링스에 가면 반드시 만날 수 있고, 다른 일정이 없다면 분명히 소개받을 수 있을 것이다. 동생 S 씨를 워낙 좋아하는 탓에, S 씨의 매춘부라는 칭호를 받았다. 키가 꽤 큰 편이며, 대략 서른 살쯤 되었고, 곰보 자국이 약간 있지만 놀랍도록 좋은 물건이다. 단돈 1기니면 흔쾌히 수락할 것이다. (1789)

웨스트 양 와일드스트리트 14번지

"도착한 지 오래된 그녀의 옷자락에는,
여전히 짐마차의 지푸라기가 붙어 있네!"

이 아가씨의 자매는 그 유명한 웨스트 양으로, 팔방미인으로 잘 알려진 여자다. 그녀처럼 이 여자도 결코 평범하지 않다고 독자들에게 장담할 수 있다. 자매인 벳시만큼 유명하지는 않지만, 그만큼 훌륭하다. 순진한 시골 소녀처럼 보이는 행동을 하지만, 그렇게 판단한 사람들은 쓴맛을 보고서야 정반대의 진실을 깨치게 될 것이다. 손버릇도 나쁘고 전문가 수준의 사기꾼이다. 키는 작은 편이며 눈동자와 머리카락은 칠흑같이 검고 피부는 까무잡잡하다. 옷을 아주 소박하지만 멋지게 입는다. 아무리 매력적인 애인의 주머니라도 주저하지 않고 털 수 있는 여자다. 마치 제니 다이버* 같다. 개인적인 여가 시간에 만나는 남성들이 따로 있다. (1779)

비너스의 베테랑

키티 _클리 폴랜드스트리트

이 여자는 열세 살 때부터 마음먹은 남자들은 모두 원하는 대로 이용할 수 있었다. 모친은 그녀의 고향인 아일랜드에서 산파였다. 이 여자는 다른 어떤 여자보다도 더 닳은 여자다. 귀족에서 짐꾼까지, 이슬람교도, 유대교도, 가톨릭교도까지 모든 종파와 모든 지역의 사람들이 이 숙녀의 달콤한 육체를 맛봤다. 정말 우아하고, 표정에서는 매력 넘치는 다정함이 묻어 나온다. 하지만 악마처럼 사악하고 클레오파트라

---

* 메리 영(일명 제니 다이버)은 당대 가장 악명 높은 소매치기였다. 1740년에 교수형을 당했다.

만큼 낭비벽이 심하다. 보통 일 년에 세 번 정도 집행관에게 잡혀가지만, 여전히 보기 좋은 외모다. 적어도 서른다섯은 되었으니 이제 서서히 세월의 내리막길에 접어들고 있다. 스무 명의 정부를 파산시켰다고 알려졌다. (1761)

햄블린 부인 스트랜드, 뉴처치 근처, 네이키드보이코트 1번지

"석고로 덮인 님프가 키스를 돌려주네,
티스베*처럼, 벽 너머로"

이번에 소개할 '젊디젊은' 숙녀는 아직 쉰여섯을 넘지 않았고, 스스로 고백하기를 30년 동안 쾌락을 추종하며 살아왔다고 한다. 얼굴에 견고한 가면을 썼으며, 키는 작은 편이다. 여기에 소개할 여자는 아니었지만, 오랜 경력과 폭넓은 경험을 고려할 때 이 숙녀가 노인 신사분들께 유용하겠다 싶어서 실었다. 노신사들은 깔끔한 이부자리를 선호하기 때문이다. (1770)

낸시 __ 일명 바스켓, 웨스트민스터 찰스스트리트

마흔을 훌쩍 넘겼고, 엄마같이 자애로워서 장성한 신사들이 즐기기에 아주 적합한 숙녀다. 여기서 말하는 신사들이란 이미 나이를 웬만큼 먹었으나 다시금 어려져서 자작나무 회초리를 맞고 싶은 사람들이다. 신사들은 이 숙녀가 매질을 잘한다고 감탄하며 말한다. 이것이 우

---

* 피라모스와 티스베는 그리스 신화 속 비극적 연인이다. 셰익스피어의 희곡 〈로미오와 줄리엣〉과 비슷한 플롯을 가지고 있다. (편집자)

리가 아는 전부이다. 박쥐와 야행성 새들이 눈뜬 늦은 밤에야 외출한다. 스스로 신분이 높은 고급 창부라고 생각하며, 그래서 이름도 이전 정부한테서 따온 바스켓이라는 가명을 사용한다. (1761)

풋내기

폴리 잭슨 이전에는 위의 장소(래스본플레이스 22번지)에 살았으나,

현재는 스코틀랜드야드에서 낸시 스테_와 함께 거주

"아름답지 않아도 젊음은 언제나 매력적인 법"

폴리는 열네 살쯤 된 약간 안절부절못하는 소녀로, 매우 짙은 색 눈과 툭 튀어나온 입, 썩 괜찮은 치아를 지녔다. 전체적으로 봤을 때 대단히 매력적이거나 훌륭하지는 않지만, 젊음과 미성숙함이라면 확실한 장점이 있다. 약 열 달 전쯤 유명한 존슨 대령으로 인해 타락의 세계에 발을 들여놓게 되었다. 존슨 대령은 변태적 범죄를 저질러서 유죄판결을 받았다. 이 아가씨는 자그마한 것을 좋아하는 존슨의 취향에 딱 맞는다. 왜냐하면 당시 이 아가씨는 평범한 크기의 남자들에게도 전혀 맞지 않았기 때문이다. 그때 이후로 스무 번쯤 초야를 치렀고, 늘 그에 맞는 금액을 받았다. 그 부위를 감탄이 나올 정도로 잘 쓰는 법을 가르쳐주는 이느 훌륭한 숙녀 밑에 늘어가면서, 지금은 성공 가도를 달리고 있다. (1773)

손더스 양 제임스스트리트 랭커셔위치 맞은편

신은 이 아가씨에게 하나의 얼굴을 주었지만, 그녀는 스스로 다른 얼굴을 만들었다. 자연스럽고 생기 넘치는 안색을 지녔음에도, 외모를 두고 비아냥거리는 소리를 들을 정도로 얼굴에 화장을 떡칠하고 다닌다. 자연이 만들어 준 바로 그 외형을 화장으로 아주 정교하게 다듬었다. 고작 열다섯 살이지만, 정말 고혹적인 여인이다. 맑은 눈은 하늘만큼 아름다운 푸른색이고, 천 가닥의 자연스러운 곱슬머리가 하얀 목까지 내려오며, 키는 보통 정도에 피부색도 아름답다. 매춘부로서 보여 준 성과에 대해서 아직 들은 이야기는 없지만, 앞으로 황홀하고 대단해질 수밖에 없을 것이다. (1779)

___ **양** 옥스퍼드스트리트, 뉴먼스트리트 44번지

"여기서 방황하는 걸음을 멈춰라, 그대 요염한 젊음이여,
때 묻지 않은 진실의 상징을 보라!
그녀의 눈동자는 비밀스러운 불꽃으로 타오르고
그녀의 사랑스러운 몸매는 성자를 죄악으로 유혹하리라"

이 자그마한 미인은 열여섯이 채 안 되었고, 작은 키는 아직 자라는 중이지만, 이미 몸매가 우아하고 상당히 아름답다. 반짝이는 눈은 은둔한 성자마저 달아오르게 할 것이다. 아름다운 금발 머리로 생기 넘치게 대화를 나누면서 세상에서 가장 유쾌한 말 상대가 되어 준다. 2기니면 이 매력 덩어리와 더욱 깊이 친해질 수 있으며, 교제에서 불쾌한 감정은 전혀 느낄 필요가 없을 것이다. (1793)

불쾌한 여자

폴 포레스터 보우스트리트

숲을 가리키는 이름과는 정반대로, 기분 나쁘고 못생긴 데다가 버릇도 없다. 쾌락의 입구는 교회의 문처럼 넓고, 웨일스의 백파이프만큼이나 고약한 입냄새가 난다. 물고기처럼 마시고 소처럼 먹고 말처럼 땀 흘린다. 한마디로 추접스러운 바람둥이 매춘부이다. (1761)

애덤스 양 코번트가든, 보우스트리트, 프리랜드 부인의 술집

"이런 여자를 정복한 게 당신의 유일한 자랑거리라면"

이리 오너라, 졸린 듯한 모습으로 진을 마시며 코담배를 들이키는 애덤스 양이여. 어째서 타고난 소질을 버리고 자기한테 어울리지도 않는 이런 직업을 택하였느냐? 솔직히 말해서, 그대가 가진 숨겨진 매력이 무엇인지 도대체 말하기가 어렵다. 독주를 마시고 술잔을 들고 우아한 숙녀인 척하기보다는, 벽난로를 치우고 바닥을 닦고 집을 깨끗하게 청소하는 일이 그대의 천직이라고 생각하지 않는가? 잠깐, 우리는 애먼 사람을 비난하고 있다. 비난받아야 할 사람은 그대가 아니라, 여자를 보는 안목이 전혀 없는 그대의 구애자들이다. 기본적인 질문과 대답도 할 줄 모르는 여자에게 구애하는 그 남자들이다.

가장 먼저 호킨스 소령, 그 사람은 어떤 범죄를 저질러서 그대를 데려온 것인가? 다음으로는 늙은 바보 휘트모어 씨와 관공서의 어리석은 쿠퍼, 그대의 생활 방식을 꿰뚫어 보지 못하다니 얼마나 어리석은가!

그대를 후원하다니 어떻게 돼먹은 취향인가! 하지만 그렇게 좋은 손님이 뒤를 봐준다니, 그대에게는 좋은 일이다. "바보에게도 재수가 있고 강도에게도 행운이 있구나!"

애덤스 양은 중간보다 작은 체구에, 금발이며, 회색 눈을 가졌다. 그럭저럭 괜찮은 피부에, 곰보 자국이 약간 있다. 스코틀랜드 코담배를 다량으로 가지고 다녀서 쉽게 알아볼 수 있다. 특히 술을 마실 때면 윗입술에 코담배가 꽤 많이 묻어서 콧수염처럼 보인다. 술을 마실 때, 입에서 아주 불쾌한 냄새가 올라온다. 손님들이 어떻게 이 냄새를 참을 수 있는지 모르겠다. 코가 아예 없나? "돼지 목에 진주 목걸이 걸어 봐야 그게 그거다." (1773)

섹스 중독자

킬핀 양

"틀에 박힌 연인들은 영원히 저주받으리라,
자유롭게 태어난 사랑을 재미 삼아 속박한 사람들,
괴상한 법을 지키느라 미덕의 바보가 된 사람들은
자연을 거슬러 법률의 노예가 되리라"

호기심을 끄는 이 별난 여자는, 어디 사는지 감추려 애쓰는 고로, 우리가 안다고 말할 수 없다. 더 별난 일은, 이 아가씨더러 신사분과 함께 술집이나 다른 방에 들어가도록 설득할 수 없다는 것이다. (독자들은 이렇게 말할 것이다.) 아니, 동침을 허락할 상대를 찾으러 술집에 가지도 않고, 어디서 찾을 수 있는지도 안 알려 줄 거면, 이 아가씨를 왜 여기에 실은 거야? 여러분, 잠깐만 기다리시라. 어디서 이 아가씨를 찾을 수 있는지, 어떻게 동침 허락을 알선받을 수 있는지 다 알려 줄 것이다. 해가 진 직후, 세인트폴교회의 뜰을 따라 칩사이드 모퉁이를 돌면 나오는 오른쪽 길로 걸어서 러드게이트힐 끝까지 내려갔을 때, 키 크고 몸매가 좋으며 등까지 내려오는 검은 머리와 같은 색의 눈을 가진, 파우더를 바르지 않고 양쪽 볼에 보조개가 예쁘게 팬 아름다운 약관의 여인을 만난다면, 킬＿ 양을 찾았다고 생각해도 좋다. 보통 검은색 실크 드레스를 입고 있는데, 가끔은 옅은 파란색이다. 풍성한 갈색 털이 달린 커다란 흰색 새틴 망토를 두르고, 머리에는 하얀색 깃털이 여러 개 달린 푸른색 비버 모자를 쓴다. 다가가서 말을 걸어 보면, 인물이나 옷맵시 못잖은 재치와 영리한 말투, 우아하고 유쾌한 농담에 넋을 잃을 것이다. 그렇다면 바로 이 사람이 그 아가씨라고 완전히 확신할 수 있다. 독자들은 또 이렇게 말할 수도 있다. 찾기는 찾았는데, 집으로 초대해 주지도 않고 술집도 같이 안 간다면 무슨 소용인가? 선생님, 괜찮으시다면 조금만 더 인내심을 발휘해 주시겠습니까? 숙녀께서 당신과 술집에는 안 가겠다고 했지만, 마차도 안 타겠다고 말한 적은 없다. 물론 당신의 인물과 대화가 맘에 들었을 때의 이야기겠지만. 몇 가지만 덧붙여 두자. 성공하고 싶다면 실속 없는 맵쟁이, 사기를 너무 사랑하는 나르시시스트, 허세 부리는 나약한 젊은이, 재미없고 공허한 수다쟁이는 되지 말자.

『해리스 리스트』   199

독자께서 위의 부류 중 어디에도 속하지 않고, 킬_ 양 맘에 들었다면, 마차 타는 시간을 당신이 원하는 만큼 연장해 줄 것이다. 만약 당신이 마차의 커튼을 내리는 섬세한 매너를 보여 주기만 한다면, 이 아가씨는 당신이 바라는 대로 다 할 것이므로, 마치 예후*처럼 그녀의 매력을 즐길 수 있다. 그녀는 사랑의 틀 안에 갇혀 마치 태양 아래 눈덩이처럼 녹아내릴 것이다. 꾸밈없는 황홀감으로 당신을 껴안고 남자다운 애정을 받아들이기 위해 모든 매력을 열어 보이며, 아마 다음번 만남을 기약할 것이다.

이 아가씨의 특징을 좀 더 상세하게 써 보겠다. 놀랍게도, 이 아가씨는 돈을 전혀 받지 않고, 오히려 그런 제안을 모욕으로 받아들인다. 이런 정황으로 미루어 짐작건대, 이 여인이 가끔 사용하는 킬_ 이라는 이름은 본명이 아니고, 본인도 이 업계의 사람이 아니라 집에서 채워지지 않는 부족함을 바깥에서라도 충족하고 싶은 어떤 기혼 여성이며, 성격마저 신중하여 이렇게까지 조심한다고 결론지을 수 있다. 술집에는 절대 가지 않기 때문에, 누구한테도 발각되지 않고, 자신과 기질이 잘 맞는 사람만 선택함으로써 분별력과 명예를 지닌 사람에게만 자신을 허락한다. 한결같이 돈을 거부하는 이 여자의 좌우명은 사랑을 위한 사랑이며, 즐기기 위한 사랑이 자신의 모티브임을 보여 준다. 이 아가씨가 마차를 환희의 공간으로 선택한 데도 그만한 이유가 있을 것이다. 들리는 말에 따르면, 마차의 오르락내리락하는 움직임이 이따금 갑

---

* 기원전 9세기의 이스라엘 왕으로 전차를 난폭하게 모는 것으로 유명했다. (옮긴이)

작스레 살짝 덜컹하는 움직임과 섞여서 결정적인 순간에 엄청난 쾌락을 선사한다고 한다. 이 여인의 목적은 쾌락이므로, 단순한 행위 자체보다는 하나하나 섬세한 조건을 따지는 것도 당연하다. (1788)

윌리엄스 부인 퀸앤스트리트이스트 65번지

"나는 빛과 공기처럼 자유롭게 다니고

열정은 통제될 수 없으니,

나는 먹고 마시고, 노래하고 이야기하고

그러고 나서 내가 하는 또 다른 일,

이곳에 나의 구애자들이 오고

지극한 행복이 넘치는 자리, 소파에 앉아서

영웅을 집으로 안내하니,

그러면 당신은 또 다른 일이 무엇인지 알 수 있으리라"

어떤 이는 극심한 가난 때문에, 또 어떤 이는 비뚤어진 자존심 때문에, 또 다른 이는 타고난 나태함 때문에 매춘을 직업으로 선택한다. 하지만 지금 소개할 숙녀는 위의 어떤 이유 때문도 아니라고 자신 있게 말할 수 있다. 그녀의 이유는 순수한 음탕함과 욕정이다. 이 숙녀가 직접 고백하기를, 매년 친척들이 남긴 연금 50파운드를 받는다고 한다. 따라서 다가와 말을 거는 남자라고 해서 아무나 집으로 데려가지는 않는다. 태도와 인물이 모두 마음에 들어야 하지만, 그걸로도 끝이 아니다. 여자의 마음에 스파크가 튀어야 한다. 술산이 놀고 평범한 전주곡이 끝나면, 숙녀분께서 중요 부위를 살펴봐야겠다고 고집을 피운다. 이행동이 남자가 너무 작진 않을까 하는 두려움에서 비롯되었는지 아니면 그런 행위 자체의 음탕함(그 당시 음란한 기운이 넘치는 그녀의 눈은 아주 유명했다) 때문인지는 분명하지 않다. 아마 둘 다일 수도. 이렇게 필요한 사전 작업을 모두 마치고, 그 부위의 크기나 상태가 마음에 들면, 이제 당신을 소파로 이끌어 자연의 음탕한 손으로 빚어낸 어여쁜 섹스 중독자가 스스로를 선물한다. 우아한 맵시에 머리 색이 밝은 데다가 애간장을 녹이는 사랑 넘치는 눈을 하고 있다. (이런 눈을 가진 사람은 거의 없다.) 이 천국의 호수에서 헤엄치고 싶으면 1파운드를 내야 한다. 골든스퀘어의 퀸스트리트에서 일주일에 세 번 열리는 무도회에 가면 이 여인을 만날 수 있다. 항상 어떤 젊은이를 대동하고 나타나, 마음에 차는 다른 상대가 없으면 그 남성과 함께 집으로 돌아간다. (1789)

스미스 양 보우스트리트, 듀크스코트

체격은 중간보다 살짝 작고 짙은 갈색 머리에 피부가 좋은, 잘 만들어진 아가씨이다. 사랑에 몰두하는 순간을 극도로 좋아한다. 진정한 메살리나* 품종으로서, 남자가 아무리 노력해도 이 아가씨의 불타오르는 성욕을 잠재우거나 다채로운 욕망을 만족시킬 수 없다. 동침했던 일부 신사들은 어떻게 이렇게까지 열정적일 수 있는지 원인을 분석해 보기도 했다. 특히 F__ 박사(여성의 성행위에 관한 탁월한 권위자)는 다음과 같이 얘기했다.

"가슴은 작지만 만지기 좋을 정도로 탄탄하고, (배꼽 근처 높은 쪽에

---

*   로마 황제 클라우디우스의 아내이자 황후이며 타락한 성의 상징으로 불림. (옮긴이)

자리한) 은밀한 곳에는 털이 풍성하다. 그 부위에서 나는 이상한 열로 인해 털이 이렇게 많이 자란 듯하고, 머리와 기타 부위의 털은 짧고 쉽게 곱슬해진다. 목소리는 새되면서 크고, 말투가 거칠고, 다른 여성들에게 거만하고 잔인하게 군다. 두세 달 연속으로 생리가 없으며, 땀을 흘릴 때도 별로 음란하지 않은 여자들처럼, 냄새가 그리 심하지 않다. 숨결은 달콤하고 입술은 촉촉하며, 사교 활동과 공공장소를 좋아한다."

박사는 이런 특징이 음란하고 육욕적인 기질을 나타내는 확실한 징후라고 말한다. 하지만 박사의 의견이 실제 신체적으로 나타나는 특징인지 판단할 수 없으므로, 그 문제에 관한 판단은 '파_의 선_ '** 회원들에게 맡기자. 끝으로 이 중요한 사안에 관해 언제든 셰익스피어즈나 베드퍼드, 로즈에 가서 이 아가씨를 만나 직접 확인해 보라는 회원들의 조언을 기꺼이 수용하면 된다. (1764)

평범하고 음란한

W 양 굿지스트리트 23번지

"내 뺨은 복숭아보다 빨갛고
피부는 사과처럼 빛나고
수풀 우거진 동굴은 머루처럼 검으니,
꼭 맛보아야 한다네"

** '파리의 선택'으로 알려진 신사들의 음란한 사교모임을 말하는 것 같다.

미모로는 견줄 사람이 없는 이 아가씨는 원래 과일 장수였다. 이 아가씨의 매력은 트집 잡기 좋아하는 사람에게조차 언제나 통한다. 예전에 이상한 남편이 있었지만, 지금은 신경 쓸 사람이 전혀 없다. 아직 풋내기이지만, 붙임성이 좋아서 누구든지 마음을 사로잡는 재주가 있다. 밀짚에 파묻힌 채로 남자의 소원을 들어주기도 하고, 그러면서도 특이한 성벽을 비난하지도 않는다. 거위처럼 입이 싸지도 않아서, 이유를 말해 주지 않더라도 남자들의 비밀을 묻어 주는 여자다. 이 아가씨는 평범한 남자를 좋아하는데, 왜냐하면 이들은 이 사람 저 사람 만나고 다니지 않기 때문이다. 자연히 전문가들은 싫어하는데, 왜냐하면 이들은 종종 매독에 걸려 있기 때문이다. 키가 크고 소나무처럼 고상하며 밤색의 숱 많은 머리칼과 적갈색 눈을 가졌다. 이 아가씨의 정원에 들어간다면, 1기니를 노동의 대가로 내면 된다. (1790)

샐리 프__ 플리트마켓, 챈들러 상점

"승선하려면 조심하라"

이 섬세한 숙녀는 템플바와 거주지 사이에서 만날 수 있다. 7시에서 8시 사이에 출항하고, 무언가를 포획하면 대개는 불을 지른 후 쉽게 가져갈 수 있는 약탈품을 챙겨 달아난다. 이 숙녀의 배는 네덜란드식으로 건조되었고 바닥이 넓고 돛도 많다. 뱃삯은 꽤 합리적이다. (1773)

조지 부인 사우스몰턴스트리트 13번지

이 숙녀는 얼마 전에 업계에 발을 들였고, 어떤 해군 대령에게 최후의 요새를 내주었다. 대령은 뱃사람이자 연인인 독특한 매력으로 그녀를 공략하고, 마음을 얻어 냈다. 여기 대령이 이 숙녀에게 쓴 편지의 일부를 첨부할 것이다. 대령은 이 숙녀를 향한 마음의 폭풍을 말로 드러내면서 애정의 벽을 넘으려 했지만, 요새의 강고함에 놀랐다. 그래서 먼 거리에서 공격할 수 있는 접근법을 취해야 한다는 결론을 내렸다. 사랑의 소이탄을 그녀의 눈동자 속 작은 요새에 던져 넣을 수 있도록 편지 폭격을 집중적으로 퍼부었다. 그렇게 해서 이 숙녀의 가슴 한가운데로 뚫고 들어가 혐오와 무관심이라는 전초기지를 부수고 잔인함이라는 탄창을 폭파해서 조건부 항복을 받아 내려 노력했다. 실제로 이 숙녀는 곧 항복했고, 합리적인 조건을 내걸었다. 대령이 주둔지로 복귀해야 했으므로 아주 짧은 기간만 함께 지냈고, 대령이 떠난 후 다른 대령이 이 숙녀를 정부로 들였으나, 더 높은 계급을 가진 분께서 강력하게 요청하는 바람에 양보해야만 했다. 막 서른 살이 되었고, 예쁘고 매혹적이며, 눈에는 생기가 넘치고 입도 잘생겼다. 살짝 키가 작지만, 아주 정교하게 잘 만들어졌다. 양 볼에는 화장이 아닌 자연색으로 보이는 매력적인 색이 물들어 있어서 얼굴을 돋보이게 해 주며, 머리는 갈색이다. 성격도 좋고, 매우 자유롭고 명랑하다.

아주 좋은 이륜 쌍두마차를 타며, 현재는 C 씨의 정부이다. (1793)

미인들

윌링턴 양 나이츠브리지, 걸레 공장 맞은편

"요정이여! 천국의 여인보다 아름답구나,

　시인은 생각했네"

업계의 모든 여성 중에 가장 아름다운 이의 이름을 떠올려 보라고 한다면, 두말할 필요 없이 샐리다. 상대를 호리는 감언이설에 탁월하여 누구도 항복하지 않고는 못 배긴다. 번개에 날개를 달 수 없듯이, 이 아가씨가 지긋이 쳐다보면 누구도 이겨 낼 수 없다. 머리카락, 입술, 그녀의 모든 게 너무나 매력적이라서 보는 이들을 모두 황홀경에 빠뜨릴 정도이다. 하지만 안타깝다! 해리 __ 경이 이 미인을 몽땅 차지해서, 사람들은 이제 그 아름다움을 볼 수 없다.

막 스물두 살이 되었으며, 상상할 수 있는 가장 우아한 모습을 지녔다. 우리가 알기로 이 아가씨에게는 색정적인 성향이 있으니, 그녀를 꼬실 능력이 되는 젊은 친구들은 너무 좌절하지 않아도 된다. 신중하면서 비밀스럽게 계략을 실행하는 방법만 알면 된다. 한번 죄를 짓고도 벌을 받지 않는다는 걸 알게 되면, 더 맘에 드는 남자를 찾았을 때 무조건 죄를 다시 짓게 되어 있다. 남자다움과 애인다운 면을 두루 갖춘 구애자보다 더 좋은 게 어디 있겠는가. (1779)

에밀리 쿨서스트 양 킹스플레이스, 미첼 부인의 술집

이 아가씨는 우리가 봐 왔던 여성 중 가장 아름다운 축에 속하고

대중적인 평가도 매우 높으니, 독자들이 양해해 준다면 자체적으로 정해 둔 글의 제한 분량을 늘려서 실례를 무릅쓰고 이 아가씨에 관한 특정 정보를 약간 이야기하려 한다.

부친은 피커딜리에서 유명한 상인이다. 어느 날 에밀리가 가게에 있을 때 우연히 루던 백작이 손님으로 가게에 방문했다. 백작은 에밀리의 대단한 미모를 보고 한눈에 반해서 무슨 일이 있어도 에밀리를 차지하겠다고 결심했다. 그녀의 미모는 언제나, 아무리 미개한 사람이라도 경외심을 느끼게 할 정도여서, 날 때부터 거만했던 루던 백작도 에밀리 앞에서는 열등감을 느꼈다. 마치 낙인을 찍은 것처럼, 에밀리의 모습이 백작의 심장에 지울 수 없게 각인되었다.

루던 백작은 곧 이 순종적이고 아름다운 여자를 정복했고, 그녀는 전리품이 되어서 6개월간 백작의 정부로 지내다가 버려졌다. 그 이후 런던에서 가장 잘나가는 귀족 한량들의 임시 상대가 되어 주었고, 부유한 사람들이 자주 찾는 고상한 연회에서 끊임없이 건배를 받았다. 이 아가씨의 동침 허락은 쉽게 구할 수 없지만, '사랑스러운 에밀리'는 누구도 부인할 수 없는 진정한 미인이기에 얼마를 주든 그만한 값어치를 한다. 공공장소에 자주 나타나며, 지난여름 헤이마켓의 극장에서 우연히 머리 장식에 불이 붙어 큰일 날 뻔했지만, 다행히도 함께 있던 '글_ 후작'이 불을 껐다. 좋은 정부 자리를 몇 번 거절했다. 심지어 재산 많은 시골 신사도 그녀에게 청혼했지만, 어떤 남자에게도 구속되지 않기로 결심했다고 말한다.

키가 꽤 크고, 걸음이 당당하며, 얼굴에는 유혹적인 관능이 흘러넘

처서 이 아가씨를 바라보는 시선에는 언제나 감탄과 욕망이 이글거린다. 치아는 희고 고르며, 눈은 너무 반짝거려서 쳐다보기도 어렵다. 아직 스물두 살이 안 된, 우리가 아는 가장 아름다운 여성이다. (1779)

색다른 여자들

벳시 B_ 옥스퍼드마켓, 캐슬스트리트

"누군들 사랑스러운 벳만큼 아름다울까?"

광택을 낸 상아에 견줄 만한 피부가 있다면 아마 벳시의 피부일 것이다. 타의 추종을 불허하는 탄력과 매끄러움이다. 인간의 육체를 경배하는 사람이 이렇게 섬세한 생명체를 느낀다면 얼마나 황홀경에 빠질 것인가! 눈은 파랗고 머리카락은 모래색이며, 치아가 고르고 손과 발은 아주 곱다. 유일한 단점은, 그곳이 너무 넓고 느슨해서 잠자리 상대로는 썩 좋지 않다는 점이다. 그녀가 (우리나라 여자들 3분의 1에게 골칫거리인) 차를 그렇게 많이 마시지 않았다면 좀 더 정력적이었을 것이다. 하지만 여자들이란 무엇이 유익한지 잘 알지 못한 채, 대개는 술을 홀짝대다 중독되거나 찻잔에 빠져 지낸다. (1773)

윌킨스 양

"천사 같은 얼굴! 그런데 몸매는 왜!"

이 아가씨는 최근까지 블룸즈버리의 프린스스트리트에 있는 어느 산파네 집에 거주했다. 스무 살을 넘지 않았고, 아주 호감이 가는 얼굴에 어두운색 고운 눈이 사람의 애를 태우고 치아는 매우 고르다. 하지만 몸매는 전혀 달라서, 키가 작고 허리가 기형적으로 굽었다. 하지만 이 아가씨에게는 몸의 기형을 상쇄하고도 남을 잠재된 매력이 있다. 한마디로 말해서, 전체적으로 보자면 아주 멋진 작품이다. 꼽추라는 사실에 신경을 끈다면 그녀는 작은 비너스가 될 것이다. (1773)

샐리 스트_ 리틀와일드스트리트, 식료품점

"어떤 장애물도, 어떤 창살도 내 길을 막지 못하리"

이 아가씨는 아주 기이한 특징을 타고나서, 이 동네에서 6개월을 지내는 동안 한 번도 제대로 관계를 맺은 적이 없다. 독특한 신체 구조가 일종의 장애물처럼 작용해, 그녀를 특정한 자세로 고정시키지 않고는 누구도 원하는 바를 수행하지 못한다. 얼굴은 대단히 예쁘고, 눈도 맑고 치아도 고우며, 중간 정도의 체격에 살짝 통통하다. 스스로 비밀만 유지한다면 얼마든지 처녀인 척할 수 있다. 하지만 너무 정직해서, 아니 사실 너무 모자라서 누구에게도 그런 속임수를 쓰지 못한다. 가격은 그때그때 흥정이 가능하고, 따라서 상품을 제대로 사용하는 일을 제외한 다른 일은 모두 수월하다. (1773)

조던 양 리틀와일드스트리트 20번지

놀라운 여자를 말할 때 이 아가씨를 빼놓을 수 없다. 압도적으로 진귀한 물건이다. 체중이 최소한 108킬로그램에서 115킬로그램은 나가는데, 움직이기도 힘든 무게치고는 매우 민첩하다. 침대에서 깔리지 않으리라고 장담할 수 없다. 여차하면 질식할 수도 있을 것이다. 그래도 아주 아름답고, 보름달 같은 얼굴을 하고 있으며, 언제나 단정하고 깨끗한 옷을 입는다. 놀라운 외모와 마찬가지로 그 부위에도 신기한 것을 타고났다고 하며, 둘 중 어느 쪽이든 호기심 많은 이들에게 합리적인 가격으로 탐구의 기회를 제공한다. (1779)

아주 작은, 아주 큰

제니 도링턴 러셀스트리트

이 작은 아가씨는 피그미족만큼 난쟁이다. 마치 사육장 안의 토끼처럼 로즈와 벤 존슨의 가게에 뛰어 들어왔다가 나갔다가 한다. 머리카락, 눈, 눈썹은 모두 까만색에 가깝고, 전체적으로 말쑥하게 생겼으나, 혈색만은 나빠서 얼굴을 자세히 쳐다보기 힘들다. 팔다리도 작지만 아주 단정하다. 아주 흔치 않은 사이즈니만큼, 주머니에 넣어 다니고 싶은 연륜 있는 감식가에게 추천한다. 친구들이나 본인을 즐겁게 할 때마다 꺼내서 쓸 수 있을 것이다. (1761)

심스 양 퀸앤스트리트이스트

"아름다운 꽃처럼 색색이 물든 잎,
진귀한 향기 가득히 피어나네

하찮은 갈대 위 고고한 소나무처럼,

님프들 사이 그녀도 키 크고 우아하네"

심스 양은 아름답고 키가 커서, 짝만 잘 만난다면 근위대 아들을 낳기에 딱 좋은 틀이 될 것이다. 스무 살 정도 되었으며, 보통보다 상당히 큰 키지만 보기 흉하거나 어색하지는 않다. 자신의 가치를 잘 알아서 보통 2기니 정도는 받고 그 아래로는 거의 받지 않는다. 놀랍게도 애인들은 한결같이 체격이 아주 작았다. 의심할 여지 없이, 이렇게 키가 크고 멋진 여성 위에 얹혀 보겠다는 욕심이 많은 이들에게 자극을 주었을 테지만, 너무 균형이 맞지 않아서 송아지 가슴살 위의 흉선*이 되는 것에 만족해야 한다. 체격과는 딴판으로 이 여인의 아래쪽은 전혀 넓지 않다. 오히려 발이 겨우 들어가는 빳빳한 부츠처럼 너무 딱 맞아서 착용자에게 큰 즐거움을 주지 못했었다. 부츠 안에 발이 수월하게 들어가기까지 2년 정도 걸렸으며, 자주 팔렸지만** 절대 닳지는 않았다.

(1788)

자매들

셀 자매 코번트가든, 킹스트리트

"열렬한 사랑은 상상 속으로 데려온다,

---

*   Sweetbread. 송아지나 어린 양의 가슴샘으로 주로 요리 재료로 쓰인다. (옮긴이)

**   '대 주다(soled)' 또는 '팔리다(sold)'라는 단어를 이용한 말장난.

가장 어여쁜 생각들과 가장 부드러운 것들을"

이 여자들은 오랫동안 은밀한 자리에서 두각을 나타내 왔으므로, 우리가 지면을 할애하지 않으면 부당하다고 비난받을 수도 있다. 이 여자들은 종종 우리 술집에 손님을 데려온다. 술집의 의자 뒤에 앉아 자매들을 지켜보는 건 남모른 즐거움이었다. 그녀들은 자신의 성격이나 지능에 관한 야비한 공격들도 의연하게 견뎌 내곤 한다. 우리의 형제 로빈슨(캐서린스트리트에 있는 파운틴의 포주)은 이웃에 사는 유쾌한 자매 이야기를 자주 했다. 이들이 캐서린스트리트에 살 때 아버지는 보석상을 운영했다. 이 불쌍한 독일 노인은 자매를 둘러싼 이야기에 마음이 무너져 정신이 나갔고, 앞서 말한 거리에 있는 집을 떠나 그레이트퀸스트리트로 이사한 뒤에 스스로 목을 맸다. 아버지가 돌아가신 후 자매는 노모를 모시고 지금 살고 있는 킹스트리트의 집으로 이사했다. 딸들에게 의탁해야 했던 불쌍한 어머니 역시 무기력하고 아무짝에도 쓸모가 없어 보였지만, 노모는 딸들의 사는 목적이었다. 딸들은 어머니를 부양하는 데서 삶의 의미를 찾았다. 그러지 않고 경제적인 이해를 따졌다면, 늙은 여인은 오래전에 구빈원으로 보내졌을 것이다.

자매들이 일을 시작한 후로 꾸민 모략을 절반만 열거하더라도 노블 씨의 서재*에 있는 재미있는 소설책 두 권은 만들 수 있을 정도라서, 이 책의 작업 범위를 훨씬 초과한다. 언니는 상당히 눈에 띄는 여자였지만, 지금은 내리막길을 걷고 있다. 서비스를 너무 많이 했고 애를 떼

*　'노블 씨'는 대출 도서관을 운영하는 출판업자였다.

려고 독한 약도 먹는 바람에 몸이 많이 나빠졌지만, 그래도 우리는 이 숙녀를 많이 좋아한다.

동생은 언니보다 키가 작고, 안색은 좀 더 낫다. 이 착한 숙녀는 자연의 운명을 그대로 받아들여서 예쁜 딸을 낳았다. 딸은 이들 자매, 그러니까 엄마와 이모하고 함께 살고 있지만, 겉으로는 하숙생^{boarder}** 인 척 가장하고 있다. 언니는 서른은 넘었을 것이고, 동생은 아마 언니보다 세 살 어릴 것이다. 자매는 좋은 상대이며 실제로 지능도 업신여길 정도는 아니다. 이 동네 여러 일을 알고 있으며, 피상적이지만 거의 모든 주제에 관해 이야기할 수 있다. 하지만 가장 좋아하는 것은 극장이다. 우리 독자들이 자매의 가게를 지나가다가 들어가서 사소한 물건이라도 산다면, 우리가 말한 것들이 사실임을 알 수 있을 것이다. 그리고 때를 잘 맞춰 선물한 후 그곳으로 소풍을 떠나면, 자매의 비밀을 전부 알게 될 것이다.

추신. 자매들은 버림받는다는 것을 이해하고 그래서 오랫동안 망설이기 때문에, 솜씨 있게 꼬셔야 할 것이다.

헨드리지 부인 무어필드

"천국 같은 그녀는 파괴의 즐거움을 누리지 않는다"

이 리스트에 있는 파울러라는 숙녀의 올케 되는 사람이 있다. 안타깝세도 파울러의 오빠는 그 여자와 결혼했고, 이 불쌍한 친구는 결혼

** 하숙, 하숙생 등은 모두 매춘에 종사한다는 은어이기도 하다. (옮긴이)

후에도 쭉 행복이 무엇인지 알 수 없었다. 이 여자는 파울러의 오빠가 식을 올리기 전에 자신을 임신시켰다고 말했다. 그래서 (하운즈디치에 있는 놋쇠 주조공인) 남자의 집으로 찾아가서, 그 집이 자기 것이고 그 남자가 어디에 있든 함께 있어야 한다고 우겨 대면서 한 발짝도 안 나가겠다고 고집을 피웠다. 여자의 친구들이 돈을 좀 얹어 주겠다고 약속해서(결국 주지는 않았다) 결혼이 성사되었다. 여자는 유행하는 바보짓이란 바보짓은 다 하기 시작했고, 곧 남편의 놋쇠는 모두 녹아서 모자, 손수건, 앞치마가 되었다. 결국 남편이 파산하자, 여자는 가축 돌보는 일이나 하라고 남편을 시골의 친척들에게 보내 놓고 자신은 거침없이 쾌락의 그네를 탔다.

그 여자는 시누이인 파울러처럼 활기가 넘치지는 않고, 곰보 자국이 약간 있다. 인물이 썩 잘나지는 않았어도 우아하고, 다리와 발이 곧게 뻗어 있다. 머리카락은 밝은색이고 눈은 회색이다. 손님과 함께 있으면 생기와 활력이 흘러넘치며, 유쾌하고 수다스럽다.

항상 시누이와 함께 손님을 물색하러 다니며, 이즐링턴에 있는 빵공장*에서 자주 만날 수 있지만, 특별한 경우에는 화이트콘딧하우스에서 마주칠 수 있다. 여기서 술집 주인과 공모해서 손님을 받는다. 시누이와 올케 사이에는 나름의 규칙이 있는 듯하다. 그들은 서로의 애인을 넘보거나 일절 참견하지 않는다. 이렇게 해야만 같이 일을 할 수 있고, 같이 일을 해야 서로에게 이득이 된다는 점을 잘 알고 있다.

---

* '파렴치하고 방탕한' 장소를 묘사할 때 사용되는 용어.

우리는 그녀들이 리본을 덕지덕지 달고 싸구려 드레스를 입은 채 건방진 얼굴로 상류층 여성들을 흉내 내지 않았으면 좋겠다. 만약 보통 남자들의 관심을 끌고자 한다면 말이다. 보통의 남자들은 대화를 시작하기도 전에 그들의 외양에 겁을 먹을 테니까. (1773)

요즘 사교계의 유행을 이끄는 스타일리시한 숙녀들

레저 양 메이페어, 서적상 옆집

어떤 사람들은 아주 특이한 성향을 가지고 있다. 그런 개별적인 성향을 설명하기는 참 어렵다. 물고기나 동물들의 갖가지 다른 생김새가 왜 그런지 설명하는 것만큼. 그러니까, 이 아가씨의 행동을 설명할 수 있는 사람은 결코 찾을 수 없을 것이다. 어떻게 노인이 이 젊은 여성의 마음에 들었는지도 이해하기 어렵지만, 더 이해하기 어려운 점은 그녀가 단지 성적인 기호만으로 그런 선택을 내렸다는 것이다. 이 아가씨를 찾는 사람은 아주 많다. 그중에는 상류층 남성들도 있어서, 이 아가씨는 아주 우아하게 살고 있다. 화려하게 옷을 차려입고 공공장소, 특히 라넬라 가든스**에 자주 나타나는 유명 인사다. 외출을 할 때면 보통 작은 흑인 소년을 데리고 다닌다. 이 소년은 신기한 모양의 술이 달린 진홍색 구선에 작은 상아지를 앉혀서 들고 다닌다. 대본 읽기를 좋아

** 18세기 당시 런던의 첼시 지역에 위치해 있던 유명한 유원지.

하며, 때로는 한 시간 동안 극본의 어떤 구절을 되풀이하기도 한다. 사랑을 주제로 한 말도 안 되는 운문을 함께 들려주기도 하는데, 그 시를 칭찬해 주면 아주 좋아한다. 나이는 스물셋 정도 되었고, 걸음걸이가 우아하며 눈이 곱다. 얼굴이 예쁜데도 화장을 너무 많이 한다. 아주 괜찮은 선물이 없다면 동침 허락을 얻기 어렵다. (1779)

드빌 부인 소호, 홀랜드스트리트 7번지

"여기 알맞은 물건이 많으니
그들이 때릴 때 붙잡고 쓰러뜨릴 수 있으리"

이 숙녀는 최고 등급의 애첩으로 다른 나라 백작의 정부가 되어 지금의 성씨도 하사받았지만, 위대한 애국자라서 영국 지폐를 받는 데 전혀 거리낌이 없다. 심지어 영국 돈을 가장 높게 칠 정도다. 그러나 더 비싼 액수가 제시되지 않으면 불과 5기니짜리 지폐에도 거부하기 어려운 유혹을 느낀다. 드_ 부인은 경매에 자주 나타나고, 특히 오래된 도자기를 좋아한다. 경매에 참석하면 언제나 감정사와 먼저 안면을 터서 자기 대신 입찰해 달라고 요구하며, 결국 경매품은 감정사의 이름으로 낙찰된다. 그리고 나면 부인은 감정사에게 더 큰 수고까진 끼칠 수 없다며 경매품을 마차에 싣고 자기 집으로 가져간다. 스물둘 정도의 나이에 키가 크고 고상하며 아주 스스럼없다. 곰보 자국이 살짝 있지만 거의 보이지 않을 정도고, 적당히 화장을 하면 전혀 보이지 않는다. 눈은 어두운색이고, 성격은 극히 수다스러워서 다른 나라 사람들이 영국인 하면 떠올리는 내숭은 전혀 없다. 경매에서 부린 꼼수만 봐도 보통은 넘는 여인이며, 남녀를 불문하고 성공에는 꼭 필요한 뻔뻔스러움도 제법 가지고 있다. 이 숙녀의 찬장에는 아주 값비싼 물건이 많다고들 하며, 빠르게 좋은 관계를 맺는 대단한 수완을 활용하여 비싼 물건을 종종 더 채우기도 한다. 이 숙녀의 수완은 비슷한 지위에 있는 자매들에게 유용한 요령을 제공할 수 있다. (1790)

특별 서비스

구강성교

노블 양 페터레인, 플라우코트 10번지

"그녀는 달콤한 키스를 던지네
저 멀리 기쁨으로 데려가는 까불거리는 전주곡
얼어붙은 식욕도 불타오르게 만들어
그 불길은 자연의 욕구마저 환희 속에서 태워 버리네"

사랑스럽고 맑은 안색과 아주 매력적인 행동거지, 사근사근한 성격을 가진 정말 아름다운 여자. 죽은 것도 되살릴 정도로 기술이 완벽하다. 왕성하게 살아 있는 물건을 좋아하기 때문에, 죽은 것을 살려 냈을 때 즐거워한다. 이 아가씨의 혀는 말할 때와 침묵할 때 둘 다 매력적이다. 혀끝이 제대로 움직이면 마치 심장에 직접 웅변하듯, 어떤 소리도 없이 가운데로 느낌이 전해진다. 그러면 애태우는 장면을 끝낼 더 웅장한 무기를 즉시 준비해야 한다. (1788)

H 양 굿지스트리트 14번지

"이 즐거운 포도밭에는 과일이 잔뜩 있네,

여러 나무가 이곳에 뿌리를 내렸구나"

이 어린 아가씨는 아주 잘 만들어진 호감 가는 얼굴, 인상적인 어두운색 눈, 가느다란 팔과 손을 지녔다. 최상급 손님에 어울리는 훌륭한 여자로 보이며, 실제로 그런 손님을 많이 받는다. 그렇지만 그녀에게는 이 리스트의 다른 숙녀들이 어째서인지 자주 비난받곤 하는 '과도한 내숭'은 없다. 오히려 표현에 무신경한 편이지만, 은밀한 말이건 노골적인 말이건 자유롭게 구사한다. 요컨대, 여러 의미로 '대단한 언어학자'라고 할 수 있다. L 경은 처음에 그녀의 부드러운 접근 방식을 역겨워했지만, 그 뒤에 이 아가씨의 혀가 어떤 선율도 잘 맞춰서 연주한다는 사실을 알게 되었다. 그러나 그녀의 입은 2기니보다 적은 돈에는 절대 연주하지 않는다. 아주 고상한 숙녀로서 세인트제임스 듀크스트리트에 있는 그레이스 씨의 정부가 될 듯하다. (1789)

채찍질

러브본 양 퀸앤스트리트이스트, 조지스트리트 32번지

우리가 잘못 안 게 아니라면, 이 아가씨는 부잣집 딸이고, 채찍질을 좋아하는 늙은 변태가 남겨 준 돈도 꽤 된다. 이 아가씨는 그를 문자 그대로 매질해서 저세상에 보냈으며, 소호의 채플스트리트에 사는 버치* 부인만큼이나 때리는 데 전문가라서 더한 짓을 했을지도 모

른다. 이 아가씨는 프랑스인들이라면 '엽기'라고 불렀을 행위를 아주 기쁘게 해냈으며, 중간 정도의 키에 다부진 몸을 해서 자신의 환자가 (우리 생각에 그 사람은 환자가 분명하다) 완벽하게 만족할 때까지 그만두지 않았다. 맞으면서 흥분한다니, 신께서 우리를 지켜 주소서! 하기야 어느 위대한 철학자의 말처럼, 자연의 사슬에는 단 하나도 빠짐없이 각양각색의 인물들이 있어야 하는 법이다. L 양은 자신을 흥분시키는 그 이익의 고리를 절대로 끊어지게 두지 않는다.

경제관념이 없는 보통의 매춘부들과 다르게 이 여인은 예외적이고도 기발한 수완을 갖추고 있다. 이 아가씨가 즐거움을 줄 때 쓰는 핵심 도구인 박달나무 빗자루를 공급하는 행상은 그녀가 빗자루를 다른 곳에서 구매하지 않는다는 조건으로 차와 커피, 버터, 빵을 비롯하여 가게에서 파는 다른 물건 일체도 꽤 할인된 금액에 공급하기로 했다. 두 사람 모두에게 상당히 이로운 거래라고 여겨진다. (1790)

리 양 소호, 버윅스트리트

"오, 엄마, 제발 저를 내려 주세요!
이 동네에서 가장 착한 아이가 될게요,
살아 있는 동안 절대로 화내지 않을게요,
약속할게요, 달라질 거예요!"

---

*   자작나무 회초리를 의미한다. 회초리로 때린다는 뜻도 있다. (옮긴이)

키가 크고 고상하며, 열일곱 정도 되었다. 옅은 색 머리카락에 성감을 자극하는 곱고 푸른 눈을 지녔으며 안색은 밝고 맑다. 걸핏하면 싸우려 들고 잔소리가 심하긴 하지만, 잔소리를 참을 만하게 해 주는 독특한 유머 감각도 있다. 이 소녀는 도제살이를 하던 기숙학교에서 젊은 상담 교사에 의해 처녀를 잃었다. 하루는 여교사가 불시에 들이닥치더니 야한 책을 발견하고는 체벌실로 데려갔다. 그러더니 형틀 목마 위에 소녀를 묶고, 지쳐서 매를 들 힘도 없을 때까지 커다란 녹색 자작나무 회초리로 때렸다. 며칠 후 상담 교사를 만난 소녀는 그가 빌려준 책 때문에 여교사에게 어떤 일을 당했는지 이야기했다. 그러자 상담 교사는 바로 소녀를 방으로 데려갔으며, 아일랜드로 떠날 때까지 계속 소녀를 찾아왔다. 소녀는 한동안 재정적으로 매우 곤란했으나, 매질을 좋아하는 시티의 상인을 한 명 만나고 나서 곧 자주 다니던 극장에 다시 나타났다.

항상 우아하게 옷을 입는다. 남자들이 여성적인 향기에 약하다는 사실을 알게 된 후부터는, 계절에 따라 가장 감미로운 꽃으로 만든 커다란 장식을 왼쪽 가슴에 높이 달고 다닌다. 자작나무 훈육을 좋아하는 아마추어들이 꾸준하게 방문하며, 녹색 자작나무로 된 최고급 품질의 빗자루가 늘 비치돼 있다. 3기니나 4기니를 내려는 손님 같아 뵈면 매우 행복해한다. (1793)

항문 성교

벳시 마일즈 클러큰웰, 올드스트리트, 장식장 제작자 가게

"당신을 기쁘게 하는 건 어느 쪽인가요"

이번에 소개할 여자는 거대한 가슴으로 유명하지만, 특정한 기호를 지닌 손님들이 맘껏 즐길 수 있도록 신체의 다른 부위로도 알려진 숙녀다. 그녀는 당신이 요구하는 대로 앞뒤를 다 내준다. 본인 말로는 솔직히 뒤쪽이 더 즐겁다고 한다. 상당히 합리적인 가격에 앞문으로 입장해 놓고 고작 2파운드에 뒤쪽을 요구하는 이탈리아인들에게 안성맞춤이다. 이 밖엔 어딜 봐도 눈에 띄는 구석이 없는 평범한 여자지만, 이탈리아 취향인 사람들을 위해 목록에 올린다. (1773)

양성애

포브스 부인 브럼프턴, 요먼스로

"선택할 권한, 바로 당신 앞에 있습니다"

포브스 부인이라는 이름은 예전에 결혼했다는 이른바 '장군'에게서 받은 이름이다. 자기가 직접 그렇게 얘기한다 한들, 그녀에 관한 다른 이야기와 마찬가지로 믿을 수 없는 얘기다. 서른여섯 살 정도 되었고, 곰보 자국이 많으며, 머리카락은 년살색이고, 키는 보통보다 살짝 큰 편이다. 이런 상품이 어떻게 시장에 처음 나오게 되었는지 짐작조차 어렵다. 우리는 그녀가 와핑에서 한동안 하녀로 지냈다는 이야기를 들

은 적 있다. 선원들은 마음씨가 곱고 너그러운 친구들이고 게다가 오랜 항해 후에는 상대를 까다롭게 고르지 않아서, 이 숙녀에게 사람 좋은 친절을 베풀었을 것이다. 이 밖의 다른 소문들은 다 터무니없어 보인다. 실제로 이 숙녀의 팔과 손, 다리는 부드러운 사랑의 기쁨을 주기보다 우유를 운반하는 데 더 어울려 보인다. 그러나 이 여자는 이런 식으로 남자들에게 별로라는 평가를 받으면 똑같이 되갚으려 했고, 여자끼리 잘 때에 어떤 남자에게서도 결코 느껴 본 적 없는 진정한 기쁨을 느낀다고 주장했다. 아마도 이 숙녀의 요구 사항이 너무 대단해서 만족시켜 줄 남자를 못 찾았나 보다. 바보 같은 놈들만 만나고 다녔을 테니 당연히 그럴 것이다. 세상의 속담*은 이 숙녀의 편이고, 아마 포브스 부인도 그렇다고 생각할 것이다. 『쾌락의 여인』**을 쓴 독창적인 저자는 꽃다발을 든 어리석은 남자에 관해 쓰면서 이런 내용을 훌륭하게 담아냈다.

우리는 이 여자가 침대에서(마치 호색한처럼 음탕했다) 동성 애인들과 나눈 장난을 많이 알고 있지만, 그녀에게 민감한 내용임을 고려하여 폭로하지 않겠다. 부인에게 호의를 베풀려고 하는 건 아니다. 해당 내용을 담기엔 지면에 한계가 있어서 담지 않는 것이기도 하다. 그러나 부인에게 확실히 말해 두건대, 그녀가 자신은 가질 수 없는 조화롭고 평화로운 남녀 사이를 갈라놓고 싶어서 몸이 계속 근질거린다면,

---

*   여기서 말하는 '속담'은 아마도 "짚신도 짝이 있다"는 류의 속담을 의미하는 것으로 보인다. 해당 대목은 포브스 부인을 비아냥대는 내용이다. (옮긴이)

**   존 클리런드의 『패니 힐, 또는 쾌락의 여인의 회고록』을 말한다.

내년에는 부인의 행실을 잊지 않고 더 명시적으로 리스트에 기록할 것이다. 부인이 저지른 음란한 장난과 성적인 묘기를 부인의 오래된 수컷 정부에게도 알릴 것이다. (1773)

규탄한다!

폴리 케네디 맨체스터빌딩스

아일랜드 태생의 착한 소녀였지만, 그런 소녀들은 이 바닥에서 썩어 버릴 수밖에 없다. 그녀는 수은 치료로 침을 많이 흘린다.*** 수은을 오래 사용하는 바람에 치료 효과도 거의 사라졌다. 더블린에서 판잣집을 전전하다가 최고의 고급 창부가 되겠다며 런던까지 왔다. 이 아가씨에게 만족하며 후원하고 있는 멍청이들이 있는데, 익시온이 구름을 헤라 여신인 줄 알고 안았던 것과 비슷하다. (1761)

미스 영 브리지스스트리트, 컴버랜드코트 또는 터크스헤드 배니오

미스 영은 위에 언급한 술집을 운영하는, 좀 더 적절하게 말하자면 그 술집을 통해 돈을 버는 마담에게 입양된 아이로, 번쩍거리는 싸구려 실크 드레스를 빌려 입고 자신이 최고급 여성이라고 상상하며 상류

*** 침을 흘리는, 또는 '침 속에 있는'이라는 표현은 수은으로 성병을 치료할 때 나타나는 효과와 관련이 있다. 수은을 적은 양만 복용해도 환자는 어마어마한 양의 침을 흘린다.

충처럼 보이고 싶어 안달을 낸다.

가장 최근에 쓴 리스트에서는 이 아가씨가 꽤 예쁘장하지만 돈에만 관심이 있다고 언급했었는데, 지금은 유례를 찾기 어려울 정도로 미모는 망가지고 탐욕만 남았다. 설상가상으로, 이 아가씨는 아주 최근에 성병의 치료가 끝나기도 전에 병원에서 나오는 어리석고 사악한 짓을 저질렀고 결국 온 동네를 오염시키고 다녔다. 이런 이유로 우리는 이 아가씨를 용서할 수 없으며, 그녀의 이름을 여기 언급하는 까닭은 단지 손님들이 피하도록, 또한 이 아가씨가 고의적인 악행의 죗값으로 악명을 얻었으면 하는 바람에서다. (1779)

베리 부인 팔말, 킹스플레이스

"수은은 여성들 대부분에게 영향을 끼친다"

이 숙녀는 아일랜드 태생의 잔소리쟁이로, 최고 등급의 창부를 자처하면서 우리에게 자신의 퀴퀴하고 닳아빠진 상품을 신선한 과일이라고 속이려 한다. 하지만 우리는 속일 수 없다. 이 숙녀는 수은 치료를 너무 많이 받아서 이제는 약발도 들지 않는다. 다른 말로, 이 여자는 거의 죽어 가고 있으며 숨에서도 시체 냄새가 난다. (1773, 보충)

외국인

마담 다플로 소호, 프리스스트리트 46번지

"나에게 유산이 있다면,

가장 매력적인 보물

그것을 너에게 약속의 징표로 주겠네,

내 심장을 위한 선물로"

이 숙녀는 고국을 떠난 지 반년밖에 안 됐고, 그래서 영어를 거의 못한다. 어리고 생기 넘치지만, 보통의 다른 프랑스 여자들이 보여 주는 쾌활함은 아직 따라가지 못하는 듯하다. 영국인을 무릎 꿇리는, 그 어떤 용맹한 프랑스 남성도 하지 못했던 일을 해내면서, 동포들을 위해 영국인에게 복수하는 걸 좋아한다. 이제 스물두 살이 되었으며, 키가 작고 통통한 편이고, 얼굴은 토실토실하고 눈에는 장난스러움이 묻어나서 거부하기 어렵다. 우리의 용감한 장교 몇몇은 이 숙녀와 관계를 맺으면서 자신의 가장 좋은 것들을 내놓고도 더 이상 내놓을 게 없다고 한탄했다. 사랑스러운 검은 머리는 마치 연인을 사로잡는 그물 같고, 새하얀 '비너스의 산'에서 자라는 덩굴은 환희를 주려고 생겨난 듯하다. 이 숙녀에게는 많은 영국 여성이 원하는 한 가지 능력이 있는데, 바로 아래를 청결히 유지하는 능력이다. 영국 여성들은 얼굴과 목, 손을 씻는 것으로 만족하지만, 프랑스 여자답게, 이 마드모아젤은 그렇게만 씻어서는 충분하지 않다고 생각한다. 늘 쾌락의 구멍을 씻어서 항상 신선하고 근사하고 깨끗하게 유지하며, 그 구멍에 소량의 음식도 남기지 않기 위해, 혹시 있을지도 모를 마지막 식사의 잔여물을 완전히 씻어 낸다. 항상 비데에 올라가 커다란 스펀지로 모든 성자가 태어난 근원 부위 전체를 닦는다. 어떤 이들은 이런 독특한 행동을 보고 이 여성이 스파이나 밀수업자가 아닐지 의심했지만, 이토록 거리낌 없이 비밀을 보여 주는 사람이 국가에 맞서려는 부당한 목적을 가졌을 리 없다.

프랑스 스타일과 취향으로 옷을 입고, 연지와 진주 가루를 듬뿍 바르며, 돈을 특별히 좋아하지는 않으나, 잠자리 대가가 아니라 사랑의 징표라면 몇 기니 정도는 겸손히 받을 것이다. (1788)

샤를로테 페르네 부인 소호, 킹스트리트 41번지

"그곳의 아름다움을 말하기에
인간의 혀는 얼마나 연약한가,
그것을 빛내는 고귀한 테두리,
황금빛 곱슬 속에 달려 있네"

샤를로테는 교육을 잘 받았고 불안정한 계급의 여자들보다 훨씬 높은 지위에 있었으나, 악명 높은 사교 모임에 지독하게 집착하는 바람에 결국 그 지위를 잃었다. 수지 양초 제조업자의 형제인 카너비 시장의 고블렛 씨가 특별히 눈여겨보고 그 혐오스러운 무리에서 그녀를 한 번 빼냈고, 그 후 상당한 도움을 주었다. 이 숙녀가 옛 모임에 대한 열망을 다시 드러내서 고블렛 씨의 신임을 잃지 않았다면 계속 친구로 남았을 것이다. 키가 크고 몸매 균형이 잘 잡힌 그녀는 최소한 스물여덟 번의 여름을 살았을 테지만, 이제 쇠락기에 접어들었다. 안색이 썩 좋지는 않지만, 독일인들은 원래 그러하니 그다지 놀랄 일은 아니다. 프랑스어도 할 수 있지만, 이 동네에 들어온 지 십 년이 되었다고 고백

하게 하려면 1기니의 요금을 내야 한다. (1788)

마드모아젤 W__ 부인의 집, 폴랜드스트리트 1번지

"여기서 행복한 밤마다 나는 죽으리라,

여기서 나는 듯 지나가는 시간을 쫓다가,

사랑의 고요한 기쁨에 잠기네

행복한 낮에 충만한 삶으로 떠오르리라"

얼굴과 몸매가 좋은 여성이라면 누구나 얼마간은 기쁨을 준다. 하지만 이 리스트의 여자들 중에, 이 군침 도는 간식처럼 당신의 향락과 쾌락을 충족시켜 줄 숙녀는 거의 없다. 이제 막 스물네 살이 되었고, 검고 고운 머리카락과 사랑스럽게 반짝이는 눈을 지녔다. 치아는 스펜스의 기술로도 흉내 낼 수 없고 루스피니의 칫솔로도 더 깨끗하게 닦지 못할 만큼 완벽하다.* 이 매력적인 소녀에게 키스하고 만지작거릴 수는 있지만, 이 아가씨는 그런 전희보다는 본격적인 쾌락을 간절히 열망한다. 일단 본게임에 들어가면, 경험으로든 본능으로든 절정의 순간을 길게 늘리는 최고의 재주를 선보인다. 우선 자연스럽게, 알아들을 수 없는 소리를 내면서 숨을 짧게 내쉬는 것으로 다가올 소나기를 예고한다. 그러다 갑작스레 열렬한 조임으로 분출을 유예하고는 천천히, 부드럽게 빨아들이며 그레이엄 박사가 말한 것과 같은 "결정적 순간"

---

* 스펜스는 영국의 치과 의사로서 의치 제작 기술로 유명했다. 루스피니는 이탈리아 출신의 치과 의사로 칫솔과 구강 위생 분야에 크게 기여했다. 둘 다 18세기에 활동했다. (옮긴이)

에 이른다. 이런 황홀한 게임을 한 지 2년 되었고, 파트너가 되려면 금빛 소년*의 숫자가 최소 두 배는 되어야 한다. 알아낸 것이 사실이라면, 파리의 오페라하우스에서 가수로 활동했으며, 틀림없이 이탈리아 출신이다. (1789)

샤를로터 베네벤트 레스터필즈, 리슬스트리트 모퉁이, 프린스스트리트

"참신함에는 쾌락을 주는 매력이 있다"

이 숙녀는 네덜란드에서 태어났으나, 프랑스어와 영어를 꽤 잘한다. 중간 정도의 키에, 검은 눈과 눈썹을 지녔고, 고상한 취향의 옷을 입으며, 외출은 잘 하지 않는다. 평균보다 더 나은 생활이 가능하도록 뒤를 봐주는 특별한 지인이 있다. 같은 건물 2층에는 작년에 우리가 언급했던 부스비 양이 살고 있다. 부스비 양은 스스로 2층에서 가장 뛰어나다고 생각하면서 손님을 찾으러 쉬지 않고 거리를 돌아다닌다. 맘에 드는 사람에게는 1파운드를, 그렇지 않은 사람에게는 외국인이자 흔치 않은 안목을 가진 여성으로서 합당한 요금을 받는다. (1773)

교대 근무자

C 양 레스터필즈, 프린스스트리트 3번지

---

*   기니를 일컫는 속어. 기니는 금화다.

"어여쁜 보석은 만족시키지 못하는 법이 없지,
그녀가 하는 모든 일이 너무 쉽게 이루어지네"

몸매가 아주 좋고, 검은색 머리와 고운 눈, 빼어난 이목구비, 가지런한 치아를 지녔다. 열아홉 정도 되었으며, 이 동네에 들어온 지 얼마 안 됐지만, 쾌락을 주는 야한 일에 완벽하게 적응했다. 장갑 만드는 일을 하며 자랐으며, 가능하면 추문이 퍼지는 걸 막아 보려고 여전히 일을 하고 있다. 하지만 진실은 바뀌지 않으며, 이 아가씨가 30분의 사랑스러운 놀이 후에 받는 칭찬을 거부하지 않는다는 진실도 마찬가지다. 가쁜 숨을 몰아쉬며 오르내리는 가슴이 너무 매력적이다. 스스로도 자기 가슴이 얼마나 천사 같은지 잘 알기 때문에, 적어도 천사가 한 명은 실제로 내려와야[**] 만지게 해 준다. 보우의 종소리가 들리는 곳에 사는 어떤 약사 신사가 일주일에 한 번씩 이 숙녀를 찾아온다. 그는 그녀의 건강을 관리하면서 자신의 건강도 챙긴다. 그는 오직 손으로 만지고 애무하는 선에서 멈추고 그보다 더 깊은 쾌락으로는 들어가지 않는다. 그리고 만질 때마다 1기니씩 낸다. C 양이 높게 평가하는 친구가 몇 명 있는데, 그중에서 오키프 대령을 가장 만족스러워한다. 오키프 대령은 아일랜드 장교로, C 양이 전투에 나가지 않을 때면 거의 언제나 그녀의 은밀한 장소에서 보초를 선다. 거기서 그는 정말 훌륭한 장교이자 의무에 엄격한 사람으로 평가받는다. 떡 벌어진 어깨와 튼튼한 다리만 봐도 내링이 C 양을 완벽하게 채워 줘야 하는 그 자리에 적임자라고

[**]   금화를 의미하는 은어. (옮긴이)

판단할 수 있다. (1789)

루시 브래들리 칩사이드, 실버스트리트

키가 작고 다부진 체격의 아가씨이며, 혈색이 좋고, 억지로 꾸미지 않는다. 얼굴은 둥글고 이목구비는 또렷하다. 머리카락은 짙은 색이고 눈은 녹갈색이다. 소호 근처 외국인 의사 집에서 보모로 일했을 때 그 의사에게 처음 범해졌는데, 강제성이 없지는 않았다. 작은 리넨 조각을 모으고 바느질해서 뭔가를 잘 만든다. 영리하며 정직하다. 어쩔 수 없이 손님을 받게 되었지만, 옳지 않은 일이라고 생각하는 듯하다. (1761)

퀼러 부인

"겉보기엔 그럴듯한 주부, 아니면 음탕한 아내!"

캐번디시광장의 리틀티치필드스트리트에 산다. 예쁘지는 않지만, 몸매가 좋다. 싹싹하고 친절하며, 정부이자 마담이라는 두 가지 역할을 맡고 있다. 만약 당신이 그녀를 별로라고 하면, 이 숙녀는 자신의 명예를 걸고 1층에서 꽤 괜찮은 물건을 구해 줄 것이다. 현재 이 여인의 하숙집은 비어 있지만, 조만간 **조산사** MIDWIFE＊라는 새로운 직업을 가질 예정이라 곧 괜찮은 하숙생을 들일 수 있을 것이다. 조산사가 되면 연약

＊ 'midwife'는 원래 '조산사, 산파'라는 의미를 지닌 단어지만, 원문에서는 특별히 강조된 것으로 보아 암시적인 의미로 쓰인 듯하다. 조산사는 당시의 마담, 뚜쟁이, 알선업자들이 표면적으로 내걸었던 직업 중 하나였다. 조산사가 되면 갈 곳 없는 여자들이 찾아오게 하기 쉬웠다. 주로 매춘부나 원치 않는 임신을 한 여성들이었을 것이다. (옮긴이)

한 생명을 품은 여성에게 피난처를 제공하고, 남성이든 여성이든 그곳에서 은밀하게 몸을 풀 수 있다. (1773)

호턴 부인 보클레르빌딩 3번지

"오! 어여쁜 소시민이여"

장갑이나 가터벨트 등등을 파는 가게를 혼자 운영하는데, 도와주는 여자 점원 없이도 장사를 꽤 잘한다. 손님이 많지는 않지만, 돈을 잘 내는 괜찮은 사람들이 온다. 키가 작고 통통하며, 검고 예쁜 눈과 풍만한 가슴을 지녔다. 다리는 놀랍도록 잘 뻗었고, 아주 탁월한 잠자리 상대라는 평판을 받고 있다. 장갑을 끼고 있을 땐 욕정을 자극하고, 가터벨트를 팔 땐 자신이 착용한 가터를 보여 주기 위해 주저 없이 다리를 드러낸다. 성품이 착하다. 가게 주인으로서 이 숙녀보다 더 적합한 여자는 기억나지 않는다. 나이는 스물여섯이다. (1779)

페티시즘

사랑의 향기

클락슨 양 소호, 홀랜드스트리트 5번지

"이 맑은 물에서 편안하게 씻으실 수 있습니다,
만족하셨다면, 2기니만 내세요"

클__ 양은 보통 키에 눈과 머리카락은 검은색이며 안색은 맑다. 이 동네에 들어온 지 반년을 넘지 않았으며, 그래서 상태가 양호하다. 어떤 외국 왕자가 이곳에 왔다가 이 아가씨한테 푹 빠져서 헤어질 때 자신의 작은 초상화를 선물했다고 하는데, 이 아가씨가 아직껏 보관하고 있는지는 알 수 없다. 삼촌*이라고 불리지만 먼 친척보다도 훨씬 불편한 어떤 사람들, 세상의 좋은 물건이라면 사족을 못 쓰는 사람들은 값나가는 보석에 눈독을 들이고 싼값에 그걸 살 때마다 엄청나게 기뻐한다. 클＿ 양의 아파트에서 그 초상화가 사라진 연유를 설명하고 있는 것이다. 아마도 몇 달 후에는 다시 찾게 될 수도 있지만, 그 또한 추측일 뿐이다.

왕자와 이 숙녀의 첫 만남에 얽힌 일화는 열정의 게임을 즐거워하는 우리 독자들이 좋아할 만한 이야기이다.

클＿ 양은 왕자에게 그녀에 대한 칭찬이 헛소문이 아니었다는 이야기를 듣고 싶어서, 최대한 자신을 돋보이게 꾸미기로 결심했다. 동네 최고의 파리 출신 미용사에게 머리를 맡겼을 뿐 아니라, 또 다른 행복의 문을 어떻게 장식할지까지 상담했다. 그러자 '무슈 르프리제'**는 그곳의 털을 비둘기 날개 모양으로 다듬고 프랑스식 흰색 가발처럼 가루를 뿌리라고 조언했다. 숙녀는 조언에 따라 작업을 진행했고, 이제 머리부터 아래까지 완벽하게 최신 유행에 맞춰 꾸몄다고 안심했다. 그러더니 행복의 자리에서 나는 냄새에 머스크 향을 약간 더해도 좋겠다는 생각이 불현듯 떠올라서 거기에 향수를 뿌렸다. 마침내 왕자 전하께서

---

* '삼촌(uncle)'은 전당포 주인을 일컫는 속어이다.
** 잘나가는 숙녀의 미용사.

행위에 나섰지만, 이미 너무나 영국적인 사람이었던 왕자는 그 부위를 인위적으로 꾸미는 프랑스식 분칠을 경멸했다. 흰색 가루를 보더니 고개를 돌린 왕자는 머스크 향기를 맡고는 더욱 불쾌해져서, 종을 울려 하인을 부른 뒤 붉은 청어를 가져오라고 시켰다. 클＿ 양은 그 지시를 듣고 깜짝 놀랐지만, 기꺼이 순종하는 모습을 보여 주고자, 이상한 변덕이려니 생각하고 기다렸다.

하인이 청어를 가져오자, 왕자는 곧바로 청어를 그녀의 은밀한 곳에 바르면서, 이제 자연스럽고 원초적인 냄새를 회복할 수 있을 거라고 말했다. 왕자는 "부인, 좀 전에는 워런이나 베일리에서 파는 인형인가 했는데 이제야 진정한 악취를 가지게 되었군요."라고 말했다. 그러고 나서야 관계를 맺더니 클＿ 양의 개울이 좁고 맑고 유쾌하다며 만족을 표했다.

왕자가 두 번째로 방문했을 때, 이 숙녀는 말 그대로 '자연 상태 그대로' 나타나 그를 매우 기쁘게 만들었다. 그다음 방문에서 왕자는 함께해 줘서 고맙다는 표시로 앞에서 언급한 초상화와 상당한 액수의 현금을 선물했다.

진정 평온한 나날이었다! 클＿ 양이 그 선물들을 다시 볼 수 있기를 바라지만, 그럴 수 없다 해도 그녀의 형편은 나쁘지 않다. 친구인 동인도 선박의 선장이 항해에 나가서 곁에 없을 때도 든든한 지원을 해 주고 있으니. (1790)

숙녀의 빨래

그랜트 양 옥스퍼드로드, 뉴먼스트리트 46번지

"인류의 열정은 이상하기도 하지,
이성에는 귀를 닫고, 상식에는 눈을 감게 만들다니"

G 양보다 이 직업을 세세히 이해하는 비너스의 후예는 없다. 이 숙
녀는 친구들 Cull 또는 Cully*을 손가락으로 휘감아 약점과 변덕을 연구하여
최고의 만족을 준다. 이 동네 전문가들 중에서도 아마 그녀의 손님들
이 가장 이상할 것이다. 다음 이야기를 들어 보라. 리든홀스트리트 근
처에 사는 어떤 상인이 매주 토요일 오후마다 이 숙녀를 방문한다. 그
날이 가장 한가해서 그럴 것이다. G 양은 B 씨가 들어오는 걸 보자마
자 하인에게 뜨거운 물 한 주전자, 세탁비누, 빨래 통 등등 더러워진 리
넨을 세탁하는 데 필요한 도구를 가져오라고 지시한다. 이런 물건이
갖춰지면 B 씨는 먼저 외투를 벗고 셔츠 소매를 걷은 후 하녀의 더러
운 잠옷을 입고 일을 시작해서 몇 초 만에 팔꿈치까지 비누 거품을 묻
힌다. 숨이 찰 정도로 즐기고 나면, 손을 씻고 옷을 갈아입은 후 숙녀에
게 2기니를 내고 조용히 떠난다. 쾌락의 여자들 중 절반 정도는 사실상
아무것도 하지 않고 돈을 주는 데다가, 심지어 세탁비까지 절약해 주는
이런 유용한 친구를 만나고 싶을 것이다. 우리는 이 상인만큼 괴상한 방
식으로 열정을 만족시키는 다른 방문자들을 알고 있지만, 이 부분에서

---

* 남자, 또는 매춘과 관련해서는 고객을 지칭하는 용어.

는 G양만 행운을 누리는 건 아니라서 다른 항목에서 이야기하려 한다.

생김새를 보자면, 꽤 건장하긴 해도 균형 잡힌 몸매를 가졌고, 파란 눈과 고운 머리카락을 지녔다. 스무 살 정도 되었고, 태도가 매우 매력적이며, 체스터필드 경이 품위라고 부르는 것을 갖췄다. (1789)

머리 빗기

허드슨 양 소호, 미어드코트 4번지

열아홉 살 정도 되었고, 보통 키에 예쁘장하며, 눈에 띄게 곱고 검은 머리카락에 아주 매력적인 눈과 치아를 지녔다. 이 동네에 들어온 지 15개월 정도 되었고, 일을 능숙하게 잘해서 마치 상인처럼 고객을 많이 모았다. 2기니 이하로는 받지 않는다. 괴상한 부류의 고객이 꽤 많아서 그런 고객들은 후하게 돈을 내고도 이 아가씨에게 거의 일을 시키지 않는다. 워릭레인에 있는 대학의 교직원 중 한 명이 자주 찾아오는데, 머리 빗기로 명성이 자자한 루나스트로키우스 박사의 직계 후손이 아닌가 싶은 정도다. 이 아스클레피오스의 아들**이 올 때면 허드슨 양은 언제나 어깨까지 내려오는 치렁치렁한 머리를 제멋대로 풀어 놓은 채 그를 맞이한다. 그는 즉시 작업을 시작하여, 이 순간만을 위해서 언제나 가지고 다니는 거북이 껍질 빗으로 숙녀의 머리를 정성껏 빗겨 준 뒤 5기니를 종이에 싸서 선물하고 떠난다. 그 빗을 항상 지니

** 의사.

고 다니다 보니, 웃긴 일도 가끔 생겼다. 뱃슨의 식당에 갔을 때, 주머니에서 손수건을 꺼내다가 잘못해서 빗을 바닥에 떨어뜨렸다. 웨이터가 주워서 식당에 있던 모든 신사에게 그 빗의 주인인지 물었지만, 누구도 주인이라고 나서지 않았다. 그때 이 신사가 그 빗이 자기 것임을 인정하고 웨이터에게서 돌려받아 주머니에 넣었다. 그러자 그곳에 있던 한 익살꾼이 말했다. (말이 나왔으니 말이지만, 놀라운 재치로 모르는 사람이 없는 사람이다.) "선생님, 이발사이신 줄은 몰랐습니다. 항상 의사라고만 생각했네요." (1790)

눈 핥기

L 양 폴랜드스트리트 15번지

> "기이한 악행을 어리석은 자들만 저지른다니,
>   사제도 상인도 장사꾼도 같은 짓을 하건만"

스무 살 정도 되었고, 중간 정도의 키에 상당히 남성적인 성향을 보인다. 하지만 적어도 외모상으로는 남녀 모두에게 어울릴 중성적인 모습이라서 불쾌하지는 않다. 피부색은 어두운 편이고 눈과 머리카락은 같은 색조여서 단정해 보인다.

C 경이 작고하면서 L 양은 아주 좋은 친구를 잃었다. 그가 왔다 갈 때마다 적지 않은 돈을 줬기 때문에, 이 아가씨는 늘 뜻밖의 횡재를 맞았다. 그래서 이 아가씨는 C 경이 생각해 낼 수 있는 가장 색정적인 부분을 간지럽혀 주었다. 말하기도 이상하지만, 정말로 사실이다. 아무튼

그의 기벽은 완전히 일반적이지 않은 것이었다. 알아들을 수 있게 말하자면, 여자가 혀로 눈을 핥아 주는 걸 좋아했다. 눈이 짓무르거나 아프지는 않았다. 그는 돈을 꽤 주기는 했지만, 추가 요금을 주지는 않았다. 아무튼 세상에는 이상한 사람이 얼마나 많은지! (1790)

최음제

블랜드 양 소호, 워더스트리트

유쾌하고 변덕스러운 소녀로, 고상한 외모를 지녔으며, 모든 손님에게 특별한 자극을 준다. 영계, 돼지, 송아지, 갓 낳은 달걀, 굴, 게, 새우, 에린고*, 연질약** 등등의 흥분제를 써서 자극을 높이는 걸 아주 좋아한다. 포옹할 때 최고의 기쁨을 느끼며 때로는 연인의 뺨을 깨물어 자국을 남긴다고 알려져 있다. (1764)

취향 따라 골라 주는 마담

오웰 부인 클레어마켓, 덴질스트리트

"위대한 마담이 제대로 준비한 창녀 두 명,

* 최음제로 사용되던 에린기움속의 다년초.
** 먹기 좋게끔 꿀이나 시럽에 섞은 약.

종자에겐 뚱뚱한 창녀, 나의 경에겐 날씬한 창녀"

이 숙녀는 음탕한 일에 직접 나서기도 하지만, 마담으로 훨씬 유명해서, 우리는 이 숙녀가 성공한 고용주로서 보여 주는 능력에 국한해서 설명하려 한다. 최고의 고객은 C 경으로, 가슴에 젖이 가득 찬 여성을 찾는 그의 취향은 너무나 유명하다. W 경도 있는데, 그는 사춘기도 되지 않은 어린 소녀들에 대한 집착으로 악명 높다. 그 밖에도 독특한 취향을 가진 손님이 여러 명 있다.

마담은 거리에서 보호받지 못하고 방치된 예쁘게 생긴 아이들을 꾀어내는 데 도가 텄다. 실제로 보면 모든 면에서 정말 능숙하다. 그녀가 사람 살을 팔아서 먹고사는 게 양고기나 소고기를 파는 정육업자들과 뭐가 다른지 물어볼 수도 있을 것이다. 이 숙녀는 분명 "사람은 누구나 자기 할 일을 한다"고 대꾸할 것이다. 서른셋 정도 되었고, 봐 줄만한 얼굴에 고운 피부를 지녔다. 통통하긴 해도 뚱뚱하진 않다. 능력 있는 사람을 종마로 들인다는 소문이 있고, 인생에 나타난 결정적 한 방은 절대 놓치지 않는다고 한다. (1779)

"세상도, 세상의 법도 그대들의 친구가 아니다."

키티 애치슨 보우스트리트

중간 정도의 키에 안색이 곱고 이목구비가 또렷한 소녀. 젊고(스무 살이 채 안 되었다) 매력이 막 싹을 틔우는 중이라 수많은 구애자들이 줄을 선다. 자신의 처지가 아주 마음에 들지 않아서, 여러 번 그런 처지에서 벗어나려 시도했었다. 남자들을 연달아 상대할 때는 마지막 연인도 처음처럼 반겨 주며, 연인의 선물이 기대치를 충족시키기만 하면 순수하고 온전한 애정을 주었다. 어느 날 저녁 로즈에서 애인이 계산을 마치고 마차를 불러 떠난 뒤 홀로 남게 되자, 이 숙녀는 처지를 한탄하는 애처로운 구절을 내뱉었다. "너그러운 사람에게 이 얼마나 불쾌한 상황인가! 사려 깊은 사람에게 이 얼마나 불행한 굴레인가! 인류의 하수구가 되다니! 짐승 같은 술주정뱅이와 구역질 나는 방탕아의 환심을 사야 한다니, 즐거움을 위해 혐오감을 감추고! 아늑한 편안함도 순수한 안락함도 없고, 야뇨증과 난봉꾼만 남았네. 이런 파란만장한 욕정의 끝엔 뭐가 있을까? 뭐겠어, 감염이지!" 이때 갑자기 웨이터가 난입하여 독백을 끝내라고 종용했다. (1761)

퍼니허 양 버너스트리트 19번지

"최근에 네가 입은 옷은 얼마나 사랑스러웠는지"

토머스 경과 낳은 하나뿐인 자식이 죽은 후 이 숙녀가 겪은 불행에 진심으로 안타까움을 전한다. 극복하기 어려운 과도한 슬픔 때문에 병에 걸렸고, 많은 장애가 생겼다. 눈빛이 완전히 시들고 이목구비가 죄다 망가져서, 이전과 같은 사람으로 보이지 않는다. 어서 회복되어 가장 아름답고 즐거운 얼굴과 유쾌한 매력을 갖추었던 그때의 모습으로 다시 돌아오기를 바란다. 이 숙녀를 방문하는 사람들은 웬만한 다른 고급 시설보다 훨씬 우아하게 일이 치러진다는 것을, 여기서는 사소한

것도 그냥 넘어가지 않는다는 사실을 알게 될 것이다. (1779)

헤티 D 양 미어드코트

파란 눈, 오똑한 코, 아주 작은 입의 작고 마른 소녀이다. 와핑에서 저명한 어느 상인의 딸로, 아버지가 부리던 짐꾼에 의해 처녀를 잃었다. 이 소녀는 종종 회개의 발작을 일으켰고, 그래서 막달레나하우스*의 문턱을 수시로 드나들었지만, 펀치나 와인 한 잔이면 다시 돌아오게 할 수 있었다. 유쾌한 상대지만, 정열이 없고, 모든 남자를 얼간이로 여긴다. 방해만 없다면 남자들의 주머니를 터는 데 주저함이 없었다. (1761)

테이머 고든 양 롱에이커 배니오 근처

"견디기 어려운 그녀의 사슬"

고든 양은 노섬벌랜드 출신으로, 말투만 들어 보면 쉽게 알 수 있다. 법적인 문제가 있어서 어머니와 두 자매가 함께 런던에 왔으나 소송 결과가 기대와 달랐다. 거기다 다른 상황도 겹치는 바람에 5년 전쯤 우리를 찾아왔다.

곱고 둥근 얼굴과 만족스러운 몸매, 비너스 같은 팔다리를 지녔다. 상냥하고 아주 착하다. 장점은 이게 끝이다. 비너스의 의식을 치르는 중에는 마치 네덜란드 여자들처럼 차가워서, 이 여자의 애인들은 금방

---

*   회개하는 매춘부를 위한 막달레나병원은 1758년에 설립되어 이전의 직업을 그만두려는 여성에게 쉼터와 교정원을 제공했다.

맘이 뜨겠다는 생각이 자연스럽게 든다. 다른 자매들도 이 일을 하지만, 어디서 하는지는 알려진 바 없다.

그녀가 술을 좀 줄였으면 한다. 술만큼 건강과 아름다움을 해치는 것도 없으니까. (1773)

C 양 글랜빌 스트리트, 4번지

"구경만으로도 충분하다면, 여기서 충분히 구경하세요,
힘차게 한판 뛰고 싶다면, 얼른 한 조각 드셔 보세요"

열여덟 정도 되었으며, 키가 꽤 큰데도 몸매가 예쁘다. 얼굴빛은 어둡지만, 곱고 검은 머리카락과 감정이 드러나는 검은 눈이 아주 매력적이다. 놀랍도록 가는 다리와 발은 가끔 아주 큰 장점이 되기도 한다. 대화를 나누기 즐거운 상냥한 여자다. 이쪽 세계에 발을 들인 지 얼마 되지 않았으며, 이 일을 극도로 혐오하는 듯하다. 오로지 어떤 노신사가 자신을 가정부나 동반자로 택해 주기만을 기다리고 있다. 선물이나 감사의 표시를 당당하게 요구하는 고급 창부처럼 굴지 못해서, 상당한 사례금을 받을 거리가 있을 때조차 자주 돈을 떼이거나 푼돈만 받고 끝난다. (1789)

Chapter 11

포주, 대가를 치르다

1758년 초반, 런던에서 가장 존경받는 남자들의 응접실과 서재에서 폭풍이 일어나려는 참이었다. 강한 논조로 갈겨쓴 편지 더미와 신문이나 잡지에 실린 철학적인 글들, 일련의 종이 뭉치가 몰고 온 폭풍이었다. 폭풍은 기세를 올려 존 필딩 판사와 홀번의 치안관 손더스 웰치 같은 런던 당국자들의 사무실에 휘몰아치더니, 로버트 딩글리와 조나스 핸웨이 같은 강직하고 부유한 재계 지도자들의 창문에도 들이닥쳤다. 관련자들이 모여서 대책을 논의하기 시작했다. 선의의 돌풍이 거세게 불면서, 그해 안에 잭 해리스와 그의 왕국을 영원히 휩쓸어 버리겠다고 위협했다.

막달레나 자선단체의 설립자들이 특별히 잭 해리스를 겨냥했던 건 아니었다. 그들은 오히려 그의 리스트에 있는 여성들을 목표로 삼았다. 그들은 매춘부들을 개심시켜서 매춘의 확산을 누그러뜨리려 했고, "매춘부로 사는 여성들이 사악한 삶을 그만두도록 설득하기를" 바랐다. 이를 위해 10년 전 고아들을 위한 병원을 세웠던 토머스 코럼처럼, 병원(요즘으로 치자면 보호시설이나 재활원)을 설립하자고 제안했다. 계획은 놀랍도록 빠르게 실행되었다. 병원 건립을 역설한 지 일 년도 채 지나지 않아 기금이 모이고, 막달레나병원 부지가 정해졌다. 영향력 있는 사람들이 너무나 오래 매춘의 현실에 눈감았던 탓에, 불행한 삶을 사는 이의 잘못을 교정하려는 진실하고 결연한 대중 행동이 처음으로 시작되자 사람들은 압도적인 지지를 보냈다. 1758년 이 자선단체의 소식은 모든 사람의 입과 신문에 오르내렸고, 책 가판대는 이 주제에 관한 토론과 제안을 담은 글들로 가득 찼다. 매춘을 둘러싼 환경과 매춘의 유혹에 넘어가기 쉬운 여성들의 취약성을 두고 논쟁이 불붙었지만, 남성의 행동이나 사회적 인식이 악의 한 원인이라고 주장하거나 대담하게 매춘을 근절할 계획을 제시하는 사람은 없었다. 조나스 핸웨이와 존 필딩, 손더스 웰치, 로버트 딩글리는 가부장제의 지배를 유지하려면 최소한 일부 여성들은 매춘 상태에 놓여 있어야 한다는 사실을 대놓고 말할 수 없었다.

대중들의 선의에 힘입어 막달레나 자선단체를 성공시키려는 열망이 추진력을 얻자, 법률가들은 곧바로 공동체의 변화를 법제화할 책임을 지게 되었다. 일부 지역단체와 종교적인 개혁 단체들이 이미 파악했듯이, 지역의 치안판사들이 성매매를 대하는 태도는 언제나 변덕스러웠다. 당국이 행동에 나서도록 설득하려면 많은 이들이 목소리를 내야만 하는 경우가 많았다. 유곽 운영이나 성매매 호객 행위를 금지하는 법은 지독하게 복잡해서 야경꾼이나 치안판사들이 그 법을 엄격하게 집행하려고 노력해 본들 별 소용이 없었다. 때때로 엄격한 법 집행을 요구하는 대중들의 목소리가 높아지면, 당국은 법을 위반하고 있음을 주지시키려고 마담들의 새장을 들쑤시기도 했지만, 그 과정에서 체포된 수상쩍은 사람들은 대개 다음 날 아침이면 풀려났다. 매춘과 법은 서로를 용인하는 안정적인 구조로 정착했다. 그러나 성매매와 무관하거나 법 집행의 어려움을 알지 못하는 구경꾼들은 이런 상황을 수긍하기 어려웠다. 필딩과 웰치는 철저하게 감시하려는 대중의 뜨거운 숨결이 목덜미까지 와닿았다고 느꼈다. 자신의 관할구역에서조차 매춘을 근절하려는 노력을 보이지 않으면서, 매춘 개혁을 옹호해 달라고 하기는 어려웠다.

그해 4월, 불시 단속이 시작되었다.

문란하고 난잡한 사람들 다수가 남녀 불문 블랙보이앨리와
치크레인에 있는 유곽에 숨어 있다는 정보를 입수한 손더스
웰치는 어제 오전 여섯 시쯤 사법 비서관과 치안관, 그 밖의
다른 관리들과 함께 위의 장소로 가서 70명 이상 되는
사람들을 적발하고 그중 48명을 두 개의 구치소와 시장이
감독하는 새로운 교도소로 보냈다.

4월 22일부터 25일까지 《런던 크로니클》에 게재된 이 포고는 이후 계속 나올 여러 발표 중 처음일 뿐이었다. 시티와 웨스트엔드에 있는 가장 악명 높은 거리를 겨냥한 급습이 계속되었고, 헤지레인, 세인트자일스 교구, 드루리레인 등에 줄지어 있는 유곽을 대상으로 조치가 이루어졌다. 이런 활동이 아무리 좋은 의도에서였다고 해도, 필딩은 여전히 유곽과 배니오의 소굴인 보우스트리트에 산다는 위선의 혐의를 벗어던지기 어려웠다. 《런던 크로니클》의 필자 중 한 명은 「개심한 방탕아가 존 필딩 님께 보내는 축하 서신, 매춘부 갱생에 관하여」라는 글에서, 이 치안판사에게 "옆집에 사는 매춘부들에게도 공평하게 정의의 처분을 내릴 수 있는데" 군이 멀리 떨어진 헤지레인까지 가서 체포해야 하는 이유가 무엇인지를 물으며 아래와 같이 덧붙였다.

치안관들은(코번트가든의 치안관들도) 자신의 관할 내에
유곽이 없다고 맹세할 의무가 있다. 그리고 판사, 당신은
매춘부를 찾아서(만약 남아 있다면 말이다) 재판에 넘길
권한을 부여받았다. 어떤 특별한 법 조항이 보우스트리트와
코번트가든의 유곽을 유사한 제한 조치로부터 면제해 주는
것인지 정말 궁금하다. (…) 영국에서 가장 적극적인 판사가
그런 유곽들을 바로 코앞에 내버려두리라고는 상상하기
어렵다.

건드릴 수 없는 악의 성지였던 코번트가든의 심장부를 강타하라는

요구가 점차 드세졌다. 개혁가들은 낮에 시티나 세인트자일스의 더러운 뒷골목에서 조무래기 거리 매춘부나 작은 유곽 주인을 잡는 소소한 낚시로는 만족하지 않았다. 이들은 더 큰 고기, 즉 매춘의 진정한 범인을 원했다. 유월의 어느 날, 드디어 운명의 그물이 던져졌다. 그물에 걸린 물고기는 모두를 놀라게 할 만큼 큰 놈이었다.

따뜻한 여름날 저녁. 누구도 광장에 그렇게 끔찍한 밤이 찾아오리라고 예상하지 못했다. 술 취해 왁자지껄하던 평소보다도 훨씬 시끄럽고 엄청난 굉음이 들려오기 시작했다. 입이 험한 여성들의 악에 받친 욕설에 맞서 쾅쾅거리며 문을 치는 소리와 야경꾼들이 고함치는 소리가 쉴 새 없이 들렸다. 제대로 옷도 못 입고 끌려가는 매춘 여성들 뒤에서 들려오는 거센 항의와 비명 소리가 건물을 가득 채웠고 손님들은 뒷문으로 도망쳤다. 사람들이 모여들었다. 술집 주인과 웨이터, 손님들이 눈앞에 펼쳐진 광경을 구경하려고 창문을 기어오르자, 귀족 고객들도 잔을 내려놓았다. 야경꾼들이 광장의 북동쪽 구석으로 직진하자 단골들은 눈을 의심했다. 야경꾼들은 영장을 가져왔다고 발표하더니, 아주 최근에 컴벌랜드 공작이 즐기고 간 마담 더글러스의 우아한 가게 문지방을 거침없이 넘었다. 마담 더글러스의 유곽은 상류층이 가장 많이 찾는 업소로 이름을 날렸지만, 그날 밤에는 누구도, 설령 왕족이라 해도 단속을 막을 수 없었다. 체포된 마담의 숙녀들은 나중에 석방되었으나, 지난 15년 동안 법 때문에 곤란을 겪은 적이 한 번도 없었던 마담 더글러스는 감옥에 갇혔다.

제인 더글러스의 업소에서 대규모 체포를 진행한 후 당국은 셰익스피어즈로 주의를 돌렸다. 그리고 바로 거기서 '잉글랜드의 포주 대장' 잭 해리스를 찾아냈다. 해리스도 체포되어 고객들과 패킹턴 톰킨스 앞에서 호송되었다. 마담 더글러스와 마찬가지로 해리스 역시 그날 밤 동네 구치소에 갇혔다가 다음 날 체포 영장을 발부했던 라이트 판사 앞에 끌려갔다. 영장 발부의 근거는 해리스와 마담 더글러스의 여자들 중 한 명의 제보였다. 양쪽에 수수료를 내느라 지쳤던 이 여자는 비슷한 처지의 다른 여자들이 18세기에 감히 하지 못했던 일을 용감히 해냈다. 그녀는 자신을 변호하려고 목소리를 냈다. 해리스의 이야기를 기록한 연대기 작가에 따르면, 이 여성은 라이트 판사에게 직접 가서 "선서한 후 마담 더글러스와 해리스가 자신에게 신사를 소개하고 수수료를 떼어 갔다고 알렸다". 세간의 이목을 끄는 코번트가든의 인사 두 명을 체포하기 위해 필요했던 건 이게 전부였다. 마담 더글러스는 늙고 병들어서 운 좋게 보석 판결을 받았고, "자유를 지켰"지만, 뉘우치지도 않고 의기양양했던 잭 해리스는 운이 좋지 않았다.

1758년 6월 17일에 발간된 《오언스 위클리 크로니클》은 "뉴팰리스 야드의 라이트 판사가 코번트가든 세인트폴 교구와 세인트마틴인더필즈 교구에 있는 유곽을 수색하라고 영장을 발부하여 40명 이상이 체포되었고, 그중 다수가 토트힐필즈 교도소로 이송되었다"고 보도했다. 그 구역에 살지는 않더라도 코번트가든의 업소에 자주 다녔던 사람들에게 커다란 뉴스거리였다. 이 이례적인 사건에 관한 글이 인쇄되어 나오기도 전에 소문이 먼저 웨스트엔드의 술집과 성매매 업소에 도달했다. 코번트가든 육체 시장의 왕과 여왕을 겨눈 명백한 도발의 결과는 놀라웠다. 법은 평판이 나쁜 술집 주인, 배니오 주인, 유곽 주인들을 바로 앞에 두고 힘을 과시하며 예기치 않게 살아 움직였다. 포주와 마담들은 등골이 오싹했으나, 그럽스트리트의 글쟁이들은 광란과 흥분에 휩싸였다.

잭 해리스가 체포되자 사람들은 궁금해졌다. 오만하고 대담했던 해리스는, 고객들에게조차 여전히 이해하기 어려운 인물이었다. 셰익스피어즈에서 해리스와 이야기를 나눴던 호색한 귀족 한량들은 해리스와 나누는 한가로운 수다보단 해리스가 소개해 줄 여자들에게 관심이 많았다. 해리스가 톰킨스 밑에서 살았던 세월 내내, 포주 해리스가 아닌 인간 해리스를 알았던 사람은 없었다. 당연히 진짜 이름을 아는 사람도 없었다. 하지만 1758년 6월에는 코번트가든 사람들이 전부 잭 해리스 이야기만 했다. 알려진 사실이 없으니, 소문과 전설만 무성해졌다. 고객들은 셰익스피어즈와 베드퍼드 커피하우스 테이블에 모이기만 하면 자신이 아는 이야기를 푸느라 정신없었다. 어떤 이들은 잭이 가난한 시골 처녀를 꾀어낸 방법이나 그 아가씨들을 침대로 데려가려고 했던 거짓말, 처녀를 얻기 위해 거행한 위장 결혼에 관해 이야기했고, 다른 이들은 셰익스피어즈에서 목격한 사건이나 잭의 수익, 제국의 규모에 관한 소문을 전했다.

이때껏 셰익스피어즈의 수석 웨이터-포주의 개인사는 주목받은 적이 없었지만, 뉴게이트 교도소에 갇힌 순간부터 1761년에 석방될 때까지는 해리스라는 인물을 궁금해하는 사람들이 많아졌다. 때마침 잭이 체포되면서 선정성과 화제성을 모두 갖춘 상황이기도 했다. 그해 내내, 런던 사람들은 핸웨이와 필딩의 막달레나 소식지를 통해 다양한 글을 접했다. 잔인하게 거미줄에 걸려서 꼼짝도 못 하게 된 순진한 매춘 피해자를 묘사하는 글들이었다. 이제 라이트 판사의 노력 덕에, 법은 유리잔을 엎어 거미를 가뒀고, 매춘의 가해자를 공개할 완벽한 기회를 얻었다. 이제 누구든 해리스에 대해 폭로할 일만 남았다. 존 힐 박사가 앞에 나섰다. 기회의 냄새를 기가 막히게 맡는 사람이었다.

힐 박사(나중에 존 힐 "경"이라고 불렸다)는 문학적 자신감이 차고 넘쳤지만, 그런 그조차도 자기 자신만큼 괴짜인 인물을 지어낼 수는 없었을 것이다. 그의 전문 분야조차도 뚜렷하지 않았다. 약사 교육을 받았고, 식물학자와 의사로도 활동했으며, 배우, 정원 디자이너, 치안판사, 소설가, 삼류 글쟁이까지 온갖 직업을 섭렵했다. 그중에서도 힐은 삼류 글쟁이로서 가장 뛰어난 면모를 보였다. 정말이지 그치지 않고 글을 쏟아내서, 생전에 그의 기사와 소책자를 따라잡을 수 있었던 사람은 거의 없었다. 독자들에게 "조사관"으로 알려졌던 힐은 현대식으로 말하면 타블로이드지의 기자라고 할 수 있다. 중간계급을 두려움에 떨게 할 만한 이야기를 파헤쳐서 종국에는 아연실색하게 만드는 것이 그의 생계 수단이었다. 당시 사람들에게 "사악하고 다재다능한 남자"로 불렸던 힐은 어떤 일도 마다하지 않았다. 판단력이 부족했던 탓에 믿기는 어려웠고, 성격도 나빠서 모든 이들과 끊임없이 말다툼을 벌였다. 왕립협회부터 새뮤얼 네딕이나 윌리엄 호가스에 이르기까지 그와 다투지 않은 사람이 없었다. 힐은 본질적으로 기회주의자였고, 이야깃거리를 찾아내는 촉이 누구보다 뛰어났다. 아마 "조사관"은 다른 문인들과 교류하던 베드퍼드 커피하우스에서 친구들로부터 잭의 체포 소식을 들었을 것이다. 포주의 체포 사건에서 탄생한 작품인 『해리스의 항변』은 사실과 허구를 뒤섞는 힐의 스타일에 충실한 글이다. 허구적인 내용은 해리스가 체포된 후 거리에 떠도는 전설을 훑어보는 것만으로 충분했다. 사실적인 부분은 당사자의 입을 통해 직접 듣기로 결심했다.

18세기의 간수들은 면회객을 반겼다. 손에 쥐여 줄 동전을 많이 들고 온 면회객은 특히 더 좋아했다. 간수와 손을 몇 번 맞잡고 나면 힐 박사는 감방에 다가가서 잭이 이야기를 풀도록 설득할 수 있었다. 박사의 얼굴이 점차 수감자에게 익숙해졌을 테고, 거기에 면회객이 왔다는 안도감이 더해지자, 해리스의 입에서 술술 말이 나왔다. 취재 관행대로 해리스의 빈손에 몇 실링씩 쥐여 주고 대변자도 되어 주었다. 그당시 해리스는 사실상 자신의 이야기를 타블로이드지에 팔아넘긴 셈이다. 잭 해리스가 말을 꺼내기도 전부터 힐은 대중이 무엇을 듣고 싶어 하는지 정확하게 알고 있었다. 독자들은 전형적인 악당 이야기에 목말라했다. 이를 드러내고 으르렁거리는 악당, 후회도 자비도 없는 짐승, 점잖은 계층들이 포주를 상상할 때 으레 떠올리는 그런 인물상 말이다. 힐은 잭 해리스가 매우 화났고, 그건 라이트 판사를 향하는 것이기도 하지만 패킹턴 톰킨스를 더욱 겨냥하고 있음을 금방 알아챘다.

힐에 따르면, 체포될 때 해리스 자신만큼 놀란 이는 아무도 없었다. "야경꾼이나 치안관들"은 "길거리의 천한 매춘부, 밑바닥의 불쌍한 인간, 법의 보호를 받지 못하는 자들이나 잡아들였기 때문에", 해리스는 수년간 "어떤 방해도 없이" 승승장구했다. 해리스는 "그 동네에 정숙을 강요하는 법률"이 최근에 제정되면서 자신과 마담 더글러스가 개혁의 표적이 되었다는 사실에 동의했다. 해리스는 한숨을 쉬며 말했다. "그들이 뿌리까지 도끼를 꽂으려고 했다." 그러고 나서 해리스는 좀 더 개인적인 이야기를 이어 갔다. "연약한 백발의 귀부인"인 마담 더글러스는 친구들이 보석금을 내서 풀려날 수 있게 해 주었는데, 자신은 보호자라고 믿었던 패킹턴 톰킨스가 방치하는 바람에 감옥에서 썩어 가고 있다고 말이다. 해리스는 목소리를 높이며 "나는 고통받고 있는데, 톰킨스(이런 비열하고 배은망덕한 놈)는 재산의 절반을 내 덕에 불려 놓고, 톰킨스 이 자식은, 지금 보니까(이 말을 듣고 그를 미워하라, 창녀들이여), 나를 버렸어."라며 불평을 쏟아 냈다. 해리스는 상황이 꼬이게 되자 주저 없이 수석 웨이터의 손을 놓은 톰킨스를 절대 용서할 수 없었다. 법을 준수하는 것처럼 보이려고 애쓰던 술집 주인은 언젠가 자신이 살아남기 위해 이 포주를 버려야만 할 때가 올지도 모른다는 걸 알고 있었다. 해리스는 톰킨스만 이 낭패에서 무탈하게 빠져나가서는 안 된다고 생각했고, 그래서 힐의 면회를 이용해 감옥의 깊숙한 곳에서 톰킨스를 몰락시키려 했다.

해리스는 주인의 더러운 거래를 모두 폭로하면서 톰킨스의 부정한 속임수를 자세히 설명했다. 해리스는 세상이 자신의 악행을 손가락질한다면 비난의 방향이 잘못된 것이며, 손가락은 모두 톰킨스 쪽을 향해야 하고, 포주인 자신은 톰킨스를 "항상 존경의 눈으로 올려다보며" 사업 방식을 따라 했을 뿐이라고 주장했다. 톰킨스는 사기꾼에 거짓말쟁이였고, 고객에게 바가지를 씌울 때면 "고개를 깊숙이 숙이고, 고분고분하게 웃으며, 살랑거리는" 남자였다. 해리스는 톰킨스가 수준 이하의 와인을 포장만 바꿔서 비싸게 파는 방식으로 폭리를 취했다고 주장했다. 톰킨스는 뒤에서 고객을 조롱했고 직원들에게 야비해지고 교활해지라고 부추겼다. 해리스의 주장에 따르면, "하룻밤에 대여섯 번씩" 여러 고객을 상대로 이런 속임수를 썼으나, 고객들은 여전히 아무것도 몰랐다. 해리스는 "어린 시골 신사들이 속임수에 당하고도 주인을 칭찬하며 떠나는" 소리를 들으면서 직원들이 모두 얼마나 비웃었는지 씁쓸하게 회상했다.

분명히 이는 셰익스피어즈의 주인이 쌓으려 했던 평판은 아니었다. 또한 힐 박사가 저 혼자 이런 명예훼손의 소지가 있는 비난을 지어낼리도 없었다. 해리스는 범죄의 파트너였다고 생각한 사람에게서 무시당했다고 생각할 수밖에 없었고, 공개적인 공격만이 유일한 보복 수단이었다. 양측에 커다란 이익이 되었던 파트너십은 이제 회복할 수 없을 정도로 무너지고 말았다.

해리스와 만나면서 힐도 원하는 걸 얻었다. 힐은 해리스가 삶과 사업, 심경에 관해 내비친 티끌만큼의 진실을 가지고 독자들이 바라마지 않는 괴물을 창조했다. 포주 해리스는 인간성이라곤 하나도 없으며 오히려 자신의 악행이 얼마나 사악한지를 자랑하는 악인으로 세상에 알려졌다. 힐이 만들어 낸 해리스는 순진한 젊은 여성을 유괴하고 유혹하러 시골에 갔고, 런던으로 오는 길에 마차를 만나면 순진한 여성 승객들에게 음식과 쉴 곳을 제공한 후 겁탈했다. 도시 신사의 아내들에게는 약을 먹여서 매춘의 세계로 끌어들였다. 해리스는 징집해 온 신병들의 불행과 절망, 부모의 죽음, 아픔과 트라우마를 비웃었다. 정말 혐오스럽게도, 힐 박사가 창조한 해리스는 400명이 넘는 여성들에게 (자의에서든 타의에서든) "비너스의 의식"에 "가입시키는" 과정으로서 "동침 허락을 받았다"고 주장했다. 이렇게 뻔뻔한 주장이 사실이라면, 잭 해리스는 영국 역사상 가장 악명 높은 강간범이 될 것이다. 엘리자베스 캐닝의 재판으로 충격에 빠지고 막달레나*들이 뉘우치는 이야기로 자극받은 사회에서 힐의 이야기는 공포이기도 했고 즐거움이기도 했다.『해리스의 항변』은 사람들로부터 엄청난 관심을 받아서 출간되고 이듬해인 1759년에 2쇄를 찍었다.

수수께끼 같은 잭 해리스의 인생에서 빈칸을 채우려고 시도한 출판물이 힐의 책만은 아니었다.『이름난 패니 머리 양의 회고록』의 저자도 최소한 책의 4분의 1을 해리스의 역사에 할애했다. 힐 박사의 책과는 다르게『회고록』의 저자는 해리스를 훨씬 더 동정적인 인물로 그렸다. 그 책에서의 해리스는 매춘부들과 별다를 바 없는 남자였다. 마찬가지로 사회에서 부당한 취급을 받아서 어쩔 수 없이 혐오스러운 직업에 들어서게 된 것이었다. 책은 세상의 잔혹함이 잔인한 남자를 탄생시켰다며 해리스를 변호했다. 해리스, 아니 해리슨의 진실은, 이 두 버전 사이 어디쯤엔가 놓여 있었을 것이다.

---

* 마리아 막달레나는 예수의 주요 제자 중 한 사람이다. 예수가 막달레나에게 붙은 일곱 마귀를 쫓아 버렸다고 하여 중세부터 20세기 후반에 이르기까지 회개한 매춘부로 알려져 있었다. 그러나 오늘날에는 그녀가 전직 매춘부라는 해석이 반박되고 있다. (편집자)

투옥된 지 3년이 지나자, 잭 해리스의 이름은 야비한 알선업자를 생각하면 떠오르는 이미지와 동의어가 되었다. 글쟁이들은 잭 해리스의 생애에 대한 헌사를 담아 소책자와 정기간행물을 냈다. 잭 해리스는 살아 숨 쉬는 사람이라기보다는 전설이었다. 뉴게이트에 갇힌 죄수는 정상적인 삶을 다시 시작하려면 자신의 이름이 사라져야 한다는 사실을 금세 깨달았다.

Chapter 12

플리트 교도소와 오켈리라는 남자

뉴게이트를 제외하면 런던에서 플리트 교도소보다 악명 높은 장소도 없었다. 뉴게이트보다는 플리트의 수감자들이 그나마 상대적으로 좀 더 자유로웠다. 그 덕에 악취와 질병에 절은 시궁창 뉴게이트보다는 아주 약간 더 견딜 만하다는 소리를 들었다. 7미터가 넘는 담장으로 둘러싸이고 지금은 지하로 흐르는 플리트강 측면을 따라 해자가 파여 있어서, 교도소는 마치 도시 안의 아주 작은 마을 같았다. 물론 플리트의 환경이 더 낫다는 것이 이런 이유 때문은 아니었다. 플리트는 오늘 날로 지사년 개방형 노는 최소 경비 교도소로 정의될 수 있었다. 전혀 뉘우치지 않는 사람들 몇몇이 족쇄를 차고 갇혀 있는 지하 감옥이 있기는 했지만, 보통의 수감자들은 대부분 담장의 경계 안쪽에서 자유롭게 돌아다녔고, 뇌물을 마련할 수 있는 몇몇 아주 운이 좋은 죄수들은 폐쇄 구역 밖에서 "플리트의 규칙"에 따라 숙식을 해결하기도 했다. 교도소 안에는 백여 개의 감방뿐만 아니라 수감자들이 사교 활동을 하고 심지어 볼링 내기를 할 수 있는 맥줏집, 커피하우스, 예배당, 공동 부엌, 야외 공간도 있었다. 아이러니하게도, 수감자 다수가 플리트에 들어오게 된 원인인 내기는 금지되지 않았다. 어떤 이들은 감방에서 카드 도박을 하거나 당구를 치며 운을 시험했다. 술을 파는 식당 두 군데에서도 재소자들이 담장 바깥에서 마음껏 탐닉했던 쾌락을 똑같이 즐길 수 있었다. 이렇게 몇 안 되는 특혜가 수감의 고통을 조금 덜어 줄 수는 있더라도, 완전히 없애 주는 건 아니었다. 이 작은 세계의 메커니즘에는 갈취와 착취라는 잔인한 전통이 있었다. 재소자들이 감옥이 아니라고 느낄 만큼 플리트의 삶이 편했던 것은 아니다.

플리트의 질서는 바깥 사회의 계급 시스템과 다르지 않았다. 돈이 있는 자는 안락함을 살 수 있었지만, 돈이 없는 자는 두 배로 고통받았다. 이론상으로는 플리트 안에 갇힌 모든 이들은 빚진 돈을 갚을 수 없어서 갇힌 것이지만, 그렇다고 모든 수감자가 다른 형태의 자산도 없는 것은 아니었다. 교도소장과 직원들의 비공식적인 목적은 채무자들이 꽉 쥐고 있는 마지막 펜스, 실링, 기니까지 탈탈 털어서 빼앗고 죄수가 처한 불행한 상황을 이용해 최대한 많은 돈을 버는 것이었다. 플리트에서는 모든 걸 돈 주고 사야 했다. 우선 채무자는 교도소에 수용되기 위해 1파운드 6실링 8펜스의 수수료를 내야 했다. 수감자는 그 수수료 외에도 음식부터 침구, 필기구와 종이, 의자, 약에 이르기까지 사실상 모든 물품을 받는 데 추가 요금이 필요하다는 사실을 곧 깨달았다. 무엇을 먹고 어떻게 자는지는 수감자가 얼마큼의 돈이나 소지품을 쓰고 싶은지에 따라 결정되었다. 자격 문제를 단순화하기 위해 플리트는 두 구역으로 나뉘었다. 더 나은 숙식을 위해 주당 몇 실링씩을 쓸 수 있는 사람들이 있는 특별 구역과 가진 돈이 5파운드 미만인 사람들이 수용된 일반 구역이었다. 악랄한 간수들은 이 구역 저 구역 할 것 없이 모든 사람을 푼돈 하나 안 남기고 쥐어짜려 들었다. 간수뿐만 아니라 동료 재소자들도 협박과 물리적 폭행을 일삼았다. 갑작스레 자산이 사라지면 굶어 죽을 수도 있었고, 병에 걸리거나 다쳤을 때도 뇌물이 없으면 의사를 데려올 수 없었다. 일반 구역의 재소자들이 견뎌야 하는 학대가 더 최악이었지만, 쥐와 벼룩, 이가 들끓고 웅덩이마다 폐수가 넘치고 치명적인 질병이 발생하고 고약한 냄새로 견디기 힘든 상황은 양쪽 구역이 똑같았다.

교도소 인근 거리에 살거나 패링던스트리트를 돌아다니는 사람들은 스미스필드마켓 근처에 있는 이 불길한 건물 안에 무엇이 있는지를 모를 수가 없었다. 일반 구역 거주자들의 팔이 창살 사이로 뻗어 나와 행인들에게 끝없이 자선을 구걸했다. 정말 약소한 기부금이 생사를 가를 수도 있었다. 자선금이 충분하지 않은 데다가 남아 있는 현금마저 모두 빼앗기고 나면, 수감자들은 곧 자신에게 그나마 남은 물건들의 값어치를 알게 되었다. 개인 소지품이나 심지어 옷가지로도 적대적인 감방 동료나 간수를 매수할 수 있었다. 빵이라는 "특혜"의 대가로 마지막 천 한 조각까지 다 팔아넘기고 벌거벗은 채 떠는 일도 허다했다. 몇 안 되는 플리트의 여성 재소자들은 생존의 열쇠가 두 다리 사이에 있다는 사실을 재빨리 알아차렸다.

트레이시가 불시에 떠난 여파 속에서도 헤이즈는 교도소의 특별 구역에 들어갈 수 있었다. 생판 알거지가 된 것은 아니고 연줄도 있었던 덕분에 일반 구역 수감자들이 겪는 끊임없는 불행에서는 벗어날 수 있었지만, 헤이즈가 처한 현실도 만만찮게 고통스러웠다. "최고의 창녀"로 꼽히던 샬럿 헤이즈의 평판 때문에, 무명이었다면 겪지 않았을 문제가 발생했다. 예전에는 실크 드레스와 보석으로 치장한 헤이즈를 멀리서만 동경할 수 있었던 지저분한 질병투성이의 플리트 거주자들이, 이제는 간수니 재소자니 할 것 없이 신체적 위협을 가하면서 헤이즈에게 자신의 욕구를 채워 달라고 요구했다. 헤이즈는 플리트에 갇혀서야 자기 직업의 진정한 함의를 분명하게 경험했을 것이다. 일을 시작한 이래로 그녀는 손님을 모두 스스로 고르거나 워드 부인이 골라 줬었다. 헤이즈는 항상 더럽거나 의학적으로 안전하지 않은 고객을 거부할 수 있는 자유를 누리며 살았다. 뒷골목에서 호객에 나서야 하는 공포나 거기서 비롯되는 비참함은 헤이즈에게 순결한 삶만큼이나 낯설었다. 하지만 플리트에서는 힘을 행사할 수 있는 사람이라면 누구나 헤이즈의 육체를 넘어뜨렸다. 헤이즈가 통제권을 약간이라도 되찾으려면, 보호자를 찾는 수밖에 없었다. 그녀의 이익을 지켜 주고, 음탕한 포식자들의 요구를 제어해 줄 수 있는 남자가 필요했다.

제대로 된 보호자를 찾기까지 시간이 얼마나 걸렸는지는 감옥 안에서도, 출소 이후에도 알려지지 않았다. 헤이즈는 3년형을 살았는데,

그러던 중 어느 때엔가 그녀의 삶과 데니스 오켈리라 불리던 아일랜드 남성의 삶이 교차했다. 교도소 안에서 둘이 어떤 관계를 구축했는지, 그리고 이 커플이 플리트 당국을 바로 앞에 두고 얼마나 무모한 짓을 벌였는지에 관한 이야기는 사교계의 방종한 무리 사이에서 전설이 되었다.

헤이즈와 오켈리는 둘 다 평소와는 다르게 인생에서 행운이 자신들을 버렸던 시기에 만났다. 오켈리는 헤이즈보다 몇 살 연하였지만, 헤이즈와 마찬가지로 이미 "인생의 우여곡절을 모두" 겪은 남자였다. W. M. 새커리의 소설 속 악명 높은 등장인물 배리 린든*과 묘하게 닮은 데니스 오켈리는 칼로주 툴로우의 가난한 소지주 가문에서 태어났다. 유산을 받을 희망도 없고 성공의 전망도 없었던 오켈리는 십 대 때 고향을 떠나 더블린으로 향했고, 거기서 "처음으로 나쁜 친구들을 접했다"고 하는데, 사후 회고록을 비롯한 다른 자료는 그가 런던에 도착하고 나서야 세상의 험한 면을 겪어 보게 되었다고 주장하기도 한다. 아무튼 오켈리는 "균형이 잘 잡힌 다리와 자연이 섬세하게 빚어낸 손"을 지녔고, "180센티미터 정도의 키에 어깨는 떡 벌어지고 가슴팍도 마찬가지로 두텁다"고 묘사되었다. 그는 여자들을 태운 가마를 튼튼한 등으로 지고 다니며 가마꾼 노릇을 하는 동안에도 힘과 단정한 외모를 보여 주면서 자신을 뽐냈다. 오켈리는 자신에게 눈독을 들이는 여성

---

*   새커리의 소설에서 배리 린든은 18세기 아일랜드 출신의 하급 귀족으로, 야심만만하고 기회주의적인 성격이다. 부유한 과부와 결혼하여 상류사회에 진입하지만 끝내 몰락하고 만다. 스탠리 큐브릭 감독이 1975년에 영화 〈배리 린든〉으로 각색하기도 했다. (편집자)

승객에게 종종 서비스를 제공하기도 했다. 헤이즈가 남성들에게 하던 것과 비슷한 서비스였다. 오켈리는 이런 정사로 상당한 돈을 벌어서, 마침내 하인들이 입는 "긴 코트를" 벗고 "세련된 신사로서 첫걸음을 내딛기에" 알맞은 "말쑥한 의복을 살" 수 있었다. 오켈리는 이때부터 "도박에서 헤어나지 못했는데, 그런 성향이 마침내 큰 재산을 가져다준 행복의 원천이 되었다".

오켈리는 모든 면에서 그 시대 사람들이 "협잡꾼" 또는 "전문 도박꾼"이라고 부르던 부류에 들어맞았다. 그의 악행은 우아한 태도와 세련된 코트 아래에 감춰져 잘 드러나지 않았다. 오켈리는 그럴듯한 속임수와 매력을 치명적으로 조합하여 부를 축적하고 유지했다. 헤이즈를 만나기 전 수년 동안 얼마나 많은 속임수로 다른 이들을 등쳐 먹었는지에 관한 이야기가 끝도 없었다. 오켈리의 전문 기술인 "오래 섞기"는 카드 도박에서 속임수를 위해 사용하던 고도의 조작 기술로서 "예의 바른 모임"의 도박 테이블에서 시작되었다고 알려졌다. 런던의 당구장과 테니스코트에 자주 나타나던 젊은 응석받이 한량 일당들로 구성된 모임에서 오켈리는 "점수 기록원이자 종업원"으로 일했었다. 새로 들어간 도박판의 다른 꾼들과 마찬가지로 오켈리의 지갑 두께도 수시로 변했다.

오켈리는 잘 안 풀렸던 판에서 진 빚을 갚기 위한 수를 찾기 시작했다.《타운 앤드 컨트리》에 따르면, 오켈리와 동료 한 명은 "둘이 합쳐서 재산이 1,000파운드에 달하는" 자매를 속이려고 계략을 세웠다. 이 숙녀들을 꾀어 비밀 결혼식을 올린 후 오켈리는 결혼 지참금을 모두

들고 도망쳐서 "스카버러에 한동안 숨었다가 상류층 남성이 되어 나타 나더니, 당시 기준으로 가장 큰 판돈을 걸고" 도박을 즐겼다. 오켈리는 불법적으로 얻은 수익금을 가지고 나라 곳곳을 돌기 시작하여, 처음에 는 "요크의 경마장에 (…) 그리고 다음에는 배스를 비롯한 다른 고상한 온천 도시에" 나타나 "도박꾼들이 보통 그렇듯이 여러 부침을 겪었다". 몇 년 뒤, 자신의 과거 행적에 경악한 오켈리는 불명예스러운 결혼 사 기 사건의 흔적을 전부 지워 버리려고 애썼다. 오켈리와 헤이즈는 한 사코 부정했지만, 헤이즈와 오켈리가 공식적으로 결혼하지 않은 이유 는 이전의 결혼 사기 행각으로 설명될 수 있을 것이다.

심각한 문제와 맞닥뜨리기 전까지, 데니스 오켈리는 대략 10년 동 안 영국 전역을 돌면서 도박을 계속했다. 1750년대 후반이 되자, 오켈 리는 워낙 기술에 능통해져서 많은 이들이 그가 운으로만 돈을 따는 게 아니라고 의심하면서도 정확하게 속임수를 잡아내지 못했다. 그러 던 어느 날, 분노에 찬 한 관리가 필딩 판사한테 달려가서 오켈리를 고 발했다. 영국을 방문했다가 베드퍼드암즈에서 지갑을 털린 아메리카 식민지 관리였다. 그는 오켈리에게 속았다고 확신했다. 전해 오는 이야 기에 따르면, 오켈리의 친구 새뮤얼 푸트가 설득한 끝에 혐의가 경감 되어 이 카드 사기꾼은 간신히 교수형의 올가미를 피해 플리트에 들어 가게 되었다. 감옥에 들어가게 된 경위에 대한 또 다른 이야기도 있다. 이 이야기에시는 "수입을 훨씬 초과하여" "옷과 도박을 탐닉하는 성향" 을 언급한다. 돈을 버는 데 능수능란했지만, 안타깝게도 돈을 쓰는 데 도 능숙했던 오켈리는 결국 플리트의 일반 구역 수감자 명단에 이름을 올렸다.

 헤이즈와 만났을 때 오켈리는 이미 의복을 거의 다 팔아 치우고 몸에 지닌 "소지품도 거의 없는" 상태였다. 헤이즈의 기억에 따르면, "너덜너덜한 누더기로 간신히 몸을 가렸고, 굶주림에 시달리는 게 너무 분명했다". 하지만 놀랍게도 정신은 하나도 손상되지 않고 온전함을 유지했다. 인생의 대부분 기간에 데니스 오켈리는 "편안함, 쾌적함, 신사의 태도"는 물론이고 "유머가 넘치는 기발함으로 사람을 사로잡는 매력"도 갖췄다고 알려져 있으며, 이런 자질들과 더불어 강인하게 잘생긴 외모가 헤이즈의 마음을 사로잡았다. 몸집이 큰 오켈리는 이상적인 보호자였고, 쾌활한 유머와 예리한 재치, 풍부한 지략은 헤이즈가 기운을 내는 데 도움을 주었다. 오켈리를 곁에 두면서 헤이즈는 교도소 내에서의 위치에 대한 통제력을 어느 정도 회복했다. 헤이즈는 오켈리를 먹이고 입히고 난 후 플리트 내부 "술집에서 종업원으로" 일할 수 있게 해 줬고, 그 덕에 오켈리는 "동료 수감자들에게 흑맥주를 날라서 먹고살게" 되었다. 이제 처지가 바뀌어서, 예전에 다른 이들이 강압적으로 갈취해 갔던 것처럼 오켈리도 술이라는 특혜에 대한 수수료를 요구할 수 있었다. 하지만 오켈리는 다른 사람들과 달랐다. 그는 새롭게 얻은 지위를 남용하지 않고 "즐거운 노래를 불러서 유명해"졌다. 기운 낼 일이 없었던 특별 구역의 재소자들도 이 노래하는 아일랜드 익살꾼이 자신들의 영역으로 넘어오는 것을 환영했다. "오켈리의 명성은 사설 아파트까지 퍼졌고", 그래서 "친목 모임에서도 종종 그를 초대했다". 오켈리는 교도소 양쪽 구역의 억눌린 사람들에게 인기가 너무 좋아져서 "왕"이라는 별칭으로 알려진 동료 재소자로부터 "백작"이라는 영광스러운 작위를 받았다.

플리트에서 사례비를 받으면서 즐겁게 형기를 채워 가고 있었지만, 헤이즈는 자신과 오켈리의 앞날에 대해 훨씬 더 근본적인 고민을 하고 있었다. 이 커플은 둘 다 일생토록 유망한 기회의 냄새는 끝내주게 잘 맡았다. 헤이즈는 수감 직전에 버윅스트리트에 유곽을 하나 설립했었지만, 그녀가 없는 동안 업소는 시들해졌고 1760년 출소할 무렵에는 망해 버렸다. 이제 교도소의 울타리에 갇힌 헤이즈는 플리트에서 살아남고 바깥 생활의 기반을 구축할 희망을 오켈리에게 걸었다. 그리고 오켈리는 자신의 희망을 도박 테이블에 걸었다.

플리트 안에서도 판이야 벌일 수 있었지만, 도박으로 돈을 벌겠다는 희망을 품은 사람이라면 채무자 감옥에서 파산자들과 손을 맞추느라 시간을 낭비할 생각은 전혀 없었을 것이다. 다행스럽게도 감옥의 경계를 넘어서 바깥 세계로 나가는 일이 불가능하지만은 않았다. 합법적인 일을 구하고 법률 대리인과 상담하려는 사람들은 밖에 나갔다 올수 있었다. 플리트의 "일과 규칙"에는 채무자들이 교도소에서 근거리내에 머무르고 밤에는 돌아와야 한다고 언급되어 있었다. 이 마지막규정에는 물론 허점이 많았다. 조지 왕조 시대 런던에서 도박에 빠진사람들은 한낮이든 해가 저무는 시간이든 상관없이 언제 어디서나 내기를 걸고 가드 테이블에 앉을 구실을 찾을 수 있었으므로, 오켈리는단지 해가 저물어 간다는 이유만으로 잘 풀리던 게임을 중간에 그만둘수 없었다. 그가 밤새 도박판에 있으려면 간수들의 주의를 딴 데로 돌리는 작전이 필요했다. 지금부터는 헤이즈의 전문 분야였다. 『켈리 백작의 행적』의 저자는 데니스 오켈리가 교도소 바깥에서 계속 모습을 드러냈다고 쓴다. "마치 1실링의 빚도 없는 사람처럼 공공장소에 계속 나타났다. 이런 낮과 밤의 일과는 몇 주 동안 계속되었다." 저자는 이렇게 부연한다. "그의 판단력은 경험으로 무르익어, 이러한 외출들을 유용하게 쓰는 데 거의 실패하지 않았다." 그러는 동안 플리트에서는 "키프로스 신을 모시는 여사제이자 사랑과 환희에 찬 쾌락적 관능의 추종자로 잘 알려진" 샬럿 헤이즈가 더러운 간수들이 백작의 부재를 알아차리지 못하도록 애썼다. 그녀는 "반드시 한밤중의 난잡한 파티를 벌이거나 사랑과 포도주의 힘으로 자신을 희생시켰다".

헤이즈와 오켈리가 둘 다 교활하지 않았다면 이 계획은 결실을 보지 못했을 것이다. 둘의 관계를 다룬 이야기는 전부 둘 사이에 존재했던 유대감에 관해 같은 의견을 내놓았다. 그것은 가장 진실하고 헌신적인 의미의 사랑이었다. 상호 편의를 도모하기 위해 시작된 관계였지만, 함께 고난을 헤치고 나아가는 동안 훨씬 더 중요한 무엇으로 발전했다. 헤이즈가 이 당시 오켈리에게서 받았다고 하는 "우호적인 조력"은 "향후 그에게 느낄 믿음의 기반"이 되었고, 마찬가지로 오켈리도 "자신의 모든 시간을 헤이즈에게 헌신하면서" 그녀의 행복을 보장하는 데 집중했다. 플리트에서 둘이 만난 순간부터 "시간은 근심 없이 흘렀다"는 오켈리의 『회고록』 내용은 곧이곧대로 믿기에는 다소 과하게 낭만적이지만, 둘 사이의 "서로에 대한 믿음이 너무 강해서 앞날에 닥칠 어떤 상황에서도 둘의 결합을 끊어 내거나 흔들 수 없었다"는 주장을 입증할 근거는 충분하다. 데니스 오켈리와 샬럿 헤이즈는 천생연분이었다. 오켈리의 강점은 헤이즈의 자질 하나하나와 딱 들어맞았다. 헤이즈와 마찬가지로 오켈리 역시 신체적이고 개인적인 매력을 지녔으며, 자신의 재능을 최대한 효과적으로 활용할 줄 알았다. 헤이즈처럼 오켈리도 "임기응변으로 대응하는 데 기발한 재능을 보였다." 둘 다 타인의 감정을 조작하는 재능을 타고났으며 인간의 행동도 유심히 관찰했다. 두 사람 모두 지능적이었고, 헤이즈는 돈에 관해서는 특히 더 그랬다. 현대에 태어났다면 헤이즈는 재계의 거물이 되었을지도 모르겠다. 헤이즈의 생존 능력은 교도소를 거치면서 악랄하게 벼려졌다. 그러나 샘 데릭은 "헤이즈가 인생에서 무수한 곡절을 겪었음에도" 여전히 사랑할 수 있는 능력을 간직하고 있다고 썼다. 헤이즈에게는 오켈리만 알고 있는 예민한 면이 있었다.

많은 커플처럼 오켈리와 헤이즈 역시 미래를 생각하며 함께 시간을 보냈다. 그들이 출소할 수 있다면, **만약** 오켈리가 도박에서 채권자들을 만족시킬 만큼 돈을 벌어 올 수 있다면, **만약** 그러고 나서 생활할 만큼 충분한 돈을 모을 수 있다면. 그들은 부자가 될 수 있는 확실한 사업적 모험에 운명을 걸기로 결심했다. 플리트에 있는 동안, 그들은 "수녀원이라는 명칭을 달고 고상한 유곽을 열 계획"을 마련하기 시작했다. 헤이즈가 경쟁자 고드비 부인의 업소에서 이 콘셉트를 처음 접한 뒤부터 힘들인 숙고했던 아이니어었다. 제인 고드비는 파리에서 '궁전 sérail'을 모방하여 만든 새로운 스타일의 고급 유곽을 영국에 들여온 덕을 톡톡히 보고 있었다. 수년 동안 고드비 부인은 유럽 대륙 순회 여행을 다녀온 젊은이들로부터 으리으리한 궁전 같은 건물 내부에 자리한 호화로운 유곽을 탐험했던 이야기를 실컷 들었고, 『밤의 향연』에 따르면 그 이야기에 너무 매료된 나머지 이 궁전들을 직접 보러 프랑스의 수도로 갔다고 한다. 고드비 부인은 거기서 영국 마담은 본 적 없는 신세계를 접했다. 궁전은 "두 명의 베테랑 마담"에 의해 흠잡을 데 없이 통제되고 운영되었다. "각각 파리 인근에서 가장 아름다운 매춘부를 스무 명 정도씩 데리고 있었다." 하지만 이것만으로 명소가 될 수는 없었다. 고드비 부인은 이 프랑스 유곽에서 단지 섹스만 제공하는 게 아니라는 사실을 알았다. 이들은 하룻밤을 다 보낼 만한 고상한 유흥거리를 제공했으며, 그곳의 여자들과 손님들은 "커다란 홀에서 저녁 식사 후 밤까지 시간을" 보냈다. "누군가 기타를 연주하는 동안 노래 공연자가 함께했고, 다른 이들은 바느질하거나 자수를 놓고 있었다." 주취 행동처럼 "엄격한 예의"에 어긋나는 행동은 여자와 손님 모두에게 용인되지 않았다.

깨진 유리잔과 욕설, 주먹다짐이 난무하던, 쓰레기와 귀족, 넝마주이, 고급 창부가 무분별하게 어울리는 지저분한 배니오와 불결한 술집의 코앞에 새로운 콘셉트의 유곽이 흘러 들어왔다. 심지어 다마스크 벽지를 두른 마담 더글러스 가게의 응접실조차 새로운 유곽의 으리으리함에 비하면 아무것도 아니었다. 고드비 부인은 프랑스식 "유곽 시스템"이 자신을 부자로 만들어 줄 것이라 확신하고 런던에 돌아오자마자 "즉시 성적 놀잇감들을 세련되게 바꿔서 파리의 시스템에 따라 관리했다". 여기에는 "저택에 우아한 층계형 출입구"를 갖추고, "런던에서 최고 등급이라 여겨지는 '기쁨의 소녀들'을" 고용하고, 그들의 건강을 증명할 의사를 고용하는 일이 포함되었다. 덧붙이자면, 이 기업가형 마담은 "프랑스 실크와 레이스도 대량으로 들여와서" "자신의 매춘부들을 최고급 취향에 맞춰 꾸몄으며, 그에 대한 비용도 넉넉히 청구하려고 신경을 썼다". "고드비 부인의 궁전은 중간계급을 위한 장소가 아니었다. 신분이 높은 사람들이나 부유한 사람들만을 위한 업소를 목표로 했으며" 그로써 자신의 지위와 부를 지켰다.

경쟁 상대의 성공 소식을 들은 후 헤이즈는 훨씬 크고 휘황찬란한 궁전을 만들기로 결심했다. 헤이즈가 상당한 경험을 바탕으로 "수녀를 공급하는" 동안 오켈리는 "자금을 공급해서" 그녀를 돕기로 했다.

1760년 6월 24일, 드디어 기회가 왔다. 그달에 나온 《젠틀맨 매거진》은 "시장이 러드게이트와 콤프터 두 곳, 그리고 플리트에 갇혔던 300명 이상의 죄수를 석방했다."라고 보도했다. 파산법 덕분에 수감자들은 석방에 필요한 약간의 돈만 내면 채무를 면제받고 새롭게 삶을 시작할 수 있었다. 그렇다고 원한에 찬 채권자들이 미납 청구서를 흔들며 석방된 이들을 쫓아다니는 것까지 막을 수는 없었지만 말이다.

석방 직후 헤이즈와 오켈리는 각자의 직업에서 다시 자리를 잡으려고 잠시 각자의 길을 갔다. 헤이즈는 여전히 돈을 빚진 사람들을 피해 숨어 있었다. 스코틀랜드야드에 수수한 셋방을 얻고 전 연인인 샘 데러에게 『해리스 리스트』 1761년판에 이름을 올려 달라고 부탁했다. 데릭이 표현했듯이, 플리트에서 보낸 3년은 비록 특별 구역에 있었다 할지라도 눈에 띄게 커다란 타격이었다. 데릭은 독자들에게 "이 숙녀가 군림하며 찬사를 받던 때가 있었다. (…) 하지만 그녀는 상당 기간 빛을 잃고 있었다."라고 상기시켰다. 그리고 아주 조심스러운 어조로 견해를 밝혔다. "우리가 이 유명한 창부를 자세히 묘사한다면, 즉 팔다리와 외양을 하나씩 따로따로 묘사한다면, 전체를 한데 모아서 볼 때만큼 괜찮지는 않다."

워드 부인은 딸을 화류계에 들여보낼 때 신신당부했을 것이다. 아직 미모가 남아 있을 때 최대한 활용하라고. 얼굴로 먹고사는 고급 창부에게 세월과 불운이 남긴 깊은 흔적을 보는 것만큼 잔인한 운명은 없었다. 이제 삼십 대 중반에 접어든 데다가 트레이시에게 기대했던 연금도 받지 못하게 되면서 헤이즈의 안정적인 미래는 불투명해졌다. 재정적으로 살아남으려면, 헤이즈는 이제 내줘도 높은 값을 받기 어려운 쾌락을 자기 대신 제공할 젊은 여성들을 데리고 사업에 성공하는 수밖에 없었다. 헤이즈가 그 동네에서 가장 부유한 한량들을 침대로 유혹하지 못한다면, 오켈리가 그들을 도박판으로 끌어들여야 했다.

당시의 감성으로 보기에 오켈리와 헤이즈 사이에 존재했던 합의는 극도로 기묘했지만, 둘에게 이런 방식은 그저 자기가 놓인 처지에 따른 자연스러운 결과였다. 18세기에 성매매에 종사하는 여자와 장기적인 관계를 맺은 남자는, 애인의 직업에서 비롯되는 현실적인 필요에 따라 그녀가 그 일로 돌아갈 가능성을 감수해야만 했다. 오켈리는 헤이즈가 하는 일이나 유일한 수입원에 문제를 제기하지 않았고, 헤이즈를 안락하게 부양할 수 없었던 샘 데릭과 마찬가지로 그녀를 최소한 일시적으로는 다른 남성들과 공유하는 데 동의할 수밖에 없었다. 『밤의 향연』의 저자가 설명한 대로, "헤이즈의 애정이 여전히 그녀의 영웅에게 집중되어" 있다는 현실과 상관없이 "방침은 그들[고객]에게 친절하게 구는 것"이었다. 더 나은 삶을 향한 야망에 사로잡혀 오켈리와 헤이즈는 미래의 안락함을 보장해 줄 자금을 모으기 위해 가능한 모든 수단을 써야만 했다. 둘은 공동의 이익을 위해 일했다. 오켈리는 자신의 이익을 헤이즈와 나눴고, "헤이즈는 다른 이들에게 받은 금전적인 호의를 모두 무한한 아량으로 그에게 베풀었다".

헤이즈가 겪은 일과 대조적으로, 오켈리는 석방된 후 일이 순조롭게 풀리는 것 같았다. 일을 시작하자마자 오켈리는 돈을 찾아내고 사용하는 데 거의 기적에 가까운 능력을 보였다. 이미 일상적으로 오켈리를 보아 온 많은 이들이 보기에 백작은 감옥에 들어간 적 없는 사람 같았다. 한 소식통에 따르면, 오켈리는 "교도소에서 풀려나기 며칠 전에" 칼자루에 칼을 차고 고상한 옷을 입은 채 "테니스코트와 그 동네 서쪽 끝의 점잖은 커피하우스에 나타났다". 세인트제임스에 있는 고급 셋방을 구할 수 있었고, "신발에는 금으로 된 게 틀림없는 버클을 달고 다녔다". 오켈리는 신사처럼 보이도록 확실하게 갖춰 입은 후 딴 돈 몇 기니를 주머니에 넣고는 가장 잘나가는 도박꾼들의 모임에 들어가려고 노력했다. 오켈리의 『회고록』에서는 이렇게 언급된다. "영국의 모든 주요 경마 대회에 어김없이 나타나는 승마의 영웅들, 흔히 '검은 다리'라는 이름으로 알려진 부류와 친한 사이가 되었다."

우선 "그들과 친해지고 나자", 당연히 "오켈리도 그들의 일을 좋아하지 않을 수 없었다". 신의 섭리에 따라, 오켈리는 카드 도박판에서 벌었던 것을 전부 합친 것보다 훨씬 많은 돈을 벌게 해 줄 경마라는 판에 나서게 되었다.

플리트에서 마지막으로 목격된 지 대략 1년 후인 1761년에, 헤이즈와 오켈리는 그동안 모은 돈으로 작은 유곽의 개업을 준비했다. 신사 계급과 안정적인 중간계급의 점잖은 성원들은 물론이고 장인, 소상인, 예술가들까지 온갖 잡다한 사람들이 모여 살던 지역인 소호의 그레이트말버러스트리트에 둘이 함께 집을 얻었다. 18세기 중반에 이미 소호는 보헤미안 동네라는 명성을 얻기 시작했다. 그곳에서 일어나는 모든 일이나 그곳에 사는 모든 사람이 전부 존경받을 만한 쪽은 아니었다. 소호는 런던의 외곽을 채우며 서쪽으로 넓게 퍼져 나가던 지역 중에서 상대적으로 생긴 지 얼마 되지 않은 지역이었다. 소호의 질서정연한 격자형 거리에는 커다란 채광창을 통해 빛이 드는 벽돌 주택이 줄지어서 있었다. 전면에, 또는 측면에까지 테라스를 갖춘 집들이었다. 그런 주택에는 앞뒤로 응접실이 있어서 작고 즐거운 파티를 즐기기에 공간이 충분했다. 여기가 헤이즈와 오켈리가 오르려는 사다리의 첫 단이었다. 불과 몇 집만 올라가면 고드비 부인의 유명한 궁전이 있어서 그런 종류의 유흥을 찾는 사람들의 관심을 끌기에 최적의 장소였다. 헤이즈와 오켈리 커플은 우선 두세 명의 직접 선발한 "님프"와 함께 살면서 그다지 크지 않은 규모로 유곽을 운영했던 것 같다. 새로 시작한 업소를 알리는 일과 유곽을 관리하는 임무에 오켈리를 참여시킨 것이 아주 주효했다. 그와 도박을 함께하는 방종한 '검은 다리'(경마장과 마을을 누빌 때 길고 검은 승마용 부츠를 신어서 그렇게 불렸다)들은 딱 헤이즈가 찾던 현금 덩어리 고객층이었다. 헤이즈와 마찬가지로 오켈리도 그들을 응접실로 몰아오는 일을 맡았다. 백작에게는 중요한 다른 역할도 있었다. 남성 없이 여성이 운영하는 업소들은 예기치 않은 일이 일어났을 때 안전을 보장하기 어려웠다. 그 일이 만취한 손님의 잔혹 행위든 야경꾼의 착취든 상관없이 소리치면 들릴 가까운 거리에 "불량배"가 숨어있으면 든든했다. 따라서 오켈리는 "이중의 기능을 하는 연인이자" "한량들의 폭력을 막아 주는 너그러운 보호자 역할을 하는 **불량배**가 되어서" 헤이즈를 도왔다.

운영 초창기부터 헤이즈는 앞길을 더욱 넓히고 싶어 했다. 세인트제임스 동네의 우아함에 비하면, 소호는 그런 고상한 분위기를 풍기지 않았다. 헤이마켓 근처에 있는 모친의 업소에서 유년기를 보낸 헤이즈는 육체의 오락거리를 갈망하는 지루한 귀족들이 많은 궁중 바로 옆에서 장사할 때 생기는 이익이 무엇인지 잊지 않았다. 1760년대 중반이 되자, 쾌락의 중력이 서쪽으로 이동하기 시작했다. 코번트가든의 충실한 단골들 중 다수가 셰익스피어즈와 베드퍼드에서 제공되는 전용실과 불법 도박을 버리고 알막스*의 고급스러운 도박 테이블과 무도회장을 찾기 시작했다. 세인트제임스가 상류층이 즐겨 찾는 유흥의 중심지로 부상하면서 상류층 사람들은 최근에 만들어진 광장을 따라 늘어선 근엄한 타운하우스에서 열리는 사적인 파티나 헤이마켓에 자리 잡은 새로운 극장을 찾았다. 으리으리한 파리 스타일의 '궁전'이나 수녀원을

---

* 당시 런던에서 사교의 장을 관할했던 주요 사교클럽 중 하나. (옮긴이)

열겠다는 헤이즈의 목표는 현재 거처인 중간 계층의 주거지와 맞지 않았다. 고드비 부인의 웅장한 업소를 따라잡으려면 상류사회의 한복판에 알맞은 장소를 마련해야 했다.

Chapter 13

해리슨의 귀환

1761년, 이제 존 해리슨이 교도소에서 나와 타오르는 햇빛 속으로 모습을 다시 드러낼 차례였다. 석방될 때 해리슨이 무슨 생각을 했는지는 알 수 없다. 이후의 삶에 관해 알려진 사실을 보면, 해리슨이 인간 개조의 정신에 감화되지는 않은 듯하다. 그 대신 더욱 신중하고 더욱 은밀하게 살기로 결심했다. 해리슨은 술집의 세계에서 태어났고, 성매매와 그 뒤를 따르는 일 말고는 할 수 있는 일도 없었다. 안타깝게 인생이 중단된 곳에서 다시 일어서기 위해, 해리슨은 자연스럽게 코번트가든으로 돌아갔다.

비열한 해리슨이 다시 한번 활개 치고 다닌다는 사실을 알게 된 패킹턴 톰킨스는 아마 편하게 잠들지 못했을 것이다. 톰킨스는 적의 특기와 교활한 기질을 잘 알고 있었을 것이다. 해리슨은 3년 동안 뉴게이트에 앉아서 분노를 곱씹으며 다음으로 어떤 행동을 할지, 복수는 어떻게 할지를 곰곰이 생각했다. 톰킨스를 규탄하는 장황한 글이 출판된후에도, 셰익스피어즈의 주인은 해리슨이 물리적으로 복수하려 들지, 아니면 더 교활한 수단을 이용할지, 어디서 어떻게 복수가 이루어질지를 전혀 짐작하기 어려웠다. 해리슨은 상대에게 가장 큰 타격을 줄 수 있는 지갑을 공격하기로 결심했다.

셰익스피어즈의 가장 중요한 재산은 접근성이었다. 술집의 간판은 지나는 사람들이 양방향에서 볼 수 있었으며, 술집의 위치는 드루리레인극장 바로 옆에 있는 로즈만큼이나 이상적이었다. 그 구역에서 가장 크고 가장 악명 높은 양대 술집으로서 고객들은 더 유익하거나 더 즐거운 동행을 찾아 두 술집 사이를 갈팡질팡하며 저녁을 보냈다. 셰익스피어즈처럼 로즈도 연극계에서 인기 좋은 출연진들이 재충전을 위해 찾곤 했다. 추앙받는 여배우 페그 워핑턴, 조지 앤 벨라미, 소피아 베들리나 인접한 극장의 전매특허 유명 인사 데이비드 개릭과 흥청망청 술을 마실 수 있을지도 모른다는 생각으로 술집을 찾는 사람도 많았지만, 그저 술을 마시고 제약 없는 방탕함을 즐기러 온 사람이 대다수였다. 해리슨이 다시 나타난 직후 로즈의 소유주(이자 톰킨스의 가장 큰 경쟁자) 토머스 왓슨이 그를 바로 고용하자, 분명 톰킨스는 긴장하기 시작했다.

로즈는 토머스 왓슨이 관리자 자리를 맡기 오래전부터 명성을 쌓아 온 가게였다. 1672년 초에 이미 로즈는 "술을 마시면 용감한 헥토

르*가 되는 상류층 남성들이 벌이는 주취 소동과 한밤중의 난교, 살의를 품은 폭행이 그칠 날 없기로" 유명했다. 18세기가 시작될 무렵에는 "자유분방한 여성들"이 자주 출몰하는 장소로 명성을 얻었다. 비참하고 타락한 장면에 익숙한 예술가 윌리엄 호가스에게조차 로즈는 사악함의 궁극을 상징하는 소굴이었다. 1735년 여러 장면의 도덕적 이야기로 구성된 연작 〈탕아의 일대기A Rake's Progress〉를 그릴 때, 호가스는 로즈 술집을 작품과 동명의 주인공인 톰 레이크웰의 끝 모르는 타락을 보여 주는 배경으로 설정했다. 그는 예술가의 예리한 관찰력을 발휘하여 술집의 오명을 담은 기록에 딱 들어맞는 이미지를 그려 냈다. 곰보 자국이 남은 여성들이 옷을 반쯤 걸친 채 주머니를 털고 침을 뱉고 홀의 장식을 망치면서 호객 행위를 하는 모습이 그의 그림에 잘 묘사되어 있다. 호가스의 다른 교훈적 그림에서처럼, 그림에 그려진 인물 중 몇몇은 누군지 알아볼 수 있는 실제 인물이었을 것이다. 로즈의 문지기 리처드 레더콧, 그리고 술집의 악명 높은 "포즈 걸"도 한 명 보인다. 그녀는 반사판 역할을 하는 백금 쟁반 위에 서서 성기가 더 잘 보이도록 촛불을 비추며 파티의 유희를 준비하고 있다. 로즈는 테스토스테론을 주체하지 못하는 고객들을 위해 테이블 위에서 알몸으로 외설스러운 자세를 취하는 '포즈 걸'들로 유명했다. 오늘날의 '랩댄서'**와 아주 비슷하게, '포즈 걸'들은 고객을 자극하는 일까지만 하고 실제 성교는 공연

---

* 호메로스의 〈일리아드〉에 나오는 트로이전쟁의 영웅. 허세 부리는 사람을 의미하기도 한다. (옮긴이)

** 알몸으로 관객의 무릎에 앉아 춤을 추는 댄서. (옮긴이)

후 대기하고 있는 매춘부들에게 넘긴다. 나중에 넬슨 경의 정부 엠마 해밀턴이 된 에이미 라이언도 유명해지기 전 초년병 시절에 술집의 테이블 위에서 알몸으로 팔다리를 벌리는 일로 경력을 시작했다고 한다.

존 해리슨이 그랬듯이, 로즈도 근래 수년간 원래의 명성을 되찾는 데 실패했었다. 해리슨이 로즈의 테이블에서 시중을 들기 시작했을 무렵, 그곳의 명성은 어느 때보다 형편없었다. 죄수들이 옥스퍼드로드(현 옥스퍼드스트리트)를 따라 교수대까지 호송되는 날이면, 로즈에는 처형이 진행되기 전에 술에 흠뻑 취하려는 소란스러운 군중들이 모여들었다. 커다란 소요가 있는 날마다 매번 그랬다. 웨스트엔드 내에서 주취 폭력자들이 건물을 부수는 등의 소동을 일으킬 때마다 이 술집이 혁혁한 공을 세웠다고 해도 과언이 아니었다. 셰익스피어즈와 마찬가지로, 로즈에도 정을 통하거나 주머니를 털기 좋은 위층의 방과 어두운 공간이 아주 많았다. 당시의 어떤 사람이 지적한 것처럼, 분위기나 고객들의 행동 때문에 로즈는 "헛간이나 다를 바 없는 곳"이 되었다.

로즈의 종업원으로 합류했을 때, 해리슨은 단순히 이전의 직업을 조심스럽게 재개하는 데에 그치지 않고 더 원대한 목표를 세웠다. 해리스의 야망은 법에 가로막힌다 한들 꺾이지 않았다. 이미 성공이 가져다준 안락함과 유명세, 영향력을 맛본 해리스는 변변찮게 사는 삶에 만족할 수 없었다. 톰킨스와 함께했던 경험을 통해 해리스는 제국을 구축하고 유지하는 확실한 방법은 술집 주인과 독립적으로 일을 하거나 아니면 아예 직접 술집을 차리는 것임을 깨달았다. 언제나 빈틈없는 사람이었던 해리슨은 교도소에 가기 전에 얼마간의 부정한 수익을 분명 은닉해 두었을 것이고, 이 돈이 석방 이후 해리슨의 밑천이 되었을 것이다. 로즈의 지붕 밑에서 조용히 4년을 보내는 동안 해리슨은 톰킨스 밑에서 했던 것처럼 성매매를 알선하며 고객을 끌어모았고 차곡차곡 돈을 더 마련했다. 잭 해리스가 체포된 이후, 톰킨스는 아슬아슬한 불법행위에 이전만큼 관심을 두지 않았다. 톰킨스는 악명 높은 해리스를 다른 누군가로 대체하지 않았다. 결국 '잉글랜드의 전(前) 포주 대장'은 셰익스피어즈에서 유일무이했던 인물로 남게 되었다. 이제 해리슨은, 자기의 진짜 신분으로 로즈에서 사업을 개시하여 고객을 쭉쭉 흡수하기 시작했다. 로즈의 창에 비치는 셰익스피어즈의 불빛을 바라보면서 해리슨은 늘 마지막 목표를 떠올렸다. 그리고 1765년, 드디어 기다려 온 기회가 모습을 드러냈다.

해리슨이 토머스 왓슨과 어떻게 협의했는지는 모르지만, 로즈의 주인이 왓슨에서 해리슨으로 바뀌었다. 증오하는 톰킨스와 같은 위치까지 올라선 해리슨은 이제 잭 해리스 시절에 건설했던 것보다 훨씬 다채로우면서도 조심스럽게 제국을 조직하려 했다. 로즈 자체는 물론이고 입지도 이상적이었다. 해리슨은 눈에 띄지 않게 주변에 섞이면서 브리지스스트리트에 거하는 죄악의 남작으로 변모할 수 있었다. 입구에 인상적인 시어터로열이 자리하고 출구에는 스트랜드로 넘어가는 통로가 있는 브리지스스트리트에는 행인과 이방인이 넘쳐 났다. 점잖은 보자 상섬과 식료품점, 전당포 건물 옆에 매춘부의 싸구려 하숙집과 시끄러운 술집이 뒤섞여 있는 거리였다. 드루리레인극장에서 아주 가까워서 배우들이 가장 즐겨 찾는 장소이기도 했다. 덜 알려진 연예인들뿐만 아니라 데이비드 개릭과 리처드 브린즐리 셰리든도 시시때 때로 찾아와 세금을 납부하곤 했다. 공연이 있었던 밤이면 극장은 문을 활짝 열고 대기 중인 가마꾼과 밤의 숙녀, 소매치기가 가득한 도로로 관객들을 쏟아 냈다. 주요 도로였던 그곳은 권총을 든 강도나 갱단, 난폭한 음주자가 자주 출몰해서 통행하기 위험한 장소였다. 1787년이 되면 도시 서쪽에서 가장 문란한 술집 열 곳 중 네 곳이 브리지스스트리트에 있다고 알려질 것이었다. 물론 로즈는 그중 하나였다.

로즈는 평판이 지저분한 곳이었지만, 해리슨은 법이 술집의 문간으로 들이치지 못하게 어떻게든 막아 냈다. 로즈의 새로운 소유자는 포주들이 그러했던 것처럼 규율 집행의 중요성과 최선의 실행 방법을 이해하고 있었다. 뇌물을 먹이고 폭력으로 위협했다. 야경꾼들은 로즈의 활동을 보고하지 않았고, 손님들도 침묵으로 공모했다. 엎어지면 코 닿을 거리에 지역 당국이 있었지만, '잉글랜드의 전 포주 대장'은 굴을 파고 숨어서 놀랄 만큼 빠르게 영향력을 되찾았다. 1760년대 후반이 되자 해리슨은 브리지스스트리트에 있는 수많은 부동산의 임차권을 소유하고 있는 임대인이 되어 있었다. 해리슨은 로즈뿐만 아니라 그 인근에 자신이 생활할 저택도 구매했으며, 몇몇 다른 건물에 대해서도 세금을 납부했다. 존 해리슨, 잭 해리스, 니컬러스 해리슨 같은 이름이나 또 다른 가명, 또는 친척의 명의로 해 놓은 건물들이었다. 건물의 지붕 아래에는 매춘 알선과 음란물 출판 등 다른 돈벌이 수단들이 감춰져 있었다.

샘 데릭의 출판물에 가명을 빌려주기로 했을 때 해리슨은 그 책이 얼마나 돈이 될는지 전혀 예측할 수 없었다. 글쟁이들이 거의 매주 만들어 내는 새로운 책자들은 대부분 팔리지 않은 채 잊혔으므로, 데릭의 『해리스 리스트』가 다른 책자보다 더 잘 팔린다거나 1판 이상을 찍게 될 것으로 판단할 이유는 딱히 없었다. 당시에 해리슨은 계약 조건과는 상관없이 아주 만족했다. 그러곤 더 이상 출판물에 관여하지 않았을 개연성이 아주 높다. 출간 직후 해리슨이 교도소에 들어갔기 때문에 이런 분리는 더 공고해졌다. 1757년 이후, 리스트의 수익은 전부 샘 데릭과 출판업자 H. 레인저의 지갑으로 들어갔다. 열두 달에 한 번씩 꾸준히 출판된 『해리스 리스트』의 신판이 잘 팔리는 모습을 몇 년 동안 바라만 보면서 해리슨은 분명 한없이 짜증이 났을 것이다. 자기 이름을 단 출판물의 수익을 구경만 해야 한다는 사실에 해리슨은 격분했다. 18세기 중반 음란물 시장이 커지자, 해리슨은 직접 인쇄기를 돌려서 『해리스 리스트』의 정당한 몫을 챙기기로 결심했다.

1765년에서 1766년 사이의 짧은 기간 동안 벌인 사업이었지만, "코번트가든 근처의 J. 해리슨"은 자극적인 출판물을 여러 편 발간했다. 그나마 살아남은 몇 안 되는 작품 중에 에드워드 톰프슨의 『고급 매춘부』가 해리슨의 출판 사업에서 가장 큰 성공작이었다. 코번트가든의 가십을 운율에 맞춰 서사시처럼 쓴 이 시집은 1765년에만 세 번이나 개정되어 재발간되었다. 1766년에 출판된 『과일 가게』는 역사 속 음탕한 여사들의 선성적인 이야기를 기록한 책으로, 그보다는 덜 독창적인 또다른 작품인 『키티의 아틀란티스』와 마찬가지로 J. 해리슨의 출판사에서만 나오는 작품이었다.

포주의 리스트를 향락에 빠진 고객들이 읽을 수 있는 형식으로 조정하겠다는 데릭의 결정은 그렇게까지 독창적인 계획은 아니었다. 이른바 '아틀란티스'라고 불리는 이야기들은 이전 세기가 끝날 무렵부터 아주 다양한 모습으로 존재했었다. 일반적으로 아틀란티스는 도덕성이 의심스러운 유명한 여성들의 활동을 세세히 기록한 에로틱한 이야기 모음집 형태를 취했다. 등장인물들의 실명은 누구인지 뻔히 드러나는 재미있는 가명 속에 감춰졌다. 데릭은 아틀란티스를 해당 여성을 찾을 때 실용적인 조언을 제공하는 안내서로 구성하는 전통을 따랐을 뿐이다. 『키티의 아틀란티스』 역시 구상 면에서는 큰 차이가 없었지만, 솜씨 면에서는 훨씬 질이 떨어졌다. 지면 배치는 잘나가던 경쟁작과 비슷했고, 매혹적인 짧은 전기와 주소가 포함된 여성 61명의 이름이 실려 있었다. 이미 이름을 팔아 버린 해리슨은 데릭이 효과적으로 써먹은 공식을 재활용하는 데 주저함이 없었다. 하지만 『키티의 아틀란티스』에는 데릭의 스토리텔링에서 나타나는 열정이나 재치 넘치는 글솜씨, 경쾌함이 부족했다. (낸시 레이콕Laycock*이라는 암시적인 필명으로) 해리슨의 작품을 쓴 사람이 실제 누구였든, 그 작가는 여성 혐오적인 표현에만 의지했다. 페이지마다 이름을 올린 여성들을 "사악한 년"이나 "빌어먹을 창녀"로 지칭하면서 음란한 말을 남발했다. 『키티의 아틀란티스』는 이미 유명해진 『해리스 리스트』와는 비교도 되지 않았고, 1쇄 이상 찍지 못했다. 아이러니하게도, 그리고 해리슨에게는 매우 짜

---

* 'lay'는 '눕다'를 의미하며, 'cock'은 남성의 성기를 가리키는 속어이다. (편집자)

증스럽게도, 해리슨은 자신의 이름이 거둔 성공을 따라잡지 못했다.

1766년 이후 포주의 출판 사업에 무슨 일이 생겼는지는 알 수 없다. 이듬해에 모든 흔적이 사라졌다. 기대했던 만큼의 수익이 나오지 않아서 사업을 접은 것일지도 모른다. 애당초 술집 운영이나 매춘 알선, 세입자를 쥐어짜는 임대 사업 등 더 돈이 되는 일들의 보조 수단이었을 수도 있다. 이런 사업들과, 알려지진 않았으나 아마도 좀 더 비도덕적이었을 또 다른 활동들 덕분에 해리슨은 브리지스스트리트와 그곳을 넘어선 동네까지 영향력을 행사할 수 있었다.

재건된 제국의 중심에는 해리슨의 요새, 로즈가 있었다. 셰익스피어즈 근처의 목 좋은 자리에서 해리슨은 톰킨스를 예의주시할 수 있었다. 톰킨스는 원한에 찬 경쟁자의 보복이 언제 찾아올지 몰라 두려움에 떨며 인생의 남은 날을 보내게 되었다. 해리슨은 다른 쪽 눈을 보우스트리트에 고정한 채 임박한 대립의 조짐이 보이는지 살폈다. 해리슨은 이제 필딩 판사의 부대가 자신을 절대 건드리지 못할 것이라 믿을 만큼 어리석지 않았다. 그에게는 다행스럽게도, 치안판사는 1760년대와 1770년대 내내 해리슨의 계획을 규제하는 데 별 관심을 보이지 않았다. 해리슨의 자리는 실질적으로 위협받지 않았고, 중년의 끝자락에 접어든 그는 안정적인 수입원이 존재한다는 사실이 좋았다. 극장이 사람들을 문밖으로 쏟아 내는 한 로즈의 미래는 보장되어 있었으며, 이것은 톰킨스도 필딩도 바꿀 수 없는 조건이었다. 하지만 데이비드 개릭은 바꿀 수 있었다.

Chapter 14

킹스플레이스의 산타샤롤로타

　헤이즈와 오켈리가 그레이트말버러스트리트에 있는 테라스하우스의 임차권을 산 지 대략 6년 후, 이 커플은 훨씬 더 세간의 이목을 끌만한 저택 구매를 준비했다. 이들은 팔말과 킹스스트리트를 연결하는 은밀한 통로에 있는 킹스플레이스라는 부지에 정착했다. 1744년경에는 이미 비밀스러운 성적인 사건들로 이름이 알려진 곳이었다. 알막스 바로 옆에 자리 잡은 이 커플의 새로운 본부는 그들의 야심만큼이나 컸다. "매우 우아한 집"으로 묘사된 아주 널찍한 곳이어서, 헤이즈가 마음속에 그려 온 손님 접대를 위해 필요한 모든 시설을 갖출 수 있었다. 새롭게 지어진 귀족적인 분위기의 이 타운하우스에는 "아파트"라고 불리는 붙어 있는 여러 개의 방도 달려 있었다. 잠시 섹스만 하고 가려던 방문객을 단번에 저녁 내내 진행되는 행사로 끌어들이기에 딱 좋은 공간이었다. 헤이즈의 숙녀들과 고객들은 시설이 열악한 일부 업소에서처럼 공간이 부족해 곧장 침대나 소파로 물러나야 하는 불편함을 겪을 필요가 없었다. 파리의 호화로운 궁전과 똑같이, 헤이즈의 집에 방문하면 응접실이나 거실에서 다정한 대화와 음악적 여흥이 먼저 시작되었다. 은밀한 저녁의 본행사를 진행할 만큼 모두의 마음이 편안해질 때까지 술을 마실 수 있었고 카드 게임도 즐길 수 있었다. 이런 방식이 가져다주는 이익은 어마어마했다. 다음 날 아침 헤이즈는 성적인 서비스뿐만 아니라 신사가 여자와 동침하기 전에 보낸 시간에 대해서도 청구서를 내밀 수 있었다. 그 신사는 접대받은 술과 음식, 음악, 하룻밤 숙박(다른 사람에게 빌려줄 수도 있었던 침대를 하룻밤 썼을 때)에 대한 비용을 청구받았고, 카드에서 잃은 돈도 당연히 내야 했다. 이런 영리한 계략에 당한 고객의 청구서 금액은 점차 늘어나 주화로는 안 되고 지폐를 내야 할 정도가 되었다. 외상으로 달아 두라는 고객이 많았고, 만약 방문객이 재산이 아주 넉넉한 저명한 고객일 경우 헤이즈는 기꺼이 그 요구를 수용했다. 윌리엄 히키에 따르면, 헤이즈 부인의 유곽은 몇 번 가지 않아도 섹스 비용에 더해 "저녁 식사와 와인 비용으로 거의 100파운드" 가까운 돈을 장부에 올리게 되었다. 100파운드면 사업이 궤도에 오른 상인에게도 넉넉한 수입이었던 시절이었으므로, 헤이즈의 집은 장인이나 도제는 갈 수 없는 사치스러운 곳이었다. 그리고 헤이즈는 계속 이런 수준을 유지하고 싶었다.

'궁전'의 매력은 주택의 시설뿐 아니라 헤이즈가 고용한 여성들의 매력이기도 했다. 『밤의 향연』에 따르면, 헤이즈는 "시장에서 구할 수 있는 가장 질 좋은 상품을 확보하려고 신경을 썼다". "즉, 헤이즈의 수녀들은 최상급이었다." 비싼 요금을 부과하려면, 반드시 고객들이 그만한 값어치를 하는 서비스를 받는다고 여겨야 했다. 신입 매춘부 채용은 헤이즈의 주요 기술 중 하나였다. 헤이즈는 마차나 가마를 타고 웨스트엔드의 거리를 가로지르면서 꽃 상인, 이 집에서 저 집으로 종종 걸음 치는 하인, 거지, 어떤 식으로든 이미 매춘을 시작한 여성 등 혼잡한 거리를 채운 소녀들의 외모를 유심히 살폈다. 요즈음 연예인을 캐스팅하는 것과 비슷했다. 헤이즈가 본 것은 예쁜 외모뿐만이 아니었다. 같이 있는 사람을 즐겁게 만드는 반짝거림도 헤이즈의 관심거리였다. 음악적 재능도 물론 있으면 좋았다. 헤이즈는 유명세를 갈구하며 극장과 유원지 사이를 떠돌아다니는 무용수와 가수 들에게 항상 눈독을 들였다. 킹스플레이스 수녀원이 문을 연 지 고작 몇 년 만에, 헤이즈는 그 시대에 가장 성공한 고급 창부라는 경력을 쌓기 시작했다. 나중에 배우이자 킹스턴 공작의 정부로 명성을 얻은 클라라 헤이워드도 헤이즈를 통해 상류층 모임에 소개되었다. 새뮤얼 푸트는 킹스플레이스를 방문했다가 헤이워드가 「깨끗한 참회자」의 구절을 낭송하는 모습에 완전히 매료되어서 "바로 헤이마켓에 섭외했으며", 나중에 헤이워드는 드루리레인극장과 코번트가든의 무대에 출연했다. 나중에 시포스 백작과 결혼한 아름다운 해리엇 파월도 마담 헤이즈의 신입으로 시작했고, "고운 콘트랄토 목소리"로 유명한 벳시 콕스도 마찬가지였다. 콕스를 "그 동네의 인기인"으로 만든 건 그녀의 목소리뿐만이 아니라, 앨퍼드 백작과 애버게이브니 백작을 포함한 여러 귀족 애인들과의 교제였다. 벳시 콕스의 본명은 엘리자베스 그린으로, 자선을 구걸하며 헤이즈한테 온 경우였다. 콕스는 어린 나이에 농락당한 고아로, 콕스 대령이 거리에서 데려와 헤이즈의 집 앞에 두고 갔다. 약간의 교육을 통해서 마담 헤이즈는 삐쩍 마른 가난뱅이를 사람의 마음을 사로잡는 고급 창부로 바꿔 놨다. 헤이즈는 윌리엄 히키의 애첩 중 한 명인 에밀리 워런에게도 비슷한 마법을 부렸는데, 처음 발견했을 때 워런은 "열두 살이 채 안 된 나이에 런던 거리에서 눈먼 아버지를 데리고 지나다니는 사람들에게 자선을 구걸하고" 있었다. 히키에 따르면 헤이즈는 "그 아이의 얼굴에서 보이는 흔치 않은 아름다움에 끌렸고 (…) 큰 어려움 없이 그 소녀를 손아귀에 넣었다".

히키를 비롯하여 헤이즈의 업소에 오는 부유하고 영향력 있는 고객들은 헤이즈가 어린 여성들을 손에 넣는 방법에 도덕적 잣대를 들이대지 않았다. 그 불쌍한 여성들이(대다수는 소녀였다) 매춘에서 살길을 찾는 것은 그저 어쩔 수 없는 현실일 따름이었다. 히키는 벳시 콕스나 에밀리 워런 같은 가여운 존재들을 거리의 빈곤과 잔혹함에서 구해 주는 샬럿 헤이즈의 행동을 칭찬받아 마땅하다고 판단했다. 만약 미천한 삶에서 꺼내 주지 않았다면, 숙녀처럼 옷을 입혀 부유한 신사들에게 요리로 바치지 않았다면, 눈먼 거지의 딸이 어떻게 안락하고 화려한 삶을 접힐 수 있있겠는가. 하지만 헤이즈가 젊은 여성들을 구제하는 자선단체를 운영하는 게 아니었다는 사실을 기억해야만 한다. 고급 매춘부가 됨으로써 가난한 여자들이 어떤 이익을 얻게 되든 간에, 그

건 마담 헤이즈의 목표와는 아무 상관도 없었다. 헤이즈는 성공에 목을 맨 사업가였다. 조금씩 나이를 먹어 감에 따라 성공의 전망도 점차 불확실해졌다. 만약 헤이즈가 다른 여자들을 남성들의 욕망과 점잖은 사교계의 경멸에 던져 넣어 희생시킬 수 없다면, 그녀의 삶 또한 자신이 데려온 무고한 피해자들과 다를 바 없이 가난하고 애매한 채로 끝날 터였다. 헤이즈의 직업은 성을 파는 일이었다. 이것이 헤이즈가 지금껏 훈련받아 온 유일한 직업이자 지금껏 알아 온 유일한 삶이었다. 사회는 헤이즈에게 돈을 벌 수 있는 다른 수단을 주지 않았다.

헤이즈의 킹스플레이스 업소가 명성을 얻을수록 "신선한 얼굴"을 손아귀에 넣기 위해 사용해야 하는 방법도 점점 복잡해졌다. 헤이즈와 다른 마담들은 보통 일하는 가난한 젊은 여성들로 가득한 대도시의 거리를 대규모 저장고처럼 활용하여 재고를 충당했지만, 일부는 다른 방법을 써서 덫으로 유인했다. 『밤의 향연』의 저자는 마담 헤이즈가 신입을 채용하는 두 가지 주된 방법이 있었다고 주장했다. "첫 번째는 직업소개소에 가는 방법이고, 두 번째는 광고였다." 직업소개소에 숨어서 기다리는 방법은 마담과 포주들이 가장 오래전부터 가장 많이 시도한 방법이었다. "품위 있는 장인의 부인처럼 보이도록 수수하고 단정하게 (…) 차려입은" 헤이즈는 병약한 노인의 하녀로 일할 "스무 살쯤 되는 어리고 건강해 보이는 여자를" 찾아다녔다. 『밤의 향연』의 저자에 따르면, "헤이즈는 이런 계략을 실행하기 위해서 순진한 소녀를 유인하는 용도로 동네 곳곳에 다양한 셋방이나 가구가 준비된 작은 집을 마련했다". 1769년과 1775년에 헤이즈가 킹스스트리트에 있는 부동산을 빌리는 데 "샬럿 플래밍엄"이라는 가명을 사용했다는 사실을 보건대,『밤의 향연』의 저자가 거짓 이야기를 날조한 것은 아니었다. 순진한 소녀에 게 술을 한 모금씩 자꾸 권해서 결국 어두컴컴한 밀실로 유인하는 것 으로 시작되는 이야기는 소설에서나 있을 법한 일이 아니었다. 당시의 법 집행 기관도 알고 있는 현실이었다. 현실의 결과는 18세기 소설에 나오는 이야기의 결과와 비슷했다. 일단 이런 상황에 휘말린 보통 여 성은 "C 경, B 경, L 대령 같은 폭행범들로부터 겁탈을 당한다". 안타깝 게도 "아무리 울부짖어도 구해 주러 오는 사람은 없으며, 결국 그녀는 운명에 굴복하여 어쩔 수 없다고 체념한다. 그리고 다음 날 아침 주어 질 몇 기니의 돈과, 곧 가지게 될 새로운 옷이나 은 버클, 검은 실크 망 토를 떠올리며 위안 삼는다".『밤의 향연』의 저자는 "한번 길들이고 나 면, 같은 방식으로 희생될 또 다른 피해자에게 방을 내어 주기 위해 숙 소를 떠나서 킹스플레이스의 수녀원으로 자리를 옮기도록 여성을 설 득하는 데 큰 어려움은 없다."라고 잘도 결론을 내렸다.

직업소개소에서 선발한 여성들이 변변찮다 싶으면 헤이즈는 또 다 른 비장의 무기를 꺼냈다. 헤이즈는 "일간지에 광고를 내면 효과가 좋 아서 예쁜 매춘부 후보자들이 (전모를 모르고서) 많이 찾아온다"는 사실 을 알고 있었다. 헤이즈는 찾아오는 지원자들에게 가정부 자리를 약속 하면서 직업소개소에서 데려온 여성들과 똑같은 방식으로 유인했다. 헤이즈는 문획게 친구들에게 재치 있고 짧은 광고문 작성을 맡겼다. 그들은 쇼데를로 드라클로의 소설 속 인물 발몽 자작처럼, 정숙한 이 들을 파멸로 이끄는 자극적인 도전을 만끽했다. 여성 혐오자로 유명한 조지 셀원은 아주 기억에 남을 글을 하나 쓰기도 했다.

구인: 도시에 온 지 얼마 되지 않은 스무 살 아래의 젊은
여성을 찾습니다. 천연두를 이미 앓았던 면역자여야 합니다.
품위 있는 가정에서 전천후 하녀로 일할 사람을 찾습니다.
저명한 남자 요리사 밑에서 일하는 자리로, 모든 일에 손을 댈
수 있어야 합니다. 자잘한 일들, 가끔은 큰일도 해낼 줄 알아야
합니다. 손뼉을 치지 않고도 깨끗하게 풀 먹여 다림질하는
법을 이해하고, 적어도 빵을 단단하게 만들 수 있을 정도로는
페이스트리에 관해 알아야 합니다. 과일도 절일 줄 알아야
합니다.* 주어진 지시를 쉽게 이해하고 손재주 있게 잘 해내면
높은 급여와 적절한 보상이 주어질 것입니다.

터무니없는 광고였지만, 『밤의 향연』에 따르면 "순진하고 무방비한
사람들을 구슬릴" 수 있었다고 한다. 헤이즈는 이런 식으로 손쉽게 고
객들이 늘 새로운 인재를 소개받을 수 있다고 믿도록 만들었다.

사실, 헤이즈의 수녀원에 적합한 후보를 찾는 일은 우리 안으로 데
려온 이들을 관리하는 일과 마찬가지로 대부분 고객이 알고 있는 것보
다 훨씬 복잡했다. 다른 장사와 마찬가지로 런던에서 괜찮은 유곽이나

---

*   하녀가 가져야 하는 기술을 언급하면서도 매춘부의 자질을 암시적으로 언급하는 문
     장, 손뼉(clap)은 임질을 의미하는 구어이며, 깨끗한 풀, 빵을 단단하게 만들다 등은
     섹스와 관련된 은유로 볼 수 있다. (옮긴이)

배니오의 대다수가 가족 사업으로 운영되었다. 부모는 자신의 전문지식을 자식에게 물려주고 남편과 부인이 공동으로 사업을 꾸렸으며, 헤이즈와 오켈리도 마찬가지였다. 헤이즈는 사업체의 경영에 있어서만큼은 모전여전이었다. "계산 빠른 유곽 주인의 비법을 전부 전수"받았던 헤이즈는 자신의 사업에도 같은 전술을 활용했다. 장사에서 수익을 내고 숙녀들을 감독하는 일에 관해서라면, 헤이즈는 재능을 타고났다. 헤이즈는 자라면서 "드레스나 실내복, 시계, 버클, 자질구레한 장신구의 값을 정하는 법"을 보고 배웠다. 어머니처럼 헤이즈도 "수녀들의 식사, 세면, 숙박 비용을 인원수대로 나눠서 청구했으며, 이를 통해 수녀들에게 끊임없이 빚을 지워서 그곳에서 벗어날 수 없게 했다". 엘리자베스 워드는 탈출 시도 같은 어리석은 짓을 용서하지 않았다. 「올드 베일리 세션스 페이퍼」는 "선지급 또는 선물"이라 말했던 것을 소지한 채 "감히 도주를 시도하는 사람은 누구든" 주저 없이 기소했던 마담으로 워드의 이름을 기록했다. 후견인이자 주인이며 간수이기도 했던 마담은 자신의 감독하에 있는 여성들을 일상적으로 감시하고 지배해야 했다. 헤이즈 역시 다르지 않았다. 헤이즈는 책임져야 하는 여성들을 믿거나 동정할 여유가 없었다. 함께 살며 식구를 이룬 어린 여성들에게 느꼈을 애정은 꼭꼭 감춰져서 아주 조심스럽게만 표현되었다. 편애나 과도한 애정을 드러냈다면 헤이즈는 여성들의 변덕에 취약해졌을 것이나. 헤이즈에게 소녀들은 입히고 재우고 먹여서 사교계의 최고 상류층에게 소개하는 철저하게 사업적인 대상이었고, 소녀들은 그 대가로 헤이즈의 수입을 보장했다.

헤이즈는 다른 어떤 유곽 주인들보다 사업을 성공적으로 운영했고, 그녀의 집을 방문한 사람들은 그곳의 방식이 효율적이고 믿을 만하다고 칭찬했다. 헤이즈에게 '수녀원장'이라는 명칭을 처음 부여하고, 분명한 질서와 통제를 근거로 그녀의 사업에 "수녀원"이라는 이름을 붙인 사람은 조지 셀윈의 악행 파트너, 체이스 프라이스였다. 프라이스는 샬럿의 "수녀들"이 프랜시스 대시우드 경의 악명 높은 난교 파티 장소인 웨스트위컴파크의 동굴에서 그의 헬파이어 "수도사들"에게 향락을 제공한다는 사실도 넌지시 알렸다. 1769년에 프라이스는 「산타샤를로타 수도원에 관한 진실한 설명」이라는 제목의 풍자적이지만 통찰력 있는 글을 출판해서, 마담 헤이즈의 효과적인 경영 기법을 폭로했다. 산타샤를로타 수도원에 존재하는 "법과 규칙, 규정, 예절"이 사실이라면, 그곳은 헤이즈 밑에 있는 여자들에게 그다지 호의적이지 않은 기관이었을 것이다. 수녀원의 "자매들"은 "편애하는 애인을 둘" 수 없었고, "가벼운 애정"도 즉시 중단해야 했다. "자매들을 수녀원 바깥으로 꾀어내거나 감언이설로 구슬리려고" 시도한 남자는 누구라도 재방문이 금지되었다. 자매들이 받거나 가진 "선물이나 소지품"은 모두 산타샤를로타가 몰수한 후 적당한 때에 적합한 사람에게 주는 상으로 "전용되었다". 이 "훌륭한 여성 보호자"는 손해를 막기 위해 자신이 맡은 여성들이 "다른 신학교의 자매들과" 우정을 나누는 일을 금지했고 "초대받지 않은" 여성 방문객이 찾아오는 일도 막았다. 자매들은 동료 매춘부든 아직 더럽혀지지 않은 정숙한 여인이든 상관없이 다른 여성들과 거의 연락할 수 없었다. 무엇보다 헤이즈는 그들의 일상생활이 규제되고 억제되어야 한다는 사실을 알았다. 헤이즈는 고객과 약속이 아무리 많아도 "아이들은 식사 시간에 모두 함께 모이고" 극장에 모여서 함께 가고 공공장소를 함께 산책하며 "궂은 날씨로 산책이 여의찮으면 수녀원 소유의 고상한 마차를 타고 나가야" 한다고 주장했다. 이런 여러 조치를 통해서 헤이즈는 여성들을 더 엄중히 감시할 수 있었고, 나아가 외로움이 뿌리 내리지 못하게 동지애를 키울 수 있었다.

런던의 음탕한 사람들에게 칭송을 받으며, 헤이즈는 업소의 높은 수준을 유지하는 일에 온 신경을 쏟았다. 성병의 조짐이 약간만 보여도 평판이 무너질 수 있었다. 헤이즈는 치드윅 박사라는 의사를 고용하여 정기적으로 건강검진을 시행했다. 치드윅 박사는 그 지역 고급 문란 업소들 사이에서 유명했으며 매춘부의 생식기 건강 분야에서 전문가로 통했다. "진료비나 급여"를 받지 않기로 유명했던 걸 보면, 진료의 대가를 환자에게 현물로 받았던 듯하다. 윌리엄 히키가 기록한 바에 따르면, 치드윅의 진찰은 헤이즈의 고객 대다수는 물론이고 히키 자신의 건강도 걸린 일이었다. 비너스의 추종자들을 그렇게 좋아해서 계집질을 열심히 하고 다녔는데도 히키는 한 번도 성병에 걸리지 않았으며, "오히려" 그는 "특별히 조심하지도 않고 켈리[부인]의 집에서 잠자리 상대로 들어오는 여자가 누구든 주저하지 않고 안았다".

헤이즈는 수녀들의 출중함을 자랑으로 내세우면서 다른 저가 시장의 마담과 다르게 수녀들의 교육에도 투자했다. 수녀원장의 교육 프로그램은 둘째가라면 서러울 정도였다. 새로 들어온 여자들, 특히 거리에서 바로 들어온 여자들에게는 숙녀처럼 행동하는 법을 가장 먼저 가르쳤다. 헤이즈의 소녀들은 볼품없는 출신의 흔적을 지우려고 몸가짐과 웅변술을 배웠고, 그뿐만 아니라 음악과 무용의 대가들이 고용되어 소녀들을 더욱 다듬었다. 히키에 따르면, 헤이즈는 소녀들에게 "마담 헤이즈가 중요하게 생각하는 자질"이었던 걷는 법을 아주 잘 가르쳤지만, 읽고 쓰기 같은 다른 능력은 굳이 필요치 않다고 여겼다. 히키는 그럼에도 헤이즈의 님프들은 항상 말을 잘했다고 평가했다. 예를 들면, 에밀리 워런은 읽고 쓸 줄 몰라도 "대화를 나눌 때 전혀 모자람 없고 어색하지 않았으며, 문맹임을 드러낼 수도 있는 표현이나 비속어를 사용하는 걸 들어 본 기억도 없었다".

1767년에 킹스플레이스 2번지로 옮기면서 헤이즈는 야망을 현실로 만드는 중대한 분기점을 마련했다. 세인트제임스에서 헤이즈는 런던 매음굴의 새로운 시대를 열었다. 헤이즈의 업장은 웨더비나 해덕스 같은 코번트가든의 싸구려 이웃 업소들과는 비교할 수 없는 고상하고 세련된 아우라를 유지했다. 살을 파는 다른 사업가들도 헤이즈의 선도적인 방식을 따라서 킹스플레이스와 세인트제임스 '궁전' 출입구 주변 거리에 경쟁 업소를 열었다. 하지만 헤이즈는 1760년대와 1770년대 초반 내내 일인자로 군림했다.

1771년에 이르자, 장사가 너무 잘됐던 헤이즈는 길 건너편 5번지더 큰 건물에 두 번째 수녀원을 열었다. 2번지의 수녀원은 별관으로 남겨서 믿을 만한 조력자 엘리슨 양에게 맡겼다. 사업은 번창했지만, 헤이즈의 본래 목표는 영원히 이 업계에 종사하는 것이 아니었다. 헤이즈와 데니스 오켈리가 공동으로 재산을 모아 왔던 것은 단지 풍족하게 먹고살기 위해서는 아니었다. 그들이 추구하는 것은 토지였다. 그 당시에는 토지 소유권을 가져야만 가문의 이름을 세우고 부를 공고히 할 수 있었다. 땅은 수상쩍은 과거를 가진 이들에게조차 지위를 부여했고, 지위에는 존경이 뒤따랐다. 재산이 넉넉하고 부동산이 상당하다면, 중대한 법 위반 행위도 용서받을 수 있었다.

"모든 시간을 방해받지 않고 도박판에 쏟아붓는" 전문 도박꾼이었던 데니스는 수입이 좋았을 때에는 공동의 부에 상당한 몫을 보탤 수 있었다. 그러나 안타깝게도 데니스가 아무리 손이 빠르고 수학적인 계산을 잘한다고 해도 판마다 딸 수는 없었다. 당연히 잃을 때도 있었고, 가끔은 손실의 수준이 어마어마해서 집행관으로부터 데니스를 구해 오느라 헤이즈가 모아 둔 자금을 날릴 때도 있었다. 은퇴 후 생활을 위한 땅을 마련하려고 모아 놓은 돈이었다. 협잡꾼 오켈리는 따고, 잃고, 써 버리고, 전당포에 저당 잡히고, 빌리고를 끊임없이 반복했다. 어느 날 밤의 위험천만한 도박판에서 데니스는 재산의 절반 이상을 날려 먹었지만, 금세 되찾아 올 수 있다고 믿었다. 이게 그의 문제였다. 오켈리가 도박에 빠질수록 헤이즈는 "투기를 믿지 않는 안주인이 되어서 '손에 쥔 새'라는 속담*을 최고의 행동 지침으로 삼았다." 젊은 시절에 교훈을 얻은 헤이즈는 다시는 풍요로움을 당연하게 여기지 않겠다고 결심했다. 하지만 오켈리는 이런 규칙을 지키려 하지 않았으며 때로는

---

* 'A bird in the hand is worth two in the bush.'라는 영어 속담. 혹시 얻게 될 수도 있을 불확실한 것보다, 지금 가지고 있는 확실한 것을 소중히 여기라는 의미다. (편집자)

신뢰할 수 없는 행동으로 둘의 관계를 거의 파탄 지경까지 몰고 갔다. 헤이즈는 오켈리가 샘 데릭처럼 안정적인 미래를 지키지 못하면 어떡할지 걱정스러웠지만, 오켈리와의 관계는 데릭과의 관계보다 훨씬 밀접하게 얽혀 있었다. 애정과 유대감뿐만 아니라 사업적인 면에서도 그랬다. 우스갯소리로 산타샤를로타 프로테스탄트 수녀원의 "원장"이라고 불렀던 오켈리의 지분은 안주인만큼이나 컸다. 시작부터 공동의 노력을 쏟아붓고 두 사람의 수입을 모두 투자해서 일군 사업이었다.

들쭉날쭉한 오켈리의 재정 상태로 고생하던 헤이즈는 당분간 킹스플레이스의 수녀원장 자리를 계속 지킬 수밖에 없다는 사실을 깨달았다. 한때는 남자의 돈을 헤프게 쓰고 다니는 데만 열을 올렸던 헤이즈가, 이제는 장부의 수지를 맞추고 계산서를 작성하는 등 빠릿빠릿하게 회계를 처리하는 기술을 익혔다. 혁신의 필요성도 느끼게 되었다. 사방에서 경쟁자들이 잘나가는 사업을 지켜보고 있었다. 경쟁자들이 헤이즈의 뒤를 바짝 쫓았다. 커즌스트리트의 낸시 뱅크스는 자기 사업을 시작하기 전에 헤이즈의 여자들 중 한 명이었다. 코번트가든의 육체 시장에서 잔뼈가 굵은 엘리자베스 미첼은 버클리스트리트에서 처음 사업을 시작했다가 1770년 헤이즈의 이웃으로 이사해 왔다. 1770년대가 되자, 거리에는 온통 수녀원을 자처하는 고급 유곽이 들어찼다. 1773년 런던을 방문한 다르헨홀츠 남작은 "킹스플레이스의 좁은 길까지 줄지어 달려가는 사륜마차를 보고" 깜짝 놀랐다. 그 지역에 줄줄이 새로 등장한 업소들 사이에서 선두를 지키려면, 헤이즈는 업소의 매력을 최대한 적극적으로 홍보해야 했다.

밤낮으로 집 안에 앉아서 부유하고 지위 높은 남자들이 방문하기를 기다릴 수만은 없었다. 아무리 최고의 '여자 육체 창고'라도 광고를 해야 고객을 끌어모을 수 있었다. 헤이즈의 고급 업장에는 항상 두 명 내지 다섯 명의 '기쁨의 소녀들'이 거주했고, 『해리스 리스트』에서 보았듯이 이 소녀들은 신사들의 고급 정부로 뽑혀 가는 일이 잦았다. 헤이즈가 보유한 숙녀들을 홍보하는 가장 좋은 방법은 그들이 공공장소를 활보하며 다니게 하는 것, 즉 고급 드레스를 입혀서 온 런던의 시선을 받으며 돌아다니게 하는 것이었다. 상류층 사람들이 고급 의류와 말, 윤을 낸 마차를 과시하며 오후 산책을 즐기는 세인트제임스파크를, 헤이즈는 보란 듯이 자신의 수녀들과 누비고 다녔다. 이들은 극장 박스석에서 최상류층 인사들 한가운데 앉아 귀족들의 추파와 부인들의 질투 섞인 못마땅한 시선을 한 몸에 받았다. 사람들이 여자들에게 호기심을 갖고 그녀들의 미모를 우러러보는 곳이면 어디든, 헤이즈는 자신의 수녀들을 데려갔다. 유원지나 연회장, 무도회는 그녀들이 자주 찾는 장소였다. 그들은 무도회장 한가운데서 춤을 추며, 훌륭한 옷차림과 헤이즈의 응접실에서 배운 우아함을 한껏 뽐내었다. 헤이즈와 수녀들은 가장 화려한 장소들의 회원으로서, 칼라일하우스에서 열리는 코넬리부인의 가면무도회 같은 장소에 자주 모습을 드러냈다. 거기서는 존경받는 기혼 여성들과 가면을 쓴 남편의 애인들이 어깨를 나란히 비비며 어울렸다. 시즌에 맞춰 딘골들이 배스와 첼트넘으로 떠나면, 헤이즈도 상품들을 데리고 따라가서 출장 전시회를 열었다. 헤이즈의 숙녀들은 이곳저곳에서 목격되었다. 김이 모락모락 나는 온천에서 헤엄치는가

하면, 장엄한 크레센트* 사이를 거닐거나 연회장에서 부채를 펄럭이기도 했다. 남편이 한눈파는 원인들을 런던에 두고 오고 싶었던 괴로운 아내의 분노가 상상될 지경이다. 존경받는 이들이 어디에 가든, 존경받지 못하는 이들이 그림자처럼 발뒤꿈치로 따라붙었다. 어쩌다 한 번씩 이들의 존재에 항의하는 사람들과 마주치기도 했지만, 지역에서 가장 영향력 있는 남자들에게 봉사하는 헤이즈의 숙녀들에게 실질적으로 반대할 수 있는 사람은 거의 없었다.

헤이즈의 명성이 최고조에 오르면서, "성스러운 샬럿 헤이즈"의 수녀원은 조지 왕조 시대 상류층의 주요 인물들을 침실로 모시게 되었다. 당장 꼽을 수 있는 이름만 해도 샌드위치 백작, 팰머스 자작, 리치먼드 공작, 에그리먼트 백작, 억스브리지 백작, 그로스브너 백작 등이었다. 그 외에도 많은 이들이 헤이즈의 업소에 정기적으로 호의를 베풀었다. 수많은 하급 귀족들과 종교를 막론한 시티의 부유한 신사들이 잘 알려진 고객이었다. 다수의 시의원과 시장도 거기 포함됐다. 나중에는 오켈리의 경마 인맥을 바탕으로 웨일스 공과 그의 난봉꾼 친구들을 상대하며 이익을 챙겼을 테고, 이것이 수녀원장 헤이즈에게는 최고 영예였을 것이다. 헤이즈가 요구를 들어주지 못할 사교계 인사는 한 명도 없었다. 이미 손에 쥐고 있는 여성들은 기본이고, 남자들의 다양한 취향을 달래기 위해 다른 여자들을 데려오기도 했다. 배우나 가수, 타락한 상류층 숙녀, "그 동네에서 최고의 찬사를 받는 여성"들이 고위급

---

* 초승달 모양으로 집이 늘어서 있는 거리. 배스는 30채의 테라스하우스가 초승달 모양으로 붙어 있는 건축물, 로열크레센트가 있는 장소다. (옮긴이)

손님들에게 선보이거나 유흥을 제공하기 위해 헤이즈의 거실에 등장했다. 물론 밤의 행사를 위해서는 응접실에서만큼이나 침실에서의 재능도 중요했다. 헤이즈는 비정상적인 취향을 가진 고객도 포함하여 모든 고객의 요구를 충족시키려고 애썼다. 포주 해리스처럼, 위대한 수녀원장도 고객의 가장 외설스러운 욕구를 기록했다가 그에 맞는 기술을 가진 적절한 매춘부를 밤에 대령했다. 『밤의 향연』에는 헤이즈가 세심한 주의를 기울여 준비했던 어떤 하루가 기록되어 있다. 사건과 이름은 각색되었지만, 마담 헤이즈가 선보인 다양한 메뉴는 정확한 사실에 기초했다. 저자가 서문에 적었듯이, 이날의 "헤이즈 업소의 요금 청구서 표본"은 "독자들에게 헤이즈의 사업 수행 방식을 알려 주려는" 의도로 책에 실렸다.

이날은 1769년 1월의 어느 평범한 밤이었는데, "드라이본스** 의원"이 최근에 처녀성을 복원한 "열아홉 살쯤 된 하녀, 넬 블로섬"을 데리고 "꽃무늬 벽지를 바른 작지만 우아한 침실에 들어앉아 있었다". 이 쾌락의 밤을 위해 의원은 기쁜 마음으로 20기니를 내놨다. 바로 옆에 있는 "프랑스식 고급 침대방"에는 "세인트클레멘츠의 1등급" 흑인 매춘부와 밤을 보내려고 5기니를 낸 "스패즘*** 경"이 있었다. 단돈 10기니를 낸 "해리 플러젤럼**** 경"은 "버너스스트리트의 벳 플러리쉬"나 "채플스트리트의 버치 부인"이 올 수 없었던 관계로 "보우스트리트의

** 말라깽이. (옮긴이)
*** 경련. (옮긴이)
**** 채찍. (옮긴이)

넬 핸디"가 수녀원에 자작나무 잔가지를 한 다발 들고 와서 돌봐 주고 있었다. "티어올* 대령"은 쾌락의 밤을 위해 "얌전한 여인"을 요구했고, 헤이즈는 "미첼 부인의 하녀 중에 시골에서 막 올라온 아이를 뽑아서" 대령을 맞이했다. 지폐 한 장 가격으로 대령은 "응접실에서 긴 소파 위에 오를 기회를" 얻을 준비를 마쳤다. 성직 생활을 오래 한 "프렛**텍스트 박사"는 "예배가 끝난 후" 옥스퍼드마켓의 "폴 님블리스트***"나 "메이페어의 제니 스피디핸드****"의 "아주 하얗고 부드러우며 나긋하고 사근사근한 손"으로 욕구를 해소하려고 헤이즈를 찾아왔다. 헤이즈는 단돈 2기니에 "4층에" 있는 하인들의 숙소에서 이 재빠른 골칫덩어리를 처리했다. "응접실의 소파 [위]에서는" 신중한 "레이디 러브잇"이 헤이즈에게 50기니를 주고 애인인 "오썬더 대령"을 은밀히 만나고 있었다. 같은 시각 바로 옆 카드놀이 방에서는 "파이볼드***** 경"이 5기니를 내고 "첼시의 트레드릴 부인"과 함께 "어떤 과격한 행동도 하지 않은 채 극도로 점잖고 예의 바르게 피케******같은 걸 하면서" 순수하게 "놀고 있었다". 다른 한편 바로 옆 거실에서는 "알토 백작 각하께서" 10기니의 비용을 내고 "어떤 상류층 여인"과 한 시간짜리 성적 놀이를 즐기고 있었다.

---

*	모두 찢다. (옮긴이)
**	초조함. (옮긴이)
***	빠른 손목. (옮긴이)
****	빠른 손. (옮긴이)
*****	얼룩덜룩한. (옮긴이)
******	두 명이 하는 카드 게임의 일종. (옮긴이)

킹스플레이스의 수녀원들은 엘리트 고객을 모시기 위해 원장이 무엇이든 하는 것으로 유명했다. 거절은 사실상 없었으며, 심지어 딱히 원하는 서비스가 없는 사람의 요구까지도 맞춰 주었다. 헤이즈의 저택은 불륜 관계의 커플들에게 안전한 장소로 제공되는 경우도 많았다. 『밤의 향연』에는 마담 헤이즈가 부부의 침대에서 실망한 여인들을 만족시키기 위해 물건이 큰 남성들을 소개해 주었다는 내용도 있다. 헤이즈가 받았던 숱한 요구들 중에서도 가장 이상했던 것은 "어느 젊은 귀족"의 요구였다. 부인이 "자기 친구"와 "부적절한 성관계를 맺고" 있는 남자였다. 그는 친구와 부인의 배신을 알자마자 친구가 "이번 달 안에 어떤 유행성 질병에 걸린다는 데" 1,000기니를 걸고서는, 헤이즈를 찾아와 임질에 감염시켜 줄 매춘부를 소개해 달라고 요청했다. 아내에게 성병을 옮김으로써 "부인의 외도는 물론이고 경쟁자의 부정에 대해서도 완벽하게 복수할 수" 있다는 것이었다. 그 귀족은 헤이즈에게 그녀의 가게에 "썩은 소", 즉 병 걸린 여자들이 있다는 뜻으로 해석해 기분 나빠 하지 말라면서, "주머니에서 수표책을 꺼내 30파운드 은행권을 선물했다". 그 후 음모는 실행에 옮겨졌고, 헤이즈는 병든 창녀를 찾아내는 작업에 착수했다. 2주도 되지 않아 젊은 귀족의 이중적인 친구는 임질에 감염된 것을 알게 되었다. 그는 "불륜에 관한 더 이상의 논의를 피하고자" 내기에 걸린 1,000기니를 마지못해 지급했다.

그러나 병에 걸린 여자보다는 처녀성을 빼앗는 기쁨을 누릴 수 있는 깨끗한 처녀를 찾는 고객들의 요구가 훨씬 많았다. 이런 요구는 상당히 힘들었다. 손타지 않은 처녀를 알선하는 일은 극도로 어려웠다.

헤이즈가 거리에서 구해 온 여자들은 나이가 열두 살이나 열세 살밖에 안 될 정도로 어려도 이미 겁탈의 피해자인 경우가 많았다. 가족이나 학교, 일하는 가정에서 여자들을 유인해 꾀어내는 일은 지난하고도 위험한 과정이었다. 만약 여성이 충분히 영향력 있거나 소리 높여 항의하는 가족을 두고 있다면, 뚜쟁이 마담 넬슨 부인이 겪었던 것처럼 법이 개입할 여지가 커지고, 그렇게 되면 입을 꾹 다물고 있던 이웃들이 갑자기 "저택을 문란한 업소로 기소하라"고 할 수도 있었다. 그럼에도 마담과 포주는 "진정한 처녀"를 데려오라고 손님들에게 쉴 새 없이 들볶였다. 일부는 젊은 처녀와 관계를 맺는 성적 흥분을 즐기려는 이들이었으나, 성병으로부터 자신을 지키고 "안전한 섹스"를 하려는 이들도 많았다. 업자들 입장에서는 순결한 처녀를 찾아 런던을 뒤지느라 시간을 낭비하느니, 이미 손을 탄 "처녀들"을 그냥 재활용하는 편이 더 쉬웠다. 매춘 알선업에 종사하는 사람들은 처녀와 자는 특권을 위해 100기니에 달하는 요금을 낼 수 있는 눈치 없는 남성들에게 여러 번 "처녀였던" 아주 어린 신입을 팔아넘겨서 큰돈을 벌었다. 당시는 사춘기 여성(과 남성)의 신체를 성애의 대상으로 바라보던 시절이었고, 그래서 사춘기 소녀들은 극도로 어린 나이에도 불구하고 매력 넘치는 욕망의 대상으로 여겨졌다. 이런 취향을 고려하면, 18세기에 상당수의 남성에게 정상적인 성적 선호로 여겨졌던 것들이 오늘날에는 대부분 감옥에 갈 만한 수준이라는 사실도 덧붙여야겠다.

헤이즈의 업소는 처녀를 잘 데려오는 가게로 이름을 날렸다. 조지 셀윈이 어떻게 그렇게 많은 처녀를 그렇게 자주 데려올 수 있는지 물었을 때, 헤이즈는 "처녀성에 관해서라면, 한 여인이 백 번을 잃어도 여전히 좋은 '처녀'가 될 수 있다고 생각한다"고 답하면서 "처녀성은 푸딩을 만드는 일만큼 쉽게 만들 수 있다"고 확신했다. 헤이즈는 자신이 "처녀인 여자들"을 항상 풍부하게 "소유하고 있어서, 시의원 전체는 물론이고 [그보다 규모가 큰-옮긴이] 참사회 의원 전체도 모실 수" 있다고 주장했다. 이는 간 큰 마담의 근거 없는 단언이라기보다는, 성공한 유곽 주인이 일급 영업 비밀을 뽑낸 것으로 봐야 한다. 아무리 헤이즈가 글을 잘 읽지 않더라도, 업소의 선반 위에 존 암스트롱의 『사랑의 경제』라는 낡은 책 한 권쯤은 있었을 것이다. 일종의 섹스 설명서라고 할 수 있는 그 책에는 시처럼 쓰인 조언과 처녀성을 복원하는 비법이 담겨 있었다. 암스트롱은 여러 세기 동안 여자들과 의사들 사이에서 상식으로 통하던 내용을 글로 써 놓았다. 질의 안쪽을 조이기 위해서는 온갖 허브 혼합물이 필요했는데, 다음과 같은 재료들이 필요했다. 범꼬리, 소리쟁이, 가막살나무 잎, 질경이, 은매화, "지혈 작용을 하는 열매", 케이퍼 관목의 뿌리, "깨끗하게 헐벗은" 참나무 껍질… 그런 다음 허브에서 "수축시키는 성분이 나오도록" 혼합물을 "와인에 넣고 끓이면 수치스러운 구멍을 세 배 더 강력하게 조여 주는 로션"을 만들 수 있었다. 이런 로션을 하루에 여러 번 바르면, 파열되지 않은 처녀막으로 들어간다는 착각을 불러일으킬 수 있었다. 마담들은 여기에 자신들만의 특별한 솜씨를 보태기도 했다. 어떤 마담은 처녀막 파열의 효과를 내려고 질 내부에 동물의 피를 채운 작은 "주머니"를 넣었다. 또 다른 마담들은 존 클리런드의 소설 속 등장인물 패니 힐이 했던 것처럼 피에 적신 스펀지를 "허벅지 사이에 넣고 꽉 쥐어짜는" 방법을 사용해서 "여성이 명예를 지켜 왔을 때[실제로 첫 경험일 때-옮긴이] 흘렸을 것보다 더 많은 붉은 액체를 흘릴 수 있었다". 헤이즈의 가게에서 정확히 어떤 방법을 사용했는지는 모르지만, 아무튼 최후의 승자는 헤이즈였다. 엄청난 양의 주화와 지폐를 내놓고 나서도 고객들은 자기 밑에 누워 있는 여자가 진정한 처녀인지 아니면 헤이즈의 수녀 셀리 양처럼 "그 주에만 스물세 번째 처녀 행세를 하는" 여자인지 완벽하게 확신할 수 없었다.

특이한 서비스를 요구하는 고객들도 헤이즈의 업소를 자주 찾았다. 다르헨홀츠 남작은 "킹스플레이스의 (…) 유명한 업장에" 있는 유용한 물건 중에는 "저속한 욕구를 해소하는 데 어려움을 겪는 늙은이와 방탕한 젊은이를 다시 세울 온갖 장치도" 있었다고 기록했다. 헤이즈는 이 부분에서 재주가 정말 출중했다. 체이스 프라이스는 "헤이즈는 (…) 노망난 늙은이도 활기차고 기력 넘치는 젊은이가 되었다고 생각하게 해 줬고" 동시에 "기력 넘치는 젊은이를 늙은이로" 바꿀 수도 있다고 말했다. 이는 "탄력 침대"라고 불린 발명품 덕분이었다. 『밤의 향연』에 따르면, 탄력 침대는 "창의적인 천재 오켈리 백작이 발명했고 유명한 기술공이자 실내 장식 업자인 게일 씨가 만들었다". 오켈리는 질주하는 말을 타는 동안 양다리를 벌리는 움직임에서 영감을 얻어서, 성행위에 들이는 노력을 최소화하면서도 그 감각을 모방할 수 있는 스프링을 장착한 침대 프레임을 생각해 냈다. 1778년 은퇴를 앞뒀을 때까지 헤이즈는 이런 독특한 기계를 가진 유일한 사람이었고, 그 기계는 "움

직이는 쪽이든 가만 있는 쪽이든 어려움이나 피로함을 주지 않고 최고
로 황홀한 시간에 최고의 움직임을" 선사하여 "남녀 주인공 모두에게
놀라운 만족과 느낌을" 준다고 인정받았다. 탄력 침대는 여전히 현역
인 노년의 호색한들을 끌어들였다. 헤이즈가 "자연보단 기술에 더 의
존해야 하는 귀족들"로 간주한 사람들이었다. 헤이즈는 "발기불능의
의원이나 부유한 유대인"을 포함하여 자기의 성적 능력이 아직 쇠하지
않았다고 착각하는 이런 사람들을 최고의 고객이자 "가장 바람직한 친
구"로 여겼다. 이런 병약한 방탕아 중에서 퀸즈버리의 공작인 윌리엄
더글러스만큼 대단한 후원자도 없었는데, 그는 수그러들지 않는 성욕
으로 "늙은 호색한"이라는 별명을 얻었다.

런던에서 평판이 나쁘기로 둘째가라면 서러운 업장의 수녀원장이
되어, 헤이즈는 젊은 날의 전성기 때보다 더 대단한 명성과 더 많은 수
입을 얻었다. 하지만 이런 성공에도 불구하고 헤이즈는 빠르게 싫증이
났다. 마담이라면 누구나 언젠가는 은퇴하기를, 오래도록 버텨 온 경력
을 공식적으로 끝내고 우아하게 퇴장하기를 꿈꿨다. 신중하게 재산을
계산해 본 헤이즈는 그날이 머지않았다고 생각했다. 1769년이 시작될
무렵, 헤이즈와 오켈리는 그렇게 바라던 지주계급에 들어가는 데 충분
한 돈을 모았다. 엡섬에 있는 클레이힐 영지를 목표로 삼았다. 오켈리
와 헤이즈가 언제나 부를 과시하고 싶어 안달을 내긴 했지만, 이번 거
래는 유난히 더 급박하게 이루어졌다. 헤이즈의 몸에서 어떤 변화가
생기고 있던 까닭이었다.

Chapter 15

배스의 작은 왕

1757년 후반쯤 되자, 데릭은 채권자들에게 돈을 갚고 자유를 보장받았다. 그는 마침내 자유롭게 웨스트엔드를 돌아다니게 되었다. 『해리스 리스트』가 예상치 못한 성공을 거두면서 데릭의 주머니는 다시 불룩해졌으며, 뜻밖의 횡재 덕분에 여기저기서 기념행사 섭외도 들어왔다. 평소 하던 대로 데릭은 재단사에게 옷을 맞추고 고급 숙소를 얻었으며, 술집이며 배니오, 도박장에서 음탕한 여인들에게 돈을 뿌리고 다니면서 코번트가든 주위에서 마음껏 재산을 뽐냈다. 데릭은 채무자 교도소의 공포를 직접 겪고 나서도 아무것도 배운 게 없었다. 『해리스 리스트』의 수익에서 자기 몫으로 받은 이익금을 저축하는 대신에 평소처럼 방종하게 흥청망청 쓰고 다녔다. 그다음 해, 데릭은 더블린에 있는 친구 포크너에게 다시 가난해졌다고 불평하는 편지를 또 썼다. 데릭이 애써서 번 돈은 그의 손가락 사이로 빠져나가는 게 분명했다. 『해리스 리스트』 발간에 따른 안정적인 수입원이 있었음에도 2년 후 보즈웰을 우연히 만났을 때 샘의 자금 사정은 그 어느 때보다 열악했다. 은밀한 성공을 만끽했음에도 샘 데릭의 생활에는 거의 변화가 없었다. 1760년에도 데릭은 여전히 코번트가든의 술집을 전전하며 후원자를 물색하거나 여자 "친구들"에게 공짜 동침을 구걸하고 다녔다.

당시 보즈웰에게는 제대로 보이지 않았으나, 수년 동안 데릭이 잠재적 후원자들 앞에서 인내하고 엎드린 결실이 마침내 나타나고 있었다. 커피하우스와 술집을 전전하며 살아온 끝에, 데릭이 얻게 된 것이 단 한 번의 문학적 성공만은 아니었다. 그에게는 인상적인 지인도 많이 생겼다. 많은 이들이 데릭을 무시했지만, 데릭의 불량한 태도 너머에서 재능의 불씨를 알아보고 그를 매력적이라고 여기는 사람들도 남아 있었다. 1750년대 말이 되자, 체스터필드나 찰몬트, 섀넌, 코크 백작을 비롯하여 뉴캐슬 공작도 데릭의 추종자 명단에 이름을 올렸고, 조지 포크너에 따르면 코크 백작은 특히 "데릭을 너무 좋아해서 최고로 다정하고 상냥하게 말을 걸었다". 포크너는 귀족 사회에서 샘 데릭의 이름을 적극적으로 홍보해 주었고, 그러자 영국과 아일랜드에서 가장 걸출한 이들도 마침내 응접실 금박 문의 빗장을 풀어 주었다. 1760년대 초반, 데릭은 자신이 쓴 코번트가든의 야한 이야기를 정말 좋아하는 체스터필드 백작의 손님으로 초대받았다. 마찬가지로 아일랜드 해협 건너편의 귀족 후원자들에게도 초청받았으며, 한번은 아일랜드 역사를 집필해 달라는 공식적인 의뢰도 받았다. 이 특별한 후원자가 누구인지는 분명하지 않지만, 코크 5대 백작 존 보일이나 토머스 사우스웰 경은 데릭에게 습관적으로 "열광적인 찬사"를 보내며 종종 손님을 데려오긴 했었다. 거의 10년 동안 고국을 떠나 있었던 데릭은, 1760년 9월, 드디어 고국의 해안을 향해 출발했다. 상당한 선금이 이미 지급되었고, 후원자 모집 사업도 한창 진행 중이었다.

이미 너무 늦어 버린 아일랜드 방문이었지만, 데릭은 늦은 만큼 커다란 성공의 기회로 삼겠다고 다짐했다. 리버풀에서 배를 타고 출발하여 킨세일에 도착한 후, 육로로 킬라니와 킬케니, 칼로, 나스를 거쳐 더블린에 이르는 여정이었다. 여행 도중 데릭은 후원자가 될지도 모를 사람들이나 함께 여흥을 즐기자고 요청했던 사람들을 방문했다. 데릭은 여행하는 동안 만난 인물과 관찰한 자연경관의 아름다움을 자세히 기록하면서 맹렬한 기세로 글을 썼다. 이미 걸작 자리를 맡아 둔 것이나 다름없는 작품을 위해서였다. 두 달 후 도착할 최종 목적지는 더블린이었다. 떠나 있던 10년 동안 그 도시도 데릭처럼 외양이 번지르르해졌다. 거리는 넓어졌고 리피강을 가로지르는 새로운 다리가 낡은 에식스브리지를 대체했으며 공공건물 내부는 정교한 로코코양식의 회반죽 장식으로 꾸며져 있었다. 어린 시절 미래를 찾을 수 없어 더블린을 떠났던 데릭은, 어느 정도 나이를 먹은 이제 사랑하는 "에블라나"가 한때 거부했던 자신을 받아 줄 것이라는 희망을 품고 돌아왔다. 데릭은 언제나 어린 시절을 보낸 도시로 귀향하는 모습을 상상했었다. 상상 속에서 데릭은 유명한 시인이 되어서 의기양양하게 말을 타고 시내

중심지로 들어가고 있었다. 정확히 그런 모습은 아니었지만, 목적을 이루는 데 도움을 줄 사람들과 관계를 다시 틀 수 있기를 바랐다. 안타깝게도, 계절 탓에 알고 지냈던 이들 다수가 부재중임을 알게 된 데릭은 "의회의 휴가, 그리고 배스" 때문에 "목표했던 즐거움을 빼앗겼다"며 실망했다. 그렇지만 그는 친구이자 배우인 토머스 윌크스와 극장에서 함께 시간을 보내며 즐겼다. 데릭은 고모 크레이 부인도 방문했다.

3년 전 데릭이 상속권을 박탈당한 날부터 둘 사이에는 편지 한 통 오가지 않았다. 크레이 부인이 비난의 의미로 상속권을 박탈한 후, 데릭은 도덕적 문제에 관한 부인의 염려를 누그러뜨릴 적당한 말을 찾으려 하지 않았다. 하지만 운이 좀 따르고 수완도 발휘하면 유언장을 되돌리는 일이 아주 불가능하지만은 않은 듯했다. 어쨌든 데릭은 어린 시절의 후견인에게 변명이나 설명을 해야 한다고, 적어도 아일랜드의 상류층이 선호하는 시인으로서의 자기 모습을 보여 주어야 한다고 생각했다. 11월에 데릭은 모자를 손에 쥐고 고모의 응접실에 나타났다. 데릭이 어떤 화해의 말을 건넸는지는 알 수 없지만, 상처를 치유하는 데 조금은 도움이 되었다. 가문의 구성원이 점차 줄어드는 와중에, 남아 있는 두 사람에게는 감정적인 유대가 불신이나 대립보다 더 크게 다가왔을 것이다. 나중에 데릭은 포크너에게 크레이 부인에게 다시 받아들여졌다고 편지를 썼다. 데릭의 친구는 "자네와 고모 사이에 합의가 원만히 이루어졌다니 매우 기쁘네. 부디 지속되기를 바라네."라고 답장했다. 이 합의에 재정적인 보상이 일정 부분 포함되었는지는 알려지지 않았다. 만약 포함됐었다고 해도, 데릭의 사망 시점에는 흔적조차 남아 있지 않았다.

데릭이 아일랜드 여행에서 크레이 부인만 홀린 건 아니었다. 이듬해, 행운이 따라 준 덕분에 데릭은 아일랜드에서 대체로 긍정적인 반응을 얻어 냈다. 데릭은 의심할 여지 없이 세련되게 행동했다. 다른 집단에서도 잘 통했던 언변이 좋은 멋진 청년이라는 모습을 충실히 수행해 냈다. 그러나 너무 뻔히 예상됐던 대로, 여행의 이유였던 『아일랜드 역사』는 세상에 나오지 못했다. 대신 여행 과정에서 부지런히 모았던 자료는 『리버풀, 체스터, 코크, 킬라니호(湖), 더블린, 턴브리지웰스, 배스에서 쓴 편지』라는 작품에 활용되었다. 이 책은 나름대로 문학계에서 괜찮은 평을 받았다. 데릭과 귀족들 사이에 오간 서신을 모은 고상한 책이었으나, 문학적 천재의 뛰어난 재주라기보다는 안목 있는 신사로서 데릭의 이미지를 알린 작품이었다. 책은 그의 신뢰하는 후원자들이 선금으로 비용을 지원한 지 7년이 지나서야 인쇄본으로 출간되었다. 그럼에도 데릭이 바다 건너에 체류하는 몇 달 동안 친분을 쌓으며 지냈던 상류층 사람들은 데릭을 계속 높이 평가하고 칭찬했다. 섀넌 백작은 데릭의 성격이 고상하다고 확신하면서 성직을 제안하기도 했다. 배우로서는 단 한 번도 받아 보지 못했던 찬사였다. 데릭에게는 조금 당황스러운 제안이었다. 그는 자신이 겸손한 사람임을 보이기 위해 공개적으로 제안을 거절했다.

나는 먹고살려고 성스러운 일로 장난칠 정도로
위선적이지는 않다. 적합하지 않은 것이 내 마음뿐이라면 몰라도, 그리스도교의 교리를 행동으로 보일 수 없는 바에야 결코 성직자로 이름을 올릴 수 없다. 적어도 나는 그렇게 느낀다.

명망 있는 계급 내에서 『해리스 리스트』의 저자가 교회 내 직책을 맡을 만하다고 생각한 사람은 섀넌 백작이 유일했을 테지만, 다른 사람들 역시 데릭이 다른 중요한 지위를 맡을 자질은 완벽히 갖췄다고 생각했다.

배스는 18세기에 코번트가든만큼 유명한 오락과 교류의 장소였다. 브리스톨 남부의 녹음이 우거진 언덕에 자리 잡은 배스는 온천수와 활기찬 연회장, 상류층 인사들을 무기로 런던의 타운하우스와 시골의 영지에서 즐거움을 찾아 나서는 부유한 귀족들을 끌어모았다. 배스는 신사들의 통풍과 여자들의 우울증을 치료하기 위해 오는 곳이면서, 동시에 무절제와 고상함, 과시와 과장을 즐기러 오는 코번트가든과 비슷한 장소이기도 했다. '배스의 의전관'의 주관하에 하루의 시간 대부분을 파티와 사교 행사로 흘려보내는 경박한 재미의 중심지였다. 1761년 2월까지 의전관 역할을 맡았던 사람은 "멋쟁이" 리처드 내시였다. 그는 부적절한 옷차림을 한 숙녀들을 꾸짖고 저녁의 첫 번째 춤을 이끌며 회합을 진행했다. "배스의 왕" 내시는 18세기 초반부터 남의 도움 없이 혼자서 배스와 자매 도시 턴브리지웰스를 상류층을 위한 휴양지로 일궈 왔다. 내시는 시계처럼 정확한 규칙성으로 도시 사교계에서 유행하는 에티켓과 관행을 통제하는 일련의 규칙을 확립했다. 미덕의 화신이라고 하기는 어려웠지만, 내시가 눈에 띄는 흰 모자를 쓰고 거리와 크레센트를 거닐 때면 얕잡아 보기 힘든 인상을 풍겼다. 그러나 1760년 대 말 배스의 왕이 병들고 나자, 누가 그 뒤를 이을 것인지 아무도 답을 내놓지 못했다.

후원자가 될 사람들의 꽁무니를 계속 쫓아다니며 상류층 인사들의 움직임에 보조를 맞추던 데릭에게 배스는 코번트가든만큼이나 고향 같았다. 많은 후원자가 온천 도시의 초록 경치를 찾아 런던을 떠나자, 데릭도 연극계, 예술계, 문학계 인사들과 함께 바로 뒤를 따랐다. 일년 중 특정 시기에는 마치 웨스트엔드가 유명 인사들도 전부 데리고 통째로 배스의 연회장으로 옮겨 온 듯했다. 아일랜드에서 호의적인 환대를 받으며 대단한 성공을 구가하던 데릭은 그 성과를 발판 삼아 앞으로 더 나아가겠다는 희망을 품고 서둘러 그 휴양지로 떠났다. 코크 백작과 체스터필드의 백작에게 받은 소개장을 한 움큼 들고 잠재적 후원자들이 있는 온천의 응접실을 열심히 돌아다닌 끝에, 데릭은 이들의 환심을 사는 데 완전히 성공했다. 불과 몇 달 전만 해도 냄새 나고 영양실조에 걸린 시인 데릭을 문전박대했을 사람들이었다. 점점 노쇠해지는 내시가 휠체어를 타고 왕국을 돌아보는 동안, 샘 데릭은 배스를 진정으로 지배하는 귀족들의 호의를 얻으려고 수완을 발휘하면서 지금껏 오래도록 공들여 온 노력을 쏟느라 정신이 없었다.

1761년, '멋쟁이' 내시가 죽었을 때는 누구도 놀라지 않았다. '의전관'은 여든일곱 살로 천수를 누렸다. 배스수도원에서 장엄하게 장례와 안장을 마친 후, 급하게 임명된 내시의 후임은 "프랑스 사람 무슈 콜레트"로만 기억되고 말 사람이었다. 프랑스인이라는 사실을 제외하면, 배스에 정기적으로 돈을 내는 사람들이 자크 콜레트라는 인물을 반대할 이유는 많지 않았다. 콜레트는 산책을 좋아했고 셔틀콕 놀이를 즐겼다. 연회장에서 아이들과 함께 춤을 추는 이상한 쇼를 하기도 했다. 우뚝 솟은 키 탓에 다소 위협적으로 보이는 쇼였다. 낸시와 비교하자면, 콜레트는 딱히 깊은 인상을 남기지도 짜증을 일으키지도 않았다. 그러나 연회장의 주인들은 예외였다. 그들은 콜레트가 임명된 첫날부터 선출에 사용된 방식이 불공정하다며 거센 반감을 표하고 분란을 일으켰다. 상황은 급속하게 나빠졌다. 배스 시의회는 소동을 달래기 위해 선거를 새로 치러야 했다. "프랑스 사람"은 방어전에 나섰지만, 한 다크호스가 껑다리 콜레트보다 사람들을 놀라게 했다.

그해 봄에는 사태가 이상하게 흘러갔다. 데릭 스스로도 "지극히 놀랍고 믿기 힘든 일"이라고 말한 사건이 벌어졌다. 데릭 자신의 이야기에 따르면, 그는 순전히 우연으로 예상치 못하게 유명한 자리에 오르게 되었다. 그해 겨울 배스에서 후원자를 넓히려고 노력하던 와중에, 데릭은 이름을 밝히지 않은 어떤 부인의 수행단에 잠시 운 좋게 들어갔다. 몇 주 동안 그는 부인의 사교 모임에 참석하여 딸들의 아름다움을 열정적으로 칭송했다. 익명의 부인은 데릭을 무척 아끼게 되었고, 후원자를 둔 여느 시인들처럼 데릭도 그 숙녀에게 없어서는 안 될 존재가 되었다. 데릭의 매력과 흠잡을 데 없는 매너, 배려에 푹 빠진 익명의 부인은 누구에게나 소리 높여 데릭을 칭찬하는 열정적인 후원자가 되었다.

'의전관' 자격을 두고 각자 지지하는 후보를 내세우며 언쟁하던 배스의 고위층 사이에서, 상당히 영향력 있는 어떤 사람이 새뮤얼 데릭이라는 예상 밖의 인물을 지지하기 시작했다. 이 모든 일은 우연히 일어났다. 여러 인사들이 참석한 모임에서, 내시의 후임 자리를 둘러싼 현재의 교착 상태가 대화의 주제로 떠올랐다. 상황은 임계점에 도달했다. 몇 주 동안 후보자 이름이 발표되었다가 철회되는 일이 반복되었다. 마지막 후보자의 이름이 언급되자 짜증이 난 아까 그 익명의 부인의 남편이 진저리를 치며 손을 들었다. 선발 과정 전체가 엉망진창이었다. 마치 배스에서 멋쟁이처럼 춤추며 출세를 갈구하는 사람들은 모두 적합한 후보로 거론되는 것 같았다. 다들 얼마나 우스꽝스러운가! 자격 미달의 후보자 제안도 얼마나 많은가! 차라리 새뮤얼 데릭을 그 자리에 추천하는 편이 낫지!

그때 익명의 부인이 앞으로 나와서 "이 황당한 제안을 진지하게 찬성했다." 신사 숙녀들로 가득 찬 방이 술렁거리기 시작했다. 숙녀들은 데릭을 잘 몰랐고, 신사들은 조금은 알고 있었다. 상류층 부인과 딸들 사이에서 데릭은 체스터필드, 찰몬트, 오러리, 코크 백작, 하나같이 멋을 알고 혈통이 좋은 사람들의 친구로 알려져 있었다. 흠 하나 없는 깨끗한 평판이었다. 게다가 교회로부터 성직도 제안받은 적이 있었다! 옷도 잘 입고 마음에서 우러난 존경심을 담아 말하는 신사이자 시적인 감수성도 넘치는 사람이었으니, 싫어할 이유가 없었다. 성인이 된 후로 거의 모든 시간을 여자를 홀리고 아첨하는 데에 쏟아부었던 데릭에게 마침내 영국 여자들이 기회를 주었다. 예의 바른 신사들 중 누구도 귀

부인들에게 새뮤얼 데릭의 겉모습이 전부가 아니라고 감히 설명하지 않았다. 딸들의 미덕을 찬미하는 시를 쓴 남자가 코번트가든의 창녀들에게도 비슷한 은총을 내렸다는 사실을 익명의 부인에게 알릴 적당한 방법은 없었다. 게다가 매력적이고 위트 넘치며 재능 있는 시인이라고 여겨졌던 남자가 방탕함 때문에 상속권을 박탈당했고 거지처럼 거리에서 노숙하는 습관이 있다는 사실까지 알게 된다면 상황은 더욱 난처해졌을 것이다. 배스 사교계의 남성 대표단에 속한 많은 이들은 분명히 데릭의 우스꽝스러운 짓을 목격했거나 전해 들은 바 있었지만, 음주나 도박 습관과 마찬가지로 데릭과 얽힌 좀 더 외설적인 이야기들도 한구석으로 치워졌다. 애초에 상류층 남성들은 이런 행동들을 사회적 범죄로 여기지도 않기는 했다. 어느 정도 절제력과 신중함을 갖추고 즐기기만 한다면, 공적인 인격은 전혀 더럽혀지지 않았다. 물론 샘은 절제하지도 신중하지도 않았다. 보즈웰이 간단명료하게 표현했듯이, 신사들의 눈에 비친 데릭은 "포주 노릇을 하는 작고 천한 개자식"이었다. 음란하고 잘 씻지도 않으며 부도덕하고 비천한 태생의 아일랜드인일 따름이었다. 그의 성격이 반대 근거로 충분치 않았다면, 반대의 불길에 부채질을 하는 다른 소문도 있었다. 데릭이 『해리스 리스트』의 저자임을 아는 사람들이 있었던 것이다. 이들은 엄선된 소수였지만, 데릭의 비밀을 공적인 영역에 퍼뜨리기에는 충분했다. 익명의 부인처럼 고귀하게 태어난 여성들은 '해리스 리스트'라는 제목조차 들어본 적이 없었을 것이다. 그녀는 데릭의 이름을 거론하면서 자신도 모르게 포주를 '의전관'으로 추천했다는 사실을 꿈에도 몰랐다.

배스의 작은 왕

샘 데릭을 유력 후보로 끌어올린 것이 그의 불미스러운 평판을 전혀 몰랐던 지지자들만은 아니었다. 그의 나쁜 평판을 너무 잘 아는 사람들 중에서도 그를 지지했던 사람들이 있었다. 코번트가든에서 와인병을 함께 기울이며 비밀을 공유했던 한량 동료들은, 즐겁고 재미있을진 모르겠지만 최소한 신선한 임명이긴 하겠다고 생각했다. 아일랜드 귀족 중에서 데릭을 후원하던 사람들도 단호하게 그의 지명을 지지하면서 같은 계급의 다른 이들에게도 똑같이 하라고 영향력을 행사했다. 새뮤얼 존슨은 보즈웰에게 데릭이 후원자 사냥 작가로서 쌓아 온 인맥 덕분에 승리했다고 설명하면서, "작가가 아니었다면 거리의 교차로를 전전하며 행인들에게 푼돈이나 구걸하고 다녔을 것"이라고 덧붙였다. 그러나 배스 사교계에서 이 그룹에 속한 사람들은, 데릭의 경우에 작가와 구걸하는 거지 사이의 가느다란 경계선 따위는 무시해도 좋을 정도라고 여겼다. 콜레트는 이렇게 평판이 추잡한 사람이 지지받는 통에 자신이 물러나야만 한다는 사실을 알고 격분했다. 이 프랑스 사람은 자신의 분노에 힘을 실어 줄 다소 의외의 동맹을 찾았다.

데이비드 개릭이 나타나기 전까지, 제임스 퀸은 무대 위의 거물이었다. 개릭이 나타난 뒤로는 퀸의 뻣뻣하고 낭송하는 연기가 우스꽝스럽게 여겨졌지만 말이다. 퀸은 데릭보다 나이가 조금 많은 아일랜드인이었다. 다른 연기자들처럼 퀸 역시 평화로운 은퇴 생활을 즐기기 위해 배스에 왔으며, 휴양지에 거주하는 유명인으로서 팬들이 보여 주는 존경심을 만끽하고 있었다. 배스에는 런던 최고의 연극을 섭외하여 공연하는 크고 유명한 극장이 하나 있었는데, 퀸은 이 극장에서 핵심적인 위치를 차지하고 있었다. 그는 작품에 관한 견해를 밝히고 판단을 내리면서 총독처럼 군림했다. 퀸은 자신을 "배스의 왕"의 대안 중 하나로 여겼다. 그래서 콜레트는 퀸의 왕좌에 찾아가서 불만을 토로해야겠다고 생각했다. 데릭과 기질이 너무 비슷해서였는지, 아니면 인기를 위해서는 꼭 경쟁자가 있어야 한다고 생각해서였는지 모르겠지만, 어쨌든 베테랑 배우는 "작은 아일랜드 시인"을 별로 좋아하지 않았다. 그래서 콜레트가 "데릭을 선정하는" 부당함과 "부적절함"에 대해 화풀이하러 왔을 때, 퀸은 기꺼이 귀를 기울였다. 《타운 앤드 컨트리》에 따르면, "데릭의 행동에서 보였던 모든 과실과 예의 바른 삶에 대한 지식의 부족을 낱낱이 설명하고" 마지막으로 "외모의 하찮음과 냄새의 불쾌함에 관한 소견으로 결론을 내린 후에" 콜레트는 늙은 배우에게 조언을 한마디 구했다. 퀸은 "만약 데릭이라는 불꽃을 꺼 버리고 싶다면, 단번에, 그에게 소등기를 덮어씌우라."라는 저주에 가까운 문구로 기억에 남을 대답을 전했다. 전선은 그어졌다.

"배스의 작은 왕"이 '멋쟁이' 내시의 하얀 모자를 일단 왕관으로 물려받고 나자, 데릭에게 남아 있던 겸손의 흔적은 온데간데없이 사라졌음을 데릭을 비판하던 많은 이들이 금세 알아차렸다. 데릭의 부고 기사를 쓴 작가는 "우리의 '의전관'를 이루었던 요소 중에 허영심은 결코 적은 부분이 아니었다"고 언급했다. "유럽에서 가장 용맹하고 재치 있으며 예의 바른 사람"임을 스스로 세상에 증명할 수 없다면, 데릭은 "최고의 친구라도 곁에 두어 자신을 뽐내려 했다". 데릭은 평생 자신을 밑바닥 인생의 글쟁이, 가정 교육과 도덕성이 전혀 없는 궁핍한 하층

민으로 여기는 사람들의 모욕과 업신여김을 견디며 살아야 했다. 그만하면 충분했다. 수년 전에 경쟁자 트레이시와 겨룰 때 그랬던 것처럼, 데릭은 펜을 들어 감정을 표현하기로 결심하고 이번에는 "자신을 몰아내려는 [시도에서] 중요한 역할을 했던 이들을 조롱하는 데 재능을" 사용했다. 적의 신랄한 독설을 용서할 수도 없었고, "퀸이 다른 이들에게 했던 조언을 잊어 버릴" 수도 없었던 '배스의 왕'은 "그 신사에게 다음과 같은 풍자시를 썼다".

품위와 위엄이라고는 하나도 없는 퀸이
감찰관 카토와 브루투스를 무참히 살해할 때
그는 거들먹거리며 떠들어 댔지
그의 연기, 대사, 푸딩 같은 얼굴에서는
아무런 열정도 찾아볼 수 없었네
그가 유쾌한 웃음의 신 코무스를 학살했을 때는
그저 배우가 귀하다는 이유로 견뎌야 했지
하지만 푸트가 예리한 판단과 진정한 재치로
그의 모든 우스꽝스러움을 꼬집었을 때,
자연과 아홉 뮤즈가 불어넣어 준
재능과 열정으로 개릭이 일어났을 때,
가련한 '거츠'*는 무대에서 외면당하고 조롱당했네

* 퀸의 별명.

질투심에 폭발하고 분노로 고통받다가

온 도시를 저주하고 도망쳤다네

작은 베이즈**가 그의 머리 위에 소등기를 덮어씌웠구나

하지만 우리는 다시 볼 수 없으리,

그런 성격과 유머, 활기와 재미로,

그토록 훌륭하게 연기된 팔스태프를

표현이 너무 대단해서 무엇을 가장 존경해야 할지 몰랐지

걸귀, 기생충, 뚱쟁이, 포주,

호색한, 사기꾼, 어느 것이든

그는 말하는 대로 느꼈네, 본능의 명령은 언제나 진실하니,

그가 그 역할을 연기했을 때, 그건 그냥 자기 모습이었네***

데릭의 시는 퀸을 정말 불쾌하게 해서 결국 둘은 불구대천의 원수가 되었다. 두 사람은 1766년 퀸이 죽기 직전까지 서로를 혐오했지만, 그즈음 퀸이 가장 좋아하던 존 도리의 생선 만찬으로 상처를 회복하면서 서로 용서했다.

'의전관'에 선출되자마자, 데릭은 우선 사교계의 어느 누가 보기에도 중요하고 신사적인 사람이 되겠다고 결심한 듯했다. 자신의 성품

***
** 데이비드 개릭은 버킹엄 공작의 연극 〈리허설〉에서 '베이즈' 역할로 명성을 얻었다
*** 이 시에서 데릭은 퀸의 연기 스타일이 얼마나 구식이 되었는지를 지적한다. 데릭은 데이비드 개릭과 그의 자연스러운 연기 스타일에 따라잡힌 퀸이 얼마나 비겁하게 배스로 도망쳤는지 이야기하고 있다. 퀸의 팔스태프 연기는 전설로 회자될 만큼 형편 없었지만, 데릭은 퀸의 실제 모습도 그 배역과 딱 맞게 주조되었다고 믿기 때문에, 그 연기가 사실 그의 경력에서 가장 믿을 만한 연기라고 주장한다.

을 재구성하여 타인의 눈에 비치는 모습을 예의범절이 깍듯한 완전무결한 사람으로 지어내려고 노력했다. 데릭의 그런 노력에 속아 넘어간 대부분의 사람들은 여전히 아무것도 몰랐지만, 샘 데릭의 본모습을 아주 잘 알았던 다른 이들은 가식을 꿰뚫어보면서 우습게 여겼다. 존 테일러가 『내 인생의 기록』에 썼듯이 데릭은 "원체 뽐내고 과시하기를 좋아했을" 뿐만 아니라, 마침내 하인을 거느릴 수 있는 자리에 오르자 무조건 "자신처럼 세련되게 꾸민 하인을 두어야" 했다. 위엄 있는 신사라는 점을 세상에 증명하기 위해서 "시종은 항상 뒤에서 걸어야 했으며, 그가 하인임을 보여 주려고 여러 번 길을 건너면서 그 남자가 자신을 따르는 모습이 드러나도록 했다".

데릭은 이제 그 어느 때보다 사치스러운 삶을 살면서, 어마어마한 옷가지와 값비싼 가구를 들여놓은 호화로운 "현대식" 배스 타운하우스를 자랑했다. 데릭은 자기 소유의 말이 끄는 전용 마차를 타고 배스와 턴브리지웰스, 런던 사이를 오가며 정기적인 업무를 보았다. "1년에 800파운드 이상에" 달하는 상당한 액수의 수입을 얻었지만, 데릭은 한 가지 중요한 변화를 거부했다. 데릭은 꾸준히 버는 것보다 더 많이 쓰면서 살았다. 평소에도 허세를 부리던 데릭은 이제 꽤 큰 판돈을 거는 도박을 즐겼다. 친구들에게 주는 선물은 이전보다 더 호화로워졌고, 빌려주는 돈에는 더 너그러워졌다.

데릭이 자랑스럽게 과시하는, 어깨가 잔뜩 올라간 훌륭한 옷은 다른 무언가를 감추는 마스크 역할을 했다. 데릭이 터무니없을 만큼 더 예의 바르게 행동할수록, 더 매너 있는 척할수록, 더 호화로운 장신구를 갖출수록, 그의 숨겨진 인격에 관한 안 좋은 이야기가 드러났을 때 사람들이 그 이야기를 믿으려 하지 않을 터였다. 사실 데릭은 두 가지 정반대의 페르소나 사이를 곡예 하듯 오가느라 끝없이 애를 먹고 있었다. 그에게는 내보일 수 있는 얼굴과 그럴 수 없는 얼굴이 모두 있었다. 그와 편지를 주고받던 순진한 톰 윌슨을 포함하여 일부 친구들은 데릭이 '의전관' 자리에 올랐으니 지저분한 글을 쓰는 일은 그만두리라 생각했다. 윌슨은 "지금껏 살아온 시간 중에서 가장 행복한 처지가 되었으니, 사람들과 출판업자의 끊임없는 요구에 시달려야 하는 저술 작업의 고되고 불쾌한 일에서 벗어날 수 있겠다"며 안도의 한숨을 내쉬었다. 하지만 데릭은 유명한 시인이 되고 싶은 욕망을 내려놓을 생각이 없었다. 오히려 배스에서 맡은 역할 덕에 영국 섬들의 주요한 후원자들이 근처에 체류할 때 그들의 응접실에 제한 없이 들어갈 수 있었다. 드디어 걸작을 창작하기에 이상적인 시나리오가 펼쳐졌지만, 안타깝게도 데릭의 능력 역시 완벽하게 실체를 드러냈다. 배스에서 재임한 8년 동안, 데릭은 그의 작품 중 그럭저럭 가장 훌륭하다는 소리를 듣는 작품을 몇 편 간신히 쓰기는 했다. 유명한 시인들의 시를 모아 편집하거나 자기가 쓴 편지를 묶은 작품을 만들기도 했고 「로라 전투」라는 아일랜드에 관한 서사시를 쓰기도 했지만, 이 중에서 어떤 출판물도 문학적으로 위대하다는 명성을 쌓을 만큼 세간의 관심을 모으지는 못했다. 데릭의 여러 시노 중에서 오직 딱 한 작품만이 코번트가든의 매점과 플리트스트리트에 널린 가판 서점에서 매년 꾸준히 팔렸다.

톰 윌슨처럼 데릭과 편지를 주고받으며 훈계하는 버릇이 있던 다른 이도 데릭의 취임을 축하하면서 재미있는 축복의 기도를 건넸다. 그는 "자네가 다음에 낼 저작이 무엇이든 자네의 이름과 인품에 영광이 되기를 (…) 진심으로 바라네."라고 썼다. 데릭은 이 선의의 말을 무시하기로 했다. 1762년 이후 데릭은 『해리스 리스트』의 편집자를 계속 맡을 재정적인 필요가 없었고, '의전관'으로서 할 일이 대부분 시간을 잡아먹었다. 게다가 당시 사교계에서 승승장구하던 상황을 고려하면 그런 출판물과 관계가 있다는 사실이 알려지는 건 바람직하지도 않았다.

하지만 데릭에게 『해리스 리스트』는 단순히 채무자 구치소에서 빠져나올 만큼 돈을 왕창 벌어다 준 돈벌이 기회가 아니라, 놀랍겠지만, 여자들의 공동체에 지고 있는 책임이었다. 데릭은 『해리스 리스트』를 제작하는 역할을 진지하게 받아들였다. 데릭은 리스트를 발간함으로써 수년 동안 진정한 친구가 되어 준 여성들의 삶을 개선하는 데 이바지할 수 있다고 여겼다. 배스에서 얻은 전부를 생각하더라도, 데릭은 코번트가든의 사람들에게 더 중요한 무언가를 빚졌다고 느꼈다. 데릭은 자신을 먹여 살렸을 뿐만 아니라 처음이자 마지막인 문학적 성공을 거두게 해 준 기쁨의 딸들을 결코 잊지 않았다.

의전관으로 재임하는 기간 내내, 데릭은 이중생활을 이어 갔다. 배스의 백성들에게는 강직한 모습을 보이고 문란하게 사는 친구들과 함께할 때는 늘 해 왔던 방식대로 했다. 아니, 오히려 진정한 본성을 점점 더 잘 감추게 되었다. 대중의 눈에 띄지 않을 때 데릭은 재미있는 배스의 음주와 식사 모임에 참석하거나, 배스의 왕립극장에서 연극 제작에 살짝 손을 대거나 했다(연극 감독들은 무척 성가셔했다). 전용 마차로 어디든 갈 수 있는 자유를 누리게 되면서 데릭은 런던에 자주 들러서 남녀 가리지 않고 옛 친구들을 방문했다. 깊이 숙인 인사와 아첨 뒤로 조금은 거친 성격을 숨기려고 노력하며 가식을 떨었지만, 데릭은 종교를 얻지 못한 것처럼 악덕도 버리지 못했다. 샘은 자신의 비밀스러운 면모가 대중에게 드러나는 것을 피할 순 없었지만, 다행스럽게도 그건 그가 무덤에 편안히 들고 난 뒤의 일이었다.

『데릭의 농담』은 겉보기에 예의 바른 '의전관'의 정체에 대한 의심을 사실로 확정해 주었다. 배스를 방문한 남성 손님 다수가 베드퍼드 커피하우스 시절의 그를 기억했다. 나쁜 개인위생과 번득이는 재치를 지닌 다소 황당하고 "성질 더러운 멋쟁이"였다. 이 격언 모음집의 주인공은 복잡한 예의범절 규칙을 깔보는 입이 건 남자로서, "내가 받은 보수에는 롱룸*에서 격식을 갖추는 것만 포함된다."라며 형식적인 절차 따윈 기꺼이 무시했다. 이 책에 나오는 샘 데릭은 고리타분한 노부인들을 날카롭게 쏘아붙이면서 대단히 즐거워했으며, "내가 죽으면, **제발 여기다 오줌 좀 갈기지 마시오!**라고 새겨진 묘비 하나만 세웠으면 좋겠다"고 가식 없이 선언했다. 『데릭의 농담』을 보면, 데릭이 겉으로는 세련된 태도를 보여 주면서도 마음속으로는 배스의 영광스러운 퍼레이드보다 코번트가든의 평판 나쁜 서커스를 더 편하게 여겼음을 알 수 있다.

불론, 데릭이 아무리 공들여 가식을 떨어도 본질을 알아채고 교제

---

* 배스의 연회장에 있는 크고 고급스러운 공간. (옮긴이)

를 피하는 사람들도 있었다. 데릭은 전혀 신사가 아니었고 신사가 될 리도 없었다. 데릭은 아군이라고 믿었던 사람들에게 "매우 나쁜 취급을 당했다"고 여러 번 심각하게 불평했다. 오래 묵은 더블린의 과거 친구들이 알은척하지 않았고, 데릭의 가짜 정중함에 기꺼이 지지를 보냈던 어떤 이들은 진짜 정체를 눈치채고는 데릭을 버리기도 했다.

데릭은 그 어떤 배신보다도 마지막으로 만났던 날 제인 레싱엄이 한 행동을 용서할 수 없었다. '배스의 왕'으로 임명되고 몇 년 후, 제인도 배우로서 경력이 한창이었을 때, 데릭은 둘이 화해하기에 적절한 때가 왔다고 생각했다. 런던에 간 김에 데릭은 팔말에 있는 제인의 고급 숙소를 방문했다. 제인의 집에 도착해서 데릭은 하인에게 방문 카드를 건넸으나, 잠시 후 돌아온 하인은 "안주인께서 이런 이름은 모른다고 하셨다"고 알렸다. 데릭은 한때 "데릭 부인"이라는 이름을 썼던 여인에게서 그런 퉁명스러운 거절을 받으리라고는 상상도 못 했다. 화가 나고 충격을 받은 데릭은 제인의 방으로 쳐들어갔다. 언쟁이 이어지자 제인은 겁에 질려 울면서 신랄한 모욕의 말을 퍼부었고, 결국 순경을 불렀다. 데릭은 혹시나 구속될까 봐 명예롭지 못하게 도망쳤다. 데릭은 이 충격에서 결코 회복하지 못했다고 한다.

이야기의 끝이 애석하긴 했지만, 데릭의 건강이 사십 대에 느닷없이 나빠진 게 레싱엄 부인과 벌인 언쟁 탓은 아니었던 듯하다. 과도한 음주를 즐기고 부주의한 섹스에 탐닉하며 인생의 전반을 거칠게 살아온 결과, 데릭의 몸은 심각한 타격을 입었다. 데릭은 1760년에 벌써 조지 포크너에게 아프다고 투덜댄 적이 있었다. 그가 나중에 같은 질병으로 목숨을 잃었는지는 알려지지 않았다. 데릭도 코번트가든 주변의 여자들을 쫓아다니는 남자들이 흔히 걸리는 여러 성병에 시달렸다고 생각하는 게 합리적일 것이다. 한때 친구였던 제임스 보즈웰도 결국 매독 합병증으로 목숨을 잃으면서 마찬가지 운명을 맞았다. 데릭이 정말로 성병에 걸려서 인생 말년에 건강이 서서히 나빠졌는지는 여전히 추측의 영역으로 남았다. 데릭이 앓은 질환이 무엇이었든지 간에, 그는 1768년 여름에 병에 걸린 것으로 추정된다. 데릭이 가을과 겨울을 지나며 내내 앓는 동안, 헤이마켓에서 〈스페인 프라이어〉라는 공연을 보다 만나게 된 마리아 헤지스라는 젊은 배우가 데릭을 간호했다. 내시와 별반 다르지 않게, 어리고 건강한 정부를 들여앉힌 데릭의 선택을 두고 배스의 사람들은 혀를 찼다. 젊은 정부가 엄청난 성적 욕망으로 데릭을 지치게 했고, 45세의 불쌍한 '의전관'은 정부를 만족시키기 위해 각성제를 복용해야만 했다는 소문이 퍼졌다.

배스 시의회에는 천만다행으로 제2대 '의전관'은 숨을 거두기 전에 몇 달을 버텼다. 데릭이 턴브리지웰스에서 서서히 죽음의 자리로 물러나는 동안 후임자를 물색해 선출하기 위한 시간은 그 정도면 넉넉했다. 18세기에 '의전관' 자리는 꽤나 중요해서, 런던의 신문들은 독자들에게 '배스의 왕'의 상태를 정기적으로 업데이트해 주었다. 1769년 3월 28일, 새뮤얼 데릭의 즐거운 재임이 끝나자, 8년간 품위 있게 자제했던 "배스의 재담가"들이 팔을 걷고 나섰다. 언론들은 고인이 된 왕의 어두운 면을 신랄하게 들추어내며 신이 나서 떠들어 댔다. 데릭을 죽음에 이르게 한 질병의 원인이 무엇인지 아무도 몰랐기 때문에, "재담가들"은 그 공백을 파고들어 제멋대로 설명을 지어냈다. 어떤 이는 초가을에 동료 아일랜드인 한 명이 '의전관'의 가발을 벗겨서 연약한 대머리 정수리가 추위에 노출되는 바람에 감기에 걸렸다고 주장했다. 다른 이들은 데릭의 악명 높은 성욕을 근본 원인으로 지적하면서 "최음제를 과하게" 복용하는 바람에 중독되었다고 주장했다.

생전에 관습과 관행을 따른 적이 없었던 새뮤얼 데릭은 사후에도 한결같기를 원했다. 세간살이와 마구간, 잘 차려진 밥상을 유지할 만큼 상당한 소득이 있었지만, 법적 효력을 가진 유언장을 정리하여 보관하는 골치 아픈 일은 하지 않았다. 임종 날 새벽, '배스의 왕'이 무일푼이라는 당혹스러운 사실이 드러났다. 언젠가 유명한 시인이 되겠다는 희망을 놓지 않았던 그 남자는 죽어 가면서도 한 번 더 후원금을 모아야 했다. 이번에는 의사의 청구서와 장례식 비용을 충당하기 위해서였다. 이미 '의전관'으로서 데릭의 안락한 삶을 뒷받침해 줬던 배스의 부유한 체류자들은 샘 데릭 본인과 문학적으로 성공하겠다는 그의 망상을 지원하는 데 지쳐 버렸는지, 가장 필요할 때 도움을 주려 하지 않았다. 인색한 신사들은 전부 합해 5실링을 모아 주었다. 사망할 즈음에는 데릭이 하도 돈을 빌려서 친구들과 상점 주인들의 선의도 바닥을 보였다. 데릭에게는 제대로 된 자산도, 토지도, 지분도, 진짜 재산도 없었다. 정말로 데릭에게는 온전한 소유권을 주장할 수 있는 재산이 하나도 없었다. 은식기부터 틀니 세트까지 모두 채권자의 소유였다. 딱 하나 아직 출간되지 않은 1769년 신판 『해리스 리스트』만은 예외였다.

그건 샬럿 헤이즈의 몫이었다.

Chapter 16

"창녀를 키울까, 경마를 할까"

-암말을 키우는 법, 또는
어리석은 망아지를 이해하는 법[*]

런던의 마차 바퀴와 구두 굽이 빙판길에서 미끄러지던 1769년 초, 헤이즈의 고민은 일상적인 사업 문제가 아니었다. 클레이힐 영지를 매입하는 일이 거의 막바지에 다다르면서, 여러 가지로 신경 쓸 일이 많았다. 술집 주인이나 포도주 상인, 재봉사의 청구서같이 매번 쌓이는 미지급된 약속 어음이 남아 있었다. 산타샤를로타의 고객들은 고상하게 차려진 식탁에서 가장 고급스러운 드레스를 입은 아가씨들과 즐기는 만찬을 기대했으며, 그런 사치스러운 유흥을 준비하려면 돈이 엄청

---

* 'whore raising(창녀 키우기)'과 'horse racing(경마)'의 발음이 비슷해서 만들어 낸 말장난, Foal-Ly 역시 말장난을 사용한 단어로, 망아지를 뜻하는 foal과 어리석음을 뜻하는 folly를 합친 말이다. (옮긴이)

많이 들었다. 독보적으로 고급스러웠던 덕에 헤이즈는 신사들의 지갑을 비틀어 지폐를 꺼낼 자격을 얻었지만, 그 두둑한 돈이 모두 킹스플레이스 수녀원의 기부금 상자로 들어오지는 않았다. "수도사님"은 친구들과 함께 경마나 도박을 즐기러 갈 때마다 금고에 손을 대기로 유명했다. 그로 인해 현금 흐름이 워낙 불안정해지는 바람에 헤이즈는 종종 불안해서 안절부절못했다. 돈에 관한 걱정거리는 헤이즈와 오켈리의 삶에서 규칙적으로 나타나는 특징이었지만, 그해에는 괴롭고도 신나는 일들이 정신없이 몰려오는 통에 재정적인 걱정은 뒷전으로 밀려났다.

그해는 두 가지 놀라운 일로 시작되었다. 하나는 죽음이었고, 또 하나는 탄생이었다. 1769년이 되고 불과 몇 달 뒤 헤이즈는 새뮤얼 데릭이 죽었다는 소식을 들었다. 연극적인 천성에 걸맞게, 데릭은 죽음마저도 단번에 끝내지 않고 몇 달 동안을 질질 끌었다. 3월의 끝에 데릭의 사망 소식을 접한 헤이즈는 그러려니 했으나, 데릭의 죽음 뒤에 이어진 사건에는 깜짝 놀랐다. 데릭은 헤이즈가 알았던 다른 남자들과 별반 다르지 않았다. 가진 건 쥐뿔도 없으면서 여기저기 쓰기 바빴고, 가끔씩은 손에 뭐가 들어오기도 전에 써 버렸다. 데릭 같은 남자들은 언제나 파산의 흔적을 남겼고 무덤까지 쫓아오는 악랄한 채권자 무리에게 영원히 시달렸다. 마침내 자연은 데릭을 세상에 내놓았던 그대로 다시 삼켰다. 피를 이어받은 적법한 후계자도 없었고 데릭의 이름으로 된 재산도 없었다. 데릭은 사는 동안 어떤 상황에서도 유머 감각을 잃지 않았다. 죽음의 시간이 다가올 때도 데릭의 인생관은 변함이 없었다. 데릭은 세상을 떠나는 작별의 표시로 펜을 들어 비공식적인 유언을 남겼고, 이 겉보기에만 유언 같았던 마지막 글을 통해 친구들이 배스에서 '의전관'을 기억할 수 있기를 바랐다. 데릭이 가장 친밀한 동료가 아닌 다른 이들에게도 이 글을 보여 주고 싶었는지는 의문이다. 글을 손에 넣은 사람들은 그 글이 돌아가신 '배스의 왕'이 숨겨 왔던 진정한 천성에 딱 맞는 헌사가 되겠다고 생각했다. 글이 출간되자마자 모든 영국인이 그 내용을 알게 되었고, 거기에는 데릭이 악명 높은 『해리스의 코번트가든 여자 리스트』의 저자라는 고백도 포함되어 있었다.

데릭이 소유권을 주장할 수 있었던 몇 안 되는 물건 중에는 아직 출판되지 않은 글들이 있었다. 데릭은 이 저작들을 "오랜 친구이자 나의 주인인 샬럿 헤이즈"에게 남겨서 헤이즈가 출판 수익을 가져갈 수 있기를 바랐다. 데릭은 교묘하게 "『해리스 리스트』 신판"을 이런 작품들 사이에 넣어서 "1쇄의 판매 수익"이 헤이즈에게 돌아가게 해 두었다. 평소에는 전혀 값어치가 없었던 데릭의 잡동사니 소책자 속에 금덩이를 하나 섞어 둔 터라 굶주린 채권자들이 이런 술책을 눈치채기는 어려웠다. 당시의 주장을 곧이곧대로 받아들인다면, 『해리스 리스트』는 대략 8,000부 정도 유통되었다. 한 부가 정가대로 2실링 6펜스에 팔렸다고 치면 전체 저작물은 자그마치 2,400파운드라는 천문학적 이익을 남겼을 테고, 이 돈은 출판업자와 저자, 이 경우에는 저자가 지정한 수혜사가 나눠 가셨다. 감사하게도, 데릭의 신용거래를 연장해 준 훌륭한 신사들과 상인들은 코번트가든 여자들의 유혹이나 『해리스 리스트』의 인기를 잘 몰랐다. 반면에 육체의 가격과 그것을 팔았을 때 벌어들이는 액수를 알고 있었던 헤이즈는 데릭의 이 제스처가 얼마나 후한 것인지를 알아차렸다.

헤이즈도 나이를 먹은 만큼, 세월의 파도는 옛 연인들에 관한 세세한 기억을 많이 지워 버렸다. 가까운 사이였던 남자의 죽음을 접하고 갑작스럽게 과거를 떠올리게 되자 헤이즈는 마음이 싱숭생숭해졌다. 헤이즈가 화려함을 즐기던 어리석은 시절에, 데릭은 그녀가 원하는 사랑을 주었으나 그 마음을 뒷받침할 만한 재산은 없었다. 헤이즈와 데릭은 주어진 상황에서 최대한 서로를 사랑하고 도왔다. 다른 이들이 데릭에게 인색하게 굴 때도 헤이즈는 항상 관대했다. 본 적도 없는 유산을 받으면 한 번에 다 갚겠다는 약속을 믿고서 데릭이 하고픈 대로 다 하게 해 주었을 뿐만 아니라, 먹여 주고 재워 주고 돈도 빌려줬다. 그 대가로 데릭은 고작 애정을 선사하고 어쩌다 한 번씩 법으로부터 지켜 줬을 뿐이다. 헤이즈는 이렇게 많은 시간이 흐른 뒤에 데릭에게서 선물을 받으리라고는 전혀 예상하지 못했다. 세인트제임스에서 안락한 지위를 누리던 헤이즈에게 그 선물은 이미 오래전에 기억에서 지운 빚을 갚는 불필요한 친절로 여겨졌다.

『해리스 리스트』의 수익으로 1769년에 헤이즈가 어려운 처지에서 벗어나는 데 도움을 받았는지는 알 수 없다. 데릭이 죽으면서 남긴 선물은 그저 헤이즈의 제국을 유지하는 또 다른 수단이 되었을 가능성이 크다. 그 업계 숙녀들의 처지에 진심 어린 걱정을 표했던 데릭으로서는 매춘의 수익금을 실제 매춘을 행한 여자들의 손에 돌려줬다는 만족을 얻었을지도 모르겠다.

데릭의 죽음과 예상치 못한 선물이 헤이즈를 동요시키기는 했지만, 바로 뒤이어 알게 된 뜻밖의 사실이 훨씬 당황스러웠다. 헤이즈는 임신했다. 헤이즈도 오켈리도 예상하지 못했던 반전이었다. 헤이즈가 사십 대 초반에 임신했다는 게 사실이라면, 어머니가 될 수도 있는 상황을 처음 접한 것은 아니었을 가능성이 크다. 18세기 중반 런던의 영아 사망률은 거의 50퍼센트에 달했으며, 그 도시에서 태어난 아이의 절반가량이 세 살이 되기 전에 죽었다. 상당수는 의도적인 살해였고, 다른 죽음은 질병이나 불의의 사고 탓이었다. 많은 임신이 실제 출산까지 이어지지 못했고, 특히 매춘 일을 하는 여성들의 임신은 더욱 그러했다. 낙태를 시켜 주거나 자궁에서 "방해물을 없애" 준다는 묘약을 팔고 다니는 의사와 산파, 돌팔이들이 도시에 그득했다. 매춘부들은 유산하려면 약국에서 어떤 가루와 허브를 조합하면 되는지, 또는 성행위 후 "해로운 씨앗"을 씻어 내려면 어떤 용액을 사용하면 되는지 잘 알고 있었다. 만약 효과를 보지 못해서 9개월의 불편과 공포가 어쩔 수 없는 출산으로 이어지면, 절박한 이들은 영아 살해라는 최후의 수단을 썼다.

하지만 살인을 저지르는 위험을 무릅쓰고 싶지 않은 사람들, 또는 아기를 추위에 방치하거나 자는 아이를 질식시키고 싶지 않은 사람들을 위한 다른 선택지도 있었다. 1741년에 토머스 코럼의 보육원이 설립되면서 교구의 교회 계단에 아이를 버리던 관행이 아주 잠깐 사라졌다. 문을 열고 처음 4년 동안에만 1만 5,000명의 영아가 이곳에 맡겨졌다. 초만원인 보호시설에 간신히 자식을 위한 자리를 얻은 사람들은 정말 운이 좋은 것이었다. 그만한 운이 없는 사람들에게는 또 다른 선택지가 있었다. 흔히 "지독하게 가난하고 더러운 노파들"이라고 묘사되는 보모들이 적은 돈을 받고 아이를 자기 집으로 데려갔다. 일단 엄마가 포대기에 싸인 아기를 품에서 떼어 아기 농사로 생계를 유지하는 못 미더운 노파에게 건네고 나면, 아이를 다시 찾으러 가야 할 의무는 없었다. 런던은 신원 미상의 사람들을 집어삼킬 만큼 큰 도시였다. 결국 코럼의 선의가 무색하게도, 이 대도시에는 부모 없이 구걸하는 배고픈 소년 소녀가 넘쳐 났다. 그중 다수는 매춘부와 쾌락을 좇는 고객 사이에서 태어난 아이들이었다.

십 대 초반부터 성관계를 시작하고 30년 가까이 빈번하게 관계를 가졌는데도 아이가 없었다면, 헤이즈 역시 이런 수단들을 수도 없이 사용했을 것이다. 효과적인 피임법과 예방법이 전혀 없었던 시대에 원치 않는 임신의 위협과 그런 임신을 중단하는 방법을 찾는 일은 업계의 숙녀들에게 끊임없는 걱정거리였다. 임신한 매춘부는 정부가 지속적인 지원을 약속해 주지 않으면 먹고살 길이 막막했다. 임신부를 찾는 고객은 도착적 성욕을 가진 이들밖에 없었다. 여성과 돈을 주고 섹스할 때 남자들은 섹스의 결과에 전혀 관심을 두지 않았고, 신경 쓸 마음도 없었다. 냉정하고 부유한 남자들은 가문과 유산이 얽힐 수 있는 복잡한 문제를 피할 생각에 정부와의 관계를 끊으려 했다. 아버지가 된다는 전망을 받아들이는 너그러운 남자들도 있기는 했지만, 매춘부가 둘 중 어떤 반응을 맞닥뜨리게 될지는 알 수 없었다. 집도 없이 굶주리는 위험을 감수하느니 임신을 끝내는 편이 나았다.

헤이즈가 과거에 출산을 한 적이 있었는지는 알려지지 않았으며,

그녀가 낳았을지도 모를 아이들의 운명도 알 수 없다. 하지만 한 가지는 확실하다. 1769년까지 헤이즈와 오켈리가 아이들과 살았다는 증거는 어디에도 없다. 하지만 헤이즈는 무슨 일이 있어도 이번 임신은 반드시 지킬 생각이었다. 임신 초기부터 출산을 염두에 둔 계획이 수립되었다. 헤이즈는 그해 말에 은퇴하고 싶다는 소망을 공표했고 "신학교의 지휘를 믿을 만한 대리인"에게 맡길 준비를 해 나갔다. 헤이즈는 당분간 조용히 살 작정이라고 공개적으로 선언했지만, 측근들은 그 말에 숨겨진 속내를 알아차렸다. 헤이즈의 분만과 산후조리는 그레이트 말버러스트리트에 있는 원래 주거지에서 이루어졌다. 《타운 앤드 컨트리》에 따르면, 헤이즈와 오켈리는 "서로 소통할 수 있는 문을 둬서 좀 더 수월하게 협의할 수 있도록" 나란히 붙어 있는 집을 두 채 샀다. 아마 한 채는 바로 옆집에서 벌어지는 음탕한 교제나 소란스러운 활동과 분리된 곳에서 출산 후 아이를 조심스레 키우기 위한 집으로 사용할 생각이었을 것이다.

아기가 배 속에 있는 동안 헤이즈는 자신과 오켈리의 삶을 찬찬히 돌아보기 시작했다. 둘의 앞날이 바뀌게 되는 지금이 한동안 고민해 온 클레이힐 매입의 적기인 것 같았다. 1769년이 헤이즈에게 중대한 해였던 것처럼 오켈리에게도 마찬가지였다. 지난 몇 년 동안 오켈리가 수익을 내는 영역이 피커딜리의 도박장에서 뉴마켓과 엡섬의 경마장으로 조금씩 이동했었다. 컴벌랜드 공작이나 에그리먼트 경, 그로스브너 경 등 '검은 다리' 귀족들과 쌓은 우정이 돈독해지기 시작했고, 이들이 헤이즈의 업소를 종종 방문하면서 받았을 따뜻한 접대로 우정은 더욱 깊어졌을 것이다. 하지만 오켈리가 이들에게서 제대로 존중받으려면 "고국의 사투리를 무례하고 심하게 쓰는" 하찮은 아일랜드 협잡꾼이 아니라 훨씬 가치 있는 사람이라는 걸 증명해야 했다. 그러려면 지주가 되어야 했고 경마에서 진지하게 성공해야 했다. 모종의 직함을 얻는 일은 쉬웠다. 1760년대 초반 플리트에서 석방된 지 얼마 안 되었을 때 오켈리는 미들섹스 민병대 소속 웨스트민스터 연대의 장교직을 하나 사 두었고 "일정한 진급을 거쳐 (…) 중령 계급을 달았지만", 이제는 군대의 한직보다 좀 더 실질적인 무언가가 필요했다. 봄이 되면서 상황을 타개할 계획을 짜내는 중에 오켈리는 윌리엄 와일드먼이라는 요크셔 출신의 시끄러운 사내가 소유한 인상적인 말 한 마리를 눈여겨보게 되었다. 이클립스*라는 이름의 이 말은 경기장의 모든 말을 앞질러 달렸다. 주인이 놀라서 겁에 질릴 정도였다. 데니스 오켈리가 다리한 쪽의 지분을 샀을 때 윌리엄은 이 예측하기 어려운 짐승을 팔고 싶어 안달을 냈으며, 1년 만에 오켈리는 이클립스를 완전히 소유하게 되었다. 이 거래로 오켈리는 지금껏 추진해 온 일들 중에서 가장 수익성이 높은 사업을 시작하게 되었다.

새로 들인 말과 새로 태어난 아이 모두에게 전원 지역의 탁 트인 풍경만이 줄 수 있는, 클레이힐 영지에서 얻을 수 있는 무언가가 필요했다. 런던에서 남쪽으로 24킬로미터 정도 떨어진 곳에 있는 그 영지

---

* 역사상 가장 위대한 경주마로 평가받는 전설적인 말. 1769년부터 이듬해까지 18회의 경주에 출전해 모두 우승했다. '이클립스가 선두, 그 밖엔 없다(Eclipse first, the rest nowhere)'라는 말이 생겼을 정도로 뛰어난 경주마였다. 일식이 있던 날 태어났다고 하여 '이클립스'라는 이름이 지어졌다. (편집자)

는 훼손되지 않은 자연을 간직한 채로 서리주(州)의 중심지인 엡섬의 밴 스테드다운스 근처에 있었다. 특별히 웅장한 영지는 아니었지만, 지위를 중시하는 소유주가 필요로 할 비품이나 설비가 모두 갖추어져 있었다. 최근에 보수한 영주의 저택과 광활하게 펼쳐진 토지, 꽤 큰 마구간은 지인들에게 오켈리의 재산이 불어나고 있음을 증명해 줄 것 같았다. 무엇보다 영지의 위치 때문에라도 꼭 그곳을 매입해야 했다. 엡섬 경마장에서 아주 가깝고 수도에서도 반나절이면 도착할 수 있어서 클레이힐은 유흥을 즐기기에 최적의 장소였다. 헤이즈와 오켈리는(둘의 결합을 법적으로 인가받았다는 증거는 없지만 이제는 오켈리 부부라고 불렸다) 경마계의 지리적 심장부에 안착했다. 마구간과 별채를 증축한 오켈리는 세간의 주목을 한껏 받은 챔피언십 우승마들로 영지를 채워서 저명한 동료들이 꾸준히 방문하도록 유인해야겠다고 결심했다. 이클립스가 시작이었다. 오켈리는 이클립스가 큰 성공을 거둔 시즌을 마치자마자 바로 은퇴시켜서 종마로 쓰겠다고 결정했다. 각지의 말 사육사들이 암말들을 데려왔고, 오켈리는 이 일로만 "최소 2만 5,000파운드"를 벌어들였다고 한다. 1780년대 말, 오켈리는 순종 말만 모아 놓은 마구간을 맡기려고 아일랜드에서 불러온 동생 필립과 함께 당대 가장 영웅적인 말들을 소유하게 되었다.

하지만 단지 수망아지를 키우려고 클레이힐을 매입한 건 아니었다. 런던의 더러운 공기에서 멀리 떨어진 18세기 영국의 시골은 물이 맑고 뛰어놀기 좋으며 공기도 깨끗해서 아이를 키우기에 이상적인 환경을 제공했다. 육체를 파는 광장 한가운데에서 태어났던 헤이즈는 자기가 보고 자란 삶을 아이에게 알려 주고 싶지 않았다. 두말할 필요도 없이 헤이즈의 가장 큰 소원은 아이가 아들로 태어나는 것이었다. 남자아이는 혈통과 무관하게 땅을 가진 신사 계급의 지위에 쉽게 스며들 수 있었다. 아이는 클레이힐과 우승마가 가득한 마구간을 물려받을 것이다. 교육에 아낌없이 돈을 써서 막대한 재산의 상속자로 키울 것이다. "은퇴" 전까지 헤이즈는 "2만 파운드를 훨씬 넘는" 돈을 벌어들였다고 전해지며 오켈리도 도박장과 경마장에서 수익을 내서 "보조를 맞췄다". 클레이힐을 매입하기 전에 부부의 재산 총액은 "최소한 4만 파운드"는 됐을 것으로 추정되며, 그 정도면 오늘날 기준으로 백만장자 반열에 들 수 있다. 부부의 아들은 이 모든 혜택을 다 누릴 것이다. 헤이즈는 평생을 상류층 남성들의 비위를 맞추며 살았다. 고작 반짝이는 주화를 얻으려고 남성들의 흥미와 행복을 존재의 중심에 놓았다. 만약 아이가 아들이기만 하면, 그 아이는 존경받고 권세 있는 신사가 되어 그 남성들의 세계로 들어갈 것이다. 헤이즈의 피를 물려받은 아이는 최고위층에 들어가 비난보다는 존경받을 자격을 얻을 수 있었다. 헤이즈와 오켈리의 아이는 클레이힐에서 도시의 사악함이나 혈통의 진실과는 전혀 상관없는 삶을 살 수 있었다. 하인, 보모, 교사들의 보호를 받으며 어린 시절을 타락보다는 순수로 물들게 될 것이다.

하지만 클레이힐을 매입한 것만으로는 헤이즈의 문제를 다 해결할 수 없었다. 오켈리는 부유한 난봉꾼 무리와 어울리며 살기를 원했으나, 그런 삶의 문이 열림과 동시에 문제가 생길 가능성도 커졌다. 헤이즈와 오켈리는 서로를 부부라 생각했고 측근들도 둘을 남편과 아내로 여겼다고 하더라도, 둘은 평범하게 살 수 없었다. 헤이즈는 해 왔던 일의 흔적을 견뎌야 했고 오켈리는 신뢰할 수 없는 아일랜드 도박꾼의 자국을 감내해야 했다. 사교계의 관습에 막혀서 오켈리 부부는 공적인 영역에 온전하게 참여할 수 없었고, 부부의 출신에서 비롯된 선입견 때문에 상류층 사람들은 쉽게 반감을 표했다. 오켈리의 친구 중에는 당대 최고의 권력가 귀족들도 있었지만(인생 말년에는 웨일스 공과도 친구였다), 경마에 얼마나 크게 이바지했는지와 상관없이 엘리트 기수 클럽에는 결코 들어갈 수 없었다. 헤이즈와 마찬가지로 경마장 트랙 위에서는 오켈리의 이름에 미심쩍어하는 눈초리가 따라붙었다. 이클립스를 사들이고 지주계급에 들기 위한 땅을 계약하자마자, 오켈리는 방금 얻게 된 지위의 한계 또한 깨달았다.

누군가의 평판이 위태로워지는 이야기에는, 일반적으로 두 가지 버전의 사건이 있다. 1770년 8월 오켈리는 요크 경마장에 있었다. 축하의 의미로 "몇몇 친구들과 커피하우스에서 해저드라고 불리는 무해하고 즐거운 게임을 하면서 새벽 3시까지" 시간을 보낸 후 근처 여관에 잡아 둔 방으로 갔다. 오켈리의 버전에 따르면, 방문을 열었을 때 그곳에 깊은 잠에 빠져 있는 "너무나 매혹적인 얼굴의 여성"이 있었다. "오켈리는 자신이 경마 대회에서 땄다고 만천하에 알려진 어마어마한 액수에 (…) 매료된 여성이 평범한 계획으로는 오켈리에게 영향을 미치지 못하자 깜짝 작전을 써서 돈을 얻어 낼 방법을 고안했다고 추측했고, 확신했다." 매춘의 세계에 속한 여성들 사이에서 너무 오랜 세월을 보낸 오켈리는 자신의 침대에 제 발로 걸어 들어온 여성이라면 다 비숫한 부류일 것으로 추측할 수밖에 없었다. 이 얼마나 큰 실수였는지! 스원본 양은 어느 지역 지주의 어리고 순결한 딸로서 유력한 친구들이 아주 많았다. 그 친구들이 신문에 게재하라고 요구한 공개 사과문에서 오켈리는 "누구인지 몰랐던 겁먹은 관능의 대상을 깨워서 폭력적인 적대 행위를 시작했고", 그러자 "그녀가 즉시 극도로 격앙된 목소리로 비명을 질렀고", "곧 온 여관을 발칵 뒤집어 놓았다"고 인정했다. 하지만 소문내기 좋아하는 사람들의 쑥덕거림과는 다르게, 그리고 숙녀의 명예를 욕보이려 했던 시도가 무색하게, 오켈리는 스원본 양에게 접근하는 데 실패했으며 다행스럽게도 "그녀를 건드리지 않았다."라고 장담했다.

당연히 스원본 양의 버전은 내용이 달랐다. 밤새도록 마신 술로 제정신이 아니었던 오켈리가 방을 착각해서 스원본 양의 방에 무단으로 침입했다는 것이다. 어쨌든 피해자 측에서는 사과와 함께 "숙녀가 지시하는 자선 목적으로 사용할 수 있도록" 500파운드를 제공하라고 요구했다. 쉽게 상상할 수 있듯이, 18세기의 저질 신문들은 이런 추문을 사랑했다. 한 신문은 묘하게 비꼬는 문투로, 화가 난 헤이즈가 오켈리의 부정을 한탄하고 "술에 취해 벌인 향락으로, 어리석은 불륜 행각으로, 엄청 큰돈을, 내가 한 달 동안 정직한 업계에서 벌어들인 돈보다 훨씬 더 많은 돈을 날렸다"고 규탄하며 썼다는 편지를 소개했다. 이 사건으로 오켈리 부부는 재산과 토지가 아무리 많아도 실체는 마담과 불한당이었다는 사실을 점잖은 사교계에 확실하게 각인시켰다.

사회적인 낙인은 자식들에게 쉽게 대물림될 수 있었고, 딸들은 특히 더 그랬다. 남자아이라면 도박과 경마, 매음굴, 불법적인 섹스 같은 오명에 노출되어 평판이 위태로워진대도 앞길이 막히지 않았고, 오히려 도움이 될 수도 있었다. 여자아이가 똑같은 오명에 노출되면 모든 게 끝이었다. 결국 헤이즈의 희망은 산산조각 났다. 딸이 태어난 것이다. 헤이즈는 분명 모친의 처지를 떠올렸을 것이다. 엘리자베스 워드에게서 막 태어난 순간부터 돈을 위해 남성들 아래 눕도록 정해져 버린 자신의 운명을 기억했을 것이다. 메리 샬럿 오켈리, 남편과 함께 이름을 지은 딸을 보면서 헤이즈는 이 아이를 결코 자신처럼 희생시키지 않겠다고 굳게 다짐했다. 유년 시절 내내 어떻게 하면 딸의 처녀성을 최대로 활용하여 이익을 볼 수 있을까를 궁리했던 모친과 다르게, 헤이즈는 모성 본능을 발휘하여 딸의 명예를 지키려 했다. 그러나 헤이즈의 평판 때문에 그 과정은 무척 어렵고도 고통스러웠다.

메리를 오명으로 얼룩진 삶에서 꺼내려면 헤이즈가 메리와 헤어지는 방법밖에 없었다. 품위 있는 상류층이 런던에서 가장 악명 높은 유곽 주인의 딸을 고결한 숙녀 계급에 끼워 줄 리는 만무했다. 헤이즈는 화류계라는 음지의 세상, 신사들이 은밀하게 머물지만 그들의 누이나 딸, 부인, 어머니는 발 한 번 디뎌 보지 않은 그런 세상에 살았다. 헤이즈가 죽은 지 한 세기가 거의 다 지난 때에도, 레이디 오거스타 페인의 발언을 통해 변한 건 하나도 없으며 **"화류계 여자들"**은 여전히 "은밀하게 귓속말로만 언급된다"는 사실이 드러났다. 게다가 "점잖은 부인 중에 누군가가 그런 여자들이 (…) 있다며 알은척했다는 소리도 들어 본 적이 없고, 그들이 사는 좁은 광장과 거리는 완전히 출입 금지 구역이었다". 부유층 미혼 여성들이 처녀성을 꼭 지켜야 했던 시대에, 소녀에게 인격을 비난받을 만한 약간의 꼬투리만 있어도 친구들과 구혼자의 눈에 그 소녀는 흠집 난 상품이었다. 그러므로 메리가 점잖고 얌전하게 자랐다고 평가받는 것이 가장 중요했다. 아기일 때 메리는 그레이트말버러스트리트나 클레이힐의 엄마 집에 있는 아기방에 격리된 채 오켈리 부부를 도와 주는 직원의 보살핌을 받으며 자랐다. 하지만 성숙해지면서 메리는 도덕성과 적절한 모범을 알려 주고 여성적 미덕의 표본이 되어 줄 또 다른 적임자의 손에 맡겨져야 했다. 오켈리의 가족이 그 역할을 맡았다.

클레이힐을 매입하고 나서 오켈리의 삶에는 수많은 오켈리들이 등장했다. 1769년에는 동생 필립이 부인 엘리자베스와 세 아이 중 막내인 앤드루를 데리고 엡섬 영지에 도착했다. 몇 년 동안 오켈리는 앤드루의 학비를 대고 두 조카딸의 결혼 지참금을 지원하는 등 동생 가족을 너그러이 도왔다. "대단히 아름답고 부유한 여인"으로 묘사되었던 큰 조카 메리는 1765년에 더블린의 저명한 인쇄업자 횟필드 하비와 결혼했다. 필립의 둘째 딸도 부유한 지주인 스턴 타이와 결혼해서 언니만큼 찬사를 받았다. 필립 오켈리 가족은 처음 클레이힐 영지에 살러 왔을 때는 약간 머뭇거리는 태도를 보였다. 지켜야 할 체면이 있었던 까닭이다. 엘리자베스 오켈리는 저택의 미심쩍은 안주인과 얽히려 하지 않았다. 클레이힐은 헤이즈의 님프들이 참석하는 파티가 자주 열리는 장소이기도 했으므로, 필립 오켈리 부부와 아들은 당연히 영지 외곽의 별채에 거주했다. 필립 부부는 적당한 거리를 지키면서 데니스 오켈리의 일을 봐주는 관리인 역할을 했다. 필립은 형의 마구간을 관리했고 엘리자베스는 헤이즈의 아이를 도맡아 키웠다. 메리 샬럿은 소녀 시절을 오켈리 가문의 집 안에서만 조용히 보내면서, 종종 클레이힐에 있는 아기방과 더블린에 있는 사촌, 하비 부인의 집을 오갔다. 아이는 클레이힐이라는 사적인 경계 안에서, 다른 사람이 없을 때만 엄마를 볼 수 있었다. 그곳에서 헤이즈는 사교계의 비판적인 시선에서 벗어나 딸과 함께 소중한 시간을 보냈다.

메리가 여자다움을 꽃피우기 시작하면서 엄마와 관련된 위험을 맞닥뜨릴 가능성이 점점 커졌다. 헤이즈는 딸을 점잖게 키워서 고귀한 태생처럼 보이게 하려고 애썼기 때문에, 적절한 교육이 가장 중요했다. 사교계의 상류층 사람들이 헤이즈의 이름과 얼굴을 알고 있었던 탓에, 어린 숙녀들을 위한 엘리트 학교에서 헤이즈를 받아 주지 않았다. 유일하게 안전한 피난처는 영국의 바깥, 헤이즈가 무명의 덕을 볼 수 있는 곳에 있었다. 부유층 부모들 사이에서는 딸을 해협 건너편 프랑스나 벨기에의 수녀원 부속 학교에 보내는 일이 흔했다. 킹스플레이스의 수녀원장이 딸을 교육하기로 한 학교가 바로 수녀원이라니 아이러니하지만, 그곳에서 메리는 신실한 자매들의 보살핌을 받을 것이었다. 딸이 학교로 떠날 때가 되자 헤이즈는 감정에 휘둘려 다소 위험스러운 결정을 내렸다. 메리를 오스텐드의 수녀원까지 직접 데려다주기로 한 것이다. 가는 길에 런던의 지인을 마주칠 가능성은 거의 없다고 생각한 헤이즈는 메리와 킹스플레이스의 수녀 두 명을 데리고 마게이트로 마차를 출발시켰다. 안타깝고 원통하게도, 헤이즈는 해안 휴양지에 몇

주 놀러 온 윌리엄 히키와 그의 동생, 그리고 이들의 일행을 마주쳤다. 여관 창문에서 "네 마리의 말이 끄는 고급 랜도 마차"를 알아챈 히키는 즉시 헤이즈 일행을 맞이하러 나섰다.

"샴페인을 많이 마셔서 심하게 무절제해진" 신사들과 함께 식사하는 동안에 메리가 함정에 빠질지도 모르는 위태로운 상황이 점점 분명해졌다. "술에 취해 짐승과 다를 바 없었다"고 알려진 히키의 동생은 자제하지 못하고 열두 살의 오켈리 양에게 계속 집적댔고, "이를 본 오켈리 양의 어머니는 크게 분노했다". 그러나 헤이즈의 분노 따위는 신경도 쓰지 않은 채, 조지프 히키는 "수녀라고 하기에는 어린 것의 가슴이 벌써 너무 부풀었으니 위선적이고 교활한 수도사들이 그 통통한 작은 지구를 주물럭거리지 못하게 해야 한다고 계속 상스러운 헛소리를 지껄였다". 그러더니 히키의 동생은 소녀에게 달려들어 "손으로 숙녀의 가슴을 건드렸다". 함께 있던 남성들이 깜짝 놀랄 정도로 헤이즈는 눈에 띄게 불쾌한 감정을 드러냈다. 헤이즈는 분노로 부들부들 떨면서 "순진한 아이 앞에서 그렇게 부적절한 언어와 행동은 자제해 달라"고 간청했다. "순진하다", 조지프 히키가 그대로 따라 했다. "확실히 순진하긴 하지. 그렇지만 한두 가지는 알고 있을 텐데! 그렇다면 내가 침대로 데려가 얼마나 순진한지 확인해 보면 되겠군." 그 순간 몸싸움이 벌어졌다. 조지프 히키가 완력으로 식탁에서 소녀를 데려가려 하자, 헤이즈는 평소의 예의 바른 태도를 집어치우고 의자에서 벌떡 일어나 분노에 찬 목소리로 "모두에게 상당히 상스러운 욕설을 퍼부었다". 마침 바닥에 쓰러져 있던 조지프의 손아귀에서 메리를 떼어 낸 헤이즈는 "[딸을] 거칠게 잡아채서 밖으로 내보냈다". 이런 장면이 처음은 아니었을 것이고, 슬프게도 애초에 헤이즈 일행이 오스텐드로 향하던 이유를 한 번 더 주지시켜 줄 뿐이었다.

딸이 태어나고 클레이힐을 매입하면서 하던 일에서 한발 물러나기는 했지만, 애초에 헤이즈는 킹스플레이스의 수녀원장을 끝까지 하고 싶은 마음이 없었다. 1770년대에, 특히 주위의 저택과 거리에 경쟁자들이 들어차기 시작하면서 헤이즈는 수녀원장 역할이 지겨워졌다. 마흔 중반에 접어들어서 업계에서 늙은 축에 속하게 된 헤이즈는 자신을 속박했던 가혹한 굴레에 관해 점점 솔직하게 말하기 시작했다. 헤이즈는 점차 엡섬에만 신경을 썼고, 그러다 보니 클레이힐은 킹스플레이스에 있는 저택에 필적할 유흥의 장이 되었다.

안타깝게도 헤이즈의 전원 저택에도 걱정거리가 생겼다. 오켈리 부부의 모임은 인기가 좋았으나 비용이 많이 들었고, 경마에 출전하기에는(따라서 돈을 벌기에는) 너무 어린 말들을 기르고 훈련시키느라 주머니에서 돈이 줄줄 샜다. 설상가상으로 도박에 빠진 오켈리는 따는 만큼 잃었다. 헤이즈는 점점 더 버티기 힘들었지만, 지금껏 해 온 수익성 좋은 일을 관두면 자신도 오켈리도 지출을 감당하지 못하게 될 것이었다. 1770년대 중반부터 후반까지 재정 상태는 최악으로 치달았다. 그나마 수녀들과 신도들 사이의 거래 덕분에 오켈리 부부는 생활을 유지할 수 있었다. "폴리 님블리스트"가 벌어오는 기니와 "넬 블로섬"과 하룻밤을 보내려고 가져온 지폐가 말 사료와 하인의 급료로 바뀌었다.

헤이즈는 플리트에 투옥되었던 이후 처음으로 빚더미에 앉았다. 헤이즈는 당시 십 대 후반의 청년이었던 오켈리의 조카 앤드루와 함께 있던 중 체포되는 굴욕적인 일을 겪게 되었다. 1776년 8월 1일 헤이즈가 인정한 부채는 고작 50파운드였다. 이 정도면 헤이즈의 업소에서 아주 이례적인 금액도 아니었고 하룻밤 장사로 갚을 수 있는 금액이었다. 수녀원장으로 인해 파산했다고 고발한 잡화상 제임스 스필스버리에 따르면, 그 돈은 헤이즈가 님프들에게 입힌 "갖가지 의복과 가면무도회 드레스를 꾸미고 장식한 부품을 만드는" 데 들어간 비용이었다. 요크 경마장에 있던 오켈리가 상황을 접했을 때는 헤이즈가 이미 마셜시 교도소에 투옥된 후였다. 오켈리가 도착하고 나서야 보석금이 책정되었다.

헤이즈가 50파운드라는 하찮은 금액으로 채무자 교도소에 갇힌 일은 뭔가 상황이 나쁘게 흘러가고 있음을 경고하는 신호였다. 오켈리의 『회고록』에 따르면, 오켈리 역시 경마와 말 사육으로 엄청난 돈을 벌어들였음에도 다시 또 "상황이 안 좋아져서" "종마와 저택, 우정 선물에 드는 어마어마한 비용을" 충당하려고 "다이아몬드 반지를 담보로 돈을 빌려야" 했다. 헤이즈는 이제 쉰을 바라보는 나이였고, 거의 20년 전에 가까스로 기어 나온 가난의 구렁텅이로 돌아가는 수모를 다시 겪을 생각은 추호도 없었다. 남성 연대기 작가들이 "섬세하고 유쾌한" 대화, "나긋나긋한" 태도, 전체적으로 "온화하고 겸손한" 성격이라고 설명하는 고상한 품위를 그녀가 보여 주긴 했지만, 헤이즈는 사실 결코 만만한 사람이 아니었다. 교도소에 다시 들어가게 되면서 헤이즈가 느꼈던 두려움이 무엇이든지 간에, 이전에 알지 못했거나 겪어 보지 못한 두려움은 아니었다. 오히려 불시의 사고를 겪으면서 헤이즈는 경쟁자들에 맞서 더 진취적으로 경쟁력을 갖출 필요가 있다고 확신했다.

『밤의 향연』은 1779년이 되자 킹스플레이스의 모든 저택이 유곽으로 개조되어, 거리 전체가 마치 "수녀원의 집합체" 같았다고 말했다. 엘리자베스 미첼의 "어여쁜 아가씨 무리"가 바로 옆집에서 헤이즈의 소녀들만큼이나 화려함을 뽐냈다. 이전에 동인도 출신 노예였던 해리엇 루이스는 이국적인 여자들을 전문으로 취급했고, 새라 프렌더개스트나 새라 듀버리, 캐서린 윈저는 서로를 이기려고 끊임없이 경쟁하면서 코번트가든에서 가장 유명한 여배우들을 초대하여 런던의 색골들을 끌어모으기 위한 눈이 튀어나올 정도로 외설스러운 행사를 벌였다.

프렌더개스트 부인이 생각해 낸 행사 하나가 그중에서도 가장 기억에 남을 만했다. 부인은 그 행사를 "사랑의 대축제"라고 명명했다. 소호스퀘어의 테레사 코넬리스에게 따라잡히지 않기 위해 생각해 낸 행사였다. 테레사의 가게는 화류계 여성들과 점잖은 계급이 만나 어울리면서 스캔들을 양산하는 가면무도회를 자주 열어서 번창하고 있는 중이었다. 프렌더개스트는 훨씬 더 흥미로운 유흥을 제공하기로 했다. 부인은 가장 충실한 단골들에게 "유럽에서 가장 세련된 여성들이 순수한 자연 상태 그대로" 등장할 것이라고 호언장담하는 초대장을 보냈다. 옷을 입지 않은 몸을 보여 줄 여성들의 명단도 동봉되었다. 명단에는 샬넛 스펜서와 거트루드 마혼, 이사벨라 윌킨슨처럼 유명한 고급 창부와 여배우뿐만 아니라 평판이 나쁜 귀족 숙녀들도 있었다. 무화과 잎으로 얼굴을 가리고 "더 부끄러운 부분은 드러낸 채" "최초의 이브로 변장한" 레이디 헨리에타 그로스브너와 레이디 마거릿 루칸이 자랑스레 입고 온 옷처럼, 노출이 심한 의상을 입은 초대 손님들이 마차와 가마를 타고 도착했다. 추파를 던지며 시작된 흥분이 가라앉자 벌거벗은 손님들은 한데 모여 춤추고 만찬을 들고 마음껏 성교를 즐겼으며, 그밤이 지난 후에 프렌더개스트 부인은 거의 1,000파운드 이상을 벌었다. '사랑의 대축제'는 킹스플레이스에서 누구도 이룬 적이 없는 대성공을 거뒀고, 결국 헤이즈도 출사표를 던지기로 했다.

금전상의 폭풍이 최악의 고비를 넘기고 나서, 헤이즈는 1778년을 끝으로 킹스플레이스와 작별하고 클레이힐의 생활에만 집중하기로 결심했다. 마지막으로 실적도 늘리고 가장 충실한 단골들에게 잊지 못할 피날레도 선사하겠다는 생각으로, 헤이즈는 "타히티섬의 비너스 축제"를 계획했다. 쿡 선장이 그즈음 다녀온 남태평양 항해는 대중들의 상상력을 자극했고, 남성들은 쿡이 여행에서 발견한 여러 가지 중에서 "고귀한 야만인들"과 벌인 선정적인 섹스 이야기에 가장 열광했다. 인데버호에 승선했던 사람들의 경험을 문서로 정리한 호크스워스 박사는 한 젊은 여성이 성적 경험에 처음 입문하는 의식을 치르는 모습을 기록했다. 호크스워스는 이 의식이 쓸데없이 과하게 벌거벗고 간음하는 행위로 점철되었지만, 초대된 사람들은 조금도 당황하지 않고 무사히 의식을 마쳤다고 보고했다. 쿡 선장의 발견에서 커다란 영감을 얻은 산타샤를로타는 킹스플레이스의 응접실에서 그 장면을 재연하여 현금을 좀 챙기기로 결심했다. 새라 프렌더개스트처럼 산타샤를로타도 공식적인 초대장을 만들었다.

헤이즈 부인이 최고의 존경을 담아 경께 인사를 드립니다.
내일 저녁, 정확히는 일곱 시에 건강과 자연의 기운을
불어넣어 줄 아직 순수하고 더럽혀지지 않은 열두 명의
아름다운 님프들이 오베리아 여왕의 지시와 가르침에 따라
비너스의 의식을 오타헤이테*의 방식대로 거행할 것이며,
헤이즈 부인이 여왕의 역할을 맡아 이 자리에 등장할 것임을
알려드리는 바입니다.

헤이즈의 미숙한 소녀들이 얼마나 "순수하고 더럽혀지지 않았는 지"는 매우 의심스러운 문제였다. 헤이즈는 이 행사를 위해서 특별히 다양한 신병을 구해 왔다고 주장했으나, 『사랑의 경제』에서 소개된 혼합물을 사용하여 "복원된" 처녀들이었을 가능성이 크다. 쇼를 더 생동감 있게 만들기 위해서 수녀원장은 카마수트라처럼 여러 다른 각도로 삽입하는 즐거움을 설명해 주는 오래된 성교 매뉴얼, 아레티노**의 『자세』의 도움을 받아 섹스에 양념을 쳤다. 의식의 날에 다가가는 동안 손님으로 초대된 선택받은 사람들은 점차 흥분하기 시작했다. 헤이즈는 2주 동안 매일 두 번씩 신병을 "연습시키고" "새로운 인종의 향락"을 교육했다는 정보를 퍼뜨렸다. 헤이즈는 님프들의 파트너로 "구할 수

---

*   타히티의 옛 이름. (옮긴이)

**   피에르로 아레티노(1492~1556)는 르네상스 시대의 문필가였다. 음란하고 부도덕한 작가로 오랫동안 비판의 대상이었으나, 오늘날에는 특유의 방식으로 사회를 비판한 풍자 작가로 인정받는다. 그의 작품인 『음란한 소네트 Sonetti Lussuriosi』는 최초의 근대적 포르노그래피로 간주된다. 열여섯 가지 섹스 체위를 묘사한 에로틱한 판화가 덧붙은 소네트다. 이 책은 『자세』라는 제목으로도 알려져 있다. (편집자)

있는 수준에서 최고로 건장하고 비율이 완벽한 젊은 남성 열두 명을 섭외했다". 여기에는 새로 설립된 왕립예술아카데미의 스튜디오에서 빼내 온 실물 모델들은 물론이고 "경기에 최적화된" 건장한 청년들도 더러 있었다.

헤이즈의 노력으로 이 "음란한 올림픽"이 열리는 밤에 최고위층들이 총출동했다. 『밤의 향연』이 기록했듯이, "헤이즈의 행사에는 준남작 몇 명과 평민 다섯 명을 빼면 거의 최고의 귀족들만 20명에서 30명 이상 참석했다". 관객들이 편하게 앉아서 "비너스의 후예들이 아렌티노의 순서에 따라 취하게 될 다양한 자세에 필요한 여러 장비가" 준비된 커다란 카펫을 바라볼 수 있도록 업소의 가장 큰 방에 소파와 의자를 배치했다. 시계가 일곱 시를 알렸고, 축제가 시작되었다.

오타헤이테의 숙녀들이 이런 경우 다른 어떤 인사치레보다
선물로 못을 선호했던 것을 흉내 내서, 남성들은 각자
정부에게 최소 30센티미터나 되는 못을 선물했다.*
그러자 여성들이 공연에 몰두하기 시작했으며,
산타샤를로타의 말씀과 지휘에 따라 정확한 시간을 지켜
민첩하게 움직이며 자세를 다양하게 바꿨다. 음탕한 관객들은
적잖이 만족했으며, 일부는 공연이 끝날 때까지 자제하지

---

*   1767년 서양 최초로 영국 군함 돌핀호가 타히티에 도착했을 때, 선원들은 원주민에 게 못을 주고 식음료 및 필수품으로 교환했다. 철이 귀했던 섬에서 못은 귀한 대접을 받았고, 특히 타히티 여성들이 선원들에게 성적 서비스를 제공한 후 받으면 가장 기 뻐하는 대가였다. (옮긴이)

못하고 키프로스 게임에 참석하려고 성급하게 굴었다. 공연은 두 시간 가까이 진행되었으며 모든 참석자로부터 커다란 박수갈채를 받았다.

　본공연이 끝나고 성적인 자극이 극에 달한 남성 관객들은 "공연에서 보여 준 역할을 능숙하게" 재연해 줄 여성 상대를 선택했다. 헤이즈는 성관계 후 즐기도록 샴페인을 "열심히 돌리면서" 술기운이 남은 동안 흥청망청한 참석자들의 마음을 움직여 돈을 내게 하려고 애썼다. 밤의 공연이 성황리에 끝난 결과, "꽤 두툼한 지갑이" 헤이즈의 창부들을 위해서 "그 자리에서 바로 열렸다".

　『밤의 향연』의 저자는 그다음 달로 산타샤를로타의 경력에 관한 이야기를 끝냈다. 그해 말이 되자 헤이즈는 계획했던 대로 사업을 서서히 정리하면서 오켈리가 고안했던 "탄력 침대"를 포함하여 수많은 장비를 시장에 내놓았고, 킹스플레이스의 수녀원장들은 그 침대를 차지하려고 엄청난 쟁탈전을 벌였다. 맞은편 거리에서 별관을 운영하던 헤이즈의 오른팔 캐서린 매튜스는 본관 건물을 물려받았다. 1779년 모든 걸 정리하고 이사한 헤이즈는 마침내 클레이힐에 상주하는 안주인이 되었다. 그러나 킹스플레이스를 벗어났어도 일상의 기본 구조는 그다지 달라지지 않았다. 수녀원 경영의 일선에서 물러났지만, 헤이즈는 세인트제임스와 피커딜리에 산재한 소규모 유곽 여러 채를 그대로 유지하면서 보좌관을 선임하여 맡겨 두었다. 사업 수익은 클레이힐에서 고객을 접대할 때 드는 비용을 마련하기 위해 쓰였다. 경마 시즌이면 헤이즈와 오켈리는 저택에서 파티와 만찬, 모임을 열고 또 여느라 정신이 없었다. "교제와 사교는 오켈리에게 가장 큰 즐거움이었으며, 충실한 샬럿 헤이즈의 도움 덕에 엡섬의 클레이힐은 접대가 후하기로 소문이 났다".

당시 지주였던 오켈리 부부가 영국에서 가장 영향력 있는 이들과 교제를 즐겼다고 해도, 위계가 엄격한 사교계에서 보잘것없는 한 자리를 차지했을 뿐이라는 사실을 모를 수는 없었다. 부부가 그나마 가질 수 있었던 권력은 오켈리가 경마에서 성공을 거두고 헤이즈가 킹스플레이스에서 우위를 점했던 덕분이었지 태생이 고귀하거나 그들이 한 일이 훌륭한 덕은 아니었다. 엡섬이라는 무대에서 중심에 서려면 끊임없이 특별한 쇼를 제공해야만 했다. 오켈리의 『회고록』 저자가 기록한 것처럼, 이는 참 힘든 일이었다. "대중적인 행사가 있을 때마다 저택을 개방"해야 했고, 더불어 오켈리는 경마 사교 클럽들 사이에서 발생한 분쟁을 중재하는 역할도 해야 했다. 그래서 오켈리는 "누가 봐도 정반대인 사람들을 융화시키고, 귀족과 검은 다리를 한 테이블에 앉히는" 재능을 길렀다. 이런 문제를 다루는 헤이즈의 수완과 경험도 더해져서, "컴벌랜드 공작과 딕 잉글랜드, 웨일스 공과 잭 테더링턴, 에그리먼트 경과 네드 비숍, 그로스브너 경과 무슈 샹프뢰, 올리언스 경과 잭 스테이시"가 서로의 차이를 제쳐 두고 "같은 테이블에 앉아서 친근하고 즐겁게 술병을 기울이는 모습이 종종 목격되었다".

헤이즈가 신사들의 요구를 맞추려고 공수해 온 님프들이라는 매력적인 요소가 없었다면, 이 쟁쟁한 이름들이 클레이힐에서 한데 모이기는 쉽지 않았을 것이다. 이런 행사의 일반적인 관행에 어긋나지만, 오켈리는 "자신의 테이블이나 집에서 도박이나 내기는 종류를 불문하고 할 수 없다"고 주장했다. 강경한 도박꾼들 사이에서 문제가 생기는 것을 원치 않아서였다. 도박이 금지되자, 난봉꾼 모임은 저녁 만찬 후 도박만큼 신나는 다른 오락거리를 요구했다. 산타샤를로타의 아름다운 수녀들과 하는 섹스가 그 공백을 메워서 부부의 인기를 유지하도록 도움을 주었다. "후한 접대와 사치스러운 생활"이라는 명성은 부부를 실제 만난 적 없는 사람들에게까지 퍼졌다. "누가 영국에서 가장 좋은 집을 가졌을까?" 이런 평범한 질문에, 지인들은 큰소리로 이렇게 답했다. "오! 켈리, 정말 대단한 집이지. 누가 최고의 와인을 가졌지? 오! 켈리, 차원이 다르지. 최고의 말을 가진 사람은 누구더라? 오! 켈리, 세상을 제패했지. 최고로 유쾌한 친구는 누구지? 누구? 오! 켈리!"

경마 시즌이면 헤이즈는 정신없이 바빴지만, 경마장이 얼어붙거나 너무 질퍽해서 대회를 열기 어려운 겨울이 되면 한없이 지루해졌다. 딸과 단둘이 보낸 날들을 빼면, 헤이즈가 정숙한 손님을 초대해서 접대한 적은 없었다. 오켈리 부부의 집은 음란한 행위가 벌어지는 곳으로 알려졌기 때문에, 화류계가 아닌 여성들이 방문하기에 썩 좋은 곳이 아니었다. 지주계급의 생활에서 다른 이와의 교제, 특히 동성 사이의 우정이 가장 중요했던 시대에 친구들의 방문이 뚝 끊기고 나니 빈자리가 훨씬 크게 느껴졌다. 런넌에서는 복작거리는 킹스플레이스 한복판에 있었기 때문에, 남녀를 불문하고 손님이 없는 날이 없었다. 가십과 뉴스, 오락거리를 물고 온 방문객들이 끊임없이 응접실을 드나들었다. 여성 하인들과 킹스플레이스에서 온 "동료들"이 옆에 있긴 했지만, 킹스플레이스와 비교했을 때 엡섬은 방문객이 없는 것이나 마찬가지였다. 헤이즈는 창부이자 마담이었으므로 고상한 사교계 무리에게는 배척의 대상이었고 이웃 여성들에게는 기피의 대상이었다. 오켈리에게는 원하는 사람과는 언제나 친분을 맺을 수 있는 통행권이 있었지만, 헤이즈는 많은 날을 거의 홀로 보냈다.

기나긴 외로움의 나날을 달래려고 헤이즈와 "여성 수행원들"은 오켈리가 경마 대회에 참석하거나 미들섹스 민병대 장교로서 일을 보기 위해 정기적으로 떠나는 여행에 동행하기로 했다. 오켈리가 소속된 웨스트민스터 연대는 현역 근무를 준비하기보다는 제복을 입고 퍼레이드를 펼치는 순회 행진을 훈련하는 데에 더 많은 시간을 쏟았다. 연대가 "런던에서 고스포트로, 고스포트에서 플리머스로, 플리머스에서 콘월의 끝으로, 그곳에서 채텀으로, 채텀에서 랭커스터로, 랭커스터에서 다시 런던으로" 이동하는 동안, "값비싼 수행원을 대동한" 오켈리와 "별도의 수행원을 데리고 오켈리 일행의 뒤를 따르는" 헤이즈의 모습을 볼 수 있었다. 헤이즈는 오켈리를 따라 다양한 경마 대회에 점점 더 자주 나타났으며, 거기서 둘은 "영국의 주요 경마 대회마다 좌중을 즐겁게 하는 사람"이 되었다. 하지만 겉보기와는 다르게, 헤이즈는 점점 더 불행해졌다.

헤이즈는 점잖은 사교계의 특권적인 집단에 들어가는 것을 거부당했다고 한탄하지 않았다. 사실 성매매 업계에서 태어난 사람으로서 그런 건 언감생심 꿈꿔 본 적도 없었다. 헤이즈의 눈에는 원래 친하게 지

내던 방탕한 사람들이 훨씬 다채롭고 재미있었다. 그래서 헤이즈는 은퇴 후 찾아온 예상치 못한 외로움에 괴로워했다. 런던에서 헤이즈가 갈 수 없는 곳은 거의 없었다. 극장, 유원지, 세인트제임스파크의 산책로, 연회장, 무도회장, 어디든 가서 즐길 수 있었다. 전원 지역의 규범은 런던과 달라서, 편안하게 거닐 만한 장소가 없었다. 영지를 제외한 모든 장소에서 헤이즈는 그녀를 못마땅해하는 눈초리를 받았다. 시골에서 헤이즈의 교제 범위는 오로지 남성들로만 제한되었다. 이들도 대부분 오켈리의 동료들이었다. 경마와 판돈, 말과 마구간, 기수 같은 얘기만 지겹게 해 대는 천박한 술고래 검은 다리들이나 아니면 아주 조금 더 재미있는 오켈리의 장난감 병사 무리의 장교들이었다. 킹스플레이스의 업소에서 수녀원장으로 활동하던 시절이나 심지어 어린 시절에도 업계에서 융숭하게 대접받던 인기인으로서 헤이즈의 친구 범위는 아주 넓었다. 과거에 절친했던 친구들은 배우, 작가, 왕궁의 신하, 정치인, 과학자, 성직자, 왕족 등 당대에 가장 별난 괴짜이면서 동시에 가장 재능 있는 남자와 여자들이었다. 괜찮은 화류계 여자 지인들도 부족한 적이 없었다. 그런 시절을 보내다가, 친구도 없이 혼자 남겨져 오켈리의 경마 대회를 쫓아다니거나 야영지를 전전하고, 정숙한 부인과 딸들이 참석하는 모임에는 나갈 수도 없고, 친구들의 소식도 거의 듣지 못하는 상황에 처하자 헤이즈는 정신적으로 엄청난 타격을 받았다. 18개월도 못 버티고 헤이즈는 런던으로 놀아가야겠다고 결심했다.

1770년대 후반 어느 때인가 오켈리는 상금 일부를 메이페어의 부동산에 투자해서 재산을 안전하게 지키라는 조언을 받은 적이 있었다.

이때 오켈리는 그린파크 맞은편 하프문스트리트와 피커딜리가 만나는 모퉁이에 위풍당당하게 자리 잡은 고상한 신축 저택의 자유 보유권을 매입했었다. 아주 제대로 된 위치에 있었던 덕에 상류층 사교계 사람들은 산책하는 동안 오켈리의 웅장한 타운하우스를 감탄하며 바라볼 수밖에 없었다. 이번에는 오켈리 부부가 응접실 창문으로 밖을 내려다보면서 귀족들의 화장한 얼굴과 잘 다듬어진 몸을 구경하는 기회를 만끽했다. 지위를 보여 주는 지표 중에서, 부를 자랑하기에는 이 집이 최고였다. 오켈리가 하프문스트리트 저택을 구매하기로 했을 때에는 이 집을 부부의 런던 거주지로 삼을 생각이 가장 크긴 했지만, 마음 한쪽에는 조카인 앤드루 데니스 오켈리에게 유산으로 물려줄 생각도 있었다. 사십 대 후반에 접어든 헤이즈가 더 이상 아이를 낳기는 어려워졌다. 헤이즈와 오켈리는 법적으로 결혼한 적이 없었으므로 헤이즈가 낳은 아이는 모두 사생아였다. 딸이, 그것도 결혼 밖에서 태어난 딸이 부동산을 상속하는 경우는 거의 없었기 때문에, 오켈리와 헤이즈의 땅과 재산은 언젠가 전부 오켈리의 조카에게 가야 했다. 오켈리가 여러 부동산을 신중하게 매입한 덕택에, 1780년대 초반에 이미 앤드루는 메이페어의 상당 부분을 물려받을 것으로 기대되었다. 클레이힐과 하프문스트리트, 부부가 그레이트말버러스트리트에 보유한 부동산 외에도 오켈리는 클라지스스트리트, 체스터필드스트리트, 버클리스퀘어, 찰스스트리트, 맨체스터스퀘어에 있는 여러 저택의 자유 보유권과 임차권을 꽤 가지고 있었다.

메이페어로 돌아오자마자 헤이즈는 창문 너머로 지나다니는 사람들을 구경할 수 있는 하프문스트리트의 저택을 거주지로 선택했다. 상류층 세상의 중심지라서 당연히 악덕도 들끓는 이곳에서 헤이즈는 외로움과 고립감을 느낄 필요가 전혀 없었다. 하지만 헤이즈의 재등장에는 한 가지 문제가 있었다. "은퇴한" 상태였는데도 사람들은 헤이즈의 런던 복귀가 장사를 본격적으로 재개한다는 신호라고 생각했다. 헤이즈가 원하지 않는 상황이었다. 하프문스트리트에 근거지를 마련하면서 헤이즈는 가지고 있는 소규모 유곽 일에서도 적당히 손을 떼려고 했다. 하지만 모일 수 있는 킹스플레이스의 수녀원이 없어지자, 헤이즈의 친구들과 충실한 고객들은 그녀의 집으로 찾아오기 시작했는데, 이들이 순전히 사교 목적만으로 방문했을 리는 없었다. 이들은 매번 그랬듯이 정부가 되어 줄 남자나 침대를 함께 쓸 키프로스인을 찾으려고 헤이즈를 찾아왔다. 응접실에 앉아서 샴페인을 홀짝거리는 친구들과 남자들은 산타샤를로타가 성적인 만남을 주선해 주리라는 기대를 품고 있었다. 헤이즈가 지내는 곳이 클레이힐인지 하프문스트리트인지는 중요하지 않았다. 어디서 사느냐와 전혀 상관없이 헤이즈는 정말로 은퇴할 수도, 마담 역할에서 벗어날 수도 없다는 사실을 깨달았다. 헤이즈가 어딜 가든 화류계는 헤이즈의 발목을 잡아서 가차 없이 자신의 품 안으로 다시 끌어당겼다.

Chapter 17

원점

존 해리슨은 로즈 술집의 소유권을 얻은 날부터 필시 앞으로 문제가 생길 거라고 예측했다. 해리슨은 어떤 사람들이 적이 될지 잘 알고 있었으며, 재산이 불어나면 누가 자신을 쓰러뜨리려 할지도 알고 있었다. 그 사람이 필딩 판사든 톰킨스든, 분노한 고객이든 낙담한 여자들이든 상관없이, 포주는 과거의 경험을 바탕으로 어떤 종류의 도발에도 대응할 준비가 되어 있었다. 하지만 예상했던 곳이 아닌 다른 곳에서, 해리슨 제국의 가장 큰 난관이 터져 나오리라고는 전혀 생각하지 못했다. 난관은 로즈 바로 옆에 있는 시어터로열에서 비롯되었다.

1770년대 초, 해리슨의 이웃이자 코번트가든극장과의 경쟁에서 언제나 한발 앞서려고 분투하던 데이비드 개릭은 드루리레인극장의 시설 상태가 점점 불만스러워졌다. 수년 동안 사나운 훌리건들이 극장에 조각된 실내 장식을 때려 부순 흔적이 남아서 극장은 허름해 보였다. 한동안 극장을 대대적으로 보수한 적도 없고 1774년은 100주년이 되는 해이기도 해서, 개릭은 이때가 극장을 새롭게 단장할 절호의 기회라고 생각했다. 하지만 단순히 외장 개보수로 끝날 일이 아니었다. 매니저들은 수년 동안 극장 주 출입구의 접근성이 떨어지는 문제로 골치를 앓았다. 러셀스트리트와 드루리레인 같은 대로가 사방을 둘러싸고 작은 건물들이 원을 이뤄 극장을 에워싼 모양새라, 고객들은 극장 로비까지 오려면 지나다니기 힘든 길을 연속으로 거쳐 와야 한다는 불만을 터뜨렸다. 문제를 해결하기 위해 개릭은 극장의 모양과 디자인을 대대적으로 바꿀 방법을 모색했으며, 그로 인해 로즈는 곤란한 상황에 놓였다.

한 세기 동안 드루리레인극장과 로즈는 마치 샴쌍둥이처럼 함께 번창했다. 고객은 물론이고 노래와 소리도 붙어 있는 벽을 통해 오갔으며 한쪽의 존재가 다른 한쪽의 사업을 좌우했다. 시어터로열에서 일하는 사람들은 로즈를 휴식과 기분 전환을 담당하는 극장의 부속 시설처럼 이용했다. 상호 의존적이었지만, 어느 쪽이 우월한지는 물어볼 필요도 없었다. 로즈의 성공 여부는 거의 전적으로 극장에 달려 있었다. 함께한 시간이 오래된 만큼, 로즈를 완전히 철거하기보다는 극장이 손을 내밀어 자신에게 의지하는 동생을 포용해야 한다는 제안이 나왔다. 개릭이 고용한 유명한 건축가 로버트 애덤은 접근성의 문제를 해결하기 위해 극장의 전면을 확장하자고 제안했으며, 그렇게 되면 술집은 극장의 내부 편의 시설로 완전히 흡수될 판이었다. 하지만 이런 결정에 로즈가 토를 달기는 어려웠다.

개릭이 극장을 보수할 계획이라는 소식을 들었을 때 해리슨은 기뻐할 수가 없었다. 해리슨이 여성이나 세입자, 고객에게 아무리 큰 권위를 행사한다고 한들, 로즈의 소유주는 코번트가든을 통틀어 가장 권력이 세고 인맥이 풍부한 "리틀 데이비"에게는 명함도 못 내밀었다. 애덤의 계획으로 존 해리슨은 앞날이 캄캄해졌다. 그렇다고 이 포주가 자기 제국의 심장이 눈앞에서 난도질당하는데 그저 방관만 하고 있을 리는 없었다. 해리슨은 분명 보상을 받아 냈을 테지만, 드루리레인극장의 매니저에게 얼마를 받았는지는 알려지지 않았다. 로즈의 건물은 극장에 흡수되었고, 작업이 시작된 1775년 이후로 해리슨의 주소가 다르게 기록된 것을 봤을 때 해리슨이 살던 인근의 주택도 마찬가지로 영향을 받은 듯하다. 환경의 변화로 약간의 지장이 있기는 했으나 해리슨이 사업을 완전히 접은 건 아니었고, 따라서 개릭은 재건축을 진척시키려면 술집 주인의 수많은 요구를 다 받아 줘야 했다. 아마 술집 간판을 극장의 외부 장식에 넣겠다는 결정 역시 항의하는 술집 주인의 요구에 따른 양보 조치였을 것이다. 로즈의 규모는 작아졌지만, 술집은 계속 잘나갔고 여전히 유흥지로서 인기가 좋았다.

해리슨의 장사는 겉보기에는 많이 쪼그라들지 않았지만, 드루리레인의 변화로 인해 재정 상태는 부정적인 영향을 받았다. 1776년에 해리슨은 살던 집과 브리지스스트리트에 소유했던 다른 빌딩을 포기했다. 생활할 수 있는 공간이라고는 술집 위층에 있는 아파트 하나뿐이었다. 가세가 갑자기 기운 이유가 무엇일지 상당히 궁금해진다. 병 때문이었을까, 아니면 사고 탓이었을까, 그도 아니면 법이 또 한 번 해리슨의 목덜미를 잡아챈 것일까? 나이가 이제 사십 대 후반에서 오십 대 초반은 되었으니, 늙은 악당의 심경에 변화가 있었던 것일지도 모르겠다. 해리슨은 거울을 보다가 모아 둔 돈도 얼마 없고 볼살은 축 처진 자기 자신을 발견하고 목도리를 바르게 매만지면서 한발 물러서는 게 더 낫겠다고 판단했을 수도 있다.

한때 무시무시했던 남자가 은퇴해서 위층 방 난로 앞에 앉아 조용히 늙어 가는 모습을 떠올리면 왠지 실망스러워진다. 해리슨은 여전히 로즈의 소유주로 이름을 올리고 있었지만, 1780년대 중반이 되자 술집은 제임스 크레스데일이라는 직원이 대신 맡아 운영을 책임졌다. 한때 거리 전체를 호령하며 야경꾼조차 입단속을 시켰던 호랑이 해리슨은 이제 로즈의 모래 빛깔 바닥에 자주 나타나지 않았다. 해리슨의 발아래 술집에서는 늘 그렇듯이 술집의 희극과 비극이 드루리레인의 공연과 우열을 다투고 있었다. 위층의 늙은 포주는 이제는 작아진 자기의 영토를 마지막까지 지키기 위해 앉은 자리에서 죽어 가기로 마음먹었다. 하지만 운명은 아직 한 장의 카드를 더 남겨 두었다.

존 해리슨이 잭 해리스였던 1750년대에, 해리스의 코번트가든 군단에 속했던 한 특별한 여인이 임신으로 잠시 생계 수단을 잃은 적이 있었다. 사람들은 잭 해리스가 그 여인에게 돈을 좀 주고, 평판이 나쁜 여자들도 출산할 수 있는 은밀한 산실을 찾아 주어서 여자의 부담을 좀 덜어 주었으면 했다. 어쨌든 그 여인은 해리슨의 아이를 품고 있었으니 말이다. 해리슨이 여자를 임신시킨 것이 분명 처음은 아니었을 것이고, 아마 마지막도 아니었을 것이다. 포주가 누리는 비금전적 혜택 중 하나는 관리하는 여자들에게 마음대로 접근할 수 있다는 것이었다. 해리슨은 포주들이 "상품"을 고객에게 추천하기 전에 반드시 사용해 봐야 하며 "우리처럼 천박한 놈들의 검사를 받았다고 해서 신사들이 그 상품을 쓰거나 즐기는 데 문제는 전혀 없다"고 주장했다. 이렇게까지 당당한 주장은 힐 박사가 독자들을 흥분시키려고 날조했을 가능성이 크지만, 전통적으로 해 오던 관행이었으므로 해리슨이 큰소리를 칠 수 있었던 부분이기도 했다. 불임을 초래하는 질병이나 성병을 앓지 않았다면 존 해리슨은 이런 식으로 분명 수많은 사생아를 만들었을 테지만, 아이의 어머니가 아버지를 특정하기 어려웠던 탓에 쉽게 모든 책임을 면제받을 수 있었다. 아마도, 서로 알아보진 못했겠지만, 이 포주는 광장 주변의 거리에서 평생 거의 매일같이 여러 아들과 딸들을 스치고 지나갔을지도 모른다.

찰스라고 부르던 남자아이를 낳은 이 특별한 여인에게는 아이의 아버지가 '잉글랜드의 포주 대장'이라고 확신할 만한 개인적인 이유가 있었던 것 같다. 어머니들은 보통 18세기 관습에 따라 부모의 결혼 여부와 상관없이 아이에게 아버지의 성을 붙였다. 찰스의 엄마도 아들에게 해리스의 성을 붙였다. 아마 그 이름이 실명이 아니라는 사실은 몰랐을 것이다. 역사는 찰스 해리스의 엄마가 출산 후 어떻게 되었는지는 기록하지 않았고, 소년의 삶도 세세한 부분까지는 알려지지 않았다. 다만 어느 순간에 그 아이가 아버지를 찾았다는 사실만 알려져 있다.

존 해리슨이 일종의 은퇴를 맞이하여 물러나 있을 때쯤, 시어터로 열의 매니저들은 다시 또 들썩이고 있었다. 드루리레인을 보수하고 얼마 안 되었을 때, 개릭은 아일랜드 극작가였다가 정치인이 된 리처드 브린즐리 셰리든에게 극장의 소유권을 팔았고, 셰리든은 새로운 확장 계획을 추진해서 극장에 자신의 흔적을 남기고 싶어 안달을 냈다. 이번에는 매니저들이 완전히 새롭게 다시 시작하기를 원했다. 옛 극장과 부속 건물을 모두 철거해야 했고, 해리슨은 가장 두려워하던 운명에 처했다. 한 세기 넘게 영업했던 로즈 술집이 그 끝을 맞이했다. 가장 사치스러운 방탕함을 지켜보고 가장 파멸적인 이야기를 들어 왔을 로즈의 조용한 죽음은 소유주와 마찬가지로 그 존재에 딱 어울리는 결말은 아닌 듯했다. 세인트폴의 코번트가든 교구에 새로 온 데다가 이미 한 세대나 지난 술집의 전성기를 기억할 리 없는 셰리든은 로즈를 없애기로 결정하면서 아쉬움을 전혀 느끼지 않았다. 극장의 소유권을 새로 획득한 주인은 다가올 19세기에 어울리는 신식 극장을 머릿속에 그렸다. 극장을 둘러싼 주변이 온통 기지개를 켜면서 변하고 있었다. 심지어 브리지스스트리트조차 세월이 흐르면서 길이도 더 길어지고 인구도 거의 두 배로 늘었다. 런던과 그곳의 변덕스러운 유행은 앞으로 나아가면서, 낡은 프록코트 같은 코번트가든을 옛 시대의 고상함을 보여주는 잔재로 남겨 두었다. 로즈의 개인실에서 포즈 걸이나 입이 거친 매춘부들과 함께 소란을 피우던 젊은 한량과 난봉꾼 들은 유행에 민감한 고급 창부와 화려한 여배우를 좇아서 궁전처럼 꾸며진 유곽이 즐비한 세인트제임스의 피커딜리로 서둘러 떠났다. 18세기의 마지막 십여

년 동안에는 훼손된 초상화, 바닥을 뒹구는 요강, 호가스의 그림에 등장하는 난폭함은 더 이상 용납되지 않았다.

많은 이들이 로즈의 철거를 환영했다. 해리슨으로 인해 삶이 파괴된 영혼들, 포주의 안락한 삶을 위해 건강과 미래의 행복을 희생한 채 착취당한 여성들… 존 해리슨에게는 적도 참 많았다. 이들은 모두 해리슨이 자신처럼 불행해지기를 원했고 늙고 집 없는 악마가 거리를 전전하는 모습을 기쁘게 떠올렸을 것이다. 그야말로 해리슨의 이야기에 딱 어울리는 결말인 듯 보였다. 하지만 그가 다른 이들보다 더욱 욕을 먹었던 까닭은, 아마도 늘 과분하게 그의 편을 들어 준 행운 탓이었을 것이다. 치밀하고 열심인 데다가 운도 따라 줘서, 해리슨은 항상 끝에는 이득을 보았다. 셰익스피어즈에서 얻은 지위에서부터 로즈를 인수해서 이룬 성공까지, 행운은 한 번도 그를 완전히 버린 적이 없었다. 한쪽 문이 닫혔다 싶으면, 다른 쪽 문이 활짝 열렸다. 어쩌면 인생의 말년에 이르러서야, 만났던 적 없는 아들이 어느 날 갑자기 나타났을 수도 있다. 그게 아니라면, 아들은 한동안 아버지의 곁에 있었으나 1790년이 되어서야 부친에게 도움이 되었을 수도 있다.

노쇠한 포주는 한동안 상당한 돈을 깔고 앉아 있었다. 경쟁자 패킹턴 톰킨스과 마찬가지로, 해리슨이 가진 재산의 깊이와 너비는 여러 번 팽창했다가 수축했을 것이다. 부주의한 생활과 사치 때문에 가득 찼던 지갑이 탈탈 털렸을 수도 있고, 부인이나 합법적인 가족이 없었던 해리슨이 애써 장래를 대비하지 않았을 수도 있다. 샘 데릭처럼 해리슨도 언제나 즉흥적인 쾌락을 위해 살았고, 재산은 저축이 아니라

소비하는 것이었다. 하지만 그토록 사업 감각이 날카로운 사람이 필요한 때를 대비하여 사업의 결실 중 일부를 남겨 두지 않았을 리 없었다. 1790년에 드디어 필요한 때가 왔다. 로즈의 철거가 결정된 순간, 갑자기 마법처럼 메이든레인에 있는 베드퍼드헤드 술집을 임대할 수 있었다고 말하는 건 지극히 순진한 생각이다. 그보다는 행운의 바퀴에 돈으로 기름칠을 해서 단순한 돈벌이 이상의 기회가 주어졌다고 말하는 게 더 맞을 것이다. 해리슨은 가족이 주는 안락함을 사고 싶었다. 그건 그가 사랑 대신 욕망을, 애정 대신 섹스를 팔아 온 오랜 세월 동안 원하게 되리라고 예상한 적 없었던 한 가지였다. 외로움을 느껴서인지 아니면 딱 꼬집어 설명하기 어려운 후회가 밀려와서인지는 모르겠지만, 해리슨은 유년 시절을 보내고 웨이터-포주로서의 기술을 처음 배운 아버지의 술집, 베드퍼드헤드를 계속 떠올렸다. 어떻게 보면 이 장소는 해리슨이 생의 마지막 몇 년을 만족스럽게 살다 갈 수 있는 안심되는 은신처이기도 했다. 해리슨은 로즈의 주인으로 있는 동안 자신을 잘 따랐던 사람들을 데리고 이 사업을 시작할 수도 있었지만, 그 대신 아들 찰스와 부인에게 제안했다. 베드퍼드헤드는 해리슨이 어렸을 때처럼 다시 가족 사업이 되었다. 그동안 이곳을 떠나서 얻었던 어떤 성공보다도, 해리슨에게는 가장 만족스러운 일이었다.

해리슨은 사업에 필요한 자금과 경험을 대 주었고 찰스와 아내는 운영을 담당했다. 처음 1년 반 동안은 해리슨이 소유주로 이름을 올렸지만, 1792년 후반에 그 직함은 아들에게 넘어갔다. 육십 대 중후반이 된 해리슨은 이제 병들어 거동조차 힘들었다. 다음 해 해리슨의 상태는 더 나빠졌다. 얇은 유리창과 차가운 벽돌벽으로 겨울의 한기가 스며들자, 이 늙은이는 더 이상 버티지 못했다. 해리슨은 아래층에서 흥청거리는 사람들이 따뜻한 펀치로 몸을 데우고 구석에 있는 초록 트리 아래에서 키스하며 서로의 몸을 더듬었을 무렵에 숨을 거뒀다. 크리스마스 즈음이었다. 해리슨의 시신은 광장의 서쪽 끝에 우뚝 서서 성적 쾌락을 탐닉하는 죄인들을 바라보고 있는 세인트폴교회, 즉 이니고 존스 교회로 옮겨졌다. 1794년 1월 14일, 해리슨의 안식처는 돌고 돌아 다시 찾아온 삶의 원점에서 몇 걸음 떨어지지 않은 교회 마당에 마련되었다. 그가 저지른 악행과 비밀은 모두 땅에 묻혔고, 존 해리슨이라는 이름만 남아 그를 기억할 수 있게 해 주었다. 그리고 해리슨의 분신 잭 해리스는, 전설이 되어 살아남았다.

해리슨은 끝에서 두 번째 『해리스의 코번트가든 여자 리스트』가 서적상의 가판대에 모습을 드러냈을 즈음에 죽었다. 출판물의 제목이 자신에 대한 조롱 같아서, 그리고 그렇게 오랜 시간 지속되는 끈질김에 짜증이 나서 얼굴을 찡그렸을 늙은 포주를 상상하니 재미있지 않은가. 『해리스 리스트』는 끝까지 해리슨을 따라다니면서 그 작품의 성공을 예견하지 못한 젊은 날의 어리석음과 무능을 상기시켰다. 그러나 그 책은 수십 년 동안 진화를 거듭하여 마지막 모습에서는 애초에 바탕이 되었던 해리슨의 원본과 데릭의 산문은 거의 찾아보기 어려울 정도로 바뀌었다. 해리슨의 장부처럼 불룩했던 모습은 사라지고 얇은 가죽 표지를 단 고상한 책으로 변했고, 후기 버전으로 갈수록 고객의 선호도 달라졌다. 페이지마다 새로운 이름이 가득했다. 활짝 피었다가 시들어 버린 여자들의 자리를 또 다른 여자들이 대신했다. 음란한 여자들의 뒤꽁무니를 쫓아다니는 방탕한 술꾼들과 그들이 욕정을 품은 여자들은 바쿠스의 아들이니, 비너스의 딸이니 우아한 사람들인 것처럼 묘사됐다. 늙은이 해리슨은 고개를 절레절레 저었을 것이다. 그 무렵의 새로운 작가들은 남녀가 정을 통할 때의 유쾌한 천박함을 제대로 그리지 않았다. 그들은 창녀가 치맛자락을 들어올리는 일을 분수나 신전에서 일어나는 고상한 일인 양 묘사하면서, 모든 행위를 아르카디아*의 목가적 장관으로 뒤바꿔 버렸다. 구식 포주가 알던 세상은 다른 어떤 것으로 점점 변해 갔다. 얌전 빼는 세상이 오고 있었다.

해리슨은 『해리스 리스트』가 자신보다 고작 1년 더 오래 살았다는 사실은 미처 몰랐을 것이다. 이제 둘에게 주어진 시간이 다 되었다.

---

* 대자연의 풍요로움이 가득한 목가적 이상향. (옮긴이)

Chapter 18

품위 있는 켈리 부인

데릭과 해리슨이 둘 다 알고 있었던 것처럼, 성매매에 한 번 스치기만 해도 성매매의 얼룩을 말끔히 씻어 낼 수 없었다. 과거의 연에서 벗어나는 일은 불가능했다. 헤이즈는 자신의 과거를 감추려 하지 않았지만, 자신과 직업적 의무 사이에 어느 정도 거리가 있기를 바랐다. 하지만 헤이즈가 런던에 있다는 사실만으로도 친구들이 그녀의 복귀를 기대한다면, 은퇴한 수녀원장은 기대를 저버릴 수는 없다고 생각했다. 킹스플레이스의 샬럿 헤이즈는 이제 없었으므로, 육신의 시장으로 복귀한 헤이즈는 재산과 경험이 풍부한 일인자라는 지위에 걸맞은 새로운 이름을 지어야 했다. 세인트제임스의 피커딜리 주변에 있는 그녀의 많은 유곽 중 하나에 데려다줄 가마에 올라탈 때 헤이즈는 스스로를 켈리 부인으로 칭했다. 만약 헤이즈가 마담의 외피를 벗고 점잖은 사회로 퇴각하고 싶었다면, 하프문스트리트의 고상한 집으로 돌아가 많은 땅을 소유한 경주마 주인 데니스 오켈리의 "아내"이자 고상한 신사 앤드루 데니스 오켈리 중령의 "숙모"이며 메리 샬럿 오켈리의 어머니인 켈리 부인이 되어 손님을 맞이했을 것이다. 그러나 헤이즈는 알링턴스트리트와 듀크스트리트에 있는 업장부터 나중에는 버클리스퀘어의 업장까지, 이전에 후계자들에게 맡겼던 업소들의 관리에 좀 더 적극적으로 나섰다. 킹스플레이스의 주목받고 붐비는 대로를 떠나, 훨씬 아담한 규모의 사업을 운영하면서 언제든 원할 때 사업을 접을 자유를 누리려는 의도였다. 그렇게 하면 하프문스트리트의 집 안에서는 적어도 어느 정도 평온함과 프라이버시를 보장받을 수 있었다.

헤이즈는 타히티의 난교 파티나 음란한 가면무도회를 열고 싶다는 마음을 오래전에 버렸다. 새로운 고객을 물색해야 하는 상황도 아니었고 경쟁자들을 상대하려는 마음도 없었다. 헤이즈는 이미 최고의 자리에 올랐다가 우아하게 물러났다. 지금 다시 등장하는 이유는 그저 앙코르를 요청받았기 때문이었다. 밑에 둘 아이들을 늘리는 일에도 딱히 흥미는 없었다. 대신 헤이즈는 업장에 거주하는 님프의 수를 한 번에 두 명으로 제한하고, 추가적인 조력자는 필요할 때만 뽑았다. 1780년대 초, 알링턴스트리트의 사업장에는 포틀랜드 공작부인과 데번셔 공작부인으로 알려진 두 여인이 살았는데, 실제로 공작부인이었던 것은 아니고 "고귀한 저명인사인 실제 부인들과 닮았다는 이유로" 그렇게 불렸다. 1788년 『해리스 리스트』에는 벳시 허드슨과 성은 알려지지 않은 또 다른 "벳시"라는, 헤이즈가 신중하게 간택한 두 명의 미인이 더 등장한다. 저자는 또 다른 벳시의 항목을 경마에 빗댄 암시로 채우고 싶은 유혹을 떨칠 수 없어서, "숨을 헐떡이면서 걸음을 멈추고 비틀거리며 넘어질 지경"이라서 "번식용 암말 말고는 어디에도 쓸 데가 없는" 처지에 놓인, "금방 녹초가 되는" "비너스의 역마들"이 있다고 비난했다. 그러고 나서 켈리 부인의 전문적인 훈련을 받은 벳시는 당연히 이런 종류의 말이 아니라고 덧붙였다.

업소에 신규 고객을 소개해 주는 오래된 고객층의 존재 덕분에, 켈리 부인의 사업은 전적으로 자급자족할 수 있었으며 매우 까다롭고 신중하다는 독특한 명성을 유지했다. 단골손님이었던 윌리엄 히키는 "존경할 만하지는 않지만 쓸모는 있는 켈리 부인과 만찬을 함께하러 오곤 했다". 새로운 상황에서 헤이즈는 과거처럼 모욕당해 줄 생각이 전혀 없었다. 1781년 히키는 질이 살짝 떨어지는 친구를 업소에 소개했다가 켈리 부인으로부터 "한 바가지 욕"을 들었다고 주장했다. 히키의 판단을 믿었던 헤이즈는 매킨토시 대령이 자신과 님프들에게서 각각 거금 100파운드를 사취했다는 사실을 알고는 "비열하고 야비한 악인"이며 "더러운 개"라고 지칭했다. 헤이즈는 히키에게 자신의 고급 업소에는 이런 부류의 인간을 들일 생각이 없다는 점을 분명히 밝혔다. 헤이즈는 묵직한 지갑만 믿는 음탕한 신사가 찾아 주지 않아도 될 정도로 탄탄한 지지 기반이 있었고, 마음만 먹는다면 가장 부유한 사람들조차 응접실에서 쫓아낼 수 있었다.

두 번의 은퇴 시도 끝에 마지막으로 사업에 복귀했을 때, 헤이즈는 어느 한 사업장에 얽매이지 않았다. 런던에 돌아오자마자 그녀는 알게 되었다. 그녀가 어디에 있든, 공식적으로 업소를 차렸든 아니든, "친구들"은 개의치 않고 그녀를 따라왔다. 1780년대 중반에 헤이즈는 하프 문스트리트 근처라 편하다는 이유로 오켈리가 자유 보유권을 소유한 버클리스퀘어의 건물 중 하나로 핵심 사업장을 옮겼다. 1785년에 타고난 바람둥이 멜빌 자작 헨리 던다스가 윌리엄 피트 수상을 계단까지 모셔 왔던 장소가 바로 이곳이다. 이런 장소에 대해 양가적인 감정을 품고 있던 피트 수상은 문 앞에서 헤이즈를 훑어보다가 핑계를 대고는 재빨리 자리를 떴다. 헤이즈의 사업에는 다행스럽게도, 모든 정치인이 피트처럼 쭈뼛대지는 않았다. 정치인들이나, 토지를 소유한 전체 남성 유권자들이나 정치 지도자의 성적 행각은 안중에도 없었다. 피트의 정치적 경쟁자 찰스 제임스 폭스는 메이페어의 악명 높은 업소들이나 그곳의 여성들과 맺고 있는 관계를 숨기려 하지 않았다. 오켈리의 경마 동료이자 헤이즈의 고객이었던 폭스는 아버지의 돈으로 오켈리 부부의 생활비를 대 주는 지경이었다. 토머스 롤런드슨의 1784년 정치 만화에 등장하는 폭스는 웨스트민스터의 의원 자리를 두고 한창 캠페인을 벌이고 있는데, 그러는 동안에도 소위 "가장 친한 친구"라는 마담들을 대동하고 있다. 그중 한 명은 헤이즈로 추정되는 노부인이었다.

여전히 여기저기서 찾는 이가 많았지만, 1780년대를 거치면서 켈리 부인은 점차 공개석으로 모습을 드러내지 않았다. 18세기 후반에는 상당한 고령이었던 육십 대에 접어들면서 켈리 부인은 점차 접대 주선을 멀리했고, 시끄럽고 음란한 저녁 만찬이나 모임에서 중심적인 인물이 되기보다는 하프문스트리트의 저택에서 오켈리와 함께 조용히 지내려 했다. 원래도 예전 직업으로 복귀하리라는 기대에 열정적으로 화답했던 것은 아니었지만, 어떤 증상이 시작되면서 사교계에서 좀 더 일찍 물러나게 되었다. 그녀는 "몸과 마음의 무기력과 불안"을 앓았다.

구체적인 기간을 특정하기는 어렵지만 1783년에서 1785년 사이에 헤이즈는 런던의 집에 칩거한 채 "즐겁고 아찔한 방탕의 세계"와 거리를 두고 지냈다. 오켈리는 헤이즈가 "히스테리 증상의 고통에서 벗어나려" 애쓰면서 조용히 회복하는 동안 치드윅 박사를 불러서 그녀를 살피게 했다. 헤이즈가 갑자기 임상 우울증으로 보이는 상태에 빠진 이유는 헤이즈나 오켈리의 일대기에 구체적으로 나오지 않았지만, 오켈리의 『회고록』 작가가 그녀의 이야기를 쓸 때 밝힌 한 사건에서 실마리를 잡아 볼 수 있다. 헤이즈가 "심하지 않은 정신적 질환"에서 거의 회복될 무렵, 조카 앤드루가 말을 타다 사고를 당했다는 소식을 들었다. 사실 앤드루는 말에서 살짝 떨어졌을 뿐이었는데, 『회고록』에 따르면 "이 사고 소식이 헤이즈의 귀에 들어갈 때쯤에는 탈구, 골절, 절단 등 이런 사고에서 나올 수 있는 모든 우울한 결과로 과장되었다". 앤드루는 오켈리가 후계자로 지목한 아이였고, 삼촌의 이름을 자신의 이름에 넣으면서 오켈리 부부가 오래도록 바란 아들 노릇까지 하고 있었다. 앤드루가 생명을 위협받을 정도로 심하게 다쳤다는 오보를 들은 헤이즈는 버틸 수 없었다. "모성적인 슬픔이 헤이즈의 정신을 덮쳤고", "회복하기까지 수개월이 걸렸다".

결국 오보였음이 밝혀졌을 그런 사고가 헤이즈의 정신 상태에 왜 그렇게 심대한 영향을 끼쳤을까? 아마 앤드루의 사고 소식을 들은 시점이 딸의 죽음 직후였기 때문일 것이다. 오스텐드의 수녀원 학교에 보내진 후로 메리 샬럿에 관한 이야기는 더 이상 찾아보기 힘들다. 1787년 숨을 거둔 오켈리의 유언장에서도 메리 샬럿은 언급되지 않는다. 예전에 더블린에서 제수씨와 함께 메리를 돌봐 주었던 조카 메리 하비에게는 "1,000파운드"를 선물로 남겼으면서 말이다. 헤이즈가 기른 유일한 혈육이자 어떻게 사는지 남들에게 꼭꼭 숨겼던 딸은 병에 걸려 십 대의 나이로 유명을 달리한 듯하다. 딸의 죽음이 가져온 충격은 어머니가 감당하기에는 너무 컸다. 그로 인해 헤이즈는 인생에서 겪은 여러 사건들을 곱씹게 되었을지 모른다. 그녀가 가차 없이 버리거나 낙태했던 아이들이나, 자신에게 못된 짓을 당한 딸 또래의 소녀들을.

한동안 헤이즈는 슬픔을 가눌 수 없어서 초대도 줄이고 집 밖의 다른 사람과도 만나지 않았다. 하프문스트리트의 자기 방에서 세상을 등진 채 점차 "화려한 장식품과 좋은 장신구에서" 위안을 찾기 시작했다. 절망감을 줄이려면 "생각을 딴 데로 돌리게" 해 줄 반려동물을 들이라는 권고도 받았다. 곧 오켈리의 저택은 "국내외에서 데려온 여러 동물을" 포함하여 "다양한 생명체로" 가득 찼다. 그중에서도 "희귀하고 놀라운 능력을 지닌 대단한 앵무새"가 가장 관심을 끌었는데, "만약 이 앵무새가 아직 살아 있어 직접 생생하게 능력을 보여 준다면 모를까, 그렇지 않다면 뭐든 잘 믿는 사람조차 그 능력을 믿기 어려울 정도"였다. 폴리라고 불렀던 그 앵무새는 헤이즈가 기운을 차리도록 오켈리가 브리스톨에서 50기니를 주고 사서 선물한 새였다. 노쇠한 오켈리 부인이 하도 그 생명체를 품에 끼고 거의 모든 시간을 함께 보내는 통에 "부인은 자신과 같은 종과의 교류보다 새들과의 교류에서 더 큰 만족을 얻는 것처럼 보였다". 그 결과 앵무새 폴리는 "모든 말을 따라 하는 건 물론이고 거의 모든 질문에 대답할 정도로" 잘 훈련되고 "기억력이 워낙 뛰어나 다양한 곡을 정교한 멜로디로 부를 수 있는" 애지중지하는 반려동물이 되었다.

헤이즈가 고통을 겪는 내내 오켈리는 한결같이 곁을 지키면서 예전에 오랫동안 그녀에게서 받았던 감정적이고 재정적인 지원을 고스란히 돌려주었다. 삶의 끝이 다가오면서 오켈리 역시 헤이즈가 겪은 것과 크게 다르지 않은, 『회고록』에 "비정상적인 침울"로 묘사된 일종의 우울증을 앓았다고 한다. 1785년, 항상 명랑하던 "오켈리 백작"이 최상의 컨디션을 유지하지 못했다. 통풍이 점점 심해지면서 몸이 힘들어지자, 백작은 쉽게 짜증을 내기 시작했다. 백작과 헤이즈는 거의 모든 날을 피커딜리의 집 창가에 앉아 공원을 내려다보며 훈장을 달고 산책하는 귀족들을 구경하면서 보냈다. "질환"이 시작된 이후 헤이즈는 클레이힐에 완전히 발길을 끊었다. 오켈리도 마찬가지였으며, 그래서 영지를 필립에게 물려주었다. 딸이 태어난 해에 아이를 키울 은신처로 삼으려고 샀던 그 저택에는 좋지 않은 기억이 너무 많아서 다시 가고 싶지 않았다. 대신 오켈리는 부부가 올라선 지위에 부합하는 여생을 보내기 위해 이상적인 은퇴지로 점찍어 둔 부동산을 매입하려 했다. 마지막까지 야심만만한 출세주의자였던 "오켈리 백작"은 캐넌스파크에 있는 챈도스 공작의 예전 집을 인수하기로 마음을 정했다.

1785년 11월, 런던의 신문들에 "캐넌스라 부르는 영지의 자유 보유권"을 홍보하는 광고가 실렸다. 런던에서 북서쪽으로 15킬로미터 떨어져 있는 그곳은 다음과 같이 구성되었다고 한다.

> 221만 4,500제곱미터의 넓이에, 대단히 비옥한
> 목초지와 곡식을 경작할 땅, 숲이 있습니다. 그중 45만
> 3,200제곱미터는 멋지고 기름진 방목지로서 두 개의 웅장한
> 호수가 있어 상쾌하고 고급 벽돌로 만든 벽으로 둘러싸여
> 있습니다. 깔끔하고 웅장한 포틀랜드 석조 주택과 그에 딸린
> 적당한 별채가 여러 채 있고, 유원지와 정원도 있습니다.
> 농장은 작은 편이지만, 좋은 소작인에게 임대되었습니다.
> (주택과 별채를 제외한) 전체 영지에서 나오는 연간 가치는
> 954파운드 15실링입니다…

11월 16일 개러웨이 커피하우스에서 영지가 경매에 부쳐졌다. 오켈리는 기회를 잡았고 소유주인 윌리엄 핼릿과 수개월 동안 지지부진한 협상을 벌인 끝에 1787년 4월 캐넌스를 완전히 따낼 수 있었다. 캐넌스 매입은 탁월한 선택이었다. 캐넌스파크는 완벽한 전원의 모습, 양과 사슴이 비옥한 초원에서 풀을 뜯고 사람들은 호수 주변이나 시원한 나무 그늘 밑을 느릿느릿 산책하며 사색을 즐기는 조지 왕조 시대의 아르카디아 그 자체였다. 클레이힐의 저택이 화려해서 격식을 갖춘

유흥에 적합했다면, 캐넌스파크 영지는 훨씬 위엄 있는 모습이었다. 챈도스 공작의 지시에 맞춰 지어진 바로크 저택은 철거되었지만, 고상하고 절제된 신식 건물이 그 자리를 대신했다. 내부는 대리석을 조각해서 만든 벽난로 선반과 동상들로 꾸며졌고, 방에는 금박 몰딩과 천장 돌림띠를 둘렀으며, "상아와 진주로 무늬를 새긴 난간"을 갖춘 "고상한 돌계단"이 손님들을 1층으로 안내했다. 저택은 열두 개의 침실, 거실, 아침 식사 식당, 만찬 식당, 서재, 여러 개의 응접실과 드레스룸을 갖추고 있어서, 오켈리 부부는 방문객들에게 훨씬 널찍한 곳에서 클레이힐의 유흥을 그대로 즐길 수 있는 환경을 제공했다. 헤이즈가 구매하거나 "킹스플레이스의 저속한 서비스의 대가로" 선물받은 다양하고 멋진 가구와 예술품이 클레이힐에서 옮겨져 새로운 방을 장식했다. 런던에서 마차로 한 시간 거리에 있는 캐넌스는 클레이힐보다 가까워서 방문객들이 더 자유롭게 오갈 수 있었고, 따라서 헤이즈는 엡섬에서 경험했던 고립감을 느끼지 않아도 되었다. 오켈리는 캐넌스파크가 이상적인 피난처가 되기를 바랐다. 캐넌스파크에서는 런던의 일도, 말 사육 사업도 부부를 방해할 수 없었다.

대략 8개월 동안 헤이즈와 오켈리는 시골의 새 거주지에서 평온한 기쁨을 만끽했다. 『회고록』에 언급된 것처럼, "캐넌스의 유쾌한 저택에서" 생활한 이후로 "저택의 주인은 손님을 고를 때 점점 까다롭게 굴었다". 오켈리는 자신의 경마 패거리에 싫증이 났고 그중 더 불량스러운 무리가 벌이는 멍청한 짓에 짜증이 났다. 나이를 먹으면서 "오켈리는 자신의 젊은 시절에 유감을 표하는 경우가 많아졌다". 물론 이런 반성도 성공한 사람만 누릴 수 있는 사치였다. 젊은 날 얼마나 어리석게 굴었는지와 상관없이, 결국 오켈리는 "최고위층 남성들과 약간의 여성 친구들" 무리에 들어갈 수 있었다. (하지만 헤이즈는 아니었다.) 지금까지 헤이즈는 그런 대접에 익숙했고, 그래서 불편한 상황을 피하려고 메이페어로 사라지곤 했다. 하지만 마침내 오켈리는 그 지역의 대지주들과 덧없는 동지애를 쌓기보다 평생의 동반자와 함께 있고자 했다. 12월 초 오래 앓아 온 통풍이 "완강하고 격렬하게 공격하기" 시작했을 때, 오켈리는 캐넌스를 폐쇄하고 하프문스트리트에서 헤이즈의 보살핌을 받으며 와병하기로 마음먹었다. 오켈리는 크리스마스 직전에 섬망 상태에 빠졌다가 12월 28일 "모든 신체적 고통을 벗어난 편안한 모습으로" 숨을 거뒀다.

많은 남자가 샬럿 헤이즈를 사랑한다고 주장했지만, 헤이즈를 그저 공공장소에 데리고 다니며 남에게 보여 주는 장신구로 생각했던 이들과 다르게 데니스 오켈리와 샘 데릭은 죽음을 앞두고 헤이즈의 평생에 걸친 헌신에 보답하려 했다. 헤이즈의 상냥함과 고상함을 칭송하면서 한 번도 마음에서 그녀를 지운 적 없었던 샘 데릭은 그다지 큰 가치가 없는 것들을 헤이즈의 손에 남기고 떠났다. 하지만 오켈리는 변치 않는 애정이라는 상징적인 제스처 이상의 다른 것을 많이 남겨 줄 수 있었다. 긴 세월을 거치며 헤이즈는 혼자 힘으로 자신을 돌보고 많은 재산을 모을 수 있는 능력을 증명해 보였지만, 오켈리는 자신이 죽은 후 사교계의 존중을 받지 못하는 헤이즈의 지위가 취약해질 수 있음을 알고 있었다. 헤이즈와 비슷한 처지의 여성들은 남성의 보호가 없어지면 형편이 매우 어려워진 상태로 생을 마감하는 경우가 많았고, 오켈리는 이런 사태를 방지하려고 준비했다. 유언장에 이름이 오른 세 명의 주요 수혜자 중에서, "오켈리 부인이라 불리는 현재의 동거인 샬럿 헤이즈"가 합법적인 혈연보다 더 많은 부분을 받게 되었다. 오켈리는 헤이즈에게 살아 있는 동안 캐넌스를 자기 집이라고 부를 수 있는 특권을 부여했다. 헤이즈가 그곳에 갈 수단이 없을까 봐 "내가 죽는 순간에 소유한 이륜마차와 사륜마차, 그 마차를 끌 수 있는 말, 그리고 거기에 속한 모든 마구 장비와 비품" 또한 헤이즈에게 남겼다. 헤이즈가 사는 집이 모든 걸 제대로 갖출 수 있도록 가장 비싼 식기, 촛대부터 "은으로 된 찻주전자와 커피포트, 헤이즈의 티 테이블에 속한 차 도구 일체와 소도구를 포함한 모든 은 식기"에다 "가구와 세간, 동산의 일체를 사용하고 누릴 수 있는 권리도" 주었다. 오켈리는 "다이아몬드와 보석, 시계, 반지, 다른 개인 장신구"는 물론이고 끼고 있던 다이아몬드 반지도 추모의 징표로 헤이즈에게 맡겼다. 종마와 판매하는 말에서 나온 모든 수익을 포함한 나머지 재산은 빚을 정리한 후 헤이즈, 조카 앤드루, 동생 필립, 이렇게 세 명에게 분배되었다. 이런 재산만으로도 누적 가치가 상당해서 헤이즈가 안락한 생활을 보장받을 수 있었지만, 오켈리는 헤이즈가 마음의 평화를 유지할 수 있도록 안정적으로 들어오는 수입도 약속해 주었다. 헤이즈는 부동산의 자유 보유권에 연동된 연간 400파운드의 연금을 "살아 있는 동안 공제나 감액 없이" 분기별로 받게 되었다. 드디어 샬럿 헤이즈는 자유롭게 은퇴할 수 있었다.

예상되었듯이 오켈리의 죽음은 헤이즈의 정신 상태를 불안정하게 만들고 말았다. 딸을 잃은 후에 이미 감정적으로 동요하기 쉬운 상태였던 헤이즈는 훨씬 오랫동안 어두운 기분에서 헤어나지 못했고, 오켈리의 친척들은 다음 세기가 되어서도 한동안 "헤이즈의 상태"를 쉬쉬했다. 게다가 헤이즈는 점차 건강을 무너뜨리는 매독의 장기 부작용과도 씨름하고 있었다. 1788년 1월에 헤이즈는 한 번 더 런던의 사교계와 여전히 서비스를 요구하는 이들을 떠났다. 캐넌스를 피난처 삼아 이제는 가족 같은 오켈리의 남성 친척들이 주는 도움에 의지했다. 가족부터 오랜 친구, 사업적 지인까지, 모두가 이번이 헤이즈의 마지막 여행이라는 걸 알았다. 그녀가 캐넌스로 떠나기 직전인 1787년 겨울에 편집된 1788년판 『해리스 리스트』가 헤이즈를 언급한 마지막 판본이 되었다. 하지만 작별의 인사를 하고 비너스의 극장을 떠났어도 헤이즈의 삶은 고독하지 않았다. 헤이즈의 집은 종종 앤드루의 연회 장소가 되었으며, 원래 챈도스 공작이 시작했었던 캐넌스의 음악 공연도 부활했다. 크라우치 부인이나 앤 스토레이스 같은 새로운 세대의 젊고 아름다운 여배우와 가수들이 수많은 팬을 끌고 캐넌스를 찾았으며, 영지는 젊음, 사랑, 유혹, 음악의 에너지로 들썩였다. 하지만 이제는 헤이즈가 관여하지 않아도, 따뜻한 여름날 저녁에 캐넌스의 정원이나 열두 개의 침실에서 알아서들 심술궂은 장난을 치며 즐겼을 것이다.

Chapter 19

『해리스 리스트』의 최후

1813년, 헤이즈는 여든다섯을 넘어서 숨을 거뒀다. 하프문스트리트에서 눈을 감았다는 사실을 제외하고 헤이즈의 죽음에 관한 구체적인 정황은 알려지지 않았다. 헤이즈는 사는 동안 사랑했던 가까운 이들의 죽음을 많이 보았다. 헤이즈는 존 해리슨을 포함하여 성매매에 종사했던 동시대 다른 이들이나 경쟁자들보다 오래 살았을 뿐만 아니라, 놀랍게도 『해리스 리스트』보다도 오래 살아남았다. 리스트에 등재된 "숙녀"이자 마담, 판매금의 수익자로서, 그녀에게 세 배로 이익을 안겨 준 그 출판물보다 말이다.

결혼 전 성은 워드이고 나중에는 오켈리와 켈리로 알려진 샬럿 헤이즈처럼 『해리스 리스트』도 존재하는 동안 상당한 변화를 겪었다.

1795년 발행된 마지막 판본까지 원래의 구성 방식을 유지하기는 했지만, 마지막 판본은 새뮤얼 데릭을 채무자 구치소의 손아귀에서 빼내 주었던 그때의 출판물과는 닮은 구석이 거의 없었다. 1757년부터 데릭이 죽은 1769년까지 『해리스 리스트』는 샘 데릭이 지어낸 이야기를 담은 책이었고, 코번트가든의 육감적인 지하 세계를 구성하는 인물들을 기록하려 노력한 재치 넘치면서도 실용적인 작고 두꺼운 책이었다. 데릭은 그 인물들을 진정한 인간으로 객관적이고 정직하게 그려 냈다. 데릭은 이렇게 큰 성공을 상상한 적이 없었다. 처음에 『해리스 리스트』는 광장을 자주 찾는 단골들에게 어필할 의도로 그 지역에서 매춘부를 찾는 이들이 참고할 만한 내용과 그들에게만 통하는 농담을 담았다. 페이지마다 샘 데릭의 존재감이 뚜렷하게 드러났지만, 동시에 다양한 지인들이 저자에게 비꼬는 어조로 전달해 준 개인적인 목격담과 소문을 담았다는 점에서 『해리스 리스트』는 공동체의 노력이 담긴 결과물이기도 했다.

『해리스 리스트』는 어느 정도 돈도 있고 교육도 받아서 최소한의 안목이라도 갖춘 신사들에게 어필할 목적으로 쓰였다. 2실링 6펜스라는 책값은 장인 수준의 재단사가 받던 일급보다 많았고, 가구를 갖춘 방의 일주일치 임대료나 돼지 한 마리 값, 치과의사의 발치 비용과 맞먹는 금액이었다. 『해리스 리스트』의 독자는 거리의 행상인이나 군인, 장인 재단사가 아니었다. 이중적 의미를 담은 샘 데릭의 말장난을 보며 키득거릴 수 있고 대충이라도 고전을 알고 있는 사람들을 독자층으로 겨냥했다. 18세기에 이런 기준을 충족하는 독자라고 하면, 중간계급 이상의 사람들, 즉 지식(또는 최소한 읽을 줄 아는 능력)이 있는 사람들이었다. 제대로 벌어 먹지 못하는 일반 대중보다 자기가 우월하다고 여기는 남자들 말이다. 독자층의 성격과 안내서라는 일차적 기능만이 수십 년이 지나도 변하지 않은 『해리스 리스트』의 유일한 특징이었다. 1790년대에 이르자, 그 밖의 다른 부분들은 데릭의 원본에서 상당히 벗어났다.

데릭의 뒤를 이은 『해리스 리스트』의 저자들이 누구인지는 좀처럼 알아내기 어렵다. 헤이즈가 1769년판의 수익금을 받기는 했지만, 내용에 대한 편집권을 가졌다는 증거는 없으며 그다음 해부터는 수익금을 가져가지도 않았다. 1770년대가 되자 『해리스 리스트』는 애초의 모습을 벗어나 걷잡을 수 없이 변했고, 그때부터 출판업자가 단독으로 제작을 관리했다고 보는 게 타당할 것이다. 『해리스 리스트』는 문학적 포부가 담긴 별난 출판물보다는 유명한 상표가 붙은 기성품에 가까워졌으며, 그 결과 친근한 분위기를 잃기 시작했다.

『해리스 리스트』의 초점이 더 이상 인물들에게 맞춰지지 않고 대신 여성을 꾀어내는 계략과 음모 이야기로 옮겨 가면서, 독자층은 코번트 가든과 웨스트엔드에서 성매매에 관여해 온 사람들이 아니라 그 동네에 익숙하지 않은 사람들로 확대되었다. 1773년에 나온 책의 저자는 지루한 산문체를 버리고, 비도덕적이고 툴툴거리는 완곡어법도 무시해 버리고, 좀 더 고상한 어조를 사용하겠다는 결정을 내림으로써 샘 데릭의 원본에 담긴 정수를 심하게 훼손했다. "땅딸막하고 가무잡잡한 둥근 얼굴"의 아가씨나 프랑스 치즈 냄새를 풍기는 입을 음탕하게 묘사하는 글은 사라졌다. 대신 고전에서 빌려 온 암시와 고상한 거짓 미사여구가 매춘부를 "네 번째 미의 여신*이나 살아 숨 쉬는 메디치가의 비너스"로 변신시키기 위해 사용되었다. 『해리스 리스트』의 고급화는 권두에 들어가는 삽화의 변화에서도 드러났다. 1761년 판본의 삽화에는 소파 위에서 불편하게 껴안고 있는 커플이 등장한다. 여자는 빠져나가려 애를 쓰지만 남자는 집요하게 계속한다. 결과는 뻔하다. 그렇게 반항하던 아가씨는 고분고분해져서 명단에 이름을 올린다. 1770년대가 되자 로코코식의 과장된 그림은 덜 자극적인 이미지를 선호하는 시류에 따라 신사가 선 채로 단정하게 차려입은 숙녀와 대화를 나누는 그림으로 바뀌었다. 이 그림에 등장하는 모든 이가 진중하고, 매너도 돋보인다. 신사의 옆에 있는 검의 길이가 과하게 길지 않았다면, 숙녀가 다 안다는 듯한 애매한 히죽거림을 얼굴에 드러내지 않았다면, 배경으로 코번트가든의 주랑이 등장하지 않았다면, 무심히 삽화를 본 사람들은 그 의미를 전혀 알아챌 수 없었을 것이다. 1790년대가 되자 권두 삽화에서 더 이상 매춘부는 찾아볼 수 없었으며, 오로지 화환을 쓰고 벌거벗은 채 즐겁게 노니는 네 명의 아르카디아 요정들만 등장한다. 이 그림은 조슈아 레이놀즈의 유명한 초상화인 〈몽고메리 자매들: 히멘** 조각상을 장식하는 세 여인〉과 묘하게 닮았는데, 분명히 우연은 아니다.

*   제우스와 에우리노메 사이에 태어난 세 명의 미의 여신을 이은 네 번째 여신이라는 의미. (옮긴이)
** 그리스신화 속 결혼의 신. (옮긴이)

『해리스 리스트』의 어조가 변하면서 나중에는 서적의 모든 면이 변하고 말았다. 출판업자들이 유행하는 고상함을 좇아 움직이면서, 책의 개성과 재기발랄한 경쾌함이 시들기 시작했다. 처음부터 돈을 벌기 위해 만들어진 책이기는 했지만, 1780년대에 들어서 이 책을 지탱하던 원래의 이음새가 다 없어지자, 돈을 벌겠다는 동기만 남아 어느 때보다 두드러지게 나타났다. 정확성이나 창조적인 열정을 유지하느라 고생할 생각이 없었던 제작자들은 이전 판의 항목을 베끼는 방법에 의존했다. 어떤 해에 나왔던 스미스 양의 행각은 2년 후 존슨 양의 유쾌한 유희가 되어 재인쇄되었다. 대충 주소만 정확하면 출판업자는 이름과 이력은 신경 쓰지 않았다. 이들은 고객들도 그러할 것으로 생각했다. 현존하는 마지막 판본인 1793년판은 초판본의 아주 먼 사촌에 불과하다. 이전 판을 잘라서 짜깁기해 만든 이 책에서 독창성이나 실제 인물은 찾아보기 힘들었고, 그저 매춘부의 전형적 이미지에 이름만 다르게 붙여 놓은 꼴이었다. 1795년 법으로 출판이 금지되기 한참 전에,『해리스 리스트』의 진정한 정신은 이미 죽은 지 오래였다.

출판물의 몰락에 얼마간 책임이 있는 사람들은 존 로치, 제임스 로치 형제, 그리고 베어스트리트의 서적 판매상 존 에이킨이었다. 이들은 1780년대 후반부터 자기들의 인쇄기로『해리스 리스트』를 찍어 냈다. 시들해지는 작품의 인기를 끝까지 쥐어짜서 마지막 한 방울의 수익까지 뽑아내려는 시도였다. 로치 형제와 에이킨은 작품의 내용이나 원래의 콘셉트를 살려 내는 것에는 아무 관심도 없었다. 기니를 받는 매춘부들이 거의 다 서쪽 구역을 떠나 메이페어에서 메릴본까지 북쪽으로 뻗어 나가는 새로운 구역으로 옮겨 가면서, 『해리스의 코번트가든 여자 리스트』라는 제목조차 구식이 되었다.

로치 형제와 에이킨은 이 연간 출판물을 제작하면서 안일하고 오만하게 굴었다. 1788년판 서문에 실린 시가 독자들에게 말해 주듯이, 이들은 매년 크리스마스 시즌에 책이 출판될 때가 되면 『해리스 리스트』의 단골 구매자들이 알아서 찾아온다는 사실을 알고 있었다.

> 다시 호랑가시나무의 산호빛 열매가 눈을 즐겁게 하고
> 다시 초록 담쟁이가 창문을 장식하며
> 그리고 겨우살이, 바시아*의 친절한 친구,
> 각각의 즐거운 지붕 아래서 키스를 유혹하네
> 그러니 오라 나의 친구들아, 해리스에게로 오라
> 그러면 키스보다 더 많은 것을 나눌 테니…

하지만 『해리스 리스트』를 잘 모르는 사람들에게 소문을 내려면 여전히 어느 정도는 광고가 필요했다. 『해리스 리스트』를 펴내는 출판업자들은 매년 인기 있는 신문에 짧은 홍보 문구를 실었다. 1월 3일에 《데일리 애드버타이저》에 등장했던 광고는 이런 문구였다. "오늘, 원본의 서문이 실린 『해리스의 코번트가든 여자 리스트: 쾌락을 좇는 남자

---

* 이 대목에서 'Bassia'는 '키스'를 의미하는 완곡어법으로 보인다. 라틴어로 'Basium'은 연인 사이의 애정 표현, 키스를 의미하는 단어였다. 또한 겨우살이는 전통적인 크리스마스 장식이며, 그 아래서 키스를 하는 관습이 있다. (편집자)

를 위한 1775년판 안내서』가 2실링 6펜스의 가격에 발간됩니다. 코번트가든을 비롯하여 이 도시의 모든 지역에서 자주 볼 수 있는 가장 유명한 쾌락의 숙녀들에 관한 정확한 설명이 담겨 있습니다." 신문은 부끄러워하지도, 파급효과를 두려워하지도 않고 이 광고를 1면 한 모서리, 성병과 "모든 생식기 질환을" 치료할 수 있다고 장담하는 제품 광고 바로 옆에 당당히 게재했다. 지금껏 누구도 이 불법 음란물의 출판업자를 추적하지 않았으므로, 에이킨과 로치 형제는 크게 걱정하지 않고 주소를 신문에 실었다. 이들은 평판 좋은 출판업자들이 점잖지 못한 사업을 감출 때 으레 사용했던 H. 레인저라는 별명을 표지에 넣었다.

로치 형제가 어떤 사람인지를 둘러싼 의견은 아주 분분하다. 에이킨에 관한 정보도 거의 없으며, 다만 제임스 로치가 킹스벤치 교도소에 출두하던 즈음에 사망한 것으로 알려져 있을 뿐이다. 흥미롭게도, 로치 형제는 19세기 영국 인명사전에 합법적인 출판업자로 등록되어 있다. 형제는 선반을 가득 채웠던 외설물 대신 『로치의 영국 시 선집』(1794)이나 『젊은 세대를 위해 엄선한 산문 작가들의 훌륭한 글 모음』(1795), 『로치의 새롭고도 완전한 무대 역사』(1796)처럼 무해한 작품들로 기억되고 있다. 로치 형제가 벌인 사업의 양면적인 얼굴에 대해서는 몇 가지 설명이 가능할 수 있다. 어쩌면 형제는 재정적인 어려움으로 인해 부도덕할지라도 수익성이 좋은 제품을 만들어 팔았을 수 있다. 그게 아니면, 코번트가든의 해리슨 가족들처럼 합법, 불법 가리지 않고 여러 장사에 손을 대는 가족이었을 수도 있다. J. L. 우드의 추측처럼, 로치 형제는 출판사를 두세 곳으로 나눠서, 점잖은 책은 비니거야드에 있는 출판사에서 거래하고, "선반 꼭대기에 둘" 책들은 『해리스 리스트』에 나와 있는 브리지스스트리트 주소의 가게에서 팔았을 것이다. 로치라는 이름이 해리슨처럼 18세기 후반에 광장 주변에서 자주 등장했다는 사실은 주목할 만하다. "타이거" 로치라고 알려진 범죄적 인물이 1760년대와 1770년대에 베드퍼드암즈와 베드퍼드 커피하우스에서 기도, 즉 술집 문지기로 일했다. 로치 양은 1773년판에 해리스의 숙녀로 등재되어 있다. 프랜시스 플레이스는 1770년대와 1780년대에 가게에서 젊은이들에게 음란 서적을 잘 보여 주는 로치 부인이라는 사람에 대해 언급한 적 있다. 로치 부인과 코번트가든의 마담인 마거릿 로치 부인 또한 같은 시기에 왕성하게 활동했던 것으로 보아 모종의 연관이 있었을 것이다. 둘 사이의 유사성으로 짐작건대, 아마 동일 인물이었던 듯하다. 존 해리슨이 외설물 출판에 잠시 뛰어들었던 것처럼, 성을 파는 일에 종사하는 사람들이 다른 판로를 모색하는 일은 드물지 않았다.

신중하게 사업을 하려 무던히 애를 썼지만, 제임스 로치와 존 에이킨은 1795년에 발각되었다. 런던의 주교를 수장으로 삼은 "가장 높은 계급에서 최고의 존경을 받는 수많은 신사"로 구성된 일군의 도덕적 개혁주의자들은 1787년 이후로 열과 성을 다해 로치 형제 같은 악인들을 추적해 법 앞에 세웠다. 이들은 무엇보다 조지 3세가 『경건함과 미덕의 장려, 악덕과 불경, 부도덕의 예방과 처벌을 위한 선언문』에서 개략적으로 표현한 열망을 구체적으로 실행에 옮기려 했다. "부도덕하고 음란한 출판물"을 근절하는 과정에서 이들은 『해리스 리스트』라는 거의 40년 가까이 된 명물을 없애기로 결심했다. 1794년 초, 이들은 존 로치를 끝까지 추적해서 명예훼손으로 법정에 세우는 데 성공했다. 제임스는 어리석게도 이에 굴하지 않고 출판을 이어 갔다. 12월 또는 1월경에 1795년판이 H. 레인저의 진열대에 등장하자 개혁주의자들은 바로 뒷문을 차고 들어갔다. 2월에 제임스 로치 역시 명예훼손으로 기소되어 케니언 대법원장과 애셔스트 판사 앞에 출두했다. 투옥될지도 모른다는 생각에 납작 엎드린 로치는 어리석음을 후회하며 가차 없이 거짓을 고했다. 그 출판물이 불법인 줄은 정말 몰랐고 "궁정 달력처럼 매년 정기적으로 발행되는" 작품을 인쇄했다는 이유로 기소된 사람이 있다는 사실도 몰랐다고 주장했다. 이 점에 대해 케니언 판사는 아주 최근에 "존 로치라는 이름의 피고가 바로 이 죄목으로 이미 유죄를 확정"받았다는 사실을 제임스에게 주지시켰다. 제임스 로치는 억울해하면서 존은 자신의 형제일 뿐, 자기가 존은 아니지 않느냐고 짧게 대답했다.

로치의 변호인단은 피고가 책의 공개적 판매를 철회함으로써 속죄했고 에이킨을 비롯한 인쇄업자들과 모든 관계를 끊었다고 주장했으나, 애셔스트 판사는 흔들리지 않았다. 마지막으로 선처를 요청하면서 로치의 변호사는 피고의 아내와 여섯 아이, 궁핍한 처지, "이 기소가 시작된 이후" 발병한 천식으로 나빠진 건강을 고려해 달라고 법원에 읍소했다. 안타깝지만, 언급한 요인 중 무엇도 처벌 강도를 낮추는데 도움이 되지 않았다. 애셔스트 판사에 따르면, 제임스 로치는 『해리스의 코번트가든 여자 리스트』를 출판하겠다는 중대한 판단 착오를 저질렀다는 점에서 유죄였고, "이보다 더 극악무도한 범죄행위는 저질러질 수 없었다". 애셔스트는 "현재 세대에서 싹을 틔운 도덕을 지키는 일은 모든 사람이 최우선으로 생각해야 할 의무"라고 덧붙였다. 애셔스트 판사는 제임스 로치는 그렇게 하지 않았다고 단호하게 판단했다. 그 결과 제임스 로치는 뉴게이트 교도소 1년 형을 선고받았으며, 출소 이후 다시 『해리스 리스트』 같은 추잡한 음란물을 출판할 생각이 들지 않도록 "3년 동안" 100파운드를 납부하여 "선한 행실을 증명"하라는 명령도 함께 받았다. 로치에게 내려진 가혹한 처벌은 섹스의 수익으로 생계를 유지하는 사람들에게 보내는 분명한 경고였다. 바야흐로 새로운 세기의 전야였고, 갑자기 좀 더 정의로워진 사람들은 악덕을 일삼던 이 출판업자에게 동정심을 거의 느끼지 않았다.

Chapter 20

『해리스 리스트』의 여자들

『해리스 리스트』의 제작은 중단되었지만, 우리의 이야기는 아직 끝나지 않았으며 단지 마침표를 하나 찍었을 뿐이다. 고대부터 존속했던 매춘이라는 직업의 지위는 고작 업계의 출판물이 하나 사라졌다고 해서 흔들리지 않았다. 이는 『해리스 리스트』가 38년의 생애 동안 얼마나 유용했는지와는 상관없는 문제다. 창녀, 님프, 비너스의 후예, 그 밖에 뭐라고 불리든지 간에, 이 여자들이 스타킹 신은 다리를 슬쩍 내보이거나 극장 박스석에서 실크 옷을 입은 인물을 슬쩍 쳐다보는 것만으로도 18세기 런던에서는 충분히 광고 효과를 보았다. 매춘의 수요는 언제나 공급을 능가했다. 세월이 흘러 당대에 칭송받던 미인이 늙어 버리면, 더 풋풋한 얼굴의 미인들이 그 자리를 대체했다. 이 여자들의 삶과 경험은 현대의 작가와 역사가들에게 매혹적인 주제가 되었으며, 그들은 이 여자들의 존재를 찾아내 어떤 여자들이 어떻게 그 일을 하게 되었는지를 이해하려고 애썼다. 품위 있는 사교계 바깥에 있는 여성들의 역사는 여전히 알려지지 않은 채 남아 있으며, 당연히 앞으로 더 밝혀지고 이야기되어야 한다. 샬럿 헤이즈의 이야기는 그 많은 역사 중 하나일 뿐이다. 1757년에서 1795년 사이에 출간된『해리스 리스트』의 모든 판본 중에서 고작 아홉 개의 판(1761년, 1764년, 1773년, 1774년, 1779년, 1788년, 1789년, 1790년, 1793년판)만 물리적 마모와 시대의 비난을 피해 공공의 소장품으로 보관되었다. 이렇게 몇 안 되는 판본에만도 1,000명이 넘는 성매매 여성들의 이름과 짧은 전기가 기록되어 후대에 전해진다. 이 여성들에게는 무슨 일이 있었을까? 이들의 이야기는 무엇일까? 지금껏 알려진 이야기들은 감미로우면서도 씁쓸하고, 희망적이면서 비극적이고, 감동적이면서도 무섭다.

많은 여자들에게 매춘은 다르게 살았다면 누리지 못했을 안락하고 재미있는 생활을 보장해 주는 보상이 많은 직업이었다. 업계에서 최고로 성공한 숙녀들이 포진한 얇은 층의 계급은 대개 가난에서 빠져나온 여성들로 구성되어 있었다. 패니 머리, 에밀리 워런, 벳시 콕스, 낸시 도슨은 거리를 전전하며 살다가 나라에서 가장 부유한 남자들의 동거인 자리로 직행한 여자들 중 극히 일부일 뿐이며, 당시 다른 직업의 여자들은 무슨 수를 써도 이런 위업을 이루기 어려웠다. 어여쁜 얼굴은 잘만 쓰면 어린 소녀가 부와 미래를 보장받는 확실한 카드였다.『해리스 리스트』에는 이런 사례가 수두룩하다. 페이지마다 가득한 유명한 이름

중에는 키티 피셔나 엠마 해밀턴처럼 스타의 위치까지 오르지는 않았어도 풍요롭고 편안하게 살았던 여성들도 있다. 『해리스 리스트』는 거리 매춘부의 지위에서 올라와 성공적으로 무대에 데뷔한 베키 르페브르(나중에는 클라페로 부인으로 알려진다) 같은 여성들의 운명도 기록하고 있다. 베키는 『해리스 리스트』에 실렸다는 악명 덕분에, 프리스스트리트에 거처를 얻어 준 부유한 정부를 얻을 수 있었다. 영리한 르페브르 양은 널찍한 집의 남는 방을 업계의 다른 여자들에게 빌려주었고, 스물여덟의 나이로 킹스플레이스에 이사해 수익성 좋은 업소를 차렸다. 1789년에는 "놀랍도록 잘생긴 젊은이"이자 웨일스 공의 친구라는 클라페로라는 사람이 베키의 마법에 빠져서, 베키에게 마담 일에서 손을 떼고 제라드스트리트의 숙소에서 자기만을 위한 정부가 되라고 고집을 부렸다. 제공하는 서비스가 너무 고급이어서 대가도 지폐로만 받고 "배니오에서 오는 메시지나 지시도" 받지 않았던 클라페로 "부인"은 서른여덟에 "평범한 창녀"에서 부유한 여성으로 신분 상승을 이뤘다. 1779년과 1793년판에 언급된 마셜 양, 그리고 베키 차일드 양(1788년, 1789년, 1793년판)에게도 비슷하게 행복한 운명이 기다리고 있었다. 나중에 마셜 부인이 되는 마셜 양은 "자신을 우아하게 보이게 할 줄 알고, 위급한 상황에 대비하여 저축할 만큼 신중하고" "품위 있는 사람"이라고 설명된다. 여느 매춘부 자매들과 달리 신중한 성격에서 나오는 위엄을 갖춘 "마셜 부인"은 14년이 지난 1793년에도 부족한 것 하나 없이, 유행하는 드레스를 입고 고급 정부로 살 수 있었다. 베키 차일드 양도 역시 나중에 호칭이 부인으로 바뀌었으며, 최소 10년 동안 부유한 런던 "시민"(아마 은행가인 차일드 가문의 한 명이었을 것이다)의 보호를 받으며 풍족하게 살았다. 1789년에 베키 차일드 양은 도박장이나 연회장에 다녀오면서 "아무도 집에 데려오지 않아도 될" 만큼 충분히 안락한 삶을 살았다. 1793년이 되자, 관대한 애인이 그녀의 둥지를 너무 잘 채워 준 덕분에 베키는 "통통하게 살이 올라 예뻐졌으며" 뉴먼스트리트에 집을 소유하게 되었다고 한다.

뼛속까지 바람둥이였던 윌리엄 히키도 『해리스 리스트』에 등장하는 이름 중 상당수를 입에 올린 바 있다. 그중 한 명은 패니 템플(패니 하트퍼드라고도 알려졌다)로 1764년판에 등장한다. 다른 많은 이들처럼 패니도 드루리레인의 여배우로 경력을 시작했고 팬들의 관심에 감사히 화답하는 일로 수입을 벌충했다. 자신의 항목이 작성될 당시 그녀는 스프링가든에 살았고, 리스트에는 안색이 고우며 "검은 눈"은 "사랑의 금빛 화살을 쏜다"고 묘사되었다. 2년쯤 후 히키가 패니를 알게 되면서 그녀의 인생이 활짝 피기 시작했다. 패니는 "퀸앤스트리트에 있는 훌륭한 저택으로" 이사했으며 "해머스미스 바로 위쪽 물가 근처에 쾌적하게 자리 잡은 깔끔한 시골 저택과 개인용 마차, 적절하게 배치된 하인을 소유했다". 이렇게 호화로운 생활을 유지하는 비용은 히키가 아니라 "엄청난 부를 소유한 한 상류층 신사"가 부담했다. 히키가 패니의 수입을 추가로 보충해 주기는 했으나, 둘은 단순히 사업적인 관계는 아니었다. 히키와 패니는 진정한 애정을 공유했으며, 훗날 히키가 관계를 복원하려고 애를 쓴 이유도 사랑 때문이었다. 1780년대에 패니는 "돈 많은 신사와 결혼하여" "완전히 시골에서만 거주하게" 되었는데, 히키에게는 딱한 일이었으나 패니에게는 잘된 일이었다.

흔히 사람들은 "남자는 결코 정부와 결혼하지 않는다."라는 속설을 믿지만, 성공한 매춘부 중에서 정부와의 결혼에 골인 한 이들도 꽤 많았다. 『해리스 리스트』에 등재되었든 등재되지 않았든, 많은 매춘 여성들이 신사 계급이나 부유한 중간계급의 남성들은 물론이고, 귀족 태생의 남자들과도 혼인 관계를 맺었다. (웬만큼 영향력을 가진 이들은 상대가 누구든 원하는 사람과 결혼할 수 있었다.) 샬럿 헤이즈의 신병이었던 해리엇 파월은 시포스 백작과 결혼했고, 엘리자베스 아미스테드는 정치인 찰스 제임스 폭스의 부인이 되었으며, 키티 피셔는 부유한 지주 존 노리스와 결혼했다. 엠마 하트는 나폴리 특사 윌리엄 해밀턴 경의 부인이 되었고, 엘리자베스 패런은 더비 백작과 결혼했으며, 앤 데이는 제2대 에지컴 남작의 정부였다가 나중에 피터 펜홀레 경과 결혼했다. 귀족 사회에서 유행하는 것은 나머지 사회에서도 유행했다. 《커너서》 1755년 1월호에 실린 기사에서 한 비평가는 정부를 두는 일이 너무 흔해져서 심지어 사무원이나 도제도 개인 숙소에 여자를 두고 있다고 우려했다. 설상가상으로 많은 이들이 "창녀에게 너무 홀딱 빠지는 바람에 결혼을 통해 이들을 정직한 여성이자 상류층 숙녀로 만들고 있었다".

물론 이런 이야기들이 현실의 모든 측면을 보여 주는 건 아니었다. 업계의 모든 여성들이 유복한 애인의 구원을 받지는 못했다. 무일푼의 말라깽이 한 명이 기아의 구렁텅이에서 빠져나왔을 때, 훨씬 더 많은 여자들은 혹독한 삶을 견디고 있었다. 매춘이라는 직업은 새로 들어오는 이들에게 무엇도 확약하지 않았으며, 이런 견지에서 보면 매춘은 하층계급 여성들이 따를 수 있는 다른 인생 경로와 별반 다르지 않았다. 급속히 팽창하는 대도시의 가난한 부모한테서 태어난 소녀는 삶의 호의를 전혀 기대할 수 없었다. 매일같이 새로운 곤란과 어려움이 생겼다. 그 고난은 가혹한 육체노동의 짐일 수도 있고, 음식과 땔감을 구해야 하는 끝없는 임무일 수도 있으며, 질병의 피해나 런던에서 가장 가난한 지역에 만연한 폭력에 맞선 싸움일 수도 있었다. 손더스 웰치가 "노동계급"이나 "근면한 빈곤층"이라고 지칭했던 중하위 계층의 여성들, 즉 세탁부나 재봉사, 노점상으로 일하거나 가까스로 도제나 가정부 자리에 들어간 여성들도 미래가 암울하기는 마찬가지였다. 운이 좋으면 같은 계급의 남성과 결혼할 수도 있었다. 일주일에 2실링으로 간신히 생계를 꾸리는 방직공이나 목수 같은 장인들 말이다. 운이 아주 좋으면, 좀 더 부유한 상점 주인과 결혼하여 가족의 장사를 도우며 살 수도 있었지만, 거듭되는 임신과 출산은 매번 돈 걱정도 함께 낳았다. 삶은 위태롭고 불안정했다. 남편이 바람도 안 피우고 술도 안 마시며 폭력도 쓰지 않는 사람이라는 보장도 없었다. 갑자기 운이 나빠지면 온 식구가 거리에 나앉거나 감옥에 들어갈 수도 있었다. 이런 현실을 고려한다면, 사람들이 왜 매춘에 희망을 품었는지 이해할 수 있다. 호화롭게 살 기회와 지체 높은 짝을 만날 가능성에 견줘 보면, 도덕을 잃는 일 따위는 별일 아니었다. 코번트가든의 자갈길을 덜그럭거리며 돌아다니는 키티 피셔와 패니 머리의 금박 마차와, 여배우들이 구애자들에게서 선물 받은 보석과 실크를 보았던 소녀들은 기꺼이 배덕의 삶을 받아들였을 것이다.

　가난하나 도덕적인 삶이 매춘부의 삶보다 행복하리라는 보장은 없었다. 하지만 매춘부의 삶에는 언제나 훨씬 다양한 불행의 가능성이 도사리고 있었다. 성실한 남편을 둔 부인이라면 절대로 겪을 일 없는 성병의 위험이 일차적이고 주요한 불행의 싹이었다. 매독과 임질은 둘 다 수은과 알코올의 혼합제로 치료했는데, 자주 사용하면 효능이 떨어져서 치료 효과를 볼 수 없었다. 게다가 정확하게 사용되지 않으면 수은 치료제는 서서히 고통스럽게 목숨을 앗아 갔다. 섹스를 파는 삶에 당연히 동반되는 부작용인 임신도 여러 문제를 초래했다. 매춘부들은 종종 자신을 지키기 위해 자식을 지워야 했다. 잦은 낙태나 원치 않는 아이를 다른 집 문 앞, 보호소, 아니면 더 나쁜 장소에 유기한 뒤의 정서적 충격은 분명 참혹했을 것이다. 여기다 여성을 방에 가두고 손님을 받으라고 강요하는 포주나 마담의 예기치 못한 폭력과 강압적 행동이 더해지면 그야말로 생지옥이 따로 없었다.

　직업적인 노력으로 어느 정도 성공을 거두고 "독립적으로 장사하는" 사람들조차 술의 유혹은 쉽게 뿌리치기 어려웠다. 절망에 빠진 사람의 속을 뒤집기로 악명이 높은 진이나 삶의 고통을 무디게 해 준다는 위스키의 덫에서는 특히 빠져나오기 힘들었다. 술집에 상주하면서 취객이 강권하는 술을 마셔야 하는 여자들에게 알코올중독은 직업병이었다. 어쨌든 육체적으로 끌리지 않는 상대와 관계를 해야 한다면, 맨정신이 아닐 때가 그나마 덜 고통스러웠다. 이런 상황에서 삶이 제멋대로 내어 주는 위험과 비극에 맞서 여성들이 어떻게 싸우고 어떻게 정신을 지켜 냈을지, 감히 상상하기조차 어렵다. 조각조각 기워진 이 여자들의 역사는 많은 이들이 그저 주어진 순간을 살았고 미래를 계획할 엄두는 사실상 낼 수 없었음을 말해 준다. 태어날 때부터 타인의 계략과 환경의 희생양이 된다면, 뭘 어찌할 수 있었을까!

이런 역경을 맞닥뜨리고도 유쾌함을 잃지 않았던 여성들의 이야기를 접하면, 우리 같은 현대인들은 감탄할 수밖에 없다. 1773년판과 1779년판에 언급된 수키 베이커 같은 여성들의 항목에는 가장 절망적인 상황에서도 말살되지 않았던 인간 정신의 감동적인 모습이 그려져 있다. 1773년에 베이커 양은 "장난감 가게에 들른 고상한 숙녀만큼이나 변덕이 심한" 고객들의 요구를 전부 묵묵히 따라 주기로 유명했다. 전적으로 "추종자에게 모든 걸 맞춘" 덕분에 수키 베이커는 6년 사이에 (가장 느슨한 의미에서) "남편"이나 적어도 자신의 이익을 보호해 줄 사람을 얻을 수 있었다. 하지만 1779년에 수키의 남편은 강제 징집되어 "제국 군함에 승선해 전쟁터로 떠났으며", 홀로 남겨진 가엾은 수키 "양"은 다시 한번 매춘부가 되어야 했다. 사실 『해리스 리스트』의 저자는 수키가 "남편과 함께 있을 때 멍이 들지 않은 날이 거의 없었으므로" 상황이 그다지 나쁘게 변한 것은 아니라고 언급했다. 수키는 술독에 빠지거나 우울증의 어둠에 굴복하지 않았고 오히려 놀랄 만큼 쾌활해서 상당히 수다스럽고 "노래를 즐겨 부른다"고 묘사되었다. 수키는 유머러스한 이야기를 잘하고 그동안 겪은 모든 일에도 불구하고 "술에 의존하지 않고 언제나 존중하는 태도로 사람을 대한다고 명성이 자자했다".

하지만 매춘의 무게를 잘 견뎌 낼 수 없었던 또 다른 여자들도 있었다. 1788년과 1789년판 『해리스 리스트』에 등장하는 멘턴 양의 슬픈 운명은 불행에 잠식되어 가는 외롭고 상처받은 젊은 여성의 모습을 보여 준다. 1788년, 불과 8개월 전에 업계에 발을 들인 열아홉 살의 "자립심 강한 아가씨"가 "또 다른 창녀 래트클리프 양과 함께 사는" 버윅스트리트의 숙소에서 방문객을 받거나 손님을 찾아 "정오와 저녁에 산책을" 다니거나 했다. 저자는 이 아가씨가 "거짓 없는 황홀경을 선사하는 게임을 즐기고" "1기니면 만족하는 듯싶기" 때문에 "즐길 만"하다고 추천한다. 하지만 이듬해에 상황이 약간 변했다. 우리는 그녀가 매춘부가 된 연유를 알고 있다. 멘턴 양은 젊은 준남작의 꾐에 빠져 그의 애인이 되었다가 결국 버려지면서 이 일을 시작하게 되었다. 그녀는 준남작의 "관심이 식고" "욕망이 사라지기" 전에 아주 잠깐 동안 그의 정부로 지냈다. 저자는 "살면서 생기는 일반적인 걱정에 준남작의 변덕이 더해지면서 이 아가씨의 정신은 매우 피폐해졌다"고 덧붙인다. 직업상의 요구를 견디기 더 힘들어지면서 멘턴 양은 1년 동안 술이 주는 위안에 의지했다. 우울한 기분을 떨치고 해야 할 일을 하기 위해 "힘을 주는 서너 잔"을 항상 찾게 되었다.

술만 아니었다면 성공할 수 있었을 많은 여자들이 알코올중독으로 망가졌다. 18세기 남성들은 만취한 여자를 좋아하지 않았다. 술에 취해 흐트러진 채 해롱대는 여자만큼 우아하지도 여성스럽지도 않은 사람은 없다고 생각했다. 적어도 1761년부터는 업계에 있었으며 적당히 부유한 창부였던 키티 유스턴(또는 유스터스)은 진을 너무 좋아한 나머지 1773년쯤에는 완전히 망가졌다. 작가는 "이 숙녀가 4, 5년 전만 해도 정말 예뻤지만", "지금은 스트랜드에 흔하디흔한 넝마주이만큼 진을 마셔 대고, 그들만큼 천박해질 수도 있다"고 썼다. 12년 동안 이 일을 했다면 치러야 할 대가가 아주 많았을 것이다. 키티는 정부였던 캘린더 씨와 함께 킹스벤치 교도소에 복역한 적도 있었고, 성병에 걸릴 뻔한 적도 여러 번이었다. 고된 생활은 키티에게서 아름다움의 부드러운 흔적을 모두 앗아 가고 수척하고 "남자 같은" 모습만 남겼다. 『해리스 리스트』는 "키티가 고생을 많이 했으며" 그래서 오래 쓴 빗자루처럼 "닳아서 뭉툭해졌다"고 설명했다.

뛰어난 사업 감각을 바탕으로 경력을 관리한 낸시 도슨과 샬럿 헤이즈의 뒤에는, 생각 없이 행동하고 술을 너무 과하게 좋아하는 바람에 모든 이득을 부주의하게 차 버린 루시 쿠퍼 같은 여자도 있었다. 건강이 악화되어 고통받고 삶의 절망에 무너져 버린 여자들은 훨씬 많았다. 『해리스 리스트』에는 딱 한 번 나오고 다시는 언급되지 않은 이름이 너무 많았다. 신원이 제대로 밝혀지지 않은 채 그저 페이지를 채웠던 그 많은 브라운 양, 존스 양, 윌리엄 양, 스미스 양은 어떻게 되었을까? 해피 엔딩을 기대해 볼 수도 있다. 관계가 오래도록 이어질 정부를 만났거나 심지어 결혼한 여성도 있을 것이다. 무대에 오르는 시즌 사이사이에, 또는 일할 가정을 옮기는 과정에서 잠시 일거리가 없어진 여성들은 매춘을 임시방편으로 삼았기 때문에, 다른 일자리를 찾아간 경우도 있을 것이다. 막달레나병원을 찾아가서 "점잖은 삶"에 정착하기 위한 훈련을 받은 여성도 몇 명은 있었을지 모른다. 하지만 유감스럽게도 훨씬 많은 여자들의 이야기가 이렇게 좋게 끝나지 않았다.『해리스 리스트』에서 사라진 여자들의 결말은 대부분 훨씬 불행했다. 매독과 알코올 중독 같은 난치병뿐만 아니라 나이를 먹거나 아름다움이 사그라드는 식으로 갑작스레 경력이 끝날 수도 있었다. 매춘과 소매치기를 같이 하거나, 샬럿 헤이즈처럼 빚을 갚지 못해 법망에 걸리는 여자들도 많이 있었다. 다른 어떤 장소보다 교도소에서 죽는 경우가 많았다. 아마도『해리스 리스트』에 이름을 올린 여성들의 다수가 루시 쿠퍼처럼 친구도 하나 없이 극빈자 무덤에 묻히는 것으로 짧고 고단한 생을 마감했을 것이다.

우리가 기억해야만 하는 사실은,『해리스 리스트』에 등장한 절대다수의 여자들에게 매춘은 스스로 선택했다기보다는 운명 지워진 길이었다는 점이다. 남성이 지배하는 사회에서는, 처녀성을 잃고 난 뒤에야 여자가 남자처럼 성욕을 알게 된다는 믿음이 남성의 자부심을 높여주었다. 결혼하지 않은 여자가 처녀성을 잃게 되면, 실제 행동거지가 어떻든 간에 창녀로 취급되었다. 이런 판단에는 중간이 없다. 자발적으로 음탕한 행위에 동의했든, 강제로 당했든 중요하지 않았다. 어느 쪽이든 결과는 같았다. 그 여자는 더 이상 순수하지 않으며, 성적 욕망에 눈을 떴을 뿐이었다. 세상은 이런 상황에 처한 여성들을 용서하지 않았다. 필요악이었던 매춘 외에는 어떤 좋은 선택지도 주어지지 않았다.『해리스 리스트』의 저자들도 남성이었기 때문에, 이런 관점이 책 전반에 배어 있다. 이들은 여성의 곤경에도 말로만 공감하는 태도를 보인다.『해리스 리스트』에 등장하는 많은 여자(일부는 소녀라고 해야 마땅하다)들이 강간이나 아동 성 착취의 피해자였다. 1788년과 1789년판에 나오는 레노라 노턴의 이야기는 두 경우 모두에 해당한다. 레노라의 역사는 읽기에 충격적일 정도로 사실적인 어조로 기록되어 있다. 의사의 딸이었던 노턴 양이 어떻게 아주 어린 나이에 "현재의 정부에게 유명한 호텔에서 겁탈당했는지"가 자극적인 용어로 묘사되었다. 사실 레노라는 아직 사춘기도 되지 않은 어린 나이였다. 아직 자연이 레노라의 육체에 "여성성의 그림자를 조금도" 남기지 않아서, "다른 감각은 동반되지 않은 고통을 두려워"하는 "벌거벗은 중심 부위"는 "사악한 침략자의 손길만으로도 움츠러들었다". 그리고 나서 저자는 레노라가 비록 어린 소녀였으나 "구애자들이 부족하지 않았으며", 곧 "한동안은 거리꼈던 남자들을 붙잡아 진정한 매춘부의 마음으로 집으로 데려오는 법"을 배웠다고 명랑하게 결론 지었다. 레노라는 다음 몇 해 동안 다른 신사들에게 접근하여 환심을 사려고 애썼지만, 결국 그녀를 겁탈했던 코튼 씨의 정부로 다시 들어갔다. 얼마나 많은 여자들이 비슷한 고통을 겪었을지, 상상도 안 된다.

강간과 신체적 학대의 위험은 매춘부의 삶 속을 항상 떠도는 유령이었다. 이런 범죄는 당연히 대부분 신고되지 않았지만, 범죄를 당했던 여자들은 평생 감정적이고 신체적인 흉터를 지우지 못했다. 1761년 『해리스 리스트』에 언급된 유명한 벳시 웸스는 매춘부라는 직업에 내새한 폭력의 위험성을 몸소 보여 주었다. 구애자들이 "눈이 큰 미인"이라고 불렀던 벳시는 일을 시작한 지 얼마 되지 않았을 때 포악한 공격의 피해자가 되어 한쪽 눈을 잃었다. 포주나 기도가 웸스 양이 겪은 유혈 사태 같은 상황을 막아 주기도 했다. 애인의 집에 들어간 정부들은 남자 하인의 도움을 받았다. 윌리엄 히키의 정부였던 샬럿 배리는 방문객에게 문을 열어 줄 남자 하인을 둘 만큼 운이 좋았고, 이 하인은 샬럿을 찾아와 행패를 부린 전 애인 헨리 모돈트를 쫓아낼 정도로 힘이 셌다. 남성 보호자가 없는 여성들은 안전과 생계를 위해 서로에게 의지했다. 짝을 이루거나 작은 그룹을 지어 함께 살고 일하면서 눈과 귀를 열고 서로의 안전을 살펴 주곤 했다. 옆방에서 비명이 들리면 경보를 울렸고, 모두 힘을 합쳐 폭력을 막아 냈다.

많은 여자들이 함께 살고 같이 일한 까닭이 단지 개인의 안전을 확보하기 위한 것만은 아니었다. 동료애와 소속감의 욕구를 과소평가해서는 안 된다. 『해리스 리스트』에서처럼 매춘부들은 대개 격리된 사창가에 모여 살기보다는 그들이 거주하는 공동체의 구석구석, 가발 장수나 문방구, 철물점 사이에 둥지를 틀었지만, 그들과 다른 여자들의 관계는 상당히 껄끄러웠다. 매춘부들은 교묘하게 가정에 파고들어 사회의 뼈대를 흔드는, 질병과 타락을 옮기고 악덕을 전파하는 이들로 흔히 인식되었기 때문에, 많은 사람과 교제하지 않고 동종 업계 종사자나 성매매에 동조하는 사람들하고만 교류하는 편이 더 나았다. 따라서 비슷한 처지에 있는 사람들과 관계를 맺고 우정을 쌓는 일은 고립을 피하고 소속감을 유지하는 데 아주 중요했다. 모녀와 동기가 모여 살면서 가족이 함께 성매매에 종사하는 사례도 많았다. 『해리스 리스트』에는 잉마이어(1761년판), 보웬(1764년판) 같은 자매들의 이름이 많이 나오며, 이들은 매춘에 함께 종사하면서 손님도 받고 가족처럼 함께 생활도 할 수 있는 환경을 조성했다. 1773년판에 나온 셸 자매들처럼 어머니와 딸들, 그 딸들의 딸들까지 3대가 같은 지붕 아래 사는 경우도 많았다. 하지만 꼭 피를 나눈 사이여야만 강력한 유대가 형성되는 건 아니었다. 친한 친구들이 함께 살면서 서로의 가족 노릇을 해 주는 사례도 많았다. 『해리스 리스트』 1761년판과 1779년판에 언급될 당시, 폴리 케네디와 낸시 도슨은 이미 둘 다 상당히 유복했으나 서로 동지가 필요해서 함께 살기로 했다. 그 둘은 정부(배우 네드 슈터)와 숙소를 공유하며 생에 대부분 기간을 함께 지냈다. 많은 여자들이 서로 그러했듯이, 둘의 우정은 가족의 유대만큼 깊어졌다. 도슨이 죽을 때 가구가 전부 갖춰진 킹스트리트의 집을 케네디에게 물려준다는 유언을 남겼을 정도다. 물론 "직접 선택한" 가족과 함께 사는 여성만 있었던 것은 아니다. 단순히 생활비 부담을 줄이려고 동료 매춘부들과 숙소를 공유하는 이들도 있었다. 집세와 식비, 교통비를 혼자 내는 것보단 둘 또는 셋이 나눠서 내는 게 훨씬 경제적이었다. 오늘날 도시의 1인 가구들과 다를 바 없다. 1793년에 타운센드 양과 찰턴 양은 그레스스트리트 12번지에 함께 살면서 주택의 임대료와 마차 유지비를 나눠서 내기도 했다. 이들은 유명한 3인방 트렐로니 양과 피츠로이 양, 워전트 양 (모두 베이트먼 빌딩에 살았다)처럼 공공장소에 함께 나타나기도 하고 무용과 연극을 같이 보러 갔으며 친밀하게 웃고 떠들었다.

식업석으로 성공한 매춘부에게 이상석인 결발은, 마지막에 "저택의 주인"이 되는 것이리라. 아주 부유한 애인들은 다른 매춘 여성들에게 빌려줄 수 있는 빈방이 딸린 건물의 임대권을 사 주기도 했다. 그런 애인을 둔 여자들은 매춘부에서 마담으로 신분이 상승하거나, 아니면 그저 외로움을 덜어 줄 친구나 친척들이라도 집에 데려올 수 있었다. 1779년판의 헤슬타인 양이나 1788년판의 낸시 크로스비, 1793년판의 빈센트 부인처럼 "저택을 소유한" 많은 여자들이 매춘부뿐만 아니라 평범한 남성 하숙인, 몰래(또는 "숨어서") 출산하려는 여성들, 시간 단위로 빌릴 "밀회" 장소를 찾는 연인 들까지 가리지 않고 모두에게 문을 열어 주었다. 사실 대실은 손쉽게 부수입을 올리는 방법이었기 때문에, 겉보기에 존경받을 만한 직업에 종사하는 사람들도 방을 빌려주고서 이익을 챙기곤 했다.『해리스 리스트』만 보더라도 주소가 상인들의 집으로 되어 있는 매춘부들이 많았다. 1773년판의 시브라이트 양은 "헤이마켓에 있는 이발사의 집에서" 하숙을 했고, 낸시 데번포트와 새라 컬런은 "한 가구 제작자의 집에서" 숙식을 공유하기도 했다.

18세기의 런던이 도로, 공원, 술집, 극장, 연회장을 공유하는 이 "아름답지만 연약한" 여자들을 대하는 태도는 좋게 말해 당황스러웠고 나쁠 때는 거의 병적이었다. 매춘부는 동정의 대상이자 조롱의 대상이었고, 도와 줘야 할 사람이거나 피해야 할 사람이었으며, 사회의 희생양이자 오염원이고, 동시에 이 모든 것이었다. 여성은 그저 여성으로서 존재할 수 없었다. 가부장적인 영국에서, 여성은 남성을 섬기기 위한 존재였다. 사회는 아이를 낳아 주는 정숙한 부인, 순종적이고 순진한 딸, 이타적인 사랑을 베푸는 어머니만큼이나 매춘부를 필요로 했다. 매춘부는 여성성의 또 다른 측면, 즉 다른 여성들이 가져서는 안 되는 성적이고 속되며 탐욕적이고 짐승 같은 측면을 모두 떠안았다.『해리스 리스트』의 저자들도 그 시대의 남성이었기 때문에, 소개하는 여성들을 바라보는 관점 역시 그 시대의 선입견에 물들어 있었다. 독자들은 사건의 한쪽 면만 봤을 뿐이다. 『해리스 리스트』에 오른 여자들에게는 자기 목소리로 이야기할 기회가 주어지지 못했다. 그 여자들의 이야기는 리스트의 제작자에게 손님들이 들려준 이야기와는 상당히 달랐을 것이다.

짐작할 수 있듯이, 해리스의 여자들도 할 말이 많다. 책에 등장하는 여성들은 아주 사소한 행동들로 남자들에게 욕을 먹어야 했다. 침대에서 격정적이지 않거나 돈만 밝히는 듯한 성향을 드러내는 것이 그들에게 모욕적이었던 까닭이다. 불만족한 고객들은 부정적인 내용을 주저 없이 제보했을 것이다. 1773년 증보판에 등장하는 딘 양은 관계 도중에 "너무 무관심해" 보인다는 항의를 받았다. 딘 양의 손님에 따르면, "그가 기쁨의 행위를 하는 동안" 딘 양은 그의 등 뒤에서 "견과류나 깨는" 뻔뻔함을 보였다. 이처럼 창녀의 일을 즐기지 않는 듯한 여성들은 모두 "게으른 잠자리 상대"로 묘사되거나, 샬럿 게인즈버러처럼 "경기가 절정에 올랐을 때조차 전혀 움직이지 않고, 섹스의 모든 기쁨보다 코담배 한 줌을 더 좋아한다"며 비난받았다. 다른 이들은 "색조 화장품을 과하게" 사용하거나, 아니면 아이러니하게도 몸을 파는 진짜 동기를 정직하게 내보이는 등 고객이 별로라고 생각하는 자질을 보여 주는 바람에 몸값을 높이지 못했다. 1764년판에서 오델 양은 이 같은 이유로 비난받으면서 "돈 버는 데만 너무 관심을 보인다"고 매도당했다. 어떤 남자가 자기와 함께 있는 매춘부가 단지 돈벌이를 위해 거기 있다고 믿고 싶겠는가? "가장 여성스러워야 할 가슴이 부드러운 열정보다는 돈에 대한 사랑에 사로잡혀 있다는 사실을 너무 정직하게 보여준" 것이 오델 양의 문제였다. 당시의 통념에 따르면, 매춘부들은 다양한 상대와의 성교를 즐기는, 즉 만족스러운 섹스를 바라서 몸을 파는 음탕하고 열정적인 여성들이었다. 매춘부들은 타고난 천성이 코번트 가든의 만취한 난봉꾼처럼 외설스러웠고, 따라서 이 명백한 본성을 배신하는 여성은 누구든지 강제로 교정되어야 했다. 결론적으로 오델 양은 마땅한 벌을 받았다. "어느 못된 장난꾼이 오델 양의 주머니에서 훔친 돈을 오델 양에게 도로 내는 속임수를 썼"는데, "그 사실을 알게 된 그녀는 크게 화를 냈다". 『해리스 리스트』를 사용했던 남자들은 그렇게 매혹적으로 보이고 기쁨의 향연을 약속해 주는 여자들이 실은 속임수에 능한 창부에 불과하다는 사실을 떠올리고 싶지 않았다. 남자들은 일단 바지 단추를 채우고 돌아서면 자신이 "간택한 여인"에게 무슨 일이 일어나는지는 관심조차 없었고, 그녀가 1761년판에서 홀로 남겨진 키티 애치슨처럼 "너그러운 사람에게 이 얼마나 불쾌한 상황인가! 사려 깊은 사람에게 이 얼마나 불행한 굴레인가! 인류의 하수구가 되다니! 짐승 같은 술주정뱅이와 구역질 나는 방탕아의 환심을 사야 한다니, 즐거움을 위해 혐오감을 감추고!"라며 울부짖을지도 모른다는 사실도 알고 싶지 않았다. 고객은 매춘부의 세세한 슬픔에는 관심이 없었고, 자신과 달리 매춘부는 육체의 친밀함을 누구와 나눌 것인지를 선택하지 못한다는 사실도 기억하고 싶지 않았다. 어릴 적 강간을 당한 레노라 노턴이나 사춘기가 되기도 전에 "비너스의 신비를 배우게 된" 샬럿 헤이즈의 신병들이 그러했듯이, 많은 여자들에게 섹스는 그저 고통스러운 경험일 뿐이었다. 이 모든 사실들을 고려하건대, 누가 과연 이 여자들이 성적으로 무관심하고 불감증인 것 같다고, 욕망을 배신하고 돈만 밝힌다고 비난할 수 있을까?

매춘부를 정부로 둔 남자들은 여자들의 불충실함과 배은망덕함을 자주 불평했다. 이들이 보기에 신사들은 늘 이런 닳고 닳은 계집들에게 사기를 당했다. 바람기가 심하고 성욕이나 물욕에 너무 휘둘리는 이런 여자들은 한 보호자의 품에서 다른 보호자의 품으로 생각 없이 옮겨 다녔다. 《커너서》에 따르면, 첩으로 들어앉은 여성은 자신의 쾌락을 지키고 정부에게서 원하는 것을 정확히 얻어 내기 위해 수단과 방법을 가리지 않는 교묘하고 교활한 창녀였다. 「첩과 그녀의 정부에 대하여」라는 제목의 기사를 쓴 저자는 친구가 첩으로 들인 여성에게 어떻게 이용당했는지를 이야기했다.

그가 자신의 모든 소망을 굽신거리며 받들도록 하려고,
그를 지금처럼 참을성 있는 사람으로 길들이려고, 그녀가
얼마나 많은 공을 들였던가. 그는 얼굴을 한 번 찡그렸다는
이유로 그녀에게 양단을 사 줘야 했고, 그녀가 눈물을 보이면
새 손수건이나 앞치마를 갖다 바쳐야 했다. 다툼이라도
있으면, 오! 그녀는 그 순간 그를 떠날 것이다. 그녀는 자기가
아는 어떤 신사 얘기를 꺼내면서 계속 그를 조롱하고 질투심을
자극했다. 당신이 자기를 야만스럽게 대하는 것을 그 신사가

경멸하고 있다며, 임신하지만 않는다면 그 신사에게로 가
버리겠다는 식이었다.

저자들은 늘 한결같은 결론을 내렸다. 창녀를 들인 남자들은 "창녀
가 그의 기질과 재산을 완전히 망치고 나면 바로 버림받게 된다". 그
여자가 왜 그렇게 행동했는지, 자신의 상황을 최대한 활용하려고 왜
그렇게까지 발버둥 쳤는지는 누구도 궁금해하지 않았다. 윌리엄 히키
같은 남자들은 "함께 사는 남자를 두고 결코 외도를 저지르지 않겠다"
는 매춘부들의 맹세를 비웃었다. 히키는 이런 약속이 거짓이라는 사실
을 잘 알았고, 그녀들이 더 나은 남자가 나타나면 얼마나 쉽게 말을 바
꾸는지 직접 경험해 본 적도 있었다.

정부를 둔 대부분의 남자들은 근시안적이고 자신의 쾌락만 중요
하게 여겼다. 살기 위해 성을 파는 여성의 동기를 알아보려 하기보다
는, 여자들의 행동을 방탕한 성격 탓으로 치부해 버리고 말았다. 정부
로 들어간 여성의 생활은 남성의 관용에만 달려 있는 게 아니었다. 남
자의 관심이 얼마나 유지되느냐가 관건이었다. 제멋대로인 부유한 젊
은이들은 금방 싫증을 냈다. 그들에게 최신의 미녀를 얻는 일은 새로
운 시계나 최신 유행의 코트를 사는 일과 다르지 않은 잠깐의 즐거움
이었다. 관심이 시들해지는 건 시간문제였다. 싫증 난 코트는 남자 하
인에게 주고, 싫증 난 정부는 퀸앤스트리트의 숙소에서 내쫓았다. 미래
도 안전도 돈도, 그 무엇에 대한 약속도 없는 상황에서, 그리고 언제 잘
려 나갈지, 언제 거리로 내쫓겨 비참한 유곽으로 돌아가게 될지 모르

는 상황에서, 영리한 여자라면 모든 곳을 샅샅이 훑어야만 했다. 한쪽 눈은 늘 새로운 기회 쪽을 흘끔거려야 했다. 현재보다 더 많은 것을 약속해 줄 수 있는 사람을 찾기 위해서였다.

이 모든 일에서 사랑이 웬 말인가? 과연 이 거래들 속에 사랑이 끼어들 자리가 있었을까? 물론 해리스의 여자들도 사랑을 꿈꿨고, 사랑의 유혹에 넘어갈 수밖에 없었다. 인간이다 보니 어쩔 수 없었다. '사랑'이라는 단어가 단지 생계 활동을 위해, (대부분 거짓되게) 남발되는 직업의 세계에서, 정말 진정한 사랑이 존재할 수 있었을까? 적어도 일부 남성과 정부 사이에라도 말이다.

물론 그랬다. 사랑은 오늘날에도 그렇듯이 복잡미묘한 방식으로 존재를 드러냈다. 해리스의 여자들은 로맨틱한 애정 관계를 만들지 말라는 조언을 들어 왔지만, 그런 이유만으로 관계를 피하지도 않았다. 가끔씩 불편한 상황이 생기기도 했다. 사랑의 감정을 마음대로 차단하는 능력은 이 여자들의 생존에 필수적인 도구였다. 다른 한편, 실제로 무얼 느끼든 간에 자신이 그를 정말로 사랑한다고 믿게 만드는 능력은 창녀의 가장 큰 재능이기도 했다. 어떤 경우에는 정말로 그랬을 수도 있고, 남자의 관대함과 다정함에 점점 빠져들게 된 여자도 있었을 것이다.

구애자가 나타났을 때는, 진정성을 믿어 보는 어느 정도의 자기기만이 도움이 되기도 했다. 이런 자기기만은 그녀들이 더 나은 삶으로 가는 길을 내주고 일시적이나마 행복으로 가는 문을 열어 주었다. 이런 가능성조차 없었다면, 그토록 어두컴컴한 삶을 그녀들이 어떻게 견뎌 낼 수 있었겠는가.

새뮤얼 데릭의 초상화 중
알려진 유일한 그림. 이 그림은
데릭이 1767년에 쓴 『리버풀,
체스터, 코크, 킬라니호, 더블린,
턴브리지웰스, 배스에서 쓴
편지』의 권두에 실렸다.

샬럿 헤이즈(조슈아 레이놀즈의
원화를 바탕으로 새겨진 판화).
샬럿과 데니스 오켈리가
그레이트말버러스트리트에 고급
매춘 업소를 세운 직후에 그려진
초상화일 것이다. 이즈음 샬럿은
30대였을 것이다.

오필리아 역을 연기하고 있는 레싱엄 부인. 1772년에 코번트가든 극장에서 상연된 〈햄릿〉 공연의 오필리아 역을 맡았다. "당신에게는 운향을." 그녀는 애인들을 차 버리는 것으로 악명 높았다.

1761년판 『해리스 리스트』의 권두 삽화와 표제지. 38년의 출판 기간 동안 출판업자들에 의해 최소한 세 번은 권두 삽화가 변경되었다. 이 표제지에는 잭 해리스의 것으로 추정되는 진위를 입증하는 서명이 적혀 있다. 하지만 사실은 새뮤얼 데릭이 서명한 것일 확률이 높다. 그의 서명과 매우 비슷하기 때문이다.

HARRIS's LIST
OF
Covent-Garden Ladies:
OR,
NEW ATALANTIS
For the YEAR 1761.
To which is annexed,
The GHOST of MOLL KING;
OR A
NIGHT at DERRY's.

LONDON:
Printed for H. RANGER, near Temple-Bar.
M DCC LXI.

1761년판 『해리스 리스트』를 가지고 있던 어떤 독자는 스미스 양의 항목 옆에 그녀의 그림을 제본해 넣었다. 이 판화는 그녀가 미인으로 알려졌던 젊은 시절에 만들어졌을 것이다. 그러나 1761년판에서 데릭은 "지나친 남용"으로 인해 그녀의 "타고난 매력이 훼손되었다"고 썼다.

1773년판 『해리스 리스트』에 실린 명단. 많은 판본들에서, 리스트의 명단은 그 아래 나열된 여성의 이야기가 투영된 시구를 인용하며 시작되었다.

1779년판 『해리스 리스트』의 권두 삽화.
코번트가든의 주랑 옆에서 한 남자가
매춘부에게 추파를 던지는 장면을
묘사하고 있다. 남자가 지니고 있는
길다란 지팡이와 검은 특히나 성적인
암시를 풍긴다. 그와 함께 있는 여자는
수줍은 듯 남자의 손에 든 작은 지갑에서
돈을 받아 들고 있다.

1793년판 『해리스 리스트』의 권두
삽화. 1790년대에 이르러, 출판업자
H. 레인저는 화관을 머리에 이고
즐거이 노니는 님프들의 그림으로
권두를 치장하기로 결정했다.
책에 조금 더 품위 있고, 고전적인
겉모습을 덧입히기 위함이었다.

샬럿 스펜서. 『이름난 패니 머리 양의 회고록』의 한 장에서는 그녀의 이야기를 전하고 있다. 그녀는 잭 해리스의 함정에 빠져 매춘업에 종사하게 되었다고 주장했다. 한동안 로버트 스펜서 경의 정부로 지냈고, 이후 그의 성을 따라 자신의 이름 앞에도 귀족의 경칭이었던 "명예로운The Honourable"을 붙여 불렀다.

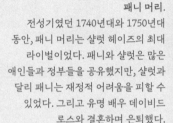

패니 머리. 전성기였던 1740년대와 1750년대 동안, 패니 머리는 샬럿 헤이즈의 최대 라이벌이었다. 패니와 샬럿은 많은 애인들과 정부들을 공유했지만, 샬럿과 달리 패니는 재정적 어려움을 피할 수 있었다. 그리고 유명 배우 데이비드 로스와 결혼하며 은퇴했다.

벳시 콕스. 본명은 엘리자베스 그린. 굶주리고 부모 없는 거리의 십 대 여자였다. 어린 나이에 샬럿 헤이즈에게 맡겨진 그녀는, 샬럿의 "교육" 아래, "관능적 아름다움의 완벽한 모델"인 벳시 콕스로 다시 태어났다. 벳시는 샬럿의 여러 "수녀"들처럼 배우가 되었고, 특히 남장을 하는 역할로 성공을 거두며 주목받았다.

윌리엄 호가스의 그림 〈탕아의 일대기〉. 존 해리슨이 로즈 술집의 주인이 되기 전에도 이곳은 방탕함으로 유명했다. 이 그림에서 "포즈 걸"들은 알몸 공연을 준비하고 소매치기들이 활개를 치며, 술집 내부는 마구 더럽혀진다. 여기서 장사하는 "연약한 자매들"은 누더기를 걸치고 형편없는 테이블 매너를 가진 모습으로 묘사되고 있다.

데니스 오켈리 대령의 초상화. 1762년경 요한 조파니에 의해 그려졌다고 추정된다. 1932년 6월 4일 자 《일러스트레이티드 런던 뉴스》에 게재된 복제본이다. 여기서 오켈리는 미들섹스 민병대 제복을 입고 포즈를 취하고 있다. 이 초상화는 그가 장교 직을 구매한 식후에 그려졌을 것이다.

〈요크에서 최근에 벌어진 불미스러운 사건〉. 데니스 오켈리는 경마 대회에서 늘 우승하는 말의 마주로서 부유한 지주가 되었지만, 상류사회는 그의 나쁜 평판을 완전히 용서해 주지 않았다. 문제는 1770년 초, 요크에서의 경마 대회 도중 그가 기소되면서 불거졌다. "스윈본 양"을 겁탈하려고 한 혐의였다. 이 사건은 부정적인 여론들을 몰고 왔고, 데니스와 샬럿 모두에게 커다란 당혹감을 주었다. 이 만화는 야비해 보이는 오켈리가 현금으로 스윈본 양의 입을 막으려 하는 모습을 보여 준다. 결국 스윈본 양은 500파운드와 공개적인 사과를 받아들였다.

알링턴스트리트의 미녀, S 양. 1761년판 『해리스 리스트』에는 그보다 조금 더 나중에 나온 선정적인 판화들이 여러 장 제본되어 있었다. S 양의 삽화는 그중 하나다. 이 작품이 만들어질 당시, S 양은 윌리엄 히키가 언급한 샬럿의 "미인 무리" 중 한 명이었을 것이다.

1786년, 동쪽에서 바라본 코번트가든의 전경. 말년의 존 해리슨이 알았던 코번트가든의 모습이 이랬을 것이다. 셰익스피어즈는 북동쪽 모퉁이에 위치했다. 이즈음에 이르면, 유행을 선도하는 사람들에게 코번트가든에 자리 잡은 매음굴의 인기는 떨어지기 시작했다.

1782년, 캐넌스파크. 데니스 오켈리가 구매한 직후의 모습으로 보인다. 이 부동산의 매력 중 하나는, 특히나 넓은 마구간 건물과 바로 인접한 말들을 위한 목초지였다.

코번트가든 애호가 목록

대략 250년 전, 『해리스 리스트』의 초판이 출간된 이래, 글을 읽고 쓸 줄 아는 사람이라면 누구나 타락한 런던 여성들의 이름을 알 수 있었다. 하지만 여자들의 고객과 정부의 이름은 역사 속에서 제대로 조명된 적이 없다. 『해리스 리스트』와 관련 자료를 세세히 검토한 끝에, 매춘을 아주 사랑했던 고객들을 확인할 수 있었고, 따라서 여성의 리스트만큼이나 흥미로운 남자들의 목록을 작성할 수 있었다. 아래에 인용된 이름은 18세기의 나중 절반에 활동했던 "코번트가든 애호가" 중 극히 일부일 뿐이다.

네드 슈터

데이비드 로스 (배우)

데이비드 카네기, 로즈힐 경

로버리 헨리, 제1대 노싱턴 백작

로버트 밴시터트

로버트 월폴 경

로버트 코츠 ('꼬끼오')

로버트 트레이시 ('멋쟁이')

리처드 내시 ('멋쟁이')

리처드 릭비 ('블룸즈버리 딕')

리처드 배리, 제7대 배리모어 백작

리처드 앳킨스 경

리처드 에지컴, 마운트 에지컴 경

리처드 하우 경, 제독, 제4대 하우 자작

배내스터 탈턴 경, 대령

사이먼 루트렐, 제1대 카햄프턴 남작

새뮤얼 푸트

새뮤얼 후드 제독, 제1대 후드 자작

스티븐 폭스, 제2대 홀랜드 남작

아서 머피

아서 밴시터트 (하원의원)

아이작 멘데스

아치볼드 캠벨, 제3대 아가일 공작

알렉산더 몽고메리, 제10대 에글린턴 백작

앤서니 조지 마틴 대위

앨런 배서스트, 제1대 배서스트 백작

어거스터스 케펠, 제1대 케펠 자작

어거스터스 헨리 피츠로이, 제3대 그래프턴 공작

어니스트 왕자 전하, 컴벌랜드 공작

에드워드 리고니어 경

에드워드 보스카웬 제독

에드워드 서로우 경 (대법원장)

에드워드 스탠리, 제12대 더비 백작

에드워드 월폴 경

에드워드 전하, 요크 공작

에드워드 톰프슨 해군 준장

에벌린 미도우즈 피에르폰트, 제2대 킹스턴 공작

올랜도 브리지먼 경

윌리엄 더글러스, 제4대 퀸즈버리 공작

윌리엄 도드 (목사)

윌리엄 랭혼 (계관시인)

윌리엄 스태넙 경 (하원의원)

윌리엄 애프리스 경

윌리엄 어거스터스 왕자 전하, 컴벌랜드 공작

윌리엄 존 커, 제5대 로디언 후작

윌리엄 크레이븐, 제6대 크레이븐 남작

윌리엄 파월 (드루리레인의 매니저)

윌리엄 펄트니, 제1대 배스 백작

윌리엄 페티, 제1대 랜스다운 후작

윌리엄 홀리스, 제2대 베인 자작

윌리엄 히키

윌리엄, 클래런스 공작 (훗날 윌리엄 4세)

제임스 그레이엄, 제3대 몬트로즈 공작

제임스 맥더프, 제2대 파이프 백작

제임스 보즈웰

조지 모리스 비셋 대위

조지 몬터규 덩크, 제2대 핼리팩스 백작

조지 몽고메리 메탐 경

조지 버브 도딩턴, 멜컴 경

조지 브리지스 로드니 제독, 제1대 로드니 남작

조지 새빌 경

조지 셀윈

조지 알렉산더 스티븐스

조지 앤슨 제독, 제1대 앤슨 남작

조지 캐플, 제5대 에식스 백작

조지 폭스-레인, 제3대 빙리 남작

조지 행어 대령

조지, 웨일스 공 (훗날 조지 4세)

조지프 요크, 제1대 도브 남작

조지프 히키

존 '잭' 스펜서 각하

존 그레엄 경, 앨퍼드 백작

존 다머 각하

존 대시우드-킹 경

존 레이드 경

존 리고니어, 제1대 리고니어 백작 (육군 원수)

존 매너스 대위님

존 매너스, 제3대 러틀랜드 공작

존 몬터규, 제4대 샌드위치 백작

존 바이런 대위

존 스튜어트, 제3대 뷰트 백작

존 오브리 경 (하원의원)

존 요크 중령

존 윌크스

존 조지 스펜서, 제1대 스펜서 백작

존 캘크래프트 (하원의원)

존 캠벨, 제4대 라우든 백작

존 캠벨, 제5대 아가일 공작

존 콕스 대령

존 클리런드

존 터커 (하원의원)

존 팔머 (배우)

존 풀렛, 제4대 풀렛 백작

존 프레더릭 색빌, 제3대 도싯 공작

존 피츠패트릭, 제1대 어퍼 오서리 백작

존 핀치 각하

존 필립 켐블

찰스 '체이스' 프라이스

찰스 매클린

찰스 메이너드, 제1대 메이너드 자작

찰스 빙엄 경, 제1대 루칸 백작

찰스 스태너프, 제3대 해링턴 백작

찰스 윈덤, 제2대 에그리먼트 백작

찰스 제임스 폭스

찰스 처칠

찰스 콘월리스, 제1대 콘월리스 후작

찰스 필딩 경 (덴비 백작의 아들)

찰스 하워드, 제11대 노퍽 공작

찰스 해밀턴, 비닝 경

찰스 핸버리-윌리엄스

찰스 홈즈 (해군 소장)

케네스 프랜시스 매켄지, 제4대 시포스 백작

토머스 리틀턴, 제2대 리틀턴 남작

토머스 메들리콧 대위

토머스 멧칼프 소령

토머스 브롬리, 제2대 몽포르 남작

토머스 스테이플턴 경

토머스 제퍼슨 (드루리레인 극장 매니저)

토머스 팬턴

토머스 포터

토머스 하워드, 제3대 에핑엄 백작

페니스톤 램, 제1대 멜버른 자작

프란츠 자비에 하슬랑 백작 (바이에른의 런던 특사)

프랜시스 대시우드 경, 데스펜서 경

프랜시스 드레이크 델라벨

프랜시스 러셀, 제5대 베드퍼드 공작

프랜시스 존 니덤 (하원의원)

프레더릭 세인트 존, 제2대 볼링브로크 자작

프레더릭 전하, 요크 공작

필립 더머 스태너프, 제4대 체스터필드 백작

헨리 굴드 판사

헨리 네빌, 제2대 애버게이브니 백작

헨리 던다스, 제1대 멜빌 자작

헨리 밴시터트 경 (하원의원)

헨리 애딩턴 경, 제1대 시드머스 자작 (수석 재판관)

헨리 에클린 경

헨리 우드워드 (배우)

헨리 파인스 클린턴, 제9대 링컨 백작

헨리 프레더릭 왕자 전하, 컴벌랜드 공작

헨리 허버트, 제10대 펨브로크 백작

휴 보스카웬, 제2대 팰머스 자작

18세기 용어집

가마(chair/sedan chair): 작은 부스로 둘러싸여 막대 두 개로 두 사람이 운반하던 의자로서, 보통 짧은 거리를 이동할 때 사용함.

검은 다리(black legs): 경마나 다른 야외 스포츠에 돈을 거는 도박꾼. '검은 다리'는 이들이 보통 검고 긴 부츠를 신는 데서 붙여진 이름.

고급 계집질(high-keeping): 비싼 숙소에서 사치스러운 매춘부를 첩으로 두고 사는 것.

궁전(sérail): 프랑스 스타일의 고급 유곽.

난봉꾼(blood): '난폭하고 풍기 문란한 녀석.'

넝마주이(bunter): 극빈한 매춘부.

노숙창녀(bulk-monger): 상점 앞에 있는 벤치 아래에서 성매매하며 사는 노숙인 매춘부.

뉴게이트(Newgate): 런던의 제1교도소. 가장 위험한 흉악범을 수용함.

떼어먹다(bilk): 누군가에게 줘야 할 돈을 속이다.

뚜쟁이/마담(bawd): 매춘을 알선하는 여성.

락병원(Lock Hospital): 성병 치료를 위한 병원으로, 1746년에 설립.

마셜시(The Marshalsea): 서더크에 있던 교도소, 18세기에 주로 채무자를 가뒀음.

막달레나병원(Magdalen Hospital): 회개하는 매춘부를 위한 교정시설.

매독(pox): 매독(syphilis).

매음굴(bawdy house): 유곽.

방탕아(rake): '외설스럽고 방탕한 남자' 다른 말로는 방랑자(ranger) 또는 탕아(roué) 등이 있음.

배니오(bagnio): 목욕탕. 보통 성 접대를 받을 수 있는 장소.

보우스트리트(Bow Street): 존 필딩 치안판사와 특별 기동 수사대인 보우스트리트 러너즈의 본부.

불량배(bully): 매춘부의 보호자 역할을 하는 남자. 18세기에는 술집 입구를 지키는 기도 역할이기도 했음.

브라이드웰(Bridewell): 클러큰웰에 있는 매춘부 교도소.

손님(cull/cully): 매춘부의 고객.

수녀원(nunnery): 고급 유곽. 보통 킹스플레이스나 그 주변에 위치함.

수녀원장(abbess): 고급 유곽의 여성 주인.

수은(mercury): 성병 치료에 사용되던 1차 약물.

아레티노의 『자세』(Aretino's Postures): 피에트로 아레티노의 1534년 작품. 『음란한 소네트』에 삽입된 판화로, 여러 체위를 보여 주는 유명한 시리즈.

야간치안대(night constable): 야간에 근무하는 치안대.

야경꾼(night watch): 가장 하급의 법 집행관으로, 비위와 뇌물 수수로 악명 높았음.

이륜마차(chariot): 쌍두마차 또는 이륜마차(대형 사륜마차를 지칭할 수도 있음).

'임신을 호소하다'('plead her belly'): 여성이 처형을 피하려고 임신했다고 주장하는 행위.

임질(clap): '성병 감염'. 보통 임질을 뜻함.

전문 도박꾼(sharper): 사기꾼. '사기 쳐서 사는 사람.'

'정부로 들어간'(in keeping): 한 남성의 정부가 되어 재정적으로 부양되는 상태.

젤리 또는 젤리 가게(jellies/jelly houses): 상류층과 하류층이 모두 즐겼던 젤라틴으로 만든 디저트. 18세기 중반에 유행했던 젤리 가게는 틀로 찍어 낸 젤리를 전문적으로 판매하던 곳으로, 매춘부들이 즐겨 찾았다.

주선자(panderer): 주로 실내에서 일히는 약간 높은 지위의 포주.

직업소개소(register office): 구인 광고를 볼 수 있는 직업소개소.

진(gin): 순도가 낮은 싸구려 술로, 런던의 빈민들이 즐겨 마심.

채무자 구치소(spunging house): 집행관이 운영하는 구치소. '체포된 사람들이 보석

금을 내거나 돈을 다 쓸 때까지 수용되는 곳.'

침 또는 침 흘리기, '침을 흘리는'(sal/salivation/'down in a sal'): 성병으로 수은 치료를 받는 중인 사람. 치료의 부작용 중에 수은 섭취로 인한 타액 분비가 있었기 때문에 이런 표현을 썼다.

칸타리스(cantharides): 최음제.

컨덤(cundum): 콘돔. 18세기에는 일반적으로 동물 내장으로 만들어졌으며, 리본으로 그곳에 고정했다. 피임 목적보다는 성병 예방 목적의 장치로 사용되었다.

콤프터 또는 라운드하우스(compter/round house): 지역의 구치소 또는 감옥.

킹스벤치 교도소(King's Bench Prison): 서더크에 있던 교도소. 대개는 채무자와 비방죄 범죄자를 수용했다.

타이번(tyburn): 18세기에 공개적으로 교수형이 집행되던 장소.

포주(pimp): '고객을 유치하여 젊은 처자들을 알선하려' 하는 남자.

풍기 문란 업소(disorderly house): 유곽을 지칭할 때 사용되었던 법률 용어.

플리트(The Fleet): 런던에서 가장 큰 채무자 교도소.

한량(buck): '패기 넘치는 남자' 또는 방탕한 남자.

협잡꾼(adventurer): 사기 치는 남자. 보통 잘 차려입고 보기엔 고상함.

히글러(higgler): 행상인.

참고문헌

잭 해리스/존 해리슨

Anon., *The Characters of the Most Celebrated Courtezans* (London, 1780)

————, *A Congratulatory Epistle from a Reformed Rake to John Fielding Esq. Upon the New Scheme of Reclaiming Prostitutes* (London, 1758)

————, *The Fruit-Shop, a Tale; or a Companion to St. James's Street* (London, 1766)

———— (Samuel Derrick), *The Ghost of Moll King; or A Night at Derry's* (London, 1761)

————, *Kitty's Attalantis for the year 1766* (London, 1766)

————, *Memoirs of the Bedford Coffee House, by A. Genius* (London, 1751)

————, *The Memoirs of the Celebrated Miss Fanny Murray* (London, 1759)

————, *Nocturnal Revels or the History of King's Place and Other Modern Nunneries, by a Monk of the Order of St. Francis of Medmenham*, 2 vols. (London, 1779)

Brown, Thomas, *The Midnight Spy* (London, 1766)

Burford, E. J., *Wantons, Wits and Wenchers* (London, 1986)

——————, and Wotton, Joy, *Private Vices, Public Virtues* (London, 1988)

Cobbett, William, *Cobbett's Complete Collection of State Trials* (London, 1928), 'The Trial of John Clarke, Robert Knell and Joseph Carter, Printers of *Mist's Weekly Journal*, 1729' (vol. 17), pp. 666−8

Derrick, Samuel, *Memoirs of the Shakespear's Head* (London, 1755)

Foster, D. (compiler), 'Inns, Taverns, Alehouses, Coffee Houses, etc. in and around London' c.1900, Cuttings Book in the Westminster City Archives

Hill, John, *The Remonstrance of Harris, Pimp-General to the People of England* (London, 1758)

Thompson, Edward, *The Courtesan* (London, 1765)

논문 및 정기간행물

Connoisseur (11 April 1754)
Monthly Review, vol. xix (London, 1758)

아카이브 자료

WESTMINSTER CITY ARCHIVES:
St Paul Covent Garden:
Rate Books and Receipts (1730 – 95)
Records for Births, Baptisms and Marriages

LONDON METROPOLITAN ARCHIVES:
Middlesex sessions papers
Victualling Licenses and Recognizances (St Paul, Covent Garden)

새뮤얼 데릭

Anon., *The Bath Contest; Being a Collection of all the Papers, Advertisements, etc.
published before and since the death of Mr. Derrick by the Candidates of the Office
of Master of Ceremonies* (Bath, 1769)
———, *Derrick's Jests; or the Wit's Chronicle* (London, 1767)
———, (Samuel Derrick), *The Ghost of Moll King; or A Night at Derry's* (London, 1761)
———, *The Life of Mr. James Quin, Comedian* (London, 1766)
———, *Memoirs of the Bedford Coffee House by A. Genius* (London, 1751)
———, *The New Bath Guide* (Bath, 1798)
———, *Nocturnal Revels or the History of King's Place and Other Modern Nunneries, by
a Monk of the Order of St. Francis of Medmenham*, 2 vols. (London, 1779)

———, *Quin's Jests, or the Facetious Man's Pocket Companion* (London, 1766)

———, *The Thespian Dictionary, or Dramatic Biography of the Present Age* (London, 1805)

Aikins, Janet E. (ed.), *The Dramatic Censor; Remarks Upon the Tragedy of Venice Preserv'd by Samuel Derrick* (Los Angeles, 1985)

Baker, David Erskine, *Biographia Dramatica, 1764–1782*, 2 vols. (London, 1782)

Bleackley, Horace, *Ladies Fair and Frail, Sketches of the Demi-Monde of the Eighteenth Century* (London, 1925)

Burford, E. J., *Wits and Wenchers* (London, 1986)

———, and Wotton, Joy, *Private Vices, Public Virtues* (London, 1988)

Chalmers, Alexander, *The General Biographical Dictionary* (London, 1812)

Craig, Maurice, *Dublin 1660–1860* (London, 1992)

Derrick, Samuel, *The Battle of Lora* (London, 1762)

———, *A Collection of Original Poems* (London, 1755)

———,(ed.), *A Collection of Travels thro' Various Parts of the World; but more particularly thro' Tartary, China, Turkey, Persia and the East Indies* (London, 1762)

———, *Fortune, A Rhapsody* (London, 1751)

———, *Letters Written from Leverpoole, Chester, Corke, the Lake of Killarney, Dublin, Tunbridge-Wells, and Bath*, 2 vols. (London, 1767)

———, *Memoirs of the Count du Beauval* (London, 1754)

———, *The Memoirs of the Shakespear's Head* (London, 1755)

———, *The Miscellaneous Works of John Dryden, containing all His Original Poems, Tales and Translations* (London, 1760)

———, *A Poetical Dictionary, or the Beauties of the English Poets Alphabetically Display'd* (London, 1761)

———, *Sylla; a Dramatic Entertainment* (London, 1753)

———, *The Third Satire of Juvenal* (London, 1755)

———, *A Voyage to the Moon, with Some Account of the Solar World* (London, 1753)

Dickson, David (ed.), *The Gorgeous Mask, Dublin 1700–1850* (London, 1987)

Dublin Corporation Libraries, *A Directory for Dublin for the Year 1738* (Dublin, 2000)

Fagan, Patrick, *The Second City; a Portrait of Dublin 1700–1760* (Dublin, 1986)

Genest, John (ed.), *Some Account of the English Stage*, 10 vols. (Bristol, 1997)
Gentleman, Francis, *The Theatres: A Poetical Dissection* (London, 1772)

Highfill, Burnim and Langhans, *Trials for Adultery, or the History of Divorces* (Stott Trial, 1765; London, 1780)
Hinde, Thomas, *Tales from the Pump Room* (London, 1988)

Melville, Lewis, *Bath under Beau Nash and After* (London, 1926)
Morash, Christopher, *A History of Irish Theatre, 1601–2000* (Cambridge, 2002)

Napier, Alexander (ed.), *The Life of Samuel Johnson by James Boswell*, 5 vols. (London, 1884)

Patrick, John, and Rogers, William, *Grub Street, a Study in Subculture* (London, 1972)
Pottle, Frederick (ed.), *Boswell's London Journal; 1762–63* (London, 1950)
Price, Cecil, *Theatre in the Age of Garrick* (Oxford, 1973)

Rider, William, *An Historical and Critical Account of the Lives and Writings of the Living Authors of Great Britain* (London, 1762)

Smollett, Tobias, *The Expedition of Humphry Clinker* (London, 1771)
Stone, G. W. (ed.), *The London Stage, 1660–1800*, vol. 4: 1747–76 (London, 1962)

Taylor, John, *Records of My Life*, 2 vols. (London, 1832)
Troyer, Howard, *Ned Ward of Grub Street: A Study of Sub-literary London in the Eighteenth century* (London, 1946)

Ward, Robert E. (ed.), *Prince of Dublin Printers; The Letters of George Faulkner* (Lexington, Kentucky, 1972)
Watkins, John, *The Universal Biographical Dictionary*, 8 vols. (London, 1821)
Watt, Robert, *Bibliotheca Britannia; or a General Index to British Literature*, 4 vols. (London, 1824)

Wilkes, Thomas (and Derrick, Samuel), *A General View of the Stage* (London, 1759)

논문 및 정기간행물

Baldwin's London Weekly Journal (22 March 1769)

Connoisseur (16 January 1755 & 6 June 1754)

Gentleman's Magazine, 1st Series, 39 (1769), p. 215

St. James's Chronicle (28 March 1769 & 1 April 1769)

Town and Country Magazine, or Universal Repository of Knowledge, Instruction and Entertainment (April & June 1769), (vol. 1), pp. 177 – 80

아카이브 자료

National Art Library (Victoria and Albert Museum): Forster Collection 48. G3 – 30: *Correspondence and Miscellaneous Papers of Samuel Derrick*

샬럿 헤이즈

Anon., *The Genuine Memoirs of Dennis O'Kelly Esq., Commonly Called Count O'Kelly* (London, 1788)

——, *The New Foundling Hospital for Wit*, 'OMIAH, an Ode Addressed to Charlotte Hayes' (London, 1784)

——, *Nocturnal Revels or the History of King's Place and Other Modern Nunneries, by a Monk of the Order of St. Francis of Medmenham*, 2 vols. (London, 1779)

Black, Robert, *The Jockey Club and Its Founders* (London, 1891)

Blyth, Henry, *The High Tide of Pleasure; Seven English Rakes* (London, 1970)

Brown, Roger Lee, *A History of the Fleet Prison* (Lewiston, 1996)

Burford, E. J., *Wantons, Wits and Wenchers* (London, 1986)

——, and Wotton, Joy, *Private Vices, Public Virtues* (London, 1988)

Cleland, John, *Fanny Hill; or the Memoirs of a Woman of Pleasure* (London, 1749)

Cook, Andrea Theodore, *Eclipse and O'Kelly* (London, 1907)

Fillinham Collection, vol. 2: *Carlisle House and White Conduit House,* 'Masquerade Intelligence', 5 May 1772

Home, Gordon, *Epsom, Its History and Surroundings* (London, 1971)

Quennell, Peter (ed.), *The Memoirs of William Hickey* (London, 1960)

von Archenholz, W., *A Picture of England; Containing a Description of the Laws, Customs and Manners of England* (Dublin, 1790)

논문 및 정기간행물

Gentleman's Magazine, 1st Series, 57 (1787), pp. 1196 –7

Town and Country Magazine, or Universal Repository of Knowledge, Instruction and Entertainment, 1769 (vol. 1), pp. 65 –7, 1770 (vol. 2) pp. 474 –7

Universal Magazine, 'An Account of the parish of Whitchurch, or Little Stanmore in Middlesex: With a Perspective View of Canons; the Elegant Villa of Patrick (Andrew) O'Kelly' (October 1794)

아카이브 자료

UNIVERSITY OF HULL BRYNMOR JONES LIBRARY:
O'Kelly family papers:
DDLA 40/1, 40/3, 40/10, 40/13, 40/44, 40/53, 40/55, 40/56, 40/64, 40/66, 40/70
ARCHIVES OF THE NORTH LONDON COLLEGIATE SCHOOL, CANONS PARK:
Cuttings on History of Canons Park, Eclipse, Dennis O'Kelly

SURREY HISTORY CENTRE:
Clay Hill Estate Papers: 6632/2/1-9

WESTMINSTER CITY ARCHIVES:
St James's, Piccadilly, St George, Westminster and St Anne, Soho: Rate Books and
    Receipts (1730 – 95)
Parish records for Births, Baptisms and Marriages

LONDON METROPOLITAN ARCHIVES:
Burial Records for St Lawrence, Stanmore

PUBLIC RECORDS OFFICE:
PCC Wills for:
Andrew Dennis O'Kelly
Dennis O'Kelly
Robert Tracy

해리스 리스트

Turner, E. S., *The Shocking History of Advertising* (London, 1952)

논문 및 정기간행물

Atkins, P. J., 'The Covent Garden Ladies', *Factotum*, no. 30 (December 1989), p. 13
Denlinger, Elizabeth Campbell, 'The Garment and the Man: Masculine Desire
    in *Harris's List of Covent Garden Ladies*, 1764 – 1793', *Journal of the History of
    Sexuality*, vol. 11, no. 3, July 2002
Wood, J. L., 'Meaner Beauties of the Night', *Factotum*, no. 30 (December 1989), p. 13
Centinel (2 June 1757)
Ranger's Magazine; or The Man of Fashion's Companion (London, 1794)
The Times (10 February 1795)

아카이브 자료

BRITISH LIBRARY:

Harris's List of Covent Garden Ladies; or a Man of Pleasure's Kalendar (1788, 1789, 1790, 1793).

Spedding, Patrick (ed.), *Eighteenth Century British Erotica*, vol. 4, *Harris's List for 1773*

LEWIS WALPOLE LIBRARY, FARMINGTON, CONNECTICUT:

Harris's List of Covent Garden Ladies; or a Man of Pleasure's Kalendar for the year 1779 (annotated by Horace Bleackley)

LONDON GUILDHALL LIBRARY:

Harris's List for the Year 1764 (London, 1764) (photocopy including Horace Bleackley and E. J. Burford's notations and *Harris's List Supplement for 1773*)

Typescript of E. J. Burford's notes *Harris's Lists*

NATIONAL LIBRARY OF SCOTLAND:

Harris's List of Covent Garden Ladies or New Atalantis for the Year 1761 (London, 1761)

공통

Anon., *A New Atlantis for the Year 1758* (London, 1758)

———, *Intrigue-á-la-mode, or, The Covent Garden Atalantis* (London, 1767)

———, *The Histories of Some of the Penitents at the Magdalen House, as supposed to be related by themselves* (London, 1760)

———, *The Life and Character of Moll King late Mistress of King's Coffee-House in Covent Garden* (London, 1747)

———, *Nancy Dawson's Jests* (London, 1761)

Ackroyd, Peter, *London, the Biography* (London, 2000)

Appleton, William, *Charles Macklin, an Actor's Life* (London, 1960)

Bindman, David, *Hogarth* (London, 1997)

Bleackley, Horace, *Ladies Fair and Frail, Sketches of the Demi-Monde of the Eighteenth Century* (London, 1925)

Brewer, John, *The Pleasures of the Imagination: English Culture in the Eighteenth Century* (London, 1997)

Brown of Yarmouth, Richard, *The Description of a Bawdy House* (London, 1776)

Burney, Fanny, *Evelina, or the History of a Young Lady's Entrance into the World* (London, 1779)

Clayton, Antony, *London's Coffee Houses* (London, 2003)

Davidoff, Lenore, *Family Fortunes: Men and Women of the English Middle Class, 1780–1850* (London, 1987)

Fielding, John, *A Plan for the Preservatory and Reformatory for the Benefit of Deserted Girls and Penitent Prostitutes* (London, 1758)

Green, John (George Henry Townsend), *Evans's Music and Supper Rooms: Odds and Ends about Covent Garden and Its Vicinity* (London, 1866)

Hanway, Jonas, *Thoughts on the Plan for a Magdalen House* (London, 1758)

Harvey, A. D., *Sex in Georgian England* (London, 2001)

Henderson, Tony, *Disorderly Women in Eighteenth Century London* (London, 1999)

Hickman, Katie, *Courtesans* (London, 2003)

Hitchcock, Tim, *English Sexualities, 1700–1800* (London, 1997)

Johnston, Edith Mary, *Ireland in the Eighteenth Century* (Dublin, 1974)

Kahrl, George, and Stone, George Winchester, *David Garrick, a Critical Biography* (London, 1979)

Kendall, Alan, *David Garrick, a Biography* (London, 1985)

Lecky, W. E. H., *A History of Ireland in the Eighteenth Century* (London, 2000)

Linebaugh, Peter, *The London Hanged: Crime and Civil Society in the Eighteenth Century* (London, 1991)

Ludovicus, M., *A Particular but Melancholy Account of the Great Hardships, Difficulties and Miseries that those Unhappy and much to be Pitied Creatures, the Common Women of the Town, Are Plung'd into at this Juncture* (London, 1752)

Mannix, D. P., *The Hell-Fire Club* (New York, 1959)

Moody, T. W., and Vaughan, W. E. (eds.), *A New History of Ireland, Eighteenth Century Ireland, 1691 – 1800*, vol. 4 (Oxford, 1986)

Mountaigue, James, 'The Old Bailey Chronicle' in *The Newgate Calendar* (London, 1783)

O'Connell, Sheila, *London, 1753* (London, 2003)

O'Keefe, John, *Recollections of the Life of John O'Keefe, Written by Himself* (London, 1836)

Ogle, Luke, *The Natural Secret History of Both Sexes or, a Modest Defense of Public Stews* (London, 1740)

Oliver, Francis, *The Memoirs of Lady Hamilton* (London, 1815)

Peakman, Julie, *Mighty Lewd Books* (London, 2003)

Phillips, Richard, *The Memoirs of Samuel Foote*, 3 vols. (London, 1805)

Picard, Liza, *Dr Johnson's London: Life in London, 1710 – 1770* (London, 2000)

Porter, Roy, *English Society in the Eighteenth Century* (London, 1990)

Stone, Lawrence, *The Family, Sex and Marriage in England 1500 – 1800* (London, 1979)

Thompson, Edward, *The Meretriciad* (London, 1765)

Thrale, Mary (ed.), *The Autobiography of Francis Place* (London, 1972)

Timbs, John, *A History of Clubs and Club Life in London* (London, 1886)

Trumbach, Randolph, *Sex and the Gender Revolution: Heterosexuality and the Third Gender in Enlightenment London*, vol. 1 (London, 1998)

Valentine, Edwin (ed.), *The Newgate Calendar, Comprising Interesting Memoirs of the Most Notorious Characters that have been convicted of outrages on the laws of England* (London, 1928)

Welch, Saunders, *A Proposal to Render Effectual a Plan to Remove the Nuisance of Common Prostitutes from the Streets of the Metropolis* (1758)

Williams, Clare, *Sophie in London, 1786* (London, 1933)

Wilson, Frances, *The Courtesan's Revenge: The Life of Harriet Wilson* (London, 2003)

논문 및 정기간행물

Nelson, T. G. A., 'Women of Pleasure', *Eighteenth Century Life*, XI, n.s., 1 (1987), pp. 181–98

Rogers, N., 'Carnal Knowledge: Illegitimacy in Eighteenth Century Westminster', *Journal of Social History*, XXIII, 2 (1989), pp. 355–75

Simpson, Antony E., ' "The Mouth of Strange Women is a Deep Pit": Male Guilt and Legal Attitudes towards Prostitution in Georgian London', *Journal of Criminal Justice and Popular Culture*, vol. 4 (3) (1996), pp. 50–79

Annual Register

Busy Body

Covent Garden Chronicle

Critical Review

Faulkner's Dublin Journal

Gentleman's Magazine

Lloyd's Evening Post

London Chronicle

London Gazette

Monitor

Monthly Review

Owen's Weekly Chronicle

Public Advertiser

Rambler

Read's Weekly Journal

St. James Chronicle

Theatrical Monitor

Town and Country Magazine, or Universal Repository of Knowledge,

Instruction and Entertainment

Universal Magazine

온라인 자료

Old Bailey Sessions Papers : Old Bailey Proceedings online (www.oldbaileyonline.org)

감사의 글

이 연구를 수행하고 책을 집필하는 과정은 나뿐만 아니라 관련된 많은 이들에게 여러 발견을 안겨 준 대단히 흥미로운 여행이었다. 무엇보다 이 책에 대한 통찰력과 변함없는 믿음으로 도움을 준 템퍼스의 조너선 리브에게 감사를 표하고 싶다. 시간을 내어 초판 원고를 읽어 준 프랜시스 윌슨에게도 감사의 말을 전한다.

마찬가지로 여러 사람의 기여가 없었다면, 이 연구는 완성되지 못했을 것이다. 미발표 연구를 공유하고 『해리스 리스트』에 관한 길었던 '온라인 대화'에 함께해 준 엘리자베스 덴링거의 관대함에 감사하지 않을 수 없다. 루이스월폴도서관의 수잔 워커가 보여 준 관심과 도움에도 마찬가지로 감사를 표한다. 키어런 번스, 헬렌 로버츠, 새라 피콕, 폴 탠커드, 로빈 이글스, 매튜 시먼즈, 제임스 미첼, 데클란 배리스킬, 엘렌 커런은 모두 이 역사의 다양한 가닥을 하나로 모으는 데 중요한 도움을 주었다. 대영도서관, 국립미술도서관, 런던메트로폴리탄 기록보관소, 웨스트민스터시티 기록보관소의 직원들에게도 감사의 말을 전하고 싶다. 그곳에서 내 연구의 대부분을 진척시켰다.

마지막으로 2년 동안 집과 생활을 잭 해리스, 새뮤얼 데릭, 오켈리

가족과 공유하는 데 동의해 준 남편 프랭크는 특별한 찬사를 받아야 한다. 프랭크와 부모님의 지지가 없었다면, 이들의 이야기가 제대로 세상에 나오지 못했을 것이다.

감사의 글

시인, 웨이터, '창녀'의 신분 상승기

권김현영

'해리스 리스트'의 비밀

1757년, 『해리스 리스트』라고 불린 책자 하나가 출간된다. 런던 '매춘부'들의 이름과 '전공'이 상세하게 묘사된 『해리스 리스트』는 종간되기까지 총 25만 부에 달하는 놀라운 판매 부수를 기록했다. 이 리스트는 당시 유명했던 유흥의 거리 코번트가든에 드나드는 성 구매자들을 위해 매해 새로 발간되는 '카탈로그'였다.

이 책은 이 『해리스 리스트』의 저작권을 가진 세 사람의 역사를 추적한다. 한 명은 리스트의 실제 저자이지만 죽을 때까지 정체를 감췄고, 다른 한 명은 이름을 빌려주고서도 수입은 제대로 챙기지 못했다. 나머지 한 명은 목록이 한창 출간되던 어느 시기에는 마담으로 이름을 올렸고, 나중에는 저작권 수입만 받아 간다.

리스트를 실제로 집필한 건 새뮤얼 데릭이었다. 그는 포목상의 아들로 태어나 시인이 되기를 꿈꾸었지만 실제로는 한동안 포주 노릇을 했다. 진지한 작가로 대접받으려면 자신이 포주나 다를 바 없다는 점을 감춰야 했기에, 그는 리스트를 출간하면서 다른 사람의 이름 뒤에 숨기로 한다. 이 책의 제목이 '데릭'이 아닌 '해리스' 리스트가 된 연유다.

데릭은 코번트가든 뒷골목을 접수한 "잉글랜드의 포주 대장" 잭 해리스에 독자들이 몰입하도록 했다(그 또한 본명이 아닌 가명이었다). 독자들은 능수능란한 포주 해리스를 따라 가면서, 그와 함께 적당한 거리에서 손님들을 조롱하고 코번트가든의 가게 안에서 일어나는 일을 생생하게 그려 볼 수 있었다. 데릭의 손을 거친 『해리스 리스트』는 이름과 특징을 기록한 단순한 장부를 넘어 일종의 르포문학이 되었고, 당대 유흥의 아이콘 잭 해리스의 이름은 그 리스트에 대한 신뢰도를 높였다.

데릭은 이 리스트가 진정으로 유용하려면 연감의 형태로 매년 최신의 정보가 반영되어야 한다고 생각했다. 성매매 산업의 특성상 끊임없는 변화와 유동성은 불가피했으므로 해리스의 협조 없이는 불가능한 일이었다. 당시 런던에서는 길거리 매춘부 한 명쯤 사라져도 아무도 관심을 가지지 않았다. 오직 포주만이 이들의 일상, 건강, 관계를 파악하고 있었다. 그래야만 적당한 구매자들과 이어 줄 수 있었기 때문이다. 리스트는 아주 노골적이면서 실용적이었다.

데릭은 이 리스트에 호평이 실린 여자는 고객의 수요층이 넓어졌고 상대를 고를 수 있는 재량권이 주어졌다고 자평했다. 어느 정도는 사실이었을 것이다. 하지만 리스트는 다른 누구보다도 여성의 몸을 사려는 남성들을 위한 것이었고, 그들의 시선만을 반영하고 있었다. 리스트의 고객층은 철저하게 남성들이었다. 당대 포주들의 장부에 이름이 적힌 여성들은 이런 식으로 묘사되었다. "앤 길, 열 아홉 살, 손님을 받은 지 2년 됨. 엘리자베스 화이트, 수은 치료 중. 메리 그린, 곧 정부로 들어감. 주말까지는 손님을 받을 수 있음."

『해리스 리스트』는 남자들의 성욕을 충족시키고 즐기는 데 사용되는 책이었을 뿐, 여기 실린 여성이 어떤 마음인지는 중요하지 않았다. 18세기 런던의 독자들은 2실링 6펜스의 가격에 조끼 주머니에 넣을 수 있는 사이즈로 제작된 이 책을 손바닥 안에 살짝 넣고 다니면서 자신의 취향에 대한 가책을 살짝 눌러 둘 수 있었다. 데릭은 서문에서 '매춘부'를 남자들의 폭력적인 본성을 누그러뜨리는 평화의 사절이라고 칭송하는가 하면, '손님'은 자선단체에 돈을 내는 후원자라며 치켜세웠다.

생기발랄한 대도시 런던의 뒷골목 사정

이 리스트의 역사적 가치는 런던이라는 도시의 주요 구성원이었지만 정상적인 집단의 구성원으로 취급되지 못했던 인물들, 정당한 구성원인 척하지만 사실은 아니었던 수많은 이중생활자들의 이면을 드러내는 데 있다.

1758년, 런던 최초의 경찰 중 한 명이었던 손더스 웰치는 런던 인구 67만 명 중 성을 파는 여성은 3,000명 정도 되고 이들 대부분은 최하층 빈민 출신이라고 추정했다. 하지만 이 리스트는 후기로 갈수록, 최빈층 여자들의 이야기를 의도적으로 누락하고 있다. 사실적인 기록에 대한 열정이 있던 데릭이 저술 작업에서 빠진 뒤의 일이다. 저자는 묻는다. "세상 물정에 빠삭한 서더크 출신 고아와 엄마를 잃고 버려진 시골 목사의 딸 중에 누구와 더 자고 싶을까? 당연히 후자 아닐까?"

게다가 웰치가 추정한 수치는 중요한 사실을 간과하고 있다. 당시에는 많은 여자들이 일이 없는 기간에 임시방편으로 '매춘'을 했다. 평범한 가정의 하녀들도 언제 일자리를 잃을지 알 수 없었고, 다른 업종이라고 크게 다르진 않았다. (심지어 멀쩡한 집안 출신이면서도 성폭력을 당한 탓에 매춘에 발을 들인 여자들도 부지기수였다.) 성매매는 가난한 여자들에게만 해당되는 일이 아니었다. 『해리스 리스트』에는 그런 중간계급 여성들에 대한 이야기가 실려 있었고, 이는 특히 독서를 시작한 중간계급 독자들의 관심을 끌었다. 이 책은 체면과 평판을 잃은 '망가진' 삶에 대한 중간계급의 공포와 호기심을 모두 충족시켜 주었던 것이다.

자신의 성적 매력을 수완 좋게 이용하는 상류층 여인들부터 자신의 가치를 아직 제대로 알지 못하고 이용당하는 소녀에 이르기까지 당시 대도시의 여성들이 성매매에 연루되는 방식은 다양했다. 그만큼 광범위한 경험이었지만 공식 기록으로 인정된 숫자는 그보다 훨씬 적었다. 하지만 어떤 식으로든 성매매를 하게 된 여성들은 그 얼룩으로부터 완전히 거리를 두기가 어려웠다. 이 리스트의 또 한 명의 저작권자인 샬럿 헤이즈의 삶이 바로 그랬다.

샬럿 헤이즈는 데릭의 오랜 친구였다가 연인이 되었고 나중에는 코번트가든을 휘어잡은 마담이 된 인물로 데릭의 사후 이 리스트의 저작권자가 되었다. 헤이즈는 소녀들을 도둑으로 몰아 잔혹하게 다루는 것으로 악명 높았던 마담 엘리자베스 워드의 딸로 태어났다. 워드 부인은 딸의 처녀성을 가장 비싸게 팔 계획을 세워 두고 있었다. 성병으로부터 안전한 데다가, 어릴 적부터 교양 있는 교육을 받은 헤이즈의 처녀성은 아주 큰 값어치가 있었다. 부유한 남자의 정부가 되어 유산을 물려받거나, 아니면 스스로 업계에서 매우 성공한 알선업자가 되는 것이 마담의 딸에게 허용된 거의 유일한 신분 상승의 길이었다.

시인을 꿈꿨던 데릭과 마찬가지로 헤이즈의 꿈 역시 마담은 아니었다. 초년의 헤이즈는 어머니의 뜻을 받들어 잘생긴 갑부 트레이시와 독점적인 관계를 맺고 있었는데, 헤이즈의 내연남이었던 데릭은 헤이즈를 독점할 수 없다는 것에 분개하여 여자에게 자유를 주라는 내용의 시를 공개적으로 발표한다. 명백한 도발이었다. 데릭에게는 사랑의 표현이었겠지만, 결국 헤이즈는 정부로부터 아무런 상속도 받지 못하고 느닷없이 빚더미에 앉게 된다. 트레이시의 이름으로 달아 놓았던 외상값을 도저히 지불할 수 없게 된 헤이즈는 채무자들의 교도소, 플리트에 갇히게 된다.

믿을 건 돈밖에 없었던 이들의 선택

단지 돈을 갚지 못했기 때문만은 아니었을 것이다. 이 책의 주인공 세 사람이 모두 인생의 한때 갑작스럽게 감옥에 갇힌 것을 우연으로만 치부할 수는 없다. 사회는 '매춘부'를 동정하면서도 경멸하였고, '매춘'

을 죄악이지만 어쩔 수 없는 필요악으로 간주했다. 매춘 알선을 금하는 법안은 이미 마련되어 있었지만, 제도는 유명무실했다. 지금도 그러하듯이, 힘 있는 자들과 유착 관계에 있던 지하경제의 거목들은 늘상 법을 어기면서도 결코 두려워하지 않았다. 세 사람의 수감 생활은 이처럼 겉으로만 도덕주의적이었던 사회 분위기와 맞물려 있었음을 우리는 짐작할 수 있다.

당대 영국 사회는 법이 최소한 간헐적으로 체면치레라도 하기를 바랐다. 높은 지위에 있는 남자의 정부로서 누리는 것이 많은 여자들도 파트너의 폭력과 모멸적인 성적 행위를 강요받는 것까지 피할 수는 없었다. 헤이즈와 같은 시기에 유명했던 또다른 '고급 창부' 앤 벨은 부유한 애인에게 학대당한 후 난도질을 당한 채 대중목욕탕에 버려졌다. 이런 일들이 반복되자 개혁가들은 사회 개혁의 필요성을 주창했고 그 결과 엄격한 법 집행에 나서게 된다.

하지만 이 법들은 원래 의도와는 달리 서로를 용인하는 안정적인 구조로 정착했다. 자기 구역에는 유곽이 없다고 선전해야 했던 치안판사들은 당시 잘 알려진 포주와 매춘부들을 본보기로 감옥에 보냈다(물론 이러한 일시적인 조치들로 매춘이 근절된 것은 전혀 아니었으며, 당대의 정치인들이나 유력 인사들은 실상 매춘업의 주 고객층이기도 했다). 하지만 감옥은 수감자들에게 정상적인 중간계급에 걸맞는 도덕을 가르치기는커녕 믿을 것은 오로지 돈뿐이라는 점을 뼛속 깊이 새겨 놓았다. 돈이 있는 자들에게 감옥은 상대적으로 안락했고, 빈곤한 이들은 두 배의 고통을 받았다.

해제

1761년 출소 후 헤이즈는 감옥에서 만난 동업자 데니스 오켈리와 함께 '수녀원'이라는 간판을 걸고 고급 유곽을 열 계획을 세운다. 계획은 크게 성공했고 헤이즈는 소위 유곽의 주인을 뜻하는 '수녀원장'이 되었다. 워드 부인의 피를 물려받은 헤이즈는 지독한 수법으로 이 사업을 성공시켰다. 헤이즈는 직업소개소와 광고를 보고 일자리를 구하러 온 건강해 보이는 소녀들을 꼬드겨 집과 일자리를 제공한 다음 덫을 놓았다. 그 방법 중 하나는 집단 강간이었다. 겁탈을 당한 소녀들은 운명에 굴복하고 헤이즈 가게의 "신선한 얼굴"이 되었다.

생생하고 추악한, 그리고 지독히 매력적인

당대에 '제대로 된 사회구성원'이 되지 못한 세 사람이 자신들에게 주어진 욕망의 길을 따라간 결과가 모두 포주로 귀결되었다는 것은 무엇을 의미할까. 이 책의 저자는 쉬운 교훈 같은 것을 주지 않는다. 다만 저자는 이 리스트에 나온 여자들에 대한 어떤 묘사들을 찾아내서 우리에게 알려 주는 수고를 마다하지 않을 따름이다.

손님이 기쁨의 행위를 하는 동안 등 뒤에서 견과류나 깨 먹는 게으른 침대 친구라는 욕을 먹었던 '딘' 양, 절정에 달했을 때조차 전혀 움직이지 않고 섹스보다 담배를 좋아했던 '샬럿' 양, 돈 버는 데에만 관심을 보인다고 매도당한 '오델' 양, 자신의 처지를 "인류의 하수구가 되다니!"라고 한탄했다는 '키티' 양…. '해리스 리스트'와는 다른 방식으로 이들에 대한 묘사를 배치했을 뿐인데, 오늘날의 독자들은 이 여자들의 얼굴에서 새로운 생기를 떠올리게 된다. 이들은 섹스로부터 사랑의 감정을 차단하는 능력을 통해 생존을 유지했다. 물론 구애자의 진정성을 믿어 보고, 그리하여 다른 삶의 가능성을 그려 보려는 마음이 이들에게 잠시의 행복을 안겨 준 것도 사실이었다. 그런 희망이나마 없었더라면 아마도 삶은 견뎌 낼 만한 것이 되지 못했을 것이다.

저자는 18세기 런던에서 특정한 남자들을 위해 소비되었던 불쾌한 이야기를 21세기에 놀랍도록 지적으로 자극적이고 손에서 떼지 못할 만큼 재미있는 글로 바꾸어 냈다. 계급과 젠더, 섹슈얼리티라는 개념어들은 이 책을 통과하며 구체적인 개인들의 생생하고 추악한, 그리고 지독하게 매력적인 삶으로 형상화되었다. 당분간은 이것보다 더 재미있는 어떤 소설도 기억나지 않을 것 같다.

찾아보기

북트리거 일반 도서

북트리거 청소년 도서

코번트가든의 여자들

18세기 은밀한 베스트셀러에 박제된 뒷골목 여자들의 삶

1판 1쇄 발행일 2024년 9월 25일

지은이 헬리 루벤홀드
옮긴이 정지영 | 해제 권김현영
펴낸이 권준구 | 펴낸곳 (주)지학사
편집장 김지영 | 편집 공승현 명준성 원동민
책임편집 원동민 | 디자인 정은경디자인
마케팅 송성만 손정빈 윤술옥 | 제작 김현정 이진형 강석준 오지형
등록 2017년 2월 9일(제2017-000034호) | 주소 서울시 마포구 신촌로6길 5
전화 02.330.5265 | 팩스 02.3141.4488 | 이메일 booktrigger@naver.com
홈페이지 www.jihak.co.kr | 포스트 post.naver.com/booktrigger
페이스북 www.facebook.com/booktrigger | 인스타그램 @booktrigger

ISBN 979-11-93378-25-0 03330

* 책값은 뒤표지에 표기되어 있습니다.
* 잘못된 책은 구입하신 곳에서 바꿔 드립니다.
* 이 책의 전부 또는 일부 내용을 재사용하려면 반드시 저작권자의 사전 동의를
  받아야 합니다.

북트리거

트리거(trigger)는 '방아쇠, 계기, 유인, 자극'을 뜻합니다.
북트리거는 나와 사물, 이웃과 세상을 바라보는 시선에 신선한 자극을 주는 책을 펴냅니다.